Römerbrief und Tageszeitung!

TVZ

Marco Hofheinz, Kai-Ole Eberhardt (Hg.)

Römerbrief und Tageszeitung!

Politik in der Theologie Karl Barths

TVZ
Theologischer Verlag Zürich

Gedruckt mit freundlicher Unterstützung der Hanns-Lilje-Stiftung.

Der Theologische Verlag Zürich wird vom Bundesamt für Kultur für die Jahre 2021–24 unterstützt.

Bibliografische Informationen der Deutschen Nationalbibliothek

Die Deutsche Nationalbibliothek verzeichnet diese Publikation in der Deutschen Nationalbibliografie; detaillierte bibliografische Daten sind im Internet über http://dnb.dnb.de abrufbar.

Umschlaggestaltung

Simone Ackermann, Zürich,

unter Verwendung einer Fotografie, die Karl Barth in den 1920er Jahren in Münster bei der Lektüre der sozialistischen Wochenzeitung »Der Aufbau« zeigt (KBA 9005.658)
© Karl Barth-Archiv, Basel

Druck

Rosch-Buch GmbH, Scheßlitz

ISBN 978-3-290-18376-9 (Print)

ISBN 978-3-290-18377-6 (E-Book: PDF)

© 2021 Theologischer Verlag Zürich

www.tvz-verlag.ch

Alle Rechte, auch die des auszugsweisen Nachdrucks, der fotografischen und audiovisuellen Wiedergabe, der elektronischen Erfassung sowie der Übersetzung, bleiben vorbehalten.

Vorwort

Der vorliegende Sammelband zu den politischen Aspekten der Theologie Karl Barths (1886–1968) verdankt seine Entstehung einer Ringvorlesung, die anlässlich des Jubiläumsjahres zu Ehren dieses bedeutenden Theologen an der Gottfried Wilhelm Leibniz Universität Hannover im WiSe 2019/2020 stattgefunden hat.

Das Barth-Jahr, dessen Auftakt der 50. Todestag Barths am 10. Dezember 2018 gewesen ist und durch welches das hundertjährige Jubiläum seiner bahnbrechenden Publikationen von 1919, namentlich des Römerbriefkommentars und des Tambacher Vortrags, gewürdigt wurde, bedurfte eines umfassenden Beitrags zur politischen Ethik Barths, deren Fundament seine zu feiernden Publikationen maßgeblich gelegt haben.

Zudem war es selbstverständlich, dass Hannover sich in die Reihe der internationalen Veranstaltungsorte der Jubiläumsfeierlichkeiten einreihen wollte, zu denen Basel, Budapest, Braunschweig, Emden, Dortmund, Münster und zahlreiche reformierte Ortsgemeinden gehörten. In Hannover befinden sich mit der EKD, dem Reformierten Bund, der Hannoverschen Landeskirche und dem Institut für Theologie der Universität zahlreiche Institutionen, Denkerinnen und Denker, die sich der Rezeption Barths verpflichtet fühlen. Die Initiative zu unserem lokalen Barthprojekt ging allerdings von Prof. Dr. Christoph Dahling-Sander, dem Geschäftsführer der Hanns-Lilje-Stiftung aus, der sich mit großer Offenheit und der Bereitschaft zu einer großzügigen Förderung an uns gewendet hat und uns den politisch-gesellschaftlichen Fokus des Projektes nahelegte. Der Hannoveraner Beitrag zum Jubiläum wurde dann in Form von zahlreichen kleineren Events, internationalem Forschungsaustausch und Foren über die Grenzen der Wissenschaft hinaus rund um die Ringvorlesung konzipiert und stand unter dem Titel »Römerbrief und Tageszeitung! Politik in der Theologie Karl Barths«.[1] Die finanzielle Hauptlast wurde wie versprochen und überaus wohlwollend von der Hanns-Lilje-Stiftung übernommen. Ihr und Prof. Dahling-Sander, ohne den das gesamte Projekt nicht hätte realisiert werden können, gebührt dafür zuvorderst unser Dank.

Eine Reihe weiterer Institutionen konnten sodann für die Unterstützung des Projektes gewonnen werden. Diese haben vor allem die vorliegende Publikation möglich gemacht, in der die meisten Beiträge der Ringvorlesung, ergänzt um eine Reihe von Forschungserträgen des Gesamtprojektes, einer breiten Öffentlichkeit zugänglich gemacht werden können.

Für die finanzielle Förderung danken wir daher herzlich der Karl-Barth-Gesellschaft mit Prof. Dr. Georg Plasger sowie dem Moderamen des Reformierten Bundes

---

[1] Vgl. für einen umfassenden Tagungs- und Projektbericht Kai-Ole EBERHARDT, »Der politische Barth« – Herausforderungen der Theologie Karl Barths für die Gegenwart: Hannoveraner Symposium mit Ringvorlesung, Lehr- und Forschungsprojekten zum Barthjahr 2019, in: ThLZ online (26. Februar 2020), www.thlz.com/kongressberichte.php?id=28 (09.2020).

mit Generalsekretär Dr. Achim Detmers, der uns auch die großartige Ausstellung zum Karl-Barth-Jahr »Schweizer! Ausländer! Hetzer! Friedestörer!« zur Verfügung gestellt hat. Sowohl Prof. Plasger als auch Dr. Detmers haben sich unkompliziert, engagiert und in der ihnen eigenen Verlässlichkeit für das Projekt eingesetzt. Das gilt ebenso für Prof. Dr. Matthias Zeindler, der eine dringend benötigte und überraschend großzügige Fördersumme im Namen der Reformierten Kirchen Bern-Jura-Solothurn zur Verfügung gestellt hat. Dafür danken wir ebenso wie für die Unterstützung von EKD und UEK, vertreten durch Oberkirchenrat Dr. Martin Evang und Wolfgang Bönisch, sowie von der Evangelischen Landeskirche von Hannover, vertreten durch Philip Träder. Ohne die unsagbar wichtigen Fördertöpfe der Kirchen wäre nicht nur dieses Projekt, sondern ein Großteil der Hannoveraner Forschung nicht realisierbar gewesen.

Über die Finanzen hinaus hat unser Jubiläums- und Forschungsprojekt zum »politischen Barth« viel Unterstützung erfahren, die an dieser Stelle nicht unerwähnt bleiben darf, sondern mit großem Dank hervorgehoben zu werden verdient. Verbunden mit einem herzlichen Gruß seien zuerst Präses Dr. Irmgard Schwaetzer und ihre persönliche Referentin Oberkirchenrätin Dr. Christina Ernst genannt, die mit dem Abschlussvortrag einen wichtigen Beitrag zu unserer Ringvorlesung erbracht haben, der bedauerlicherweise aufgrund der Arbeitslast in den Krisenzeiten der Coronapandemie 2020 nicht druckfertig gemacht werden konnte und in der Reihe der hier abgebildeten Vorlesungsbeiträge leider fehlen muss.

Gruß und Dank für Hilfsbereitschaft und scharfsinnige Ratschläge verdient Dr. Peter Zocher, der als Leiter des Karl Barth-Archivs Basel zudem in der Lage war, uns unkompliziert Bildmaterial für die Covergestaltung zur Verfügung zu stellen.

Der Evangelisch-Reformierten Kirchengemeinde Hannover gebührt unser Dank für die Möglichkeit, den Vortragsabend von Prof. Dr. W. Travis McMaken (St. Charles, Missouri) in ihren Räumlichkeiten und damit vor einem breiten Publikum jenseits der akademischen Mauern veranstalten zu können.

Pfr.in Angelika Wiesel hat in analoger Weise ermöglicht, dass die Barth-Ausstellung in der Kreuzkirche Hannover stattfinden konnte und dass zudem im Rahmen der Ausstellungswoche Vortrags-, Film- und Begegnungstage in Kooperation mit der ESG organisiert werden konnten: Ein herzliches Dankeschön!

Jan-Philip Tegtmeier hat nicht nur einen wertvollen Beitrag zu diesem Band beigesteuert, sondern war auf inhaltlicher wie formaler Ebene eine große und verlässliche Hilfe bei der Konzeption und Erstellung dieses Sammelbandes. Für die Unterstützung bei Korrekturen und Formatierung danken wir schließlich, last but not least, Patrick Franz, Benjamin Teichrib und Franziska Weise, den Hilfskräften des Lehrstuhls für Systematische Theologie der Universität Hannover.

Hannover, im Sommer 2020   Marco Hofheinz / Kai-Ole Eberhardt

Inhalt

Vorwort V

Marco Hofheinz / Kai-Ole Eberhardt
Einleitung
    Der politische Barth. Herausforderungen der Theologie Karl Barths für die
    Gegenwart.. 1

I.   Sektion A: Gottes Herrschaft

Markus Höfner
Eine politische Kirche?
    Zu den politischen Implikationen der Ekklesiologie Karl Barths 31

Margit Ernst-Habib
Herrenlos!
    Karl Barth und die »Mächte und Gewalten« im Raum des Politischen............. 55

II.   Sektion B: Menschliches Zeugnis – Ethische Konkretionen

André Jeromin
»Es wird regiert!« – und dann kam Corona?
    Das Coronavirus als theologische Anfechtung von Karl Barths Verständnis
    der Weltregierung Gottes 81

Björn Schütz / Marco Hofheinz
Absente Mit-Menschlichkeit
    Karl Barths christologische Anthropologie und die Kampfdrohnen 105

Raphaela J. Meyer zu Hörste-Bührer
Barth for Future?
    Eine Barth-Relektüre vor dem Hintergrund der Bewegung
    »Fridays for Future«.. 133

Marco Hofheinz
Verkaufter Sonntag?
    Karl Barths theologische Feiertagsauslegung und die Forderung nach
    Liberalisierung der Öffnungszeiten 155

Jan-Philip Tegtmeier
Der königliche Mensch als Armer unter Armen (KD IV/2, § 64,3)
  Dimensionen einer christologisch profilierten, kritischen Advokation
  für Arme und Ausgegrenzte im Dialog zwischen Karl Barth und
  Marcella Althaus-Reid 177

Kai-Ole Eberhardt
Karl Barths Theologie für ein Europa in der Krise
  Die politische und die pneumatologische Dimension der christlichen
  Verkündigung 203

W. Travis McMaken
»Freiheit ist nicht frei«
  Karl Barth und die amerikanische Politik 235

III. Corollarium

Christine Lieberknecht
»Theologische Existenz und politische Existenz«
  Die Theologie Karl Barths als Herausforderung der Politik? –
  Ein Vortrag im Rahmen der Hannoveraner Ringvorlesung
  »Römerbrief und Tageszeitung!« zum Karl Barth-Jahr 281

Verzeichnis der Autoren/-innen und Herausgeber 307

Einleitung

Der politische Barth. Herausforderungen der Theologie Karl Barths für die Gegenwart

Marco Hofheinz / Kai-Ole Eberhardt

1. Der politische Barth. Eine kurze (forschungs-)geschichtliche Rekonstruktion einer umstrittenen Figur

Unbestreitbar lässt sich Karl Barth als ein »*homo politicus*«[1] verstehen, für den sein theologisches Selbstverständnis ebenso wie das Christentum im Allgemeinen apolitisch nicht vorstellbar wären: »Fest steht, dass Barth ein sehr aufmerksamer, beteiligter und sensibler Zeitgenosse war, nicht nur im Blick auf die jeweiligen Zeitströmungen in Kirche und Theologie, sondern im allgemeinen Weltgeschehen, insbesondere in der Politik.«[2] Nichtsdestoweniger bedarf die Rede vom »politischen Barth« einer präzisierenden Rechtfertigung. Erst jüngst hat Eberhard Busch in einem Interview des »bref« ausdrücklich betont:

> »Mir missfällt [...] die Bezeichnung eines ›politischen Barth‹. [...] Barth war kein Politiker, sondern redete immer strikt als Christenmensch. Sein Engagement gründete auf seiner Erkenntnis, dass Gott alle Dinge regiert. Und stets auf der Seite derer ist, die sich für das Recht einsetzen, und erst recht bei denen, die unter Ungerechtigkeit leiden.«[3]

Wenn wir also im Folgenden den »politischen Barth« in den Blick nehmen wollen, ist eigentlich der »theologische Barth« gemeint, der gerade insofern er Theologe ist

---

[1] M. BEINTKER, Karl Barth und die Politik. Sondierungen auf einem komplizierten Terrain, in: M. LEINER / M. TROWITZSCH (Hg.), Karl Barths Theologie als europäisches Ereignis, Göttingen 2008, (260–270) 260. Wieder abgedruckt, in: DERS., Krisis und Gnade. Gesammelte Aufsätze zu Karl Barth, hg. von S. HOLTMANN / P. ZOCHER, Tübingen 2013, 220–230. Vgl. auch G. VAN NORDEN, Die Weltverantwortung der Christen neu begreifen. Karl Barth als homo politicus, KT 153, Gütersloh 1997. Vgl. auch die Rede vom »politischen Barth« bei F. JEHLE, Lieber unangenehm laut als angenehm leise. Der Theologe Karl Barth und die Politik 1906–1968, Zürich 1999, 16.

[2] So H. STOEVESANDT, Karl Barth – verstaubter Kirchenvater oder theologischer Wegweiser im 21. Jahrhundert?, ThZ 56 (2000), (342–358) 344.

[3] E. BUSCH, in: »Herr Busch, wie war Karl Barth so?«, Interview von O. DEMONT und P. PETERSEN, in: bref. Das Magazin der Reformierten 2/2020–24. Januar, (4–13) 7. (Den Hinweis auf das Interview verdanken wir Jan-Philip Tegtmeier).

auch eine politische Wirkung entfaltet.⁴ Anhand von Barths bahnbrechender theologischer Stellungnahme zu den Entwicklungen des Nationalsozialismus »Theologische Existenz heute!« (1933)⁵ lässt sich exemplarisch zeigen, wie eng ein theologisches Votum und eine politische Wirkung zusammenhängen können. Wie politisch Barth gerade dadurch wurde, dass er dezidiert als Theologe sprach, hat Michael Beintker dadurch auf den Punkt gebracht, dass er die Beurteilung dieser Schrift durch keinen geringeren als Thomas Mann referiert:

> »Man wird sagen dürfen, dass Barth überzeugend gezeigt hat, dass die konzentrierte theologische Argumentation unter bestimmten Bedingungen eine eminent politische Reichweite erreichen kann, obwohl sie unter der Maxime steht, gerade jetzt, ›Theologie und nur Theologie zu treiben‹.«⁶

Anders gesagt: »Barths Theologie war auch dort politisch, wo sie nichts anderes als sachgerechte Theologie sein wollte.«⁷ Beintker unterstreicht daher dick das bekannte Jüngel'sche Diktum: »Das Politische ist für Barth zwar Prädikat der Theologie, die Theologie aber niemals Prädikat des Politischen.«⁸ Das Politische sei eben bei Barth »kein Konstitutionsprinzip, sondern ein Implikat, das sich aus dem Wirklichkeitsbezug des Evangeliums ergibt und sich jeweils situationsspezifisch entfaltet.«⁹ Formelhaft zugespitzt: Das politische Zeugnis der christlichen Gemeinde bildet nach Barth

---

4 Vgl. dazu auch die Barth-Interpretation von T. J. GORRINGE, Karl Barth: Against Hegemony, New York / Oxford 1999. Gorringe betont, dass Barth »constantly responded to his political context *as a theologian*« (a. a. O., 11), und dass Barth »took the need of the theologian to respond to his or her context with absolute seriousness« (a. a. O., 8).

5 K. BARTH, Theologische Existenz heute!, in: DERS., Vorträge und kleinere Arbeiten 1930–1933 hg. von M. BEINTKER / M. HÜTTENHOFF / P. ZOCHER, Karl Barth GA III/49, Zürich 2013, 271–363.

6 M. BEINTKER, Theologische Existenz und Reformationsfeier. Einblicke in Karl Barths Arbeiten im Sommer und Herbst 1933, in: T. K. KUHN / K. KUNTER (Hg.), Reform – Aufklärung – Erneuerung. Transformationsprozesse im neuzeitlichen und modernen Christentum, Festschrift zum 80. Geburtstag von Martin Greschat, Leipzig 2014, (182–197) 186 mit Zitat bei BARTH, Theologische Existenz heute!, 280 und Verweis auf TH. MANN, Tagebücher 1933–1934, hg. von P. DE MENDELSOHN, Frankfurt a. M. 1977, Eintrag vom 29.8.1933, 279: »Was für ein unerschrockener, braver und frommer Mann! Und wie symbolisch, wie nicht-nur-theologisch ist alles, was er sagt!«. Vgl. auch W. LIENEMANN, Karl Barth 1886–1968, in: DERS. / F. MATHWIG (Hg.), Schweizer Ethiker im 20. Jahrhundert. Der Beitrag theologischer Denker, Zürich 2005, (33–56) 39.

7 D. FICKER STÄHELIN, Karl Barth und Markus Feldmann im Berner Kirchenstreit 1949–1951, Zürich 2006, 147.

8 E. JÜNGEL, Barth-Studien, ÖTh 9, Zürich / Köln / Gütersloh 1982, 126.

9 M. BEINTKER, Die politische Verantwortung der Christengemeinde im Denken Barths, in: DERS., Krisis und Gnade. Gesammelte Studien zu Karl Barth, hg. von S. HOLTMANN / P. ZOCHER, Tübingen 2013, (172–199) 184.

Einleitung

kein *opus alienum*, wohl aber ein *opus derivatum*, ein *opus consequens ex praedicatione evangelii*.[10]

Freilich bleibt diese Auskunft zunächst einmal recht formal. Sie abstrahiert ja betont von der politischen Situation, ebenso wie es Barths konsequenter Rekurs auf die bloße Theologie zu tun scheint, was damals wie heute mitunter zu dem großen Missverständnis geführt hat, man müsse Barths Theologie eine politische Dimension geradezu absprechen.[11] Wer wissen möchte, wer der »politische Barth« ist, wird sicherlich die Situationen und damit die gesellschaftlichen und politischen Kontexte aufsuchen müssen, in denen er – wohlgemerkt als Theologe – wirkte. Barths Theologie war gewiss alles andere als eine »Theologie im luftleeren Raum«.[12] Aber die Frage, wer dieser »politische Barth« eigentlich ist, lässt sich durch die Kontextualisierung allein nicht beantworten. An ihr schieden sich bereits zu Lebzeiten die Geister und Gemüter. Während mehrere Generationen nicht nur von Studierenden von Barth auch *in rebus politicis* Orientierung empfingen, war er etwa zur Zeit des Zweiten Weltkriegs für Teile der politischen Klasse in der Schweiz der »Staatsfeind Nr. 1« – so lautete etwa das Urteil von Bundesrat Eduard von Steiger.[13] Barth polarisiert bis heute und die Frage steht nach wie vor im Raum: Was macht »das Politische« seines theologischen Nachdenkens aus? Als Christ fühlte Barth sich zu einer »kritischen Zeitgenossenschaft«[14] verpflichtet, die ihm den – nicht unumstrittenen – Ruf einer besonderen politischen Wachheit geradezu divinatorischen Ausmaßes eingebracht hat.[15] Doch wie genau sieht der Zusammenhang zwischen seinem theologischen

---

[10] Vgl. ebd.

[11] Diese Position findet sich z. B. in den Arbeiten von P. S. PETERSON, The Early Karl Barth. Historical Contexts and Intellectual Formation 1905–1935, BHTh 184, Tübingen 2018 oder H. E. J. KALINNA, War Karl Barth »politisch einzigartig wach«? Über Versagen politischer Urteilskraft, Theologische Orientierungen 8, Münster 2009.

[12] STOEVESANDT, Barth – verstaubter Kirchenvater oder theologischer Wegweiser, 349.

[13] F. MATHWIG / M. ZEINDLER, Gott trifft Mensch. Themen der Theologie Karl Barths, Broschüre der Schweizer Landeskirchen und des Schweizer Evangelischen Kirchenbundes, Bern 2019. Online verfügbar unter www.karl-barth-jahr.eu/daten/File/Karl-Barth-Jahr/Materialien_und_Links/Karl_Barth_Gott_trifft_Mensch_A4_Jan19.pdf (02.2020), 3. Vgl. E. BUSCH, Gehört Politik zum »Herzstück der Theologie«? Karl Barth und der Schweizerische Bundesrat Eduard von Steiger, in: DERS., Barth – ein Porträt in Dialogen. Von Luther bis Benedikt XVI., Zürich 2015, 235–243. Fernerhin: DERS., »Resist the evil at all means« – 1933–1945. Die Schweizer Regierung und Karl Barth während des Dritten Reichs, in: DERS., Mit dem Anfang anfangen. Stationen auf Karl Barths theologischem Weg, Zürich 2019, 137–162.

[14] Den Begriff der »kritischen Zeitgenossenschaft« hat vor allem M. WEINRICH (Die bescheidene Kompromisslosigkeit der Theologie Karl Barths. Bleibende Impulse zur Erneuerung der Theologie, FSÖTh 139, Göttingen 2013, Teil 4: »Kritische Zeitgenossenschaft«. Siehe vor allem a. a. O., 319–321; 330–333; 338–357) in seiner Barth-Auslegung aufgegriffen und stark gemacht. Vgl. auch MATHWIG / ZEINDLER, Gott trifft Mensch, 17.

[15] Vgl. dazu affirmativ CH. FREY, Die Theologie Karl Barths. Eine Einführung, Frankfurt a. M. 1988, 260 und CH. LINK, Bleibende Einsichten von Tambach, in: M. BEINTKER /

Denken und seinen konkreten politischen Stellungnahmen und auf diesem Hintergrund die vielbeschworene »Theologie-Politik-Konnexion«[16] in seinem Denken und Leben aus?

Diese sich zu einem diffizilen Fragekomplex verdichtende Suchbewegung bildet die »Gretchen-Frage« in der Beschäftigung mit seiner Theologie, sofern deren politische Ausrichtung in den Blick genommen wird. Auf diese Frage hat es in der Barth-Forschung diverse Antwortversuche gegeben. Ja, es kristallisierten sich Kontroversen heraus, die nicht selten von schroffen Antithesen geprägt waren und mit Vehemenz artikuliert wurden. Bis heute ist beispielsweise umstritten, ob man Barth als »politischen Theologen« prädizieren kann und darf. Während die einen mit Timothy J. Gorringe betonen: »Barth's theology is from first to last, a *political theology*«,[17] machen andere geltend, dass es Barth nicht um eine politische Theologie oder »um eine Synthese von Theologie und Politik, sondern um konsequente Theologie in der Welt«[18] ging.[19] Jüngst wird häufig der Terminus »Barths Theo-Politik« verwandt, um einerseits seine Vorordnung des Theologischen vor das Politische begrifflich abzubilden, und um andererseits den implikativen Zusammenhang von Theologie und Politik zu betonen.[20] Diese Vorordnung ist sachgemäß, denn, so Barth: »Wo theologisch geredet wird, da wird implizit oder explizit auch immer politisch geredet.«[21]

CH. LINK u. a. (Hg.), Karl Barth in Deutschland (1921–1935). Aufbruch – Klärung – Widerstand, Internationales Symposion in Emden 2003, Zürich 2005, (333–346) 346, summierend R. A. KLEIN, Depotenzierung der Souveränität. Religion und politische Ideologie bei Claude Lefort, Slavoj Zizek und Karl Barth, Religion in Philosophy and Theology 85, Tübingen 2016, 185 und ablehnend KALINNA, War Karl Barth »politisch einzigartig wach«? sowie PETERSON, The Early Karl Barth.

[16] BEINTKER, Barth und die Politik, 260.

[17] So GORRINGE, Karl Barth. Against Hegemony, 5 u. ö. Fernerhin: J. COUVENHOVEN, Law and Gospel, or the Law of the Gospel. Karl Barth's Political Theology Compared with Luther and Calvin, JRE 30 (2/2002), 181–205.

[18] WEINRICH, Die bescheidene Kompromisslosigkeit, 395.

[19] Vgl. auch BUSCH, »Herzstück der Theologie«, 241f., der Barth als Gegner sowohl einer politischen, im Sinne einer auf eine zuvor gefasste politische Ansicht ausgerichteten Theologie, als auch einer entpolitisierten Theologie ausweist.

[20] So z. B. B. KLAPPERT, Die Aktualität der Theologie Karl Barths und Dietrich Bonhoeffers, in: M. GREBE (Hg.), Polyphonie der Theologie. Verantwortung und Widerstand in Kirche und Politik. FS Andreas Pangritz, Stuttgart 2019, (71–82) 72–76; M. HÖFNER (Hg.), Theo-Politics? Conversing with *Barth* in Western and Asian Contexts, Lanham 2021; M. GOCKEL, Karl Barths theopolitischer Sozialismus, in: DERS. u. a. (Hg.), Umstrittenes Erbe. Lesarten der Theologie Karl Barths, Stuttgart 2020, 41–60.

[21] K. BARTH an Studierende in Leiden/Niederlande am 27. Februar 1939. Zit. nach B. KLAPPERT, Versöhnung und Befreiung. Versuche, Karl Barth kontextuell zu verstehen, NBST 14, Neukirchen-Vluyn 1994, V.

Einleitung

Unser Bemühen, im Blick auf die höchst spannenden und auch spannungsgeladenen Forschungsdekaden zum politischen Barth ein wenig Transparenz zu gewinnen und die bisherigen Antwortversuche zu clustern, genauer gesagt: sie zu typologisieren und zu chronologisieren, hat folgende Synopse ergeben, die hier summarisch präsentiert wird:

1. Die 1970er und 1980er Jahre: Der sozialistisch-antibürgerliche Barth, wie ihn etwa Helmut Gollwitzer,[22] Friedrich-Wilhelm Marquardt,[23] Dieter Schellong,[24] Peter Winzeler,[25] Ulrich Dannemann[26] und in den USA George Hunsinger[27] rekonstruierten, stand dem radikalautoritär-antimodernen Barth gegenüber, wie er von denjenigen porträtiert wurde, die man seit diesen Anfängen[28] unter dem Begriff »Münchener Barth-Deutung« (u. a. Trutz Rendtorff, Friedrich Wilhelm

---

[22] Vgl. H. GOLLWITZER, Reich Gottes und Sozialismus bei Karl Barth (1972), in: DERS., Auch das Denken darf dienen. Aufsätze zur Theologie und Geistesgeschichte Bd. 1 (= AW 8), hg. von F.-W. MARQUARDT, München 1988, 325–386. Zu Gollwitzers Barth-Rezeption vgl. W. T. MCMAKEN, Our God Loves Justice. An Introduction to Helmut Gollwitzer, Minneapolis 2017, 26–29.

[23] Vgl. F.-W. MARQUARDT, Theologie und Sozialismus. Das Beispiel Karl Barths, GT.S 7, München / Mainz (1972) ³1985. Dazu: W. SCHMITHALS im Auftrag des Kollegiums der Kirchlichen Hochschule Berlin (Hg.), Gutachten und Stellungnahmen zu der Habilitationsschrift von Dr. Friedrich-Wilhelm Marquardt »Theologie und Sozialismus – Das Beispiel Karl Barths«, Berlin 1972; W. KRECK, Grundentscheidungen in Karl Barths Dogmatik, Neukirchener Studienbücher 11, Neukirchen-Vluyn 1978, 31–37. Fernerhin: F.-W. MARQUARDT, Der Christ in der Gesellschaft 1919–1979. Geschichte, Analyse und aktuelle Bedeutung von Karl Barths Tambacher Vortrag, ThExH 206, München 1980.

[24] Vgl. D. SCHELLONG, Barth von links gelesen. Ein Beitrag zum Thema »Theologie und Sozialismus«, ZEE 17 (1973), 238–250; DERS., Karl Barth als Theologe der Neuzeit, in: K. G. STECK / DERS., Karl Barth und die Neuzeit, ThExH 173, München 1973, 34–102; DERS., Bürgertum und christliche Religion. Anpassungsprobleme der Theologie seit Schleiermacher, ThExH 187, München ²1984, bes. 96–115.

[25] Vgl. P. WINZELER, Widerstehende Theologie. Karl Barth 1920–1935, Stuttgart 1982.

[26] Vgl. U. DANNEMANN, Theologie und Politik im Denken Karl Barths, GT.S 22, München / Mainz 1977.

[27] Vgl. G. HUNSINGER (Hg.), Karl Barth and Radical Politics. Grand Rapids 1976 (Second Edition, Eugene 2017).

[28] Zu den Anfängen im US-amerikanischen Kontext vgl. M. HOFHEINZ, Elmer G. Homrighausen und Wilhelm Pauck: Zwei »Wittgensteiner« bringen Karl Barth nach Nordamerika. Regionalgeschichtliche Details zur frühen Rezeption der Dialektischen Theologie in der »neuen Welt«, in: Wittgenstein. Blätter des Wittgensteiner Heimatvereins e. V. 108 (3/2019), 108–139.

Graf, Falk Wagner)[29] subsumiert.[30] Man hat auch von »Berliner versus Münchener Barth-Deutung« oder auch dem Antagonismus »Berliner Schule« und »Münchener Schule« gesprochen.[31] Freilich darf man nicht übersehen, dass es auch außerhalb dieser sicherlich bipolaren Konstellation höchst produktive und spannende Rezeptionen der Theologie Karl Barths nach dessen Tod gab, etwa bei Eberhard Jüngel[32] (Tübingen), Hans-Georg Geyer[33] (Göttingen), Heinz Eduard Tödt[34] (Heidelberg) und im Kreise ihrer Schülerinnen und Schüler. Und in den USA gingen in den 1970er und 1980er Jahren wichtige Impulse für eine vertiefte

---

[29] Vgl. vor allem T. RENDTORFF, Radikale Autonomie Gottes, in: DERS., Theorie des Christentums, Gütersloh 1972, 161–181 sowie den Band T. RENDTORFF (Hg.), Die Realisierung der Freiheit. Beiträge zur Kritik der Theologie Karl Barths, München 1973. Die im Blick auf die politische Ethik insbesondere in der Weimarer Republik besonders wichtigen Beiträge von F. W. GRAF finden sich inzwischen versammelt, in: DERS., Der heilige Zeitgeist. Studien zur Ideengeschichte der protestantischen Theologie in der Weimarer Republik, Tübingen 2011, 381–459.

[30] Vgl. zur Münchener Barth-Interpretation S. HOLTMANN, Karl Barth als Theologe der Neuzeit. Studien zur kritischen Deutung seiner Theologie, FSÖTh 118, Göttingen 2007. Fernerhin: DERS., Karl Barth als Theologe der Neuzeit. Die Deutungen Trutz Rendtorffs, Falk Wagners und Friedrich Wilhelm Grafs, in: M. LEINER / M. TROWITZSCH (Hg.), Karl Barths Theologie als europäisches Ereignis, Göttingen 2008, 331–347; CH. LINK, Theologie auf der Höhe der Zeit? Zur Kontroverse zwischen Trutz Rendtorff und Karl Barth, ZDTh 11 (1995), 229–245; C. RICHTER, »Die Realisierung der Freiheit«. Relecture und Kritik der Münchner Barth-Interpretation, in: M. GOCKEL u. a. (Hg.), Umstrittenes Erbe. Lesarten der Theologie Karl Barths, Stuttgart 2020, 227–241.

[31] So die Unterscheidung bei KLAPPERT, Versöhnung und Befreiung, 338–343. Vgl. auch D. KORSCH, Dialektische Theologie nach Karl Barth, Tübingen 1996, 79–82; G. PFLEIDERER, »Inkulturationsdialektik«. Ein Rekonstruktionsvorschlag zur modernitätstheoretischen Barthinterpretation, in: M. BEINTKER / CH. LINK / M. TROWITZSCH (Hg.), Karl Barth in Deutschland (1921–1935). Aufbruch – Klärung – Widerstand, Zürich 2005, (223–244) 232f.; S. HOLTMANN, Wirkung und Rezeption der Theologie Karl Barths in den Paradigmenwechseln der 1970er Jahre, in: M. BEINTKER (Hg.), Barth Handbuch, Tübingen 2016, (451–456) 451f.; M. WEINRICH, Karl Barth. Leben – Werk – Wirkung, UTB 5093, Göttingen 2019, 450–456.

[32] E. JÜNGEL, Gottes Sein im Werden. Verantwortliche Rede vom Sein Gottes bei Karl Barth. Eine Paraphrase, Tübingen ⁴1986; DERS., Barth-Studien; DERS., Ganz werden. Theologische Erörterungen V, Tübingen 2003, 158–230.

[33] H.-G. GEYER, Andenken. Theologische Aufsätze, hg. von H. TH. GOEBEL u. a., Tübingen 2003; DERS., Karl Barths Umgang mit der Osterbotschaft des Neuen Testaments, ZDTh 13 (1/1997), 47–66. Vgl. H. TH. GOEBEL, Hans-Georg Geyers Umgang mit der Theologie Karl Barths, in: M. GOCKEL u. a. (Hg.), Umstrittenes Erbe. Lesarten der Theologie Karl Barths, Stuttgart 2020, 203–213.

[34] Vgl. H. E. TÖDT, Theologie lernen und lehren mit Karl Barth. Briefe – Berichte – Vorlesungen. Zusammengestellt von I. TÖDT, Entwürfe zur christlichen Gesellschaftswissenschaft 23, Berlin 2012.

Einleitung

Barth-Forschung von Hans W. Frei aus, der an der Yale Divinity School in New Haven (Connecticut) lehrte. Nach Michael Beintker erweist sich das Jahr 1989 immer stärker als Epochenzäsur für die Deutung des »politischen Barth«.[35] Freilich sind die beiden skizzierten repräsentativen Linien[36] der politischen Barth-Interpretation auch nach der sogenannten »Wende« weitergegangen bzw. weiter ausgezogen worden.[37] Ein Abbruch hat sich, was die Diskurskonstellation betrifft, mitnichten ereignet, sondern eher eine tektonische, genauer: (trans)atlantische Verschiebung.[38]

2. Die 1980er und 1990er Jahre: Der kirchlich-kommunitaristische,[39] postliberale Barth,[40] wie er vor allem im US-amerikanischen Kontext u. a. von Protagonisten

---

[35] Vgl. BEINTKER, Barth und die Politik, 261.

[36] Für die sogenannte Berliner Barth-Deutung vgl. etwa S. PLONZ, Die herrenlosen Gewalten. Eine Relektüre Karl Barths in befreiungstheologischer Perspektive, Mainz 1995; DIES., »Religiöser Sozialismus« als dialektische Theologie: Karl Barth, in: M. CASPER / K. GABRIEL / H.-R. REUTER (Hg.), Kapitalismuskritik im Christentum. Positionen und Diskurs in der Weimarer Republik und der frühen Bundesrepublik, Frankfurt a. M. / New York 2016, 79–110; GORRINGE, Against Hegemony; DERS., Barth and Politics, in: P. D. JONES / P. T. NIMMO (Hg.), The Oxford Handbook of Karl Barth, New York / Oxford 2019, 178–192; G. HUNSINGER, Disruptive Grace. Studies in the Theology of Karl Barth, Grand Rapids / Cambridge 2000, bes. 21–128. Für die Münchener Barth-Deutung: T. RENDTORFF, Theologie in der Moderne. Über Religion im Prozeß der Aufklärung, Troeltsch-Studien 5, Gütersloh 1991, Kap. II: Opposition im Banne der Neuzeit. Studien zu Karl Barth, 111–198.

[37] Dementsprechend kann C. VAN DER KOOI (Theologie mit Rückgrat. Karl Barths Erbe heute – eine Übersicht, ZDTh 30 [1/2014], 119–139) mit Blick auf die unmittelbare Gegenwart der deutschsprachigen Barthforschung immer noch unterscheiden zwischen der »kulturphilosophischen Interpretation der Münchener Schule« (a. a. O., 124) und den »übrigen deutschen Stimmen«, die Barths Theologie als »Theologie für unsere Zeit« (a. a. O., 127) zur Sprache bringen.

[38] Vgl. M. GOCKEL, Jede Stunde neu anfangen. Der Schweizer Theologe Karl Barth erfährt in den USA eine erstaunliche Renaissance, Zeitzeichen 7/2011, 40–42.

[39] Zum kirchlichen Kommunitarismus vgl. M. HOFHEINZ, Urteilen im Raum der Kirche. Theologische Einsichten des sog. »kirchlichen Kommunitarismus«, in: I. SCHOBERTH / CH. WIESINGER (Hg.), Urteilen lernen III – Räume des Urteilens in der Reflexion, in der Schule und in religiöser Bildung, Göttingen 2015, 43–67.

[40] Vgl. R. T. MICHENER, Postliberal Theology. A Guide for the Perplexed, London u. a. 2013, 40–47, der u. a. Barths Denken als »theological background« postliberaler Theologie identifiziert. Eine personelle Überschneidung zur Berliner Barth-Interpretation gibt es vor allem in Gestalt G. HUNSINGERs, Conversational Theology. Essays on Ecumenical, Postliberal and Political Themes, with Special Reference to Karl Barth, London u. a. 2015.

wie Stanley Hauerwas[41] und John Howard Yoder[42] und in der jüngeren Generation von William Werpehowski,[43] Reinhard Hütter,[44] Arne Rasmusson[45] und Joseph L. Mangina[46] in der Tradition der sogenannten »Yale-School« verstanden wurde, fand gewissermaßen auf der anderen Seite des atlantischen Ozeans sein liberal-kulturprotestantisches Pendant (u. a. Hartmut Ruddies,[47] Dietrich Korsch,[48]

---

[41] S. HAUERWAS, Character and the Christian Life. A Study in Theological Ethics, Notre Dame (1975) ²1994, 129–178; DERS., Dispatches from the Front. Theological Engagements with the Secular, Durham / London 1994, 58–79; DERS., With the Grain of the Universe. The Church's Witness and Natural Theology, Grand Rapids 2001, 141–204.

[42] J. H. YODER, Karl Barth and the Problem of War and Other Essays on Barth, ed. by M. THIESSEN NATION, Eugene 2003. Zu Yoders Barth-Rezeption: M. HOFHEINZ, »Er ist unser Friede«. Karl Barths christologische Grundlegung der Friedensethik im Gespräch mit John Howard Yoder, FSÖTh 144, Göttingen 2014.

[43] W. WERPEHOWSKI, Karl Barth and Christian Ethics. Living in Truth, Burlington 2014; DERS., Karl Barth and Politics, in: J. WEBSTER (Hg.), The Cambridge Companion to Karl Barth, Cambridge 2000, 228–242; DERS., Barth and Public Life, in: P. D. JONES / P. T. NIMMO (Hg.), The Oxford Handbook of Karl Barth, New York / Oxford 2019, 548–563.

[44] R. HÜTTER, Evangelische Ethik als kirchliches Zeugnis. Interpretationen zu Schlüsselfragen theologischer Ethik in der Gegenwart, Neukirchen-Vluyn 1993, bes. 25–105; DERS., Bound to Be Free. Evangelical Catholic Engagements in Ecclesiology, Ethics, and Ecumenism, Grand Rapids / Cambridge 2004, 78–94.

[45] A. RASMUSSON, »Deprive them of their Pathos«. Karl Barth and the Nazi Revolution Revisited, MoTh 23 (2007), 369–391; DERS., Historiography and Theology. Theology in the Weimarer Republic and the Beginning of the Third Reich, KZG 20 (2007), 155–180; DERS., The Politics of Diaspora. The Post-Christendom Theologies of Karl Barth and John Howard Yoder, in: L. G. JONES u. a. (Hg.), God, Truth, and Witness. Engaging Stanley Hauerwas, Grand Rapids 2005, 88–111.

[46] J. L. MANGINA, Bearing the Marks of Jesus. The Church in the Economy of Salvation in Barth and Hauerwas, SJTh 52 (1999), 269–305; DERS., Karl Barth. Theologian of Christian Witness, Aldershot / Burlington 2004; DERS., Karl Barth on the Christian Life. The Practical Knowledge of God, Issues in Systematic Theology Bd. 8, New York u. a. 2001; DERS., The Stranger as Sacrament. Karl Barth and the Ethics of Ecclesial Practice, IJST 1 (1999), 322–339; DERS., Christian Life, in: P. D. JONES / P. T. NIMMO (Hg.), The Oxford Handbook of Karl Barth, New York / Oxford 2019, 407–421.

[47] H. RUDDIES, Karl Barth und die Liberale Theologie. Fallstudien zu einem theologischen Epochenwechsel, Göttingen (Diss. theol.) 1994. Dort insbesondere a. a. O., 198–226 (= DERS., Unpolitische Politik? Überlegungen zum Verhältnis von Theologie und Politik bei Karl Barth nach 1945, ZDT 8 [1992], 173–197).

[48] KORSCH, Dialektische Theologie nach Karl Barth; DERS., Religionsbegriff und Gottesglaube, Tübingen 2005.

Georg Pfleiderer[49]),[50] das getragen wurde vom Bemühen, Barth im Umbruch der Moderne zu interpretieren und ihn auch in seiner Abgrenzungsbewegung vom deutschsprachigen Liberalprotestantismus in den Referenzrahmen liberaler Theologie zu integrieren. Die wechselseitige Wahrnehmung war zu jener Zeit transatlantisch freilich kaum ausgeprägt, sondern wurde eher von einer reziproken Rezeptionsträgheit überlagert. In den USA hat die Theologie Barths in jener Zeit gleichwohl eine »erstaunliche Renaissance«[51] erfahren. Die Einrichtung eines »Centers for Barth Studies« als nordamerikanischer Forschungsstelle im Jahr 1997 am Princeton Theological Seminary ist ein signifikantes Indiz dafür. Es spricht mittlerweile vieles dafür, dass sich seitdem das Zentrum der aktiven Barth-Forschung und Barth-Rezeption in die USA verlagert hat.

3. Die 1990er und 2000er Jahre: Es zeigt sich hier auch in der Barth-Forschung die vielzitierte »neue Unübersichtlichkeit« (Jürgen Habermas). Insgesamt lässt sich tatsächlich eine »Pluralisierung der Perspektive«[52] beobachten. Wenn überhaupt ein halbwegs angemessenes und zutreffendes Label gefunden werden kann, dann vielleicht das des »kontextuellen Barth«, insofern in multiplen problemgeschichtlichen Konstellationen eine Fülle von Fall-, Feld-[53] und Länderstudien[54] entstanden ist.

Man mag sich heute mit prospektiv ausgerichteter Neugierde fragen: Wie sieht wohl der Barth der Zukunft aus? Zeichnet sich sein Konterfei etwa schon ab? Gleicht er

---

[49] G. PFLEIDERER, Karl Barths praktische Theologie. Zu Genese und Kontext eines paradigmatischen Entwurfs systematischer Theologie im 20. Jahrhundert, BHTh 115, Tübingen 2000.
[50] Im US-amerikanischen Kontext vgl. G. DORRIEN, The Barthian Revolt in Modern Theology. Theology without Weapons, Louisville 2000.
[51] GOCKEL, Jede Stunde neu anfangen, 40–42.
[52] So C. VAN DER KOOI, Wirkung und Rezeption der Theologie Karl Barths am Ende des 20. Jahrhunderts, in: M. BEINTKER (Hg.), Barth Handbuch, Tübingen 2016, (457–463) 460.
[53] U.a. T. HERWIG, Karl Barth und die Ökumenische Bewegung. Das Gespräch zwischen Karl Barth und Willem Adolf Visser't Hooft auf der Grundlage ihres Briefwechsels 1930–1968, Neukirchen-Vluyn 1998; FICKER-STÄHELIN, Karl Barth und Markus Feldmann im Berner Kirchenstreit 1949–1951; B. DAHLKE / H.-P. GROSSHANS (Hg.), Ökumene im Denken. Karl Barths Theologie und ihre interkonfessionelle Rezeption, Leipzig 2020.
[54] Vgl. u. a. M. LEINER / M. TROWITZSCH (Hg.), Karl Barths Theologie als europäisches Ereignis, Göttingen 2008; G. ETZELMÜLLER, Karl Barth als Europäer und europäischer Theologe, in: I. DINGEL / H. DUCHHARDT (Hg.), Die europäische Integration und die Kirchen II. Denker und Querdenker, VIEG.B 93, Göttingen 2012, 51–77; G. THOMAS / R. H. REELING BROUWER / B. MCCORMACK (Hg.), Dogmatics after Barth. Facing Challenges in Church, Society and the Academy, Leipzig 2012; W. KRÖTKE, Karl Barth und der »Kommunismus«. Erfahrungen mit einer Theologie der Freiheit in der DDR, Zürich 2013; M. HÜTTENHOFF / H. THEISSEN (Hg.), Abwehr – Aneignung – Instrumentalisierung. Zur Rezeption Karl Barths in der DDR, GThF.NF 24, Leipzig 2015; HÖFNER (Hg.), Theo-Politics?.

im Profil womöglich dem »öffentlich-theologischen Barth« (u. a. Günter Thomas, Eva Harasta),[55] dem »dekolonialisiert-gegenderten« Barth (u. a. Tim Hartman, Hanna Reichel),[56] dem »antidemokratisch-historisierten« Barth (u. a. Paul Silas Peterson),[57] dem »diasporatheologisch-postchristlichen« Barth (u. a. Marco Hofheinz)[58]? Oder ist es bereits hinreichend, ihn einfach als »postsäkular« zu bezeichnen?[59]

Wohl kaum. Ins Kraut schießende Spekulation hilft an dieser Stelle wenig. Die internationale Barth-Forschung wird beharrlich und wissenschaftlich seriös statt nervös weiterfragen müssen: Welche Zugangsweisen und Beschreibungsversuche des politischen Barth haben sich in den letzten Jahren als tragfähig erwiesen und bilden das Fundament seiner aktuellen und vielleicht zukünftigen Interpretation? Welche Zugänge ermöglichen die Aktualisierung seines Denkens und dessen Anwendung auf politische Problemkonstellationen der Gegenwart?[60] Man wird so fragen müssen, wenn die Deutung Karl Barths nicht in Stereotypen von gestern versacken soll.[61]

---

[55] E. HARASTA, Karl Barth, a Public Theologian? The One Word and Theological »Bilinguality«, IJPTh 3 (2/2009), 184–199; G. THOMAS, Karl Barth's Political Theology. Contours, Perspectives and Lines of Development, in: DERS. / R. H. REELING BROUWER / B. MCCORMACK (Hg.), Dogmatics after Barth. Facing Challenges in Church, Society and the Academy, Leipzig 2012, 181–197; DERS., Die Aufgabe der Evangelischen Theologie im Ensemble universitärer Religionsforschung. Eine Zumutung, ZDTh 28 (2/2012), 4–28; DERS., Weder kleingläubig noch mutlos. Irrwege der evangelischen Kirche in ihrem Engagement in Politik und Öffentlichkeit, Zeitzeichen 9/2018, 26–28.

[56] H. REICHEL, Vom Wort Gottes zum Kontratext. Theologische Textualität und kontextuelle Theologie im Anschluss an Karl Barth, ThZ 70 (3/2014), 208–230; DIES., Theologie als Bekenntnis. Karl Barths kontextuelle Lektüre des Heidelberger Katechismus, FSÖTh 149, Göttingen 2015; T. HARTMAN, Theology after Colonization: Bediako, Barth, and the Future of Theological Reflection, Notre Dame 2019; DERS., African Religions as »Parables of the Kingdom«? Karl Barth and Kwane Bediako on Revelation and Culture, Stellenbosch Theological Journal 5 (1/2019), 93–109. Fernerhin: P. S. CHUNG, Karl Barth: Postcolonial Theology and World Christianity, in: M. GREBE (Hg.), Polyphonie der Theologie. Verantwortung und Widerstand in Kirche und Politik. FS Andreas Pangritz, Stuttgart 2019, 31–50.

[57] PETERSON, The Early Karl Barth. Vgl. zu Petersons Barthdarstellung die kritische Rezension von G. HUNSINGER, in: IJST 22 (2020), 421–425.

[58] M. HOFHEINZ, »In Tuchfühlung und im Handgemenge mit dem Weltgeschehen« – Kirche in einer »postchristlichen« Welt. Karl Barths diasporatheologische Impulse zur Begegnung mit dem Säkularen, ZDTh 34 (2/2018), 25–58.

[59] Vgl. den Band S. MÜLLER / J. VOIGTLÄNDER (Hg.), »Christengemeinde und Bürgergemeinde« – in einer nachchristlichen Gesellschaft, Bonn / Hannover 2018.

[60] Vgl. z. B. das Panorama im Sammelband von M. GOCKEL / A. PANGRITZ / U. SALLANDT (Hg.), Umstrittenes Erbe. Lesarten der Theologie Karl Barths, Stuttgart 2020.

[61] So zuletzt nachdrücklich CH. TIETZ, Debatte mit offenem Visier, Zeitzeichen 2/2019, 44–46.

Einleitung

War Barth ein »hochbegabter Alarmist« (Klaas Huizing),[62] ein »Bürgerromantiker und Sozialist« (Hartmut Ruddies),[63] ein »Mensch im Widerspruch« (Christiane Tietz),[64] das »Lamm im Wolfspelz« (Georg Pfleiderer),[65] ein »einseitiger, immer wieder kompromissloser Theologe, dem Ambiguitätstoleranz theologisch fremd war« (Friedrich Wilhelm Graf)[66] usw.? Ist er all das? Oder ist er selbst vielleicht auch gegenüber allen Rekonstruktionsbemühungen »Der ganz Andere« – vielleicht sogar der »Unerreichbare«? Im Jubiläumsjahr anlässlich des fünfzigsten Todestages Barths am 10. Dezember 2018 und des hundertsten Geburtstages seines Römerbriefkommentars 2019 wurde auch diese beinah blasphemische Frage gestellt.[67]

2. Transferversuche: Barths Bild von Römerbrief und Tageszeitung als methodologische Rahmung des vorliegenden Bandes

Im vorliegenden Band möchten wir uns einer doppelten Herausforderung stellen, die zum einen mit der Theologie Karl Barths und zum anderen mit der Gegenwart zu tun hat. Dass der »politische Barth« gegenwartsbezogen agierte, dürfte nach allem bislang ausgeführten wenig überraschen. Ansonsten wäre die entsprechende Attribuierung wohl kaum gerechtfertigt. Barths Gegenwart forderte ihn heraus, ebenso wie unsere Gegenwart uns herausfordert.[68] Unsere aktuellen Herausforderungen werden derzeit gerne in den sogenannten »grand challenges« zusammengefasst, die Themen umfassen wie z. B. Welternährung, Digitalisierung, Klimaschutz, Migration, Nachhaltigkeit, Geschlechtergerechtigkeit oder auch das Recht, das als nationales, europäisches und als Völkerrecht an vielen Orten erodiert, obgleich es doch so etwas wie das Gerüst der Gesellschaft bildet.[69] Die Gegenwart hält also mannigfaltige

---

[62] K. HUIZING, »Ein hochbegabter Alarmist«. Gespräch mit dem Theologieprofessor Klaas Huizing über Größe und Grenze Karl Barths – und warum es reizvoll ist, einen Roman über den Gelehrten und seine Frauen zu schreiben, Zeitzeichen 12/2018, 36–38.

[63] H. RUDDIES, Bürgerromantiker und Sozialist. Karl Barth als Nonkonformist, ZDTh 25 (2009), 10–23.

[64] CH. TIETZ, Karl Barth. Ein Leben im Widerspruch, München 2019.

[65] G. PFLEIDERER, Das Lamm im Wolfspelz. Ein Versuch, Karl Barth zu verstehen, Zeitzeichen 12/2018, 26–29.

[66] F. W. GRAF, Ethische Orientierungskraft erloschen. Über die dunklen Kehrseiten eines scharfen Geistes, Zeitzeichen 12/2018, (31f.) 32.

[67] Vgl. die Ausgabe der »Zeitzeichen« 19 (Dez. 2018), 21. Vgl. auch a. a. O., 30: »Ist Karl Barth der Größte?«.

[68] Vgl. S. LOBO, Realitätsschock: Zehn Lehren aus der Gegenwart, Köln 2019.

[69] Vgl. S. ULRICH, Alles, was recht ist, Süddeutsche Zeitung Nr. 20 vom 25./26. Januar 2020, 4.

Problemkonstellationen bereit, wie nicht nur wohlfeile, sondern auch seriöse politische Rhetorik betont. Von der Makro- bis zur Mikroebene sind wir tatsächlich vor große Aufgaben gestellt. Sie fordern uns heraus in unserer Wahrnehmung, verlangen nach einer Matrix, einem Raster der Einordnung, nach einem Orientierungsrahmen, auf dessen Hintergrund wir sie beurteilen und Lösungsstrategien entwickeln können.

Wir vertreten im vorliegenden Band die These, dass die Barth'sche Theologie solch einen Referenzrahmen liefern kann, was selbstverständlich nicht heißt, dass sie all unsere heutigen Fragen damit schon beantwortet, ja all unsere Herausforderungen löst. Schön wär's, wird man da nur auf Realitätsbezug pochend und vielleicht mit etwas Larmoyanz in der Stimme einwenden können.

Uns sollte indes nicht nur im Blick auf unsere Gegenwart, sondern auch die Theologie Barths bewusst sein: Sie ist nicht nur herausgefordert, sie provoziert (*pro-vocare*) ihrerseits auch und das in nicht unerheblichem Maße – damals wie heute. Sie fordert selbst heraus, nämlich heraus aus den gewohnten Wahrnehmungsmustern. So provoziert sie einen Perspektivwechsel. Barths Theologie will damit also selbst Gegenwart, sie will politisch werden. Wer darum weiß, dass wir unsere Perspektiven »bewohnen«,[70] wird vielleicht die Tragweite dieser Provokation erahnen. Es geht also um eine doppelte Herausforderung, ja eine zweifache Provokation: die der Gegenwart und die der Barth'schen Theologie.

Diese Schlussfolgerung ruft gleichsam reflexhaft die Anschlussfrage hervor: Wie kann angesichts dieser doppelten Herausforderung und Provokation, nämlich der Gegenwart und der Barth'schen Theologie, ein Transfer gelingen – zwischen unserer und Barths Gegenwart? Um derartige Transferversuche soll es in diesem Band gehen.[71]

Barth leitet uns zu diesen Transferversuchen an. Er liest nämlich beides: Römerbrief *und* Tageszeitung. Theologie und Gegenwartsprobleme setzt er damit in einen Diskurs. Unsere Anschlussfrage kann mithin nur lauten: Hilft Barth uns auch heute, Römerbrief und Tageszeitung, Glaube und Politik in ein konstruktives Gespräch zu bringen und christliche Impulse für Politik und Gesellschaft fruchtbar zu machen? Helfen seine theologischen Explorationen auch uns bei der ausdifferenzierten Gestaltung einer christlichen Ethik des Politischen?

2.1 Das geflügelte Wort von Bibel und Tageszeitung in theologischer Deutung

Das Barth vielfach zugeschriebene Diktum, dass die Zeitung in die eine und die Bibel in die andere Hand des Theologen gehöre, ist ebenso wie das Luther nachgesagte

---

[70] So D. RITSCHL, Zur Logik der Theologie. Kurze Darstellung der Zusammenhänge theologischer Grundgedanken, München ²1988, 58 u. ö.

[71] Vgl. W. THIEDE (Hg.), Karl Barths Theologie der Krise heute. Transfer-Versuche zum 50. Todestag, Leipzig 2018.

Einleitung

Wort vom Pflanzen des Apfelbaums angesichts des Weltuntergangs ein geflügeltes Wort, das zwar Barths Ansicht gut bündelt und darum zum Barth-Jubiläum vielfach zum Nachdenken angeregt hat,[72] sich aber wörtlich nicht belegen lässt.[73] Barth bestimmt gleichwohl Zeit seines Lebens das Verhältnis von Bibel und Zeitung explizit und (de)konstruktiv in Gestalt anderer, wenngleich sicherlich weniger gelenker Wendungen, etwa folgender: »Lektüre von allerhand ausgesprochen weltlicher Literatur, der Zeitung vor allem, ist zum Verständnis des Römerbriefs dringend zu empfehlen.«[74] Die Zeitungslektüre verweist auf Fragen und Erfahrungen des Menschseins, die an den Römerbrief herangetragen werden können. Aber die umgekehrte Blickrichtung, von der Bibel in die Zeitung, ist bei Barth noch dominanter: Eine Theologin oder ein Theologe »liest die Zeitung und kann nicht vergessen, dass er [oder sie] eben noch Jes. 40 oder Joh. 1 oder Röm. 8 gelesen hat.«[75] Vermutlich ist das Bild von Bibel und Tageszeitung am besten auf Barths politische Ethik angewendet, wenn man die Bibellektüre als Rahmung der Zeitungslektüre versteht:

»Die Bibel lehrt uns, die menschlichen Dinge in ihrem Zentrum, in ihrer Höhe, in ihrer Tiefe zu sehen. Die Zeitung ist der tägliche Bericht über das, was sich in der Menschheit zuträgt. Und die Bibel lehrt uns, daß eben diese Menschheit von Gott geliebt ist.«[76]

---

[72] Hervorgehoben sei hier vor allem die Konferenz von Reformiertem Bund und der Weltgemeinschaft reformierter Kirchen, die unter dem Titel »Newspaper and Bible – Zeitung und Bibel«, die am 25.–27. Oktober 2019 in Budapest (Ungarn) stattgefunden und die politische Bedeutung der Theologie Barths thematisiert hat. Vgl. dazu www.karl-barth-jahr.eu/Anmeldung_bis_zum_30._September_Konferenz_Newspaper_and_Bible___Zeitung_und_Bibel-23826-0-0-65.html (07.2020). Das Ergebnis der Konferenz war auch eine gemeinsame Abschlusserklärung für ein einiges, friedliches, menschenfreundliches und offenes Europa: Vgl. www.karl-barth-jahr.eu/daten/File/Karl-Barth-Jahr/Materialien_und_Links/Abschlusserkl%C3%A4rung_German_26.19.pdf (07.2020).

[73] Es findet sich so z. B. in der Jubiläumsbroschüre von MATHWIG / ZEINDLER, Gott trifft Mensch, 23. Vgl. auch die Abschnittsüberschrift »Zeitung und Bibel« a. a. O.,17. Vgl. zu der Frage, wo sich das Diktum nachweisen lassen könnte, auch den entsprechenden Eintrag im FAQ-Bereich des Center for Barth Studies Princeton unter www.barth.ptsem.edu/aboutcbs/faq (09.2020).

[74] K. BARTH, Der Römerbrief (Zweite Fassung) 1922 hg. von C. VAN DER KOOI / K. TOLSTAJA, Karl Barth GA II/47, Zürich 2010, 572.

[75] K. BARTH, Einführung in die evangelische Theologie, Zürich ⁷2010, 88. Barth verweist auf die Zeitung hier im Rahmen seiner Darstellung der »Betroffenheit« als Charakteristikum theologischer Existenz. Vgl. die Verhältnisbestimmung der menschlichen »Nöte und Verheißungen« mit »Gottes Wort« a. a. O., 88f.

[76] K. BARTH, Gespräche 1964–1968, hg. von E. BUSCH, Karl Barth GA IV/28, Zürich 1996, 243 (Interview von Freddy Klopfenstein [1966]).

Die Bibellektüre verweist uns also auf den Menschen und damit an die Zeitung, die die Menschen in ihrer jeweiligen Zeit und mit ihrem ja aktuellen Selbst- und Weltverständnis abbildet. Man liest die Zeitung aber von der biblischen Lehre her mit neuen Augen, nämlich im Kontext der Gnade Gottes.[77] Und von der Zeitung aus blickt man wiederum in die Bibel, und zwar als eine Person, die fest in dieser Welt und der eigenen Zeit steht und entsprechende Anliegen mit den biblischen Texten in Dialog bringt.

Barths Römerbriefkommentar (1919) gibt, wie gleich zu zeigen sein wird, von dieser Verschränkung ein eindrückliches Zeugnis. Bereits am 11. November 1918 schreibt Barth, noch während des Entstehungsprozesses des Kommentars, an seinen Freund Eduard Thurneysen, welche Spannung der abwechselnde Blick in Zeitung und Bibel in ihm erzeugt. Die gesamte Passage aus diesem Brief lässt Barths Ringen um Bibelorientierung und Gegenwartsbezug erkennen:

»Hätten wir uns doch schon *früher* zur Bibel bekehrt, damit wir jetzt festen Grund unter den Füssen hätten! Nun brütet man abwechselnd über der Zeitung und dem N.T. und sieht eigentlich furchtbar wenig von dem organischen Zusammenhang beider Welten, von dem man jetzt deutlich und kräftig sollte Zeugnis ablegen können.«[78]

Bereits Barths frühe Theologie lässt sich offenbar nicht anders denn als »Bibeltheologie« verstehen. Sie ist nicht nur geprägt von einem Unbehagen, ja einem Weltkriegsprotest gegenüber einer politisch versagenden Kirche und Gesellschaft, sondern auch von der »Wiederentdeckung der Bibel«[79] bzw. einer Neubesinnung auf die biblische Botschaft. Bei seiner Orientierung an der Bibel geht es um nicht weniger als das Leitthema seiner theologischen und damit auch politischen Existenz:

---

77 Vgl. M. BEINTKER, »Das Volk Gottes im Weltgeschehen«. Die Gemeinde Jesu Christi als Zeitgenossen, in: DERS., Krisis und Gnade. Gesammelte Aufsätze zu Karl Barth, hg. von S. HOLTMANN / P. ZOCHER, Tübingen 2013, (200–219) 211.

78 K. BARTH, Brief an Thurneysen vom 11. November 1918, in: Karl Barth – Eduard Thurneysen, Briefwechsel, Bd. 1: 1913–1921 hg. von E. THURNEYSEN, Karl Barth GA IV/3, Zürich 1973, (299–301) 300. Möglicherweise handelt es sich um eine Anspielung auf Christoph Blumhardts Diktum: »Das Kämmerlein, ja, und die Kammer!« Gemeint ist die »Kammer« im Sinne des Parlaments, in dem Blumhardt als sozialdemokratischer Abgeordneter seit 1900 in Württemberg saß, und das »Kämmerlein«, in dem gebetet wird (vgl. Mt 6,6). J. FANGMEIER (Reformation und Kirche. Ein Gemeindevortrag und einige Schlußbemerkungen, in: M. HEIMBUCHER / J. LENZ [Hg.], Hilfreiches Erbe. Zur Relevanz reformatorischer Theologie. Festschrift für Hans Scholl, Bovenden 1995, [120–129] 121) berichtet davon, dass ihm dieses Diktum »von Eduard Thurneysen und Karl Barth her geläufig ist«, wenn er (scil. Fangmeier) es auch nicht nachweisen kann. Er vermutet, dass beide eine mündliche Aussage Blumhardts im Ohr behalten und gerne zitiert haben.

79 So WEINRICH, Die bescheidene Kompromisslosigkeit, 64.

Einleitung

»Der Lernprozess, der bei Barth mit der Erschütterung durch den Krieg bzw. die Kriegstheologie einsetzte und sich alsbald gegenüber der Erschütterung auch wieder verselbständigte, bestand darin, dass er die *Bibel* auf ihr Zentrum hin zu belauschen anfing und *sie* in der Art, wie dort von Gott geredet, wie dort Gott bezeugt wird, beim Wort zu nehmen bemühte.«[80]

Der junge Barth liest namentlich den Römerbrief in dem Bewusstsein: Hier steht von uns geschrieben. Wir sind die Adressaten des Paulus, die Römer, an die er schreibt. Barth fragt von daher nicht, wie die lange vergangene Welt der Bibel für das Heute nach entsprechender Kontextualisierung aktualisiert werden kann, sondern wie unsere Gegenwart im Lichte der biblischen Botschaft aussieht.
In seinem Aargauer Konferenzvortrag »Biblische Fragen, Einsichten und Ausblicke« (1920) bemerkt Barth bereits unmittelbar zu Beginn:

»Was uns die Bibel an Erkenntnis zur Deutung des Weltgeschehens zu bieten hat, fragen wir. Diese Frage kehrt sich aber sofort um, richtet sich an uns selbst und lautet dann, ob und inwiefern wir denn in der Lage sind, uns die in der Bibel gebotene Erkenntnis zu eigen zu machen. […] Es kann sich ja eigentlich gar nicht fragen: Was bietet die Bibel? Sie *hat* schon geboten, unsere ganze Erkenntnis *lebt* von Erkenntnis Gottes. Wir sind nicht draußen, sondern drinnen.«[81]

Dieses Drinnen-Sein bringt der *terminus technicus* »Intratextualität« auf den Begriff. Mit George A. Lindbeck resultiert daraus ein besonderes Verhältnis von Welt und Bibel: »It is the text, so to speak, which absorbs the world, rather than the world the text.«[82] Eberhard Jüngel hat treffend von der »prävenienten Bewegung biblischer Urteilskraft«[83] gesprochen. Barth liest demnach die Tageszeitung im Lichte des Römerbriefs. Die in der Tageszeitung angesprochenen Probleme erscheinen ihm von

---

[80] STOEVESANDT, Barth – verstaubter Kirchenvater oder theologischer Wegweiser, 348.
[81] K. BARTH, Biblische Fragen, Einsichten und Ausblicke, in: DERS., Vorträge und kleinere Arbeiten 1914–1921, hg. von H.-A. DREWES in Verbindung mit F.-W. MARQUARDT, Karl Barth GA III/48, Zürich 2012, (662–701) 666f. Dazu: WEINRICH, Die bescheidene Kompromisslosigkeit, 64–85.
[82] G. A. LINDBECK, The Nature of Doctrine. Religion and Theology in a Postliberal Age, Philadelphia 1984, 118.
[83] E. JÜNGEL, Art. Barth, Karl, TRE 5 (1980), (251–268) 258.

da her neu. Barth kann etwa »Gleichnisse« entdecken – »Gleichnisse des Himmelreiches«.[84] Bereits im »Tambacher Vortrag« (1919) spricht er davon.[85] Die Herausforderungen der Gegenwart werden durch die biblische Perspektive für Barth deutbar. Es geht ihm um eine »Klärung der Lichtverhältnisse«[86] im Blick auf die politischen Phainomena.

Denn in welchem Lichte Politik und Gesellschaft zu betrachten sind, erschließt sich von Barths Vortragstitel in Tambach, »Der Christ in der Gesellschaft«, her in Jesus Christus selbst, der über Christinnen und Christen in die Gesellschaft hineinstrahlt.[87] Er tut dies nach Barth allerdings in absoluter Unverfügbarkeit und zuvorderst als ein kritisches Moment, das Politik und Gesellschaft infrage stellt und jedweder Vereinnahmung des Christlichen für politische Zwecke entgegenstehe.[88] Konkret unterstreicht Barth damit seine Absage an das Narrativ vom »Gott mit uns«,[89] das in der Propaganda des Ersten Weltkrieges eine tragische Zuspitzung erfahren hatte, und an die den Glauben politisch instrumentalisierenden »Bindestrichtheologien«, wie sie z. B. die Religiös-Soziale Bewegung dargestellt hat.[90]

Der »Christ in der Gesellschaft« ist also eine höchst dialektische Angelegenheit. Auf der einen Seite verweist er auf die Verheißung einer engen Beziehung von Jesus Christus und den menschlichen Dingen, zeigt also, wie eng Römerbrief und Tages-

---

[84] Vgl. D. SCHELLONG, »Gleichnisse des Himmelreichs«. Ein systematisch tragender Gedanke in der Theologie Karl Barths, in: Anstöße. Zeitschrift der Ev. Akademie Hofgeismar 34 (1/1987), 2–11; fernerhin: DERS., Die Gerechtigkeit als Gleichnis des Himmelreichs. Zur politischen Ethik Karl Barths, in: Tu deinen Mund auf für die Schwachen! Gottes Gerechtigkeit in der Gesellschaft. Eine Besinnung nach Karl Barth, Herrenalber Protokolle 44 (1988), 54–74. Zur Weiterentwicklung dieses Gedankens beim späten Barth siehe M. HOFHEINZ, Das gewisse Extra! Oder: Christologie als »Türöffner«? Das Extra-Calvinisticum und die »Lichterlehre« Karl Barths als Zugänge zu einer Theologie der Religionen, in: M. HOFHEINZ / K.-O. EBERHARDT unter Mitarbeit von J.-P. TEGTMEIER (Hg.), Gegenwartsbezogene Christologie. Denkformen und Brennpunkte angesichts neuer Herausforderungen, Tübingen 2020, 245–298.

[85] Vgl. K. BARTH, Der Christ in der Gesellschaft (1919), in: DERS., Vorträge und kleinere Arbeiten 1914–1921, hg. von H.-A. DREWES in Verbindung mit F.-W. MARQUARDT, Karl Barth GA III/48, Zürich 2012, (546–598) 593. Zum Tambacher Vortrag vgl. M. HOFHEINZ, Der »Alleszermalmer«? Zur Formation eines »beweglichen« theologischen Konzeptes in Karl Barths »Tambacher Vortrag«, ZDTh 67 (2020), 13–53.

[86] M. TROWITZSCH, Karl Barth heute, Göttingen 2007, 86.

[87] Vgl. BARTH, Der Christ in der Gesellschaft, 556–558.

[88] A. a. O., 558–563. Vgl. dazu HOFHEINZ, Alleszermalmer, bes. 24f.

[89] Vgl. D. BRAUN, »Gott mit uns«. Zur Frage der Nation als Thema gegenwärtiger theologischer Ethik, in: R. FABER (Hg.), Politische Religion – religiöse Politik, Würzburg 1997, 243–266.

[90] Vgl. bes. BARTH, Der Christ in der Gesellschaft, 559: Derartige Bindestriche seien Kurzschlüsse.

zeitung eigentlich zusammengehören, auf der anderen Seite bestimmt er dieses Verhältnis als eine kategoriale Infragestellung und über eine notwendige Trennung zwischen dem Politischen und der Sache Christi. »Der Christ in der Gesellschaft« ist »zunächst eine große Verheißung, ein Licht von oben, das auf unsere Lage fällt; dann aber auch eine böse Abstraktion, ein erschreckendes Gegeneinander zweier artfremder Größen.«[91]

Der »Tambacher Vortrag« führt damit aus, was Barth in seiner wirkmächtigen Erschließung des Römerbriefes (1919)[92] bereits grundgelegt hat. Das Verhältnis von Römerbrief und Tageszeitung wird darin durch zweierlei bestimmt. Zum einen besteht eine klare Priorität des Römerbriefes gegenüber der Tageszeitung. Auch wenn beide Lektüren einander befragen und in einem Dialog stehen sollten, fällt das Licht vom Römerbrief auf die Tageszeitung und wird die Bedeutung der Tageszeitung vom Römerbrief radikal infrage gestellt. Zum anderen erweisen sich beide Lektüren als notwendig, im Falle der Tageszeitung geradezu als notwendiges Übel der *conditio humana*.

2.2 Bibel und Tageszeitung im Licht von Barths Römerbriefkommentar (1919)

Die Erstauflage des Römerbriefkommentares gehört wegen ihres hundertsten Geburtstages zu den besonders gewürdigten Texten des Barth-Jubiläums 2019. In den akademischen Beiträgen zur Centenarfeier kommt sie demgegenüber auffallend selten zur Sprache.[93] Das mag daran liegen, dass die Neuauflage von 1922 von Barth als wichtiges Korrektiv präsentiert und darum weitaus stärker rezipiert wurde.[94] Allerdings zeichnet sich die Erstauflage auch durch eine besondere Radikalität aus, die ihr Weiterdenken in mancherlei Hinsicht – und eben auch in Bezug auf die politische Ethik – sperrig macht.[95]

---

[91] A. a. O., 563. Vgl. zur Dialektik des Vortrags mit Bezug auf die Metapher vom »Vogel im Flug« HOFHEINZ, Alleszermalmer, bes. 44–46.

[92] K. BARTH, Der Römerbrief (Erste Fassung) 1919 hg. von H. SCHMIDT, Karl Barth GA II/16, Zürich 1985.

[93] Dass dies zum Schaden der Theologie geschah, betont zutreffend auch G. THOMAS, Hoffnung in kultureller Verwüstung. Karl Barth im Jahr 1919 (2019), ZDTh 36 (2/2020), 15–39.

[94] Vgl. dazu B. L. MCCORMACK, Theologische Dialektik und kritischer Realismus. Entstehung und Entwicklung von Karl Barths Theologie 1909–1936, übers. v. M. GOCKEL, Zürich 2006, 168f. (Karl Barth's Critically Realistic Dialectical Theology. Its Genesis and Development 1909–1936, Oxford 1995).

[95] Vgl. dazu H. KIRSCH, Das Problem der Ethik in der kritischen Theologie Karl Barths, Diss. Bonn 1972, 82–104 und DANNEMANN, Theologie und Politik, 54–94; B. L. MCCORMACK, Longing for a New World. On Socialism, Eschatology and Apocalyptic in Barth's Early Dialectical Theology, in: G. PFLEIDERER / H. MATERN (Hg.), Theologie im Umbruch der Moderne. Karl Barths frühe dialektische Theologie, Zürich 2014, 135–149.

Insbesondere betont Barth darin seine konsequente Ablehnung gegenüber jedweder Vereinnahmung des Evangeliums durch politische Konzepte so stark, dass Christsein und politische Existenz passagenweise als nahezu unvereinbar erscheinen.[96] Hier wird deutlich: Nichts läge Barth als einem Leser von Römerbrief und Tageszeitung ferner, als mit ersterem politische und gesellschaftliche Anliegen in irgendeiner Weise zu taufen und heilig zu sprechen. Jedoch erlaubt die aus der Römerbriefauslegung entwickelte Ethik auch keineswegs, die Zeitung einfach aus der Hand zu legen!

Barth verhandelt die Bedingungen einer politischen Ethik aus der Perspektive des Glaubens vor allem in der Auslegung von Röm 12,21–13,8a.[97] Indem er ausgehend von der Aufforderung von Röm 12,21, das Böse mit Gutem zu bekämpfen, jedwede politische Arbeit als Verfehlung dieses Verses deutet, erscheint dem Glauben der Zugang zur Politik zunächst völlig versperrt. Die Trennung der Sphären von Politik und Glauben ist hier – wiederum in bewusster Abgrenzung von der Religiös-Sozialen Bewegung[98] – der Ausgangspunkt seiner Überlegungen. Politik stellt sich den Christinnen und Christen von hier aus als ein »Problem«[99] dar. Der Staat begegnet ihnen als bloße Verkörperung von Gewalt. Sein »reiner Macht- und Zwangscharakter« setze ihn in diametralen Gegensatz zu Gottes Reich und klassifiziere ihn als

---

[96] Biografisch stehen hier bes. die Auseinandersetzung mit Leonhard Ragaz (1868–1945) und dem religiösen Sozialismus, aber auch die Ablehnung der Instrumentalisierung Gottes für nationalistische Propaganda im Ersten Weltkrieg im Hintergrund. Vgl. dazu z. B. E. BUSCH, Karl Barth und die Pietisten. Die Pietismuskritik des jungen Karl Barth und ihre Erwiderung, BEvTh 82, München 1978, 67–70; JEHLE, Lieber unangenehm laut, 49f.; 54f.

[97] BARTH, Römerbrief I, 500–522. Vgl. dazu die Bündelung und Interpretation von H. ANZINGER, Glaube und kommunikative Praxis. Eine Studie zur »vordialektischen« Theologie Karl Barths, BEvTh 110, München 1991, 210–232 und von MCCORMACK, Theologische Dialektik, 162–167. Zutreffend hat LIENEMANN (Karl Barth 1886–1968, 37f.) betont: »Die späteren Wandlungen in Barths politischer Ethik kann man leicht erkennen, wenn man auf die verschiedenen Bezugnahmen auf Röm 13 einerseits (vgl. KD II/2, 796–818), auf die Verschiebungen im Verständnis der Reich-Gottes-Verkündigung Jesu andererseits achtet. Während im ›Römerbrief‹ und im Tambacher Vortrag die ungeheure, unaufhebbare Distanz zwischen der Welt Gottes und der Welt der Politik betont wird und die Zukunftserwartung allein dem völlig unvermittelten Jenseits des kommenden Gottesreiches gilt, hat Barth spätestens seit Ausarbeitung seiner ersten rechtsethischen Grundgedanken auch eine sehr bestimmte politische Mitverantwortung für Staat und Gesellschaft betont (eigentlich aber schon angelegt in den erwähnten ›sozialistischen Reden‹ der Safenwiler Zeit) und im Laufe der Jahre stärker herausgestellt, dass Gott mit seinem Geschöpf ›zusammenwirkt‹ (siehe die Rezeption der Lehre von *concursus divinus* in KD III/3, § 49.2, 102–175, bes. die Stelle 104, [Zeile] 40[f.]) und es auch ein aktives ›Mittun‹ (nicht ›Mitwirken‹) am Kommen des Gottesreiches gibt und geben muss.«

[98] Vgl. BARTH, Römerbrief I, 520f. und MCCORMACK, Theologische Dialektik, 166f.

[99] BARTH, Römerbrief I, 500.

Einleitung

»böse«.[100] Damit erweist sich für Barth: »*Alle* Politik ist als Kampf um die Macht, als die teuflische Kunst der Majorisierung, *grund*schmutzig.«[101] Wäre demnach also jedwede Tageszeitung unterschiedslos und völlig unabhängig von Verlag und Niveau nicht mehr als ein verdorbenes Schundblatt?

Christinnen und Christen, die nach Barth demgegenüber an das Reich Gottes, also eigentlich ganz an die Lektüre des Römerbriefes, verwiesen seien, müssten Politik als eine Agenda im Bereich des Vorletzten und unter dem Vorzeichen der Sünde bewerten, sich jedweder religiösen Legitimation politischer Ziele oder des Staates konsequent enthalten und die Ebene Gottes und der Menschen klar trennen:[102] »[...] an sich geht euch die ganze Politik als Christen nichts an.«[103]

Damit scheint es so, dass das Christentum eigentlich überhaupt nicht zur Ausbildung einer positiven politischen Ethik taugte.[104] Die politische Verantwortung der Christinnen und Christen bestünde demnach zuvorderst darin, Politik die religiöse Legitimation zu verweigern.[105] Damit ist der grundsätzliche Rahmen für politisches Engagement als eine radikale Relativierung bestimmt. Warum also überhaupt die Tageszeitung lesen und politisch wach und gesellschaftlich aktiv sein?

Barth zeigt sich im Fortgang seiner Exegese überzeugt, dass es nichtsdestoweniger zwingend notwendig sei, sich als Christin oder Christ politisch zu betätigen. Vom Römerbrief her sei man dazu allerdings an Eigenverantwortung und weltliche Ethik verwiesen und wisse damit, dass man sich in einer der weltlichen Existenz geschuldeten Verstrickung in den Bereich der Sünde bewege: tragisch, aber unvermeidbar.[106] Politik ist damit zuvorderst ein Dilemma christlicher Existenz. Trotz ihres

---

[100] A. a. O., 501. Zum Verständnis der Herrschaft des Staates in Römerbrief I vgl. auch DANNEMANN, Theologie und Politik, 66f.; 71f.

[101] BARTH, Römerbrief I, 502.

[102] A. a. O. 500–509: Eine politische Gestaltung des Reiches Gottes auf Erden ist für Barth damit ausgeschlossen. Die Christinnen und Christen verweist er, a. a. O., 504, mit Hebr 11,13–16 auf die Suche nach dem Vaterland im Eschaton und betrachtet sie als dem unverbesserlichen Rechtsstaat entzogen. Der Staat wird als Teil des Vorletzten, a. a. O., 506, bestimmt, das Christentum müsse ihn damit letztlich negieren. Zusammenfassend heißt es, a. a. O., 509: »Das Göttliche darf nicht politisiert und das Menschliche nicht theologisiert werden, auch nicht zugunsten der Demokratie oder Sozialdemokratie.« Wie ANZINGER, Glaube und kommunikative Praxis, 212, betont, geht es Barth hier allerdings keineswegs um eine Relativierung des gravierenden Unterschieds zwischen Rechtsstaat und Gewaltstaat, zwischen Demokratie und Tyrannei, sondern um eine Verdeutlichung der kategorialen Trennung zwischen Reich Gottes und jedweder Form menschlicher Rechtsstaatlichkeit: »Der Unterschied zwischen Recht und Liebe ist kein quantitativer [...], sondern ein qualitativer.« Vgl. zur Bedeutung des Vorletzten in der Auseinandersetzung mit Ragaz zudem a. a. O., 223f.

[103] A. a. O., 506.

[104] A. a. O., 507.

[105] Barth, a. a. O., 187, spricht davon, den Staat »religiös aus[zu]hungern«. Vgl. dazu auch MCCORMACK, Theologische Dialektik, 164 und JEHLE, Lieber unangenehm laut, 55f.

[106] Vgl. BARTH, Römerbrief I, 509–522.

Sündencharakters sei sie eine unbedingte Notwendigkeit[107], weil Menschen auch als Christenmenschen noch in weltlichen Zusammenhängen gemeinsam leben:[108] »Der Staat ist nun einmal in Ermangelung eines Besseren die pflicht- und schuldigkeitsmäßige, die ›ethische‹ Ordnung des Lebens.«[109]

Mit den Kategorien der Sünde und des Bösen macht Barth es unmöglich, irgendein politisches Anliegen mit der Sache Gottes in Einklang zu bringen. Sie ist der Fixpunkt seiner Negation der Idee des religiösen Sozialismus und anderer »Bindestrichtheologien«.[110] Eine christliche Ethik des Politischen wird unter Berücksichtigung dieser Voraussetzung und großen Relativierung vom Reich Gottes her allerdings nur schwer zu entwickeln sein.[111] Weder eine konsequent revolutionäre, staats-

---

[107] Der Einleitungsabschnitt des Kapitels, in dem die Auslegung von Röm 12,21–13,8 besprochen wird, trägt nicht umsonst die Überschrift »Das eine Notwendige« (Auslegung von Röm 12,1f.) und bezieht sich damit nicht nur auf das, was im Glauben getan werden soll, sondern erinnert in seiner Exposition auch an »das Schwergewicht, das vom Chaos der alten Welt her, in dem wir noch stehen, lähmend auf uns einwirkt.« Hier hat die Politik ihren Platz. Vgl. a. a. O., 462.

[108] Vgl. bes. a. a. O., 510f., wo Barth allerdings auch betont, dass die Politik dieser Welt trotzdem nicht zwischen die Glaubenden und das ihnen verheißene Heil treten werde, solange sie die Ebenen des Göttlichen und Menschlichen in ihrem politischen Tun klar trennten. Vgl. dazu auch MCCORMACK, Theologische Dialektik, 164.

[109] BARTH, Römerbrief I, 517.

[110] Vgl. MCCORMACK, Theologische Dialektik, 164–167 und bes. BARTH, Römerbrief I, 520f.: »[…] *keinen* Weihrauch den Cäsaren! […] Der Verrat am Evangelium gehört nicht zu den politischen Pflichten.« E. THAIDIGSMANN, Identitätsverlangen und Widerspruch. Kreuzestheologie bei Luther, Hegel und Barth, GT.FT 8, München / Mainz 1983, 191–208 und ANZINGER, Glaube und kommunikative Praxis, 210; 218–232 betonen, dass die Auseinandersetzung mit Ragaz und den Religiös-Sozialen ein Hauptanliegen dieses Kapitels in Barths Römerbrief ist.

[111] So nachdrücklich KIRSCH, Das Problem der Ethik, 96f.: »Solche Depravierung aller menschlichen Tätigkeit, soweit sie sich nach Maßgabe der Endlichkeit definiert und realisiert, verunmöglicht alle theologisch begründete *politische* Ethik, und diese verfällt schon per definitionem der theologischen Verurteilung, wenn anders sie auf Maximierung menschlicher Emanzipation ausgerichtet ist. Weil dies gilt, gibt es im Bereich der geistlichen Ethik für Christen keine legitime, positive Möglichkeit, sich aktiv auf politische Praxis einzulassen. Der revolutionäre Akt der Christen kann ausschließlich darin seinen Ausdruck findet, daß sich der Christ der Politik enthält und sich der Einflusssphäre des Staates soweit wie möglich entzieht, um ihn auf diese Weise in seinem totalen Machtanspruch zu desavouieren und zu sabotieren, so daß der Christ alle Initiative zur Erhaltung und Stabilisierung staatlicher Macht unterläßt. Aus dieser Perspektive wird jeder Versuch der Reform des Staates theologisch illegitim […]. Der Staat als gewalttätige Herrschaft von Menschen über Menschen soll nicht revolutioniert werden, wenn anders göttliche Revolution die totale Negation des menschlichen Subjektes von Staat und Gewalt meint.«

und gesellschaftskritische noch eine konsequent restaurative Haltung könnten christlich legitimiert werden.[112] Fragen zu einer konkreten politischen Entscheidungsfindung verweist Barth hier an die profane Ethik, die vom Römerbrief her immer als eine »Ethik der verfahrenen Situationen«[113] bewusst werde. Der politische Impuls des Evangeliums besteht demgegenüber vor allem in einer konsequenten Ideologiekritik, indem sie die Verabsolutierung politischer Ideen verhindert und Christinnen und Christen zu einer neutralen, distanzierten Haltung gegenüber politischen Entscheidungen verpflichtet.[114] Vom Eschaton her relativiert sich die Wichtigkeit von Politik.[115] Sie wird »humanisiert« und kann über den Bereich des menschlichen nicht hinausreichen.[116] Im Rückgriff auf das Bild von Barth als Zeitungsleser wäre hier also zu betonen, dass die Zeitung durchaus täglich und mit Erleichterung ins Altpapier geworfen werden müsse. Sie kann so aber auch frei, unverstellt und absolut sachlich gelesen werden.[117]

Eine positive Entfaltung des Verhältnisses von Politik und Evangelium deutet Barth in seinem ersten Römerbriefkommentar nur skizzenhaft an, indem er dem *homo politicus*, der in Antithese zu Röm 12,21 in der Politik Böses mit Bösem zu bekämpfen habe, die Glaubenden als eine Gemeinschaft der Liebe entgegenstellt.[118] Dass diese Gemeinschaft als verkündigende Kirche in der Welt steht und in die Welt hineinwirkt, dass Christinnen und Christen auch in der Politik gemäß der Liebe mitwirken und dabei einer pneumatologisch gerahmten Verantwortungsethik folgen sollen,[119] führt er hier nicht weiter aus. Barth wird das in den folgenden Jahren nach-

---

[112] Vgl. BARTH, Römerbrief I, 508f. Dabei lägen Barths Einschätzung nach eine linke Haltung und die Neigung zur Revolution dem Christentum viel näher, so dass er davor umso eindringlicher warnt. Vgl. zu der Frage »Reaktion oder Revolution« auch ANZINGER, Glaube und kommunikative Praxis, 211–215: Diese Konsequenz basiert auch auf der vom Schatten der Oktoberrevolution geprägten Erfahrung, dass zwischen der Alternative Staat oder Revolution das Gewaltprinzip stets vermittle.

[113] A. a. O., 509. Vgl. dazu ANZINGER, Glaube und kommunikative Praxis, 215f. Der Staat steht hier in gewisser Weise zwischen Sünde und einer gesetzlichen ethischen Ordnung.

[114] Vgl. JEHLE, Lieber unangenehm laut, 55f. und MCCORMACK, Theologische Dialektik, 167, der Barths Überlegungen zur Ethik hier zu den schwächeren Abschnitten des Römerbriefkommentars zählt. So wichtig Barths Position gegen eine Instrumentalisierung des Christentums sei, so hinderlich sei nun die etablierte Trennung von Glaube und Politik für die weitere Konkretisierung der Ethik, wenn nicht auch ihre positive Beziehung entfaltet werde.

[115] Vgl. auch H. MATERN, Geschichte und Eschatologie in Karl Barths »Römerbrief« (1919), in: G. PFLEIDERER / H. MATERN (Hg.), Theologie im Umbruch der Moderne. Karl Barths frühe dialektische Theologie, Zürich 2014, 105–134.

[116] Vgl. dazu ANZINGER, Glaube und kommunikative Praxis, 214f.

[117] Vgl. zur Sachlichkeit auch JEHLE, Lieber unangenehm laut, 59.

[118] Vgl. BARTH, Römerbrief I, 517f. Vgl. auch die Ergebnisse der Auslegung Barths nach ANZINGER, Glaube und kommunikative Praxis, 218.

[119] Vgl. ANZINGER, Glaube und kommunikative Praxis, 231.

holen, insbesondere in Verbindung mit der fortschreitenden Entfaltung seiner Christologie,[120] und Verhältnisbestimmungen von Kirche und Staat ausarbeiten, die weiterführende Ansatzpunkte für eine politische Ethik bieten, wie etwa in der »Barmer Theologischen Erklärung« (1934) und in »Christengemeinde und Bürgergemeinde« (1946). Von dort aus lassen sich die Beziehung von Evangelium und Politik, von Römerbrief und Tageszeitung, dann umso konstruktiver aufeinander beziehen. 1919 hat Barth aber bereits die Grundlage für seine politische Ethik gelegt, die dieser Band nachzuzeichnen und zu aktualisieren bemüht ist.

2.3 Politik und Gesellschaft im Lichte des Römerbriefs heute – Aktualisierung und Transfer von Barths politischer Ethik

Das Bild von Barth als Leser von Römerbrief und Tageszeitung besteht aus drei Elementen, dem Theologen Karl Barth (1), der sich der Tageszeitung (2) im Lichte des Römerbriefs (3) widmet. Uns geht es in diesem Band darum, genau diese Konstellation zu betonen. Dies lässt sich freilich nicht unter Ausschluss der Barth'schen Grundüberzeugung, dass im Römerbrief von uns geschrieben steht, akzentuieren. Der Römerbrief ist damit ein offenes Scharnierstück, durch das sich unsere Gegenwart mit Barth und seiner Zeit verbinden lässt. Das, was Intratextualität bzw. die »präveniente Bewegung biblischer Urteilskraft« meint, darf hier nicht ausgeblendet werden. Ansonsten gerät nämlich aus dem Blick, dass die Kontextualität der Theologie Barths, insbesondere seine politische Ethik, auf die Textualität des Wortes Gottes (in seiner zweifachen Gestalt als Evangelium und Gesetz) bezogen ist. Barth wusste darum, dass sich eine »Lebenserfahrung mit der Wahrheit des Wortes Gottes ihre Existentialität nicht aus den politischen Leidenschaften borgen muss«.[121] Der Kontext der gegenwärtigen Herausforderungen erzeugt nicht einfach einen Text. Genau gegen diese unaufgeklärte theologische wie politische Naivität richtet sich Barth in dem Bewusstsein, dass sich ein politisch-ökonomischer oder auch sozialpsychologischer Kontext in einem solchen Text vermutlich nur seinen ideologischen Überbau verschaffen würde. Barths theologische Religionskritik zieht ideologiekritisch gegen diesen politischen Götzendienst zu Felde.

Was nun das Anliegen bzw. die Intention dieses Bandes betrifft, so wollen wir dieser Grundeinsicht Barths Rechnung tragen. Wir möchten Barths Theologie, mit anderen Worten, nicht historisieren und ausschließlich im Lichte der Herausforderungen seiner Zeit lesen, sondern auch die Problemkonstellationen unserer Gegenwart mit ihr ins Gespräch bringen. Hinrich Stoevesandt weist zu Recht darauf hin, dass Barth »zwar in einer bestimmten (im Laufe seines Lebens sich verändernden)

---

[120] Vgl. MCCORMACK, Theologische Dialektik, 167.
[121] D. SCHELLONG, Alles hat seine Zeit. Bemerkungen zur Barth-Deutung, EvTh 45 (1985), (61–80) 73.

Zeit und sehr wohl im Gespräch mit ihr, aber nicht aus dieser Zeit heraus geredet«[122] hat. Es wäre *eo ipso* verengt, Barths Theologie nur im zeitgeschichtlich-politischen Horizont seiner Zeit begreifen zu wollen, sie also nur in diesen Kontext einzuzeichnen. Nein, wir möchten unsere Herausforderungen von seiner Theologie her betrachten, ihn als Leser von Römerbrief und Tageszeitung ernst nehmen und mit unseren theologischen und tagespolitischen Problemkonstellationen konfrontieren. Vor allem darin besteht unser Transfer. Es geht bei diesem Transfer demnach weniger um ein aktualisierendes Hinüberbringen und Hinübertragen Barth'scher Theologie in unsere Zeit, als vielmehr – durchaus im Sinne des *transferre* – um ein Verlegen, Verpflanzen und gewissermaßen Umsiedeln unserer Herausforderungen, die neu erscheinen, indem sie gleichsam in den Text der Barth'schen Theologie verschoben werden und sich so verwandeln. Damit wird nach unserer Überzeugung der Situations- und Kontextbezogenheit Barth'scher Theologie Rechnung getragen und ihre politischen Implikationen werden so weder verneint noch kaschiert, sondern illustriert, ja illuminiert. Diese Grundüberzeugung verbirgt sich hinter dem Untertitel dieses Bandes, der die Politik in der Theologie Karl Barths als »Herausforderungen für die Gegenwart« verstehen lässt. Barth konnte, wie nicht zuletzt seine tagesaktuellen Stellungnahmen verraten, die jeweilige geschichtliche bzw. politische Situation seiner Zeit scharf erfassen und berücksichtigen.[123] Wir sind der Überzeugung, dass sein theologisches Denken dies auch heute ermöglichen hilft und wollen dem von Barth vorgezeichneten Weg, angeleitet durch seine Theologie, in unserer und für unsere Zeit nachgehen. In diesem Sinne gilt das sapientiale Diktum: »Alles hat seine Zeit« (Pred 3,1).[124] Und Barths Theologie hat in diesem Sinne ihre beste Zeit vielleicht erst noch vor sich.[125]

Dabei bleibt es natürlich nicht aus, auch den umgekehrten Weg zu gehen und von unseren Herausforderungen her Barths Theologie dem Praxis- und Beständigkeitstest zu unterziehen. Wo gelingt der Transfer, wo die Anwendung von Barths Lösungen auf die Probleme der Gegenwart? Wo sind Grenzen ihrer heutigen Gültigkeit,

---

[122] STOEVESANDT, Karl Barth – verstaubter Kirchenvater oder theologischer Wegweiser, 346.

[123] Vgl. M. HOFHEINZ, Urteilsbildung und Entscheidungsfindung im (Bekenntnis-)Konflikt. Karl Barths Beitrag zur Rationalisierung des innerkirchlichen Streits, in: T. K. KUHN / H.-G. ULRICHS (Hg.), Bekenntnis im Konflikt. Streitgeschichten im reformierten Protestantismus, Vorträge der 12. Internationalen Emder Tagung zur Geschichte des reformierten Protestantismus, Emder Beiträge zum reformierten Protestantismus Bd. 18, Göttingen 2020, 211–226.

[124] Vgl. SCHELLONG, Alles hat seine Zeit, 73.

[125] Bereits H. J. IWAND (Brief vom 31. Dezember 1959 an Karl Barth, in: DERS., Theologie in der Zeit. Lebensabriss und Briefdokumentation. Bibliographie, hg. von P. SÄNGER / D. PAULY, KT 85, München 1992, [197–203] 202) hat diese Auffassung vertreten. Im Barth-Jahr wurde sie titelgebend und programmatisch entfaltet von R. FRISCH, Alles gut. Warum Karl Barths Theologie ihre beste Zeit noch vor sich hat, Zürich 2019.

Relevanz und Anwendbarkeit? So wird von der Frage der Gesellschaftsrelevanz der Barth'schen Theologie auch ein großer Ertrag für die Interpretation der Theologie Barths abzuleiten sein. Treffend bemerkt Günter Thomas:

> »Man kann Karl Barths Denken mehr oder weniger klug historisieren. Man kann es geschichtlich und literarisch kontextualisieren und so letztlich relativieren. Man kann es, auf dem ersten Blick gegenläufig, aber auch verehren, nachsprechen und mit einer intellektuellheroischen Aura versehen. Man kann die Theologie Karl Barths als Rahmentheorie verwenden oder über negative Distanznahmen versuchen, Fortschritte im akademischen Fortkommen zu erreichen. All dies ist möglich und am rechten Ort auch sinnvoll. Provozierender und produktiver ist jedoch, auch hundert Jahre später Barths Überlegungen zugunsten einer Zukunftsgestaltung in die Gegenwart sprechen zu lassen. Was lässt Barths Theologie des Jahres 1919 heute erkennen? Was sagen die Einsichten aus dem Jahr 1919 im Jahr 2019? Selbstverständlich ist dies alles ein Akt der Interpretation – der, um Friedrich Nietzsche sprechen zu lassen, stets ein ›Vergewaltigen, Zurechtschieben, Abkürzen, Weglassen, Ausstopfen, Ausdichten, Umfälschen und was sonst zum *Wesen* alles Interpretierens gehört‹ umfasst. Eine theologische Eruption wie die von 1919 angesichts von einhundert Jahren Distanz zu vergegenwärtigen, bleibt ein waghalsiges Unternehmen. Aber es ist ein Versuch, Karl Barths Hermeneutik der Gleichzeitigkeit [...] anzuwenden. Sich mit Karl Barth über unsere kulturellen, politischen und kirchlichen Gegenwarten zu unterhalten, erscheint mir interessanter zu sein als über ihn zu reden. Es geht darum, mit den Texten Barths [...] in unsere politischen, moralischen und global-religiösen Gegenwarten einzutreten.«[126]

3. Die Herausforderungen der Gegenwart und der Aufbau des vorliegenden Bandes

Im Zentrum der Beiträge des vorliegenden Bandes stehen ausgearbeitete Vorträge, die an der Leibniz Universität Hannover im Wintersemester 2019/2020 im Rahmen einer Ringvorlesung anlässlich des Barth-Jubiläumsjahres 2019 gehalten wurden. Sie werden flankiert durch Aufsätze, die das Themenfeld um weitere politische Problemstellungen der Gegenwart weiten.[127] Die Autorinnen und Autoren der hier versammelten Aufsätze bilden vier Gesprächskonstellationen ab, die auch für die Hannoveraner Ringvorlesung prägend waren:

---

[126] THOMAS, Hoffnung in kultureller Verwüstung, 19f. Das Nietzsche-Zitat findet sich, in: F. NIETZSCHE, Zur Genealogie der Moral, in: Werke in sechs Bänden, Bd. 4, hg. von K. SCHLECHTA, München / Wien 1980, (761–900) 890.

[127] Die Ringvorlesung umfasste in chronologischer Folge Vorträge von André Jeromin (Eröffnungsvortrag der Ringvorlesung), Margit Ernst-Habib, Björn Schütz (Vortrag anlässlich der Eröffnung der Karl-Barth-Ausstellung »Gott trifft Mensch«), Raphaela J. Meyer zu

Einleitung

1. Nachwuchswissenschaftler und -wissenschaftlerinnen treten mit renommierten Expertinnen und Experten in den Diskurs der gegenwärtigen Barthforschung und der »grand challenges« unserer Zeit ein.
2. Das Institut für Theologie der Leibniz Universität Hannover stellt die eigene Forschung durch den Austausch mit Gastrednerinnen und Gastrednern zur Diskussion.
3. Die theologische Fachwelt tritt ins Gespräch mit einer theologisch interessierten Öffentlichkeit.
4. Die deutsche begegnet der US-amerikanischen Barthforschung.

Die Beiträge der ersten Sektion bieten maßgebliche Grundlagen zu Barths Verständnis von Glaube, Theologie und Kirche in ihrem Bezug zur politisch-gesellschaftlichen Sphäre. Sie steht unter der Überschrift »Gottes Herrschaft«, da diese den Ausgangspunkt bildet, von dem aus Bedingungen menschlicher Existenz, gesellschaftlichen Zusammenlebens und politischer Gestaltung im Gegenüber von Kirche und Glauben in grundlegender Weise erörtert werden. So dient die Sektion uns hier als theologische Einleitung und Rahmung.

Der Aufschlag gebührt Markus Höfner (Zürich), der mit seiner Skizze von Barths Ekklesiologie im Kontext seines theologischen Systems, insbesondere der Darstellung in der KD und »Christengemeinde und Bürgergemeinde« folgend, ein Fundament für alle folgenden Überlegungen bietet. Höfner unterzieht das Kirchenverständnis Barths mittels der titelgebenden Leitfrage seines Aufsatzes, »Eine politische Kirche?«, einer sorgfältigen Analyse. Auf dieser Basis wendet er sich mit seiner Titelfrage sodann an den Diskurs um eine zeitgemäße Ekklesiologie und entfaltet von Barth aus Impulse für eine politische Kirche jenseits von einer Alternative zwischen apolitischem Rückzug aus der Gesellschaft und dem Streben nach Hegemonie.

Mit dem Titel »Herrenlos! Karl Barth und die ›Mächte und Gewalten‹ im Raum des Politischen« ergänzt die durch ihr Habilitationsprojekt dem Hannoveraner Institut für Theologie verbundene Margit Ernst-Habib (Saarbrücken) die Grundlagenbeiträge. Anhand einer Auslegung von KD IV/4 § 78 (Der Kampf um menschliche

---

Hörste-Bührer, Markus Höfner, W. Travis McMaken (im Rahmen eines Begegnungsabends von akademischer Theologie und Öffentlichkeit in der Reformierten Gemeinde von Hannover) und Christine Lieberknecht. Den Abschluss der Ringvorlesung hatte die ehemalige Bundesministerin und amtierende Präses der EKD-Synode Irmgard Schwaetzer mit einem Vortrag zu Barths »Christengemeinde und Bürgergemeinde« geboten. Wie bei Lieberknecht machte bes. die doppelte Perspektive einer politischen und theologischen Prägung den Reiz ihres Vortrags aus. Aufgrund der u. a. durch die Pandemie 2020 bedingten hohen Arbeitslast von Irmgard Schwaetzer und ihrer Mitarbeiterin Christina Ernst, deren Engagement den Vortrag maßgeblich mitermöglicht hatte, war eine Drucklegung ihres Vortrags im Rahmen dieses Bandes leider nicht möglich. Für die Dokumentation der Ringvorlesung und die Würdigung von Irmgard Schwaetzers Ausführungen, die Barth mit der Perspektive einer liberalen Partei- und Kirchenpolitikerin gleichermaßen konfrontiert hatten, sei er hier jedoch unbedingt erwähnt.

Gerechtigkeit) aktualisiert sie Barths Narrativ von den Mächten und Gewalten (anhand von Absolutismus, Mammon und Ideologien) im Kontext seiner Gebetstheologie. Dabei hebt sie besonders die subversive Kraft des Gebets gegen die Dominanz der Mächte und Gewalten und damit den politischen Charakter des Betens insgesamt hervor.

Sektion B versteht sich in gewisser Weise als Antwort auf den ersten Abschnitt. Insofern Barth den Zeugnis- und Verkündigungscharakter des Ringens um ein Leben und Handeln nach Gottes Gebot betont, können wir die darin versammelten Entwürfe als Reflexionen von und Suchbewegungen nach Antwortversuchen der Menschen auf Gottes Herrschaft verstehen. Dementsprechend bietet der zweite Teil des Sammelbandes unter der Überschrift »Menschliches Zeugnis – Ethische Konkretionen« eine Reihe von Beiträgen, die die Relevanz von Barths Theologie für zentrale politische Problemkonstellationen der Gegenwart exemplarisch entfalten.

Er beginnt mit zwei Beiträgen des theologischen Nachwuchses des Hannoveraner Lehrstuhls für Systematische Theologie. André Jeromin und Björn Schütz präsentieren hier als Promovenden je ihre ersten Publikationen.

Jeromins Beitrag stellt dabei eine Brücke zwischen der ersten und der zweiten Sektion dar, indem er mit der göttlichen Vorsehung ein Grundlagenthema entfaltet, es aber zugleich anhand einer spezifischen ethischen Herausforderung, nämlich dem Beginn der Coronakrise von 2020, zuspitzt. Er entwickelt seine Stellungnahme zu den theologischen Aspekten der Coronapandemie ausgehend von Barths Providenzlehre. Dazu stellt er eine Auslegung von Barths Vortrag zur Weltkirchenkonferenz von 1948, »Die Unordnung der Welt und Gottes Heilsplan«, in den Diskurs mit einer Reihe von Beiträgen renommierter Theologen in »Zeitzeichen«.[128]

Im Anschluss daran bietet Björn Schütz, unterstützt von Marco Hofheinz, eine friedensethische Aktualisierung von Barths Anthropologie: Anhand einer Beschäftigung mit der von Barth in KD III/2 entfalteten und christologisch grundierten Ethik der Mitmenschlichkeit widmet er sich den Herausforderungen, vor die uns der Einsatz von Kampfdrohnen gegenwärtig stellt. In Auseinandersetzung mit Paul Virilios Konzept der »Telepräsenz« und Barths Bestimmung menschlichen Seins »in Begegnung« wird die entmenschlichende Wahrnehmung und Interaktion mit der Welt durch Drohnen problematisiert.[129]

Dem Thema Klimaschutz ist der Beitrag von Raphaela Meyer zu Hörste-Bührer (Mainz) gewidmet, die selbst langjährige Mitarbeiterin in Hannover gewesen ist. Unter dem Titel »Barth for Future?« untersucht sie explorativ und ausgehend von einer

---

[128] Damit geht Jeromins Aufsatz über die Anlage seines Vortrags vom Oktober 2019 hinaus, der allgemeiner »Gottes Regierung und die politischen Krisen der Gegenwart« behandelt hatte.

[129] Während Hofheinz die Darstellung und ethische Anwendung von Barths Anthropologie beigesteuert hat, stammen vor allem die detaillierten Ausführungen zur Phänomenbeschreibung der Kampfdrohne und die Darstellung von Virilio aus der Forschung von Schütz.

Einleitung

ausführlichen Phänomenbeschreibung der Bewegung »Fridays for Future« nebst ihrer gesellschaftlichen Wahrnehmungen, welche Impulse Barths Schöpfungsethik, wie er sie bes. in KD III/4 § 56 unter der Überschrift »Freiheit in der Beschränkung« entfaltet hat, für die gegenwärtige Debatte bietet.

Es folgen drei Aufsätze, die nicht aus Vorträgen der Ringvorlesung erwachsen sind, ihr thematisches Spektrum aber durch weitere ethische Problemkonstellationen erweitern.

Marco Hofheinz (Hannover) widmet sich mit seinem Beitrag zur Arbeitsethik einer theologischen Beurteilung der Frage nach Ladenöffnungszeiten an Sonn- und Feiertagen. Die beständige Kritik an der als veraltet geltenden, vermeintlich den Wettbewerb mit dem Online-Handel verzerrenden und allein kirchlichen Interessen nachkommenden bestehenden Regelung fordert zu einer aktuellen Bewertung auf, zu der Barths Ausführungen zum Feiertag innerhalb von KD III/4 zentrale Argumente beitragen. Mit Barth lassen sich Sonn- und Feiertag als notwendige und heilsame Unterbrechung stark machen, die auf den Werktag produktiv ausstrahlt. Die Aktualisierung von Barths schöpfungsethisch entfaltetem Motiv des Verzichts und der Beschränkung verbindet diesen Beitrag mit dem vorherigen.

Mit Marcella Althaus-Reid stellt Jan-Philip Tegtmeier (Hannover) in seinem sozialethischen Beitrag zu einer christologisch fundierten Fürsprache für die »Armen« Barth eine anregende Gesprächspartnerin aus dem Feld der Queer Theology gegenüber. Der vor dem Hintergrund einer begriffssensibel entfalteten Analyse der Rede von Armut konstruierte Diskurs zwischen Barths Bestimmung Jesu als königlichen Menschen und Armen unter Armen und Althaus-Reids Verständnis eines radikal marginalisierten Gottes ermöglicht ihm die Aktualisierung und Neuakzentuierung der Barth'schen Ethik für Armutsdebatten und Fragen der Verteilungsgerechtigkeit in der Gegenwart.

Kai-Ole Eberhardt (Hannover) analysiert in seinem Beitrag Barths Vortrag »Die christliche Verkündigung im heutigen Europa« von 1946 unter der Fragestellung, welche Impulse er für eine aktuelle Europapolitik zu bieten hat. Barths Bestimmung der freien Verkündigung von Gnade, Reich Gottes und Jesus Christus erweist sich dabei als eine Konstante, von der aus damals wie heute in europapolitischen Krisensituationen Orientierung gewonnen werden kann, zum einen, weil die Verkündigung sich nach Barth vom Zeitgeist emanzipiert und damit eine unverstellte, unabhängige Urteilsbildung über Europa erlauben soll, zum anderen, weil sie eine von der Gemeinschaft der Christinnen und Christen ausgehende Ethik propagiert, die pneumatologische und tugendethische Elemente kombiniert und die europäische Politik wie Gesellschaft bereichert.

Der europäische Kontext leitet über zu der Frage nach der Bedeutung von Barths Theologie in den USA, die von W. Travis McMaken (St. Charles, Missouri / USA) anhand des Freiheitsbegriffs herausgearbeitet wird. McMaken, dessen Vortrag zu den besonderen Momenten der Hannoveraner Ringvorlesung gezählt werden darf[130] und dessen Aufsatz darum exponiert diese Sektion abschließt, bietet nicht nur einen Einblick in die US-amerikanische Barthforschung, sondern nimmt zugleich eine tiefgreifende Analyse des vom Liberalismus geprägten Freiheitsverständnisses der USA vor. Ausgehend von einer ausführlichen gesellschaftskritischen Infragestellung des US-Rekurses auf »Freiheit« und anhand der Differenzierung von einer exkludierenden »Freiheit von« mit einer »Freiheit für« kontrastiert er problematische Freiheitsnarrative in Liberalismus und politischer Rhetorik in Geschichte und Gegenwart mit Barths Zugängen zur Freiheit. Die dabei skizzierte Perspektive, die sich von Barth aus auf die amerikanische Politik gewinnen lässt, steht unter dem Titel »Freiheit ist nicht frei«.

Am Ende des Sammelbandes steht, einem Corollarium gleich, der Vortrag einer theologisch besonders musikalischen Stimme aus der Politik. Christine Lieberknecht, Pastorin und Thüringer Ministerpräsidentin a. D., hat sich dem für das Jubiläumsjahr 2019 besonders prominenten Tambacher Vortrag Barths, »Der Christ in der Gesellschaft (1919)«, gewidmet und ihn vor dem Hintergrund ihrer eigenen politischen und kirchlichen Biografie einer spannenden Relektüre unterzogen. Dabei kommen »Theologische Existenz und politische Existenz« in ein konstruktives und lebendiges Gespräch, das nicht nur auf der Ebene akademischer Reflexion bleibt, sondern anhand der autobiografischen Verbindungslinien, die Lieberknecht zieht, besonders anschaulich wird. Damit bringt das Corollarium des Bandes zugleich die Konkretionen der zweiten Sektion auf eine höhere Ebene und lädt dazu ein, mit den Zugängen Barths zu Evangelium und Politik selbst in kritischer und konstruktiver Auseinandersetzung zu leben.

---

[130] Die Hanns-Lilje-Stiftung hat dankenswerter Weise die vollständige Finanzierung von McMakens Anreise und Aufenthalt in Hannover, mit dem auch ein über die Vorlesung hinausgehender Forschungsaustausch verbunden war, getragen.

I. Sektion A: Gottes Herrschaft

Eine politische Kirche?

Zu den politischen Implikationen der Ekklesiologie Karl Barths

Markus Höfner

1. Eine politische Kirche?

Die Frage, ob (und *wie*) die christliche Kirche politisch ist und sein sollte, ist heute nicht weniger umstritten als zu Karl Barths Zeiten.[1] Ihre Beantwortung hängt nicht nur davon ab, welche Phänomene mit den Begriffen »Kirche« und »Politik« bezeichnet werden sollen: Ist Kirche vor allem ihre medial sichtbare Organisationsspitze, die lokale Kirchengemeinde, zeigt sie sich in der Architektur eines Kirchengebäudes, primär in diakonischen Aktivitäten oder im ›weltlichen‹ Engagement individueller Christinnen und Christen? Und ist Politik nur staatliche Politik oder umfasst sie auch die Vielfalt gesellschaftlicher Öffentlichkeiten und Sozialräume? Eine *theologische* Bearbeitung der Frage nach einer politischen Kirche ist zudem davon bestimmt, wie die christliche Kirche und die Sphäre des Politischen theologisch wahrgenommen und im Imaginationshorizont des christlichen Glaubens verortet werden.[2] Karl Barths theologische Überlegungen zu einer politischen Kirche haben den Vorzug, mit ihrer theologischen Wahrnehmung von Kirche und Politik die *Mitverantwortung* der Kirche (und individueller Christenmenschen) für die Gestaltung der politischen Sphäre zu profilieren. Sie stehen damit einem apolitischen Rückzug der Kirche aus ihrer gesellschaftlichen Umwelt ebenso entgegen wie der Versuchung, diese Umwelt hegemonial bestimmen zu wollen. Barths theologische Reflexionen sind dabei durch ihre eigenen historischen und gesellschaftlichen Kontexte mitbestimmt. Barth selbst hat diese Kontexte sehr bewusst wahrgenommen und diese Zeitgenossenschaft für seine Theologie in Anspruch genommen. Wir sind, schreibt Barth, »*Zeitgenossen* der großen und kleinen Personen der Welt- und Kultur- oder auch der Kirchengeschichte […][,] [ihrer] Unternehmungen und Vollbringungen«,[3] weshalb es ein be-

---

[1] Vgl. exemplarisch die Beiträge in Zeitzeichen 9/2018.
[2] Vgl. dazu auch 3.1. Die folgenden Überlegungen konzentrieren sich auf diese grundsätzlichen Fragen der theologischen Wahrnehmung des Politischen und stellen daher Barths programmatische Texte ins Zentrum, während nur einige seiner (zahlreichen) öffentlichen Äußerungen zu politischen Fragen exemplarisch hinzugezogen werden.
[3] BARTH, KD IV/3, 419; meine Herv.

wusstes christliches Leben und eine verantwortliche theologische Reflexion nur »angesichts einer Welt voll drängender praktischer Aufgaben, [...], angesichts der Tageszeitung«[4] gibt. Auch wenn die für Barths theologische Überlegungen mitbestimmenden historischen und gesellschaftlichen Kontexte in vielerlei Hinsicht von unserer Gegenwart verschieden sind,[5] enthält seine theologische Beschreibung einer politischen Kirche wichtige Impulse für die gegenwärtige theologische Reflexion. Und dies nicht zuletzt deshalb, weil sich Barths Ekklesiologie und ihre politischen Implikationen als theologische Verarbeitungen seiner Diagnose vom Ende des *corpus christianum* in der (westlichen)[6] Moderne lesen lassen – eine Diagnose, die in unserer Gegenwart nichts von ihrer Aktualität verloren hat. Dies soll im Folgenden[7] entfaltet werden, indem zunächst einige Grundlinien der Barth'schen Ekklesiologie konturiert (2.) und im Anschluss seine Überlegungen zu einer politischen Kirche kritisch nachgezeichnet werden (3.). Am Schluss stehen einige Überlegungen zum Weg einer politischen Kirche jenseits von Rückzug und Hegemoniestreben (4.).

2. Kirche für die Welt. Ekklesiologische Grundentscheidungen Karl Barths

2.1 Rahmen oder Teil? Barth und das Ende des *corpus christianum*

Ein Ausdruck für die bewusste Zeitgenossenschaft der Theologie Karl Barths ist die für seine Ekklesiologie prägende Wahrnehmung vom Ende des *corpus christianum*. Die »schöne Illusion eines *corpus christianum*, einer christlichen Welt«[8] als idealer Einheit

---

4 K. BARTH, Der Römerbrief (1922), hg. von C. VAN DER KOOI / K. TOLSTAJA, Karl Barth GA II/47, Zürich 2010, 591. Vgl. zur politischen Zeitgenossenschaft Karl Barths und seiner Theologie insgesamt F. JEHLE, Lieber unangenehm laut als angenehm leise. Der Theologe Karl Barth und die Politik 1906–1968, Zürich 2002 und G. VAN NORDEN, Die Weltverantwortung der Christen neu begreifen. Karl Barth als homo politicus, München 1997.

5 Vgl. zu signifikanten Differenzen G. THOMAS, Karl Barth's Political Theology: Contours, Lines of Development and Future Perspectives, in: DERS. u. a. (Hg.), Dogmatics after Barth: Facing Challenges in Church, Society and the Academy, Leipzig 2012, (181–197) 183–185.

6 Barths Theologie inklusive ihrer politischen Implikationen erweist sich dabei nicht *nur* in westlichen Kontexten als eine produktive Ressource theologischer Reflexion. Vgl. dazu die Beiträge in M. HÖFNER (Hg.), Theo-Politics? Conversing with Barth in Western and Asian Contexts, (Lanham: Lexington Books – Fortress Academic; erscheint 2021).

7 Die folgenden Überlegungen gehen auf einen Vortrag am Institut für Theologie der Leibniz Universität Hannover im November 2019 zurück. Für wertvolle Hinweise danke ich allen an der anschließenden Diskussion Beteiligten und vor allem Marco Hofheinz.

8 BARTH, KD IV/3, 20.

von Kirche, Staat und Gesellschaft mag im europäischen Mittelalter real existiert haben, ist jedoch nach Barths Überzeugung in der Moderne unwiederbringlich zerbrochen. Denn während sich unter Bedingungen des *corpus christianum* alle und alles *im Raum der Kirche* verorten ließ, haben die Modernisierungsprozesse der europäischen Neuzeit seit dem 16. Jahrhundert Barth zufolge dazu geführt, dass christliche Kirche und nicht-christliche Umwelt auseinandertreten: In der Neuzeit hat die Kirche, so Barth, »ihre *Weltgeltung* [...] in langsamer, aber unaufhaltsamer Entwicklung *verloren*.«[9] In der Entfaltung dieser Diagnose nimmt Barth nicht nur solche Prozesse in den Blick, die man soziologisch als *funktionale Differenzierung* beschreiben könnte und die auf eine Verselbstständigung gesellschaftlicher Teilbereiche wie Recht, Politik, Kunst, Wirtschaft und eben auch Religion im Zuge gesellschaftlicher Modernisierung hinauslaufen.[10] Dass andere gesellschaftliche Teilbereiche auch ohne Religion und Kirche funktionieren, impliziert aus Barths Sicht vielmehr auch Prozesse, die soziologisch als *Säkularisierung* zu verhandeln wären: Als eine Sozialgestalt im gesellschaftlichen Teilbereich ›Religion‹ umfasst die christliche Kirche in der Moderne nicht mehr alle – und nicht einmal notwendig die Mehrheit – der Mitglieder einer Gesellschaft.[11] Die Kirche fungiert in der Moderne nicht mehr – oder doch: immer weniger – als *Rahmen* für alles gesellschaftliche Leben. Sie steht der Gesellschaft nicht mehr als staatsanaloge Größe gegenüber, sondern ist als eine gesellschaftliche Größe neben anderen *Teil* der Gesellschaft.[12] Nicht mehr Rahmen, sondern Teil – das ist

---

[9] A. a. O., 18.

[10] Vgl. a. a. O., 18f.; 602–604 und in soziologischer Perspektive N. LUHMANN, Die Gesellschaft der Gesellschaft, Frankfurt a. M. 1997 und A. NASSEHI, Die Theorie funktionaler Differenzierung im Horizont ihrer Kritik, ZfS 33 (2004), 98–118.

[11] Vgl. BARTH, KD IV/3, 18f., ders., KD, IV/1, 818–826 und soziologisch D. POLLACK, Säkularisierung – ein moderner Mythos?: Studien zum religiösen Wandel in Deutschland und Europa, Tübingen 2003 sowie G. PICKEL, Säkularisierung, Individualisierung oder Marktmodell? Religiosität und ihre Erklärungsfaktoren im europäischen Vergleich, KZfSS 62 (2010), 219–245. Der Zusammenhang zwischen beiden Entwicklungen lässt sich darin sehen, dass erst die funktionale Differenzierung die (christliche) Religion zu einer frei wählbaren *Option* macht, der Mitglieder der Gesellschaft dann auch ablehnend oder indifferent gegenüberstehen können, ohne damit aus anderen gesellschaftlichen Teilbereichen ausgeschlossen zu werden.

[12] Barth sieht klar, dass die skizzierte Entwicklung und die aus ihr resultierende partikulare Gestalt der Kirche schmerzvolle Abschiede und reale Verluste beinhalten und spricht daher von einer »*beschatteten* Zeit der Kirchengeschichte« (BARTH, KD IV/3, 19; meine Herv.). Er verweist jedoch zugleich auf die produktiven *Aufbrüche* in der neuzeitlichen Geschichte der Kirche, die durch das Ende ihrer ›Weltgeltung‹ notwendig und möglich wurden: Äußere und innere Mission, ökumenische Bewegung, Aktivierung der ›Laien‹ in der Kirche, um nur wenige Punkte zu nennen (vgl. a. a. O., 20–40).

nach Barth die Gestalt der christlichen Kirche in der Moderne nach dem Ende des *corpus christianum*, die Gestalt einer *partikularen* Kirche.¹³

Die von Barth in *seiner* Zeit ins Auge gefassten Transformationsprozesse der Neuzeit im Verhältnis von Kirche, Politik und Gesellschaft haben in *unserer* Zeit nochmals erheblich an Brisanz gewonnen.¹⁴ Der modernitätsspezifische Gestaltwandel der christlichen Kirche vom staatsanalogen *Rahmen der* Gesellschaft zu einem *Teil in der* Gesellschaft ist vielmehr ein Übergang, der die christlichen Kirchen im Westen und damit auch die Evangelische Kirche in Deutschland nachhaltig prägt und herausfordert – auch im Blick auf ihr Verhältnis zur politischen Sphäre. Nun könnte man die skizzierte Diagnose zum Anlass nehmen, für einen Rückzug der Kirche aus gesellschaftlichen und politischen Verflechtungen zu plädieren und die christliche Kirche – jenseits volkskirchlicher Kompromisse – im Kontrast zu der sie umgebenden »Welt« zu definieren.¹⁵ Barth selbst hingegen nimmt die Diagnose vom Ende des *corpus christianum* als Ausgangspunkt, um gerade die partikulare Kirche als eine Kirche zu verstehen, die sich ihrer nicht-christlichen Umwelt zuwendet, weil sie sich als in die »Welt« *gesendete* Kirche begreift. Und gerade eine solche Kirche – und ihre individuellen Glieder – übernehmen nach Barth eine Mitverantwortung für die politische Gestaltung menschlichen Zusammenlebens *extra muros ecclesiae*. Verständlich wird Barths Plädoyer für eine politische Mitverantwortung der christlichen Kirche allerdings nicht durch seine Zeitdiagnose allein, sondern erst durch deren innertheologische Reflexion und Verarbeitung. Gerade eine »politische Kirche« gibt es bei Barth nicht unabhängig von der Tiefengrammatik theologischen Denkens.

---

¹³ Systematisierend lassen sich drei Dimensionen kirchlicher Partikularität unterscheiden: Eine *soziale* Partikularität (nicht alle Mitglieder einer Gesellschaft sind auch Mitglieder der christlichen Kirche), eine *funktionale* Partikularität (nicht-religiöse Bereiche einer Gesellschaft wie Politik, Wirtschaft, Bildung usw. sind von der Funktion von Kirche resp. Religion weitgehend entkoppelt) und eine – bei Barth wenig prominente – *interreligiöse* Partikularität (infolge religiöser Pluralisierung ist die christliche Kirche – in ihren verschiedenen konfessionellen Gestalten – auch im religiösen Feld nur ein Akteur unter anderen).

¹⁴ Vgl. etwa H. BEDFORD-STROHM u. a. (Hg.), Vernetzte Vielfalt. Kirche angesichts von Individualisierung und Säkularisierung. Die fünfte EKD-Erhebung über Kirchenmitgliedschaft, Gütersloh 2015 sowie die neuesten Prognosen unter www.ekd.de/kirche-im-umbruch-projektion-2060-45516.htm (05.05.2020).

¹⁵ Dies ist die Tendenz bei John Howard Yoder und Stanley Hauerwas, die Barth als »Post-Christendom Theologian« rezipieren und seine ekklesiologischen Überlegungen auf einen Kontrast von Kirche und »Welt« hin zuspitzen. Vgl. J. H. YODER, Karl Barth, Post-Christendom Theologian, in: DERS., Karl Barth and the problem of war & other essays on Barth, ed. by M. T. NATION, Eugene 2003, 175–188 sowie S. HAUERWAS / W. H. WILLIMON, Resident aliens. Life in the Christian Colony, Nashville 1989 und für eine nuancierte Diskussion des Barth'schen Ansatzes im Vergleich zu diesen Positionen M. HOFHEINZ, »In Tuchfühlung und im Handgemenge mit dem Weltgeschehen« – Kirche in einer »postchristlichen« Welt. Karl Barths diasporatheologische Impulse zur Begegnung mit dem Säkularen, ZDTh 34 (2018), 25–58.

2.2 Universalismus, Zeugnis und das prophetische Amt Jesu Christi – ein Blick in die theologische Tiefengrammatik der Ekklesiologie Karl Barths

Wer theologisch über die christliche Kirche nachdenkt, denkt nicht *nur* über die christliche Kirche nach. Denn was die christliche Kirche aus theologischer Perspektive ist oder sein sollte, hängt unweigerlich mit anderen theologischen Annahmen über Gott, Mensch und Welt zusammen. Die Ekklesiologie Barths macht hier keine Ausnahme. Um ihre theologische Tiefengrammatik zu konturieren, soll auf *drei* Motive und Grundentscheidungen der Ekklesiologie Karl Barths verwiesen werden.

a) Universalismus
Ein *erstes* Motiv, das Barths Ekklesiologie wie seine Theologie überhaupt zutiefst prägt, ist sein Universalismus, die von ihm pointiert behauptete *Universalität der Versöhnung*.[16] Prägnanten Ausdruck findet dieses Motiv in Barths christologischer Reformulierung der Lehre von der göttlichen Erwählung.[17] Denn in dieser geht Barth nicht – wie etwa Johannes Calvin – von einem Gott »an sich« aus, der in einem ewigen Ratschluss bestimmte Menschen zum Heil der Versöhnung, andere aber zum Unheil der Gottesferne vorherbestimmt, sondern setzt mit der gnädigen Zuwendung Gottes zum Menschen in Person und Geschichte Jesu Christi an. Im »Name[n] *Jesu Christus*«, so Barths Überzeugung, treffen »*der erwählende Gott* und *der erwählte Mensch*« zusammen.[18] Auf dieser Grundlage aber kann die »doppelte Prädestination« nach Barth nicht als statische Symmetrie von Heil und Unheil verstanden werden. Denn in Person und Geschichte Jesu Christi bestimmt Gott das Unheil für *sich* – Christus trägt am Kreuz die Not der Gottesferne –, das Heil aber für den Menschen – Jesus von Nazareth ist der mit Gott versöhnte Mensch.[19] Die Versöhnung von Gott und Mensch in der Geschichte Jesu Christi ist daher aus Barths Sicht nicht nur eine Möglichkeit – die dann im menschlichen Glauben erst zu realisieren wäre –, sondern eine objektive Wirklichkeit,[20] die *alle* Menschen einschließt und insofern *universal* ist. Diese Universalität der Versöhnung in der Geschichte Jesu Christi ist für Barth gleichsam die »Brille«, durch die Gott und Schöpfung theologisch auf jeden Fall zu

---

[16] Vgl. zur Sache T. GREGGS, »Jesus is victor«. Passing the Impasse of Barth on Universalism, SJTh 60 (2007), 196–212.
[17] Zur Interpretation der Barth'schen Erwählungslehre vgl. prägnant W. KRÖTKE, Die Summe des Evangeliums. Karl Barths Erwählungslehre im Kontext der Kirchlichen Dogmatik, in: M. BEINTKER u. a. (Hg.), Karl Barth im europäischen Zeitgeschehen (1935–1950). Widerstand – Bewährung – Orientierung, Zürich 2010, 67–82.
[18] BARTH, KD II/2, 63.
[19] Vgl. a. a. O., 176f.
[20] Vgl. zum Wirklichkeitscharakter der Versöhnung die Erläuterungen von George Hunsinger zu dem von ihm sogenannten »motif of objectivism«: G. HUNSINGER, How to Read Karl Barth. The Shape of his Theology, New York / Oxford 1991, 35–39.

betrachten sind. Das Versöhnungshandeln Gottes in Jesus Christus ist keine sekundäre Reaktion auf die Heillosigkeit der Welt, sondern als Erweis der Menschenfreundlichkeit Gottes bereits der Sinn der Schöpfung.[21] Auch die Unterscheidung zwischen Kirche und Staat, Kirche und nicht-christlicher Umwelt ist daher für Barth eine Differenzierung *innerhalb* des durch die Geschichte Jesu Christi bestimmten Raums der Versöhnung und kann keineswegs als Gegenüber von Heil und Unheil modelliert werden. Vielmehr liegt die Auszeichnung der christlichen Kirche Barth zufolge primär in einem *epistemischen* Vorsprung: Die christliche Kirche ist das »besondere[] Miteinander«[22] derjenigen Menschen, die die »de iure«[23] universale Wirklichkeit der Versöhnung auch »de facto«[24] wahrnehmen und daher in Glaube, Liebe und Hoffnung aktiv an ihrem Vollzug teilnehmen.

b) Zeugnis

Ein *zweites* Motiv aus der theologischen Tiefengrammatik von Barths Ekklesiologie ist das des Zeugnisses. Die aktive Teilnahme der christlichen Kirche und individueller Christenmenschen am Vollzug der Versöhnung besteht für Barth darin, von der in Person und Geschichte Jesu Christi bereits universal wirklichen Versöhnung *Zeugnis* zu geben und damit zur menschlichen Wahrnehmung dieser Versöhnungswirklichkeit beizutragen. Die Kirche und einzelne Christenmenschen leben nach Barth auch davon, im Hören auf das Evangelium passive Zeugen (*witness*) der Versöhnung zu sein. Er akzentuiert aber ihr aktives Zeugnis (*testimony*) als diejenige Praxis, an der sich »entscheidet, ob der Christ ein Christ, die christliche Gemeinde christliche Gemeinde ist oder nicht ist.«[25] Und zu dieser Praxis des Zeugnisses gehören für Barth *alle* Formen und Gestalten christlichen und kirchlichen Lebens, die »*Vielförmigkeit* des christlichen Zeugnisses«[26] umfasst daher aus seiner Sicht lokale Gottesdienste ebenso wie gesamtkirchliche Stellungnahmen, Predigt und diakonisches Handeln, soziales Handeln im Bereich der Kirche und die vielen Gestalten individuellen christlichen Lebens.[27] Nicht nur was die Kirche und individuelle Christenmenschen *sagen*, sondern auch was sie *tun* und was sie *sind*, ist deshalb für Barth als Zeugnis von der

---

[21] Die Schöpfung ist daher wohl, wie Barth formuliert, der »äußere Grund« (BARTH, KD III/1, 261) des Bundes, der Versöhnung von Gott und Mensch in Jesus Christus, dieser Bund jedoch »der innere Grund der Schöpfung« (ebd.). Vgl. zur christologisch bestimmten Schöpfungslehre Karl Barths umfassend C. LINK, Schöpfung. Schöpfungstheologie in reformatorischer Tradition, Gütersloh 1991, 257–329.

[22] BARTH, KD IV/1, 727.

[23] BARTH, KD IV/3, 321; meine Herv.

[24] Ebd.; meine Herv.

[25] A. a. O., vii.

[26] A. a. O., 988.

[27] Vgl. a. a. O., 991–1034.

Eine politische Kirche?

Versöhnung zu würdigen – auch wenn dieses in der Kirche der gerechtfertigten Sünder ein »*zweideutiges* Zeugnis«[28] bleibt. In dieser Praxis des Zeugnisses, so hebt Barth hervor, ist die Existenz der christlichen Kirche als »ekzentrisch[e]«[29] Existenz zu verstehen. Und dies *zum einen* deshalb, weil die christliche Kirche in ihrem Zeugnis nicht auf sich selbst, sondern auf die ihr vorgängige Wirklichkeit der Versöhnung verweist, ihr Zeugnis also als *Fremd*zeugnis zu verstehen ist. In ihrem Zeugnis existiert die christliche Kirche – *zum anderen* – auch deshalb »ekzentrisch«, weil nicht die Kirche selbst, sondern ihre nicht-christliche Umgebung primärer Adressat dieses Zeugnisses sind: Das christliche und kirchliche Zeugnis richtet sich Barth zufolge auch »nach innen«, vor allem aber »nach außen« in eine bereits mit Gott versöhnte, diese Versöhnung aber noch nicht erkennende »Welt« – und reicht damit auch hinein in die Sphäre des Politischen.

c) Das prophetische Amt Jesu Christi

Ein *drittes* für Barths Ekklesiologie prägendes Motiv ist seine Lehre vom »prophetischen Amt« Jesu Christi. In Aufnahme der Vorstellung von drei »Ämtern« Jesu Christi konzipiert Barth die einmalige Geschichte des Jesus von Nazareth zwischen Geburt und Kreuz als die »Gegensatzeinheit«[30] seiner Erniedrigung als »Priester«[31] und seiner Erhöhung als »König«.[32] Das *prophetische* Amt Jesu Christi[33] bezeichnet demgegenüber für Barth die Selbstvergegenwärtigung des Auferstandenen als »sein eigener authentischer *Zeuge*«.[34] Die mit der einmaligen Geschichte Jesu Christi identische universale Wirklichkeit der Versöhnung ist »kein in sich verschlossenes, sondern ein […] *kommunikatives* Geschehen«,[35] weil die Auferstehung das Ereignis der »Offenbarung«[36] dieser Wirklichkeit darstellt. In seiner »prophetischen« Selbstkommunikation wirkt der Auferstandene selbst in nachösterliche Zeiten und Räume hinein und überbrückt so die Distanz zwischen dem »*illic et tunc*«[37] seiner einmaligen

---

[28] BARTH, KD IV/2, 699.
[29] BARTH, KD IV/3, 872.
[30] A. a. O., 5.
[31] Dies ist das christologische Thema von KD IV/1.
[32] Dies ist das christologische Thema von KD IV/2.
[33] Dieses prophetische Amt Jesu Christi ist das christologische Thema von KD IV/3. Die Wiederentdeckung des »prophetischen Amtes« Jesu Christi bei Calvin steht dabei nach Barth im Zusammenhang mit der neuzeitlichen Virulenz der Frage nach der Erkennbarkeit Gottes (Vgl. BARTH, KD IV/3, 32–34; 40).
[34] A. a. O., 49. Vgl. auch die Analyse bei J. WEBSTER, »Eloquent and Radiant«. The Prophetic Office of Christ and the Mission of the Church, in: DERS., Barth's Moral Theology. Human Action in Barth's Thought, Edinburgh 1998, 125–150.
[35] BARTH, KD IV/3, 7; meine Herv.
[36] BARTH, KD IV/2, 158.
[37] BARTH, KD IV/3, 247.

Geschichte und dem »*hic et nunc*«[38] ihrer menschlichen Wahrnehmung. Mit der Lehre vom prophetischen Amt Jesu Christi artikuliert Barth somit die »*wirksame* Gegenwart«[39] Jesu Christi in jeder menschlichen Gegenwart.[40]

Im Blick auf Existenz und Praxis der christlichen Kirche impliziert diese prophetische Wirksamkeit Jesu Christi für Barth eine Würdigung und eine doppelte Begrenzung. Die Würdigung besteht darin, dass die christliche und kirchliche Zeugnispraxis vor dem skizzierten Hintergrund als menschliche *Teilnahme* am prophetischen Wirken des Auferstandenen in den Blick kommt, als ein reales »Zusammenwirken«[41] von göttlichem und menschlichem Handeln, in der sich die christliche Kirche und individuelle Christenmenschen als »*Partner*«[42] Gottes am Vollzug der Versöhnung beteiligen.

Eine *erste* Begrenzung christlichen und kirchlichen Zeugnisses liegt für Barth hingegen darin, dass dieses im Horizont des prophetischen Amtes Jesu Christi *nur* als Zeugnis des Selbstzeugnisses Jesu Christi zu verstehen ist. Als menschliche Zeugnispraxis entbehrt das Reden und Handeln der christlichen Kirche daher nach Barth jeder »sakramentalen« Qualität, ist es nur das »begleitende, bestätigende *Zeichen*«[43] der prophetischen Wirksamkeit des Auferstandenen. Als solches kann es von der Selbstkommunikation Jesu Christi in Anspruch genommen werden, aber niemals selbst an deren Stelle treten. Eine *zweite* Begrenzung der Zeugen-Existenz der Kirche ergibt sich für Barth aus der Einsicht, dass die christliche Kirche als partikulare Größe in einer nicht-christlichen Umgebung existiert, die prophetische Wirksamkeit Jesu Christi jedoch ebenso universal ist wie die mit seiner einmaligen Geschichte identische Wirklichkeit der Versöhnung. Die »prophetische« Selbstvergegenwärtigung Jesu Christi ist daher nach Barth keineswegs an den Raum der Kirche und ihr aktives und bewusstes Zeugnis gebunden, ja, nicht einmal von einer explizit religiösen Semantik abhängig. Die christliche Kirche muss daher in ihrem eigenen Zeugnis immer damit rechnen, auch außerhalb der Kirche, in der nicht-christlichen Sphäre von Gesellschaft oder Politik, auf »wahre Worte, echte Zeichen und Bezeugungen

---

[38] Ebd.
[39] A. a. O., 337, meine Herv.
[40] Vgl. dazu ausführlicher M. HÖFNER, Gottes Gegenwart und die »Zeit der Gemeinde«. Eine Problemskizze im Gespräch mit Karl Barth, in: M. HÖFNER / B. FRIEDRICH (Hg.), Gottes Gegenwarten – God's Presences, Leipzig 2020, 119–141.
[41] BARTH, KD IV/1, 123.
[42] BARTH, KD IV/2, 2; meine Herv. Vgl. zu diesem Motiv W. KRÖTKE, Gott und Mensch als »Partner«. Zur Bedeutung einer zentralen Kategorie in Karl Barths Kirchlicher Dogmatik, in: E. JÜNGEL (Hg.), Zur Theologie Karl Barths: Beiträge aus Anlaß seines 100. Geburtstags, Tübingen 1986, 158–175.
[43] BARTH, KD IV/3, 697.

Eine politische Kirche?

des einen wahren Wortes«[44] zu treffen, auf, wie Barth auch formulieren kann, »reale Gleichnisse des Himmelreichs«[45] in einer scheinbar profanen Welt.[46]

2.3 Kirche für die Welt: Barths Umstellung von »Sammlung« auf »Sendung«

Universalismus, Zeugnis und das prophetische Amt Jesu Christi – diese drei Motive begründen in Barths Ekklesiologie eine fundamentale Umstellung gegenüber tradierten theologischen Deutungen der christlichen Kirche. Letztere verstehen nach Barths Diagnose die »Sammlung«[47] der christlichen Kirche, ihre Konstitution als besondere »Heilsgemeinde und Heilsanstalt«,[48] als einen »Selbstzweck«.[49] Das eschatologische Kommen des Reiches Gottes kann dann mit einer *Expansion* der christlichen Kirche in ihre nicht-christliche Umgebung gleichgesetzt werden, die in der Deckungsgleichheit von Kirche und »Welt« ihr Ziel erreicht.[50] Solche Deutungen der Kirche jedoch sind aus Barths Sicht Ausdruck eines »heiligen Egoismus«,[51] der die universale Wirklichkeit der Versöhnung ebenso verkennt wie den Zeugnisauftrag der Kirche gerade gegenüber ihrer nicht-christlichen Umgebung und die dieses Zeugnis tragende Selbstbezeugung des Auferstandenen in seinem prophetischen Amt. Im Horizont dieser drei Motive nämlich, so Barths Gegenstrategie, ist die Existenz der christlichen Kirche gerade kein Selbstzweck, sondern wesentlich durch ihre *Funktion* für ihre nicht-christliche Umgebung bestimmt: Wie Jesus Christus in seiner einmaligen Geschichte der Versöhnung für die ganze »Welt« da ist und sich in seiner prophetischen Selbstbezeugung an *alle* Menschen wendet, so ist die christliche Kirche nach Barths Überzeugung als »Kirche für die Welt«[52] zu verstehen: »*Die wirkliche Gemeinde Jesu Christi ist die von Gott […] in die Welt gesendete Gemeinde.*«[53] Die

---

44 A. a. O., 137.
45 Ebd.
46 Vgl. zu Barths sogenannter »Lichterlehre« den ganzen Abschnitt a. a. O., 106–153 und zur Interpretation T. GUNDLACH, Kulturprotestantismus nach Karl Barth: Überlegungen zur sog. Lichterlehre in der Kirchlichen Dogmatik, in: A. VON SCHELIHA / M. SCHRÖDER (Hg.), Das protestantische Prinzip. Historische und systematische Studien zum Protestantismusbegriff, Stuttgart 1998, 165–180.
47 BARTH, KD IV/3, 9.
48 A. a. O., 876.
49 A. a. O., 874.
50 So etwa die wie bei Barth auf Grundlage einer universalistischen Erwählungslehre entworfene Vision bei Schleiermacher (vgl. F. D. E. SCHLEIERMACHER, Der Christliche Glaube (1830/31), Berlin 2008, § 114).
51 BARTH, KD IV/3, 878.
52 A. a. O., 899.
53 A. a. O., 878.

»Sammlung« der Kirche als das »besondere[] Miteinander«[54] derjenigen Menschen, die die universale Wirklichkeit der Versöhnung bereits wahrnehmen und ihr in Glaube, Liebe und Hoffnung zu entsprechen suchen, stellt in dieser Perspektive die unverzichtbare »*conditio sine qua non*«[55] ihrer Existenz dar. Deren »*ratio*«[56] besteht hingegen in der »*Sendung*«[57] der christlichen Kirche – und individueller Christenmenschen – in ihre nicht-christliche Umgebung, die ihre konkrete Gestalt in der Vielfalt des christlichen und kirchlichen Zeugnisses findet. Ausgangspunkt dieser Sendung ist die universale Wirklichkeit der Versöhnung in Person und Geschichte Jesu Christi, Zielpunkt aber nicht etwa die universale Expansion der Kirche, sondern die universale Offenbarung der universalen Versöhnung im eschatologischen Kommen des Reiches Gottes, dem Kirche und »Welt« gleichermaßen entgegengehen und dessen »Gleichnis«[58] die christliche Kirche bestenfalls sein kann. Die Sendung der christlichen Kirche vollzieht sich daher nach Barth auf der Grundlage einer grundsätzlichen »Solidarität von Kirche und Welt im Verhältnis zu Jesus Christus«.[59]

Es ist diese ekklesiologische Umstellung vom Primat der »Sammlung« auf das Primat der »Sendung«, die es Barth ermöglicht, die partikulare Gestalt der Kirche nach dem Ende des *corpus christianum* nüchtern wahrzunehmen, diese Wahrnehmung aber nicht mit einem Plädoyer für eine weltabgewandte, auf sich selbst zentrierte Kirche zu verbinden oder einer Verchristlichung oder gar Verkirchlichung der Welt das Wort zu reden. Gerade *in* ihrer Partikularität, so Barths Überzeugung, ist die christliche Kirche in ihre nicht-christliche Umwelt gesendet, hat die Funktion, dieser die universale Wirklichkeit der Versöhnung zu bezeugen – und ist darin notwendig auch eine *politische* Kirche.

---

54 BARTH, KD IV/1, 727.
55 BARTH, KD IV/3, 695.
56 Ebd.
57 A. a. O., 9. Vgl. zu Barths »Sendungsekklesiologie« insgesamt die konzise Studie von J. G. FLETT, The Witness of God: The Trinity, Missio Dei, Karl Barth and the Nature of Christian Community, Grand Rapids 2010.
58 BARTH, KD IV/3, 906.
59 K. BARTH, Gespräch mit Studenten in Paris, in: DERS., Gespräche 1963, hg. von E. BUSCH, Karl Barth GA IV/41, Zürich 2005, (162–175) 163.

3. Christengemeinde und Bürgergemeinde: Eine politische Kirche nach Karl Barth

3.1 Das Politische als »Prädikat der Theologie« und die doppelte Zeitgenossenschaft der christlichen Kirche

Eine politische Kirche nach Karl Barth ist nicht eine Kirche, die sich einer bestimmten politischen Agenda verschreiben und diese dann theologisch legitimieren würde. Vielmehr kommt es ihm in seinen Überlegungen darauf an, die Theologie gerade nicht zum »Prädikat des Politischen«[60] werden zu lassen, sondern umgekehrt das Politische als »*Prädikat der Theologie*«[61] zu begreifen. Gestalt und Aufgaben einer politischen Kirche ergeben sich daher im Rahmen des Barth'schen Denkens als *Implikationen* seiner Theologie im Allgemeinen und seiner Ekklesiologie im Besonderen.[62] Beobachten lassen sich solche politischen Implikationen dabei primär auf der Theorieebene theologischer Reflexion selbst: Barths *theologische Wahrnehmung* der christlichen Kirche als »Kirche für die Welt«,[63] die in ihrem Zeugnis am Vollzug der universalen Versöhnung und darin am prophetischen Amt Jesu Christi teilnimmt, impliziert eine bestimmte *theologische Wahrnehmung* des Politischen. Die *reale Praxis* christlichen und kirchlichen Lebens lässt sich aus diesen Wahrnehmungen nicht deduzieren, wohl aber eröffnen sie Möglichkeitsräume und Imaginationshorizonte, in denen sich solche reale Praxis orientieren kann. Solche Orientierung ist Barth zufolge notwendig, weil die christliche Kirche und individuelle Christenmenschen nicht nur in je spezifischen gesellschaftlichen und politischen Kontexten existieren, »angesichts einer Welt voll drängender praktischer Aufgaben«[64] und als »*Zeitgenossen* der großen und kleinen Personen der Welt- und Kultur- oder auch der Kirchengeschichte«.[65] Sie existieren vielmehr zugleich angesichts der »wirksame[n] Gegenwart«[66] des Auferstandenen in jeder menschlichen Gegenwart, als »*Zeitgenossen Jesu Christi*«.[67] Und es ist diese *doppelte* Zeitgenossenschaft, an der sich aus Barths Sicht

---

[60] E. JÜNGEL, Die theologischen Anfänge. Beobachtungen, in: DERS., Barth-Studien, Zürich u. a. 1982, (61–126) 126.

[61] Ebd.; meine Herv.

[62] Die im Folgenden näher zu analysierenden Texte Barths entstanden freilich *vor* der Veröffentlichung der Versöhnungslehre der »Kirchlichen Dogmatik«, auf die die vorstehenden Überlegungen vor allem rekurriert haben. Eine historisch-genetische Untersuchung müsste daher auf Akzentverschiebungen in Barths theologischem Denken stärker eingehen, als dies bei dem hier unternommenen systematisierenden Zugriff möglich ist.

[63] BARTH, KD IV/3, 899.

[64] BARTH, Der Römerbrief (1922), 591.

[65] BARTH, KD IV/3, 419; meine Herv.

[66] A. a. O., 337.

[67] A. a. O., 419. Vgl. zur Analyse auch M. WEINRICH, Christus als Zeitgenosse, in: DERS., Die bescheidene Kompromisslosigkeit der Theologie Karl Barths. Bleibende Impulse zur

die reale Praxis christlichen und kirchlichen Lebens ausrichten kann und soll – durch nüchterne Wahrnehmung[68] des jeweiligen gesellschaftlichen Kontextes *und* mithilfe theologischer Reflexion.

3.2 Sorge für Recht und Frieden in der noch nicht erlösten Welt: Theologische Wahrnehmung und funktionale Bestimmung staatlicher Politik bei Karl Barth

Barths theologische Wahrnehmung des Staates und staatlicher Politik[69] ist von der Absicht geleitet, eine »*positive* Beziehung und Verbindung«[70] zwischen der christlichen Kirche, der »Christengemeinde«,[71] und dem Staat, der »Bürgergemeinde«[72] zu artikulieren. Barth veranschaulicht das Verhältnis zwischen Kirche und Staat dabei durch das Bild zweier konzentrischer Kreise: Den inneren Kreis der Christengemeinde bilden diejenigen Menschen, »die sich als Christen bekennen und mit mehr oder weniger Ernst Christen sein möchten«.[73] Sie stehen mit allen übrigen Mitgliedern einer Gesellschaft zugleich im äußeren Kreis der Bürgergemeinde. Beide Kreise aber finden ihren Mittelpunkt in Person und Geschichte Jesu Christi.[74] In diesem Bild kommen die beiden für Barths Überlegungen prägenden Motive prägnant zum Ausdruck: *Zum einen* geht Barth von der bereits skizzierten Einsicht aus, dass die christliche Kirche nach dem Ende des *corpus christianum* eine *partikulare* Kirche ist.[75]

Erneuerung der Theologie, Göttingen 2013, 102–137.

[68] Für diese stehen bei Barth die Stichworte »Tageszeitung« (BARTH, Der Römerbrief [1922], 591), »gesunde[r] Menschenverstand« (DERS., Politische Entscheidung in der Einheit des Glaubens, München 1952, 15) und eben »Nüchternheit« (DERS., Ein Wort an die Deutschen [1945], in: DERS., »Der Götze wackelt«. Zeitkritische Aufsätze, Reden und Briefe von 1930 bis 1960, Berlin 1961, [87–97] 93), während theoriegestützte Zugänge zur gesellschaftlichen und politischen Wirklichkeit in Barths Theologie – leider – nur am Rande und meist implizit rezipiert werden.

[69] In der Sache bleiben Barths Überlegungen auf ein Gegenüber von Kirche und *Staat* fokussiert, auch wenn man Barths Begriff der »Bürgergemeinde« in einer konstruktiven Re-Lektüre als Bezeichnung für die gesamte gesellschaftliche Umwelt der Kirche lesen kann (Vgl. zu letzterem E. L. J. MECHELS, Kirche und gesellschaftliche Umwelt. Thomas – Luther – Barth, Neukirchen-Vluyn 1990, v. a. 233–243).

[70] K. BARTH, Christengemeinde und Bürgergemeinde (1946), in: DERS., Rechtfertigung und Recht, Christengemeinde und Bürgergemeinde, Evangelium und Gesetz, Zürich 1998, (47–80) 47; meine Herv. Eine solche positive Beziehung *nicht* explizit zu haben ist nach Barths Urteil ein schwerwiegender Mangel der reformatorischen Theologie Luthers wie Calvins (Vgl. DERS., Rechtfertigung und Recht [1938], in: a. a. O., [5–45] 6–8).

[71] BARTH, Christengemeinde, 47.
[72] Ebd.
[73] A. a. O., 50.
[74] Vgl. a. a. O., 48f.; 53f.
[75] Vgl. oben 2.1.

Eine politische Kirche?

Als *Teil* der Gesellschaft ist sie nicht nur in ihrer Funktion von anderen gesellschaftlichen Teilbereichen unterschieden, vielmehr ist auch die »Mitgliedschaft« von Kirche und Staat nicht koextensiv: alle Mitglieder der Christengemeinde sind zugleich Mitglieder der Bürgergemeinde, letztere umfasst aber als »äußerer Kreis« Christen und Nicht-Christen gleichermaßen.[76] *Zum anderen* gilt für Barth, dass der Staat als theologisch zwar »außerhalb der Kirche, aber *nicht* außerhalb des Herrschaftskreises Jesu Christi«[77] zu verorten ist. Als konzentrische Kreise haben Kirche und Staat ihr *gemeinsames* Zentrum in Person und Geschichte Jesu Christi. Beide existieren in der bereits durch die universale Wirklichkeit der Versöhnung bestimmten,[78] dem Reich Gottes aber noch entgegengehenden, »noch nicht erlösten Welt«.[79]

Mit dieser theologischen Wahrnehmung von Staat und staatlicher Politik[80] stellt sich Barth gegen die wirkmächtige Tradition der sogenannten »Zwei-Reiche-Lehre«.[81] Ihr zufolge begegnet Gott in der Kirche als Versöhner und Erlöser, als der er sich in Jesus Christus erweist und im *Evangelium* verkündet wird. Im Staat jedoch begegnet Gott als »Schöpfer- und Regierergott«,[82] der durch das *Gesetz* die unheilvollen Auswirkungen menschlicher Sünde eindämmt, weshalb der Staat aus dieser Perspektive als »Schöpfungsordnung[]«[83] wahrgenommen werden kann. Problematisch an *dieser* theologischen Wahrnehmung des Staates ist jedoch aus Barths Sicht,

---

[76] Vgl. als Kontrast das Plädoyer Ernst Troeltschs für eine (institutionelle) Trennung von Kirche und Staat unter der Voraussetzung einer im Ganzen *christlichen Gesellschaft* (E. TROELTSCH, Die Trennung von Staat und Kirche, der staatliche Religionsunterricht und die theologischen Fakultäten [1907], in: DERS., Schriften zur Religionswissenschaft und Ethik [1903–1912], Ernst Troeltsch KGA 6.1, Berlin 2014, [342–425]).

[77] BARTH, Christengemeinde, 53; meine Herv. Vgl. BARTH, Rechtfertigung, 21.

[78] Vgl. oben 2.2.a.

[79] Theologische Erklärung zur gegenwärtigen Lage der Deutschen Evangelischen Kirche (1934), V. These (zit. nach: A. BURGSMÜLLER / R. WETH [Hg.], Die Barmer theologische Erklärung. Einführung und Dokumentation, Neukirchen-Vluyn ⁵1993, 40). Vgl. zu Barths maßgeblicher Verfasserschaft C. NICOLAISEN, Zur Entstehungsgeschichte der Barmer Theologischen Erklärung, in: BURGSMÜLLER / WETH (Hg.), Barmer Erklärung, 22–28.

[80] Der christozentrische Ansatz Barths wurde in der sogenannten »Lehre von der Königsherrschaft Jesu Christi« aufgenommen. Vgl. exemplarisch E. WOLF, Die Königsherrschaft Christi und der Staat, in: W. SCHMAUCH / E. WOLF (Hg.), Königsherrschaft Christi. Der Christ im Staat, München 1958, 20–61 und Barths durchaus kritische Bewertung dieser Formel in K. BARTH, Das christliche Leben, hg. von H.-A. DREWES und E. JÜNGEL, Karl Barth GA II/7, Zürich 1976, 432–435.

[81] Vgl. zur Differenzierung von zwei »Regierweisen« Gottes bei Luther selbst A. VON SCHELIHA, Protestantische Ethik des Politischen, Tübingen 2013, 20–32 und zur Transformation dieser Differenzierung in der Moderne W. HUBER, »Eigengesetzlichkeit« und »Lehre von den zwei Reichen«, in: DERS., Folgen christlicher Freiheit. Ethik und Theorie der Kirche im Horizont der Barmer Theologischen Erklärung, Neukirchen-Vluyn 1983, 52–70.

[82] BARTH, Rechtfertigung, 20.

[83] P. ALTHAUS, Theologie der Ordnungen, Gütersloh 1935, 13. Vgl. zur Kritik auch

dass sie den Staat im Horizont eines vom Evangelium losgelösten »Gesetzes« betrachtet,[84] das dann im Rekurs auf ein allgemeines »Naturrecht«[85] bestimmt werden oder mit einer theologisch unbestimmbaren »Eigengesetzlichkeit«[86] der politischen (wie aller anderen »weltlichen«) Sphären identifiziert werden kann.[87] Auf diesem Weg jedoch drohen nach Barths Diagnose Kirche und Staat, das Evangelium von der Versöhnung und ein christologisch unbestimmtes »Gesetz«, beziehungslos auseinanderzufallen. Für die Kirche würde sich dann der quietistische Rückzug in eine unpolitische Innerlichkeit nahelegen,[88] während die Sphäre staatlicher Politik unter Berufung auf einen allgemeinen Schöpfergott religiös überhöht werden und noch *jeder* politische *Status quo* theologisch legitimiert werden kann, bis hin zum NS-Staat.[89]

Beiden Gefahren sucht Barth zu begegnen, indem er Kirche *und* Staat auf Jesus Christus als »das *eine* Wort Gottes«[90] bezieht – ohne dabei die Differenz von Kirche und Staat zu überspielen. Denn gerade indem Barth Kirche *und* Staat christologisch bestimmt, kann er die Differenz beider Sphären als *funktionale Differenz* profilieren[91] und staatliche Politik auf diese Weise – jenseits protestantischer Staatsmetaphysik – auf eine »weltliche«, säkulare Pragmatik festlegen. Während die Kirche Barth zufolge

---

BARTH, KD III/4, 34–50.

[84] Demgegenüber ist Gottes »Gesetz« nach Barth nur zu verstehen als »*Form des Evangeliums*, dessen Inhalt die Gnade ist.« (K. BARTH, Evangelium und Gesetz [1935], in: DERS., Rechtfertigung und Recht, Christengemeinde und Bürgergemeinde, Evangelium und Gesetz, Zürich 1998, [81–109] 89) Vgl. zu den Konsequenzen dieser Umstellung gerade für Barths Wahrnehmung des Politischen J. COUENHOVEN, Law and Gospel, or the Law of the Gospel? Karl Barth's Political Theology compared with Luther and Calvin, JRE 30 (2002), 181–205.

[85] Vgl. zu Barths Kritik am Naturrecht BARTH, Christengemeinde, 58–60.

[86] A. a. O., 60.

[87] Vgl. HUBER, Eigengesetzlichkeit.

[88] Barth nennt dies die »pietistische Unfruchtbarkeit«, die »seit der Reformation in vielen Spielarten Wirklichkeit geworden [ist].« (BARTH, Rechtfertigung, 8).

[89] Vgl. ALTHAUS, Ordnungen, 43 und den u. a. von Paul Althaus und Werner Elert als Protest gegen die Barmer Theologische Erklärung verfassten »Ansbacher Ratschlag« (1934) (in: K. D. SCHMIDT [Hg.], Die Bekenntnisse und grundsätzlichen Äußerungen zur Kirchenfrage. Das Jahr 1934, Göttingen 1935, 102–104). Unter dem Eindruck der NS-Verbrechen konstruiert Barth eine direkte Linie zwischen Luthers Lehre von den zwei Regierweisen Gottes und der theologischen Unterstützung des NS-Staates durch Althaus und andere (Vgl. K. BARTH, Ein Brief nach Frankreich [1939], in: DERS., Offene Briefe 1935–1942, hg. von D. KOCH, Karl Barth GA V/36, Zürich 2001, [205–223] 220).

[90] BURGSMÜLLER / WETH (Hg.), Barmer Erklärung, 36; meine Herv. Eine Folge dieser Umstellung besteht darin, dass der Staat im Rahmen von Barths »Kirchlicher Dogmatik« nicht zur in KD III/4 verhandelten Ethik der Schöpfungslehre, sondern zur – Fragment gebliebenen – Ethik der Versöhnungslehre gehört (vgl. BARTH, Das christliche Leben, v. a. 347–502).

[91] Vgl. H. M. HEINIG, Gerechtigkeit im demokratischen legitimierten Recht. Eine verfassungstheoretische Perspektive auf Karl Barths »Christengemeinde und Bürgergemeinde«, ZDTh 28 (2012), (87–103) 100–103.

Eine politische Kirche? 45

durch ihre Funktion als Zeugin der Versöhnung ausgezeichnet ist,[92] hat der Staat, wie die V. These der »Barmer Theologischen Erklärung« formuliert,

> »nach göttlicher Anordnung die Aufgabe [...], in der noch nicht erlösten Welt, in der auch die Kirche steht, nach dem Maß menschlicher Einsicht und menschlichen Vermögens unter Androhung und Ausübung von Gewalt für Recht und Frieden zu sorgen.«[93]

Bemerkenswert an dieser Bestimmung ist zunächst, dass der Staat nicht als vorgegebene göttliche (Schöpfungs)*Ordnung* beschrieben, sondern auf eine göttliche *Anordnung* zurückgeführt wird,[94] die ihm eine spezifische *Aufgabe* und Funktion zuweist. Denn auf diese Weise wird einerseits festgehalten, dass die Existenz des Staates (und der Staaten) als göttliche »Wohltat«[95] zu werten ist, womit eine *grundsätzliche* Ablehnung staatlicher Politik theologisch ausgeschlossen bleibt.[96] Andererseits jedoch öffnet sich mit dieser Bestimmung eine kritische Differenz zwischen der göttlichen Anordnung und *faktischer* staatlicher Politik, die damit als gestaltungsbedürftig und gestaltungsoffen erscheint: Der Staat kann seiner Aufgabe besser oder schlechter nachkommen, bis hin zu einer »Perversion«[97] der ihm dank göttlicher Anordnung zukommenden Funktion. Diese Funktion besteht gemäß der V. Barmer These darin, »unter Androhung und Ausübung von Gewalt für Recht und Frieden zu sorgen«.[98] Während sich die Funktion der Kirche allein in ihrem zwanglosen Zeugnis vollzieht,[99] wird der Staat von Barth als eine »durch *Zwang* geschützte [...] Rechtsordnung«[100] in den Blick genommen,[101] deren Gestaltung der Unterscheidung von Legislative, Exekutive und Judikative bedarf.[102] Die staatliche Sorge für Recht und Frieden soll dabei, wie Barth 1946 in »Christengemeinde und Bürgergemeinde« her-

---

[92] Vgl. oben 2.2.b.
[93] BURGSMÜLLER / WETH (Hg.), Barmer Erklärung, 40.
[94] Vgl. zum intendierten Kontrast von *ordinatio* und *ordo* K. BARTH, Gespräch mit der Kirchlichen Bruderschaft in Württemberg (15.7.1963), in: DERS., Gespräche 1963, (42–109) 49f.
[95] BARTH, Christengemeinde, 53.
[96] Vgl. a. a. O., 52f.
[97] A. a. O., 53.
[98] BURGSMÜLLER / WETH (Hg.), Barmer Erklärung, 40.
[99] Vgl. zur Ekklesiologie der III. These der Barmer Erklärung CH. TIETZ, Barmen III. Die Kirche als Gemeinde von Brüdern und Schwestern, in: M. L. FRETTLÖH (Hg.), »Gottes kräftiger Anspruch«. Die Barmer Theologische Erklärung als reformierter Schlüsseltext, Zürich 2017, 71–88.
[100] BARTH, Christengemeinde, 48; meine Herv.
[101] Vgl. zu Barths Einschätzung von Gewalt als *ultima ratio* a. a. O., 71f. und BARTH, KD III/4, 527–538.
[102] Vgl. BARTH, Christengemeinde 48; 68f. und bereits K. BARTH, Ethik II (Vorlesung, 1928/1929), hg. von D. BRAUN, Karl Barth GA II/10, Zürich 1978, 337f.

vorhebt, die Freiheit des Einzelnen wie der Gemeinschaft sichern und damit die »äußere[], relative[], vorläufige[] Humanität«[103] des menschlichen Zusammenlebens gewährleisten – eines Zusammenlebens, dass im »äußeren Kreis« der Bürgergemeinde Christen und Nicht-Christen gleichermaßen umfasst. So sehr auch die Bürgergemeinde daher aus theologischer Sicht durch die Versöhnung in Jesus Christus als des Zentrums der beiden Kreise bestimmt ist, so wenig kann diese theologische Sicht Barth zufolge für den Vollzug staatlicher Politik vorausgesetzt werden. Weil die »Bürgergemeinde als solche [...] geistlich blind und unwissend [ist]«,[104] kann staatliche Politik ihrer spezifischen Funktion der Friedens- und Rechtssicherung allein »nach dem Maß *menschlicher* Einsicht und *menschlichen* Vermögens«[105] nachkommen. Die funktionale Differenzierung von Kirche und Staat führt daher für Barth nicht auf einen vorgeblich christlichen, sondern auf den weltanschaulich neutralen, säkularen Staat,[106] nicht auf eine christliche, sondern auf eine vernünftig-pragmatische Politik, die ihrer spezifischen Funktion nach dem Maß menschlicher Einsicht nachkommt.[107]

Gerade in dieser funktionalen Differenz zur Zeugnispraxis der christlichen Kirche ist der Staat, wie Barth pointiert, theologisch als »Exponent«[108] des Reiches Gottes zu würdigen. Barth unterstreicht, dass weder der Staat noch die Kirche als Faktoren der »noch nicht erlösten Welt«[109] mit dem eschatologischen Reich Gottes, mit dem universalen Offenbarwerden der Wirklichkeit der Versöhnung,[110] *identisch* sind oder werden können.[111] Weil aber auch der Staat bereits durch die universale Wirklichkeit der Versöhnung in Person und Geschichte Jesu Christi bestimmt ist und daher in einer »positive[n] Beziehung und Verbindung«[112] zur Kirche und dem von ihr bezeugten Evangelium steht, ist auch eine beziehungslose »*Ungleichung*«[113] zwischen der Sphäre des Politischen und dem Reich Gottes ausgeschlossen. Vielmehr

---

103 BARTH, Christengemeinde, 48.
104 Ebd.
105 BURGSMÜLLER / WETH (Hg.), Barmer Erklärung, 40
106 Vgl. BARTH, Rechtfertigung, 40f.
107 Vgl. BARTH, Christengemeinde, 56 und H.-R. REUTER, Ethik des Politischen, in: M. BEINTKER (Hg.), Barth Handbuch, Tübingen 2016, (397–404) 403f.
108 BARTH, Christengemeinde, 53.
109 BURGSMÜLLER / WETH (Hg.), Barmer Erklärung, 40.
110 »Das Reich Gottes ist die aus der Verborgenheit heraustretende, die offenbar gewordene Weltherrschaft Jesu Christi zu Ehren Gottes des Vaters.« (BARTH, Christengemeinde, 62). Diese eschatologische Dynamik des Verhältnisses von Christengemeinde und Bürgergemeinde wird im statischen Bild von den beiden konzentrischen Kreisen eher verdeckt als veranschaulicht.
111 Vgl. a. a. O., 49f.; 56f.; 62f.
112 A. a. O., 47.
113 A. a. O., 63.

Eine politische Kirche?

ist der Staat in theologischer Wahrnehmung – wie auch die Kirche selbst[114] – nach Barths Überzeugung als »*Gleichnis*«[115] des eschatologischen Reiches Gottes zu beschreiben. Die staatliche Funktion der Friedens- und Rechtssicherung richtet sich deshalb zwar nach Barth auch – negativ und retrospektiv – gegen die Folgen menschlicher Sünde und dem von daher drohenden »Einbruch des Chaos«,[116] kann und soll aber in ihren Bezug zum Reich Gottes zugleich – positiv und prospektiv – zu einer »*Humanisierung* des menschlichen Daseins«[117] beitragen.[118]

3.3 Einsatz für menschliche Gerechtigkeit und Erinnerung an Gottes Reich: Eine politische Kirche in ihrem Verhältnis zur staatlichen Politik

Die Absage an ein »apolitisches Christentum«[119] ergibt sich für Barth nicht nur daraus, dass die christliche Kirche und individuelle Christenmenschen in ihrer realen gesellschaftlichen Existenz von staatlicher Politik mitbetroffen sind und staatliche Ordnung für die Freiheit ihrer Zeugnispraxis in Anspruch nehmen müssen.[120] Eine christliche »Indifferenz«[121] gegenüber der Sphäre des Politischen kommt aus Barths Sicht vor allem deshalb nicht infrage, weil Staat und staatliche Politik theologisch »im Herrschaftskreis[] Jesu Christi«[122] zu verorten sind und damit an der universalen Wirklichkeit der Versöhnung teilhaben, auf die sich das christliche und kirchliche Zeugnis richtet.[123] Gerade eine christliche Kirche, die sich in ihrer Sendung als »Kirche für die Welt«[124] begreift, kann daher aus Barths Sicht der politischen Gestaltung der »Bürgergemeinde« gegenüber nicht neutral bleiben.

Die in dieser notwendig politischen Dimension christlichen und kirchlichen Lebens manifeste *Mitverantwortung* individueller Christenmenschen und der christlichen

---

114 Vgl. oben 2.3.
115 A. a. O., 63.
116 A. a. O., 52.
117 Ebd.; meine Herv.
118 Gerade diese eschatologische Ausrichtung öffnet Barths Überlegungen für Phänomene gesellschaftlicher Evolution, die sich in einem als »Schöpfungsordnung« gedachten Staat kaum unterbringen lassen.
119 A. a. O., 53.
120 Vgl. a. a. O., 50–55; BARTH, Rechtfertigung, 23–31.
121 BARTH, Christengemeinde, 51.
122 A. a. O., 53.
123 Vgl. oben 2.2.a–b. In ethischer Perspektive entspricht dem die Aussage der II. These der Barmer Erklärung, dass Jesus Christus als das *eine* Wort Gottes zugleich »Gottes kräftiger Anspruch auf unser *ganzes* Leben« (BURGSMÜLLER / WETH [Hg.], Barmer Erklärung, 37; meine Herv.) ist. Vgl. zur Interpretation M. D. WÜTHRICH, »Gottes kräftiger Anspruch auf unser ganzes Leben«. Barmen II, in: FRETTLÖH (Hg.), Anspruch, 51–70.
124 BARTH, KD IV/3, 899; vgl. zur Sendung der Kirche oben 2.3.

Kirche für Staat und staatliche Politik profiliert Barth in der Auslegung des *locus classicus* christlicher Staatsdeutung aus Röm 13. Denn die dort geforderte »Unterordnung« gilt nach Barths Interpretation nicht staatlichen Autoritäten als solchen, sondern »der so oder so, besser oder schlechter vertretenen *Sache* der Bürgergemeinde«.[125] Aus theologischer Perspektive geboten ist daher kein »Untertanen- und Jawohl-Gehorsam«,[126] sondern die aktive Mitverantwortung für staatliche Politik, die zwischen schlechteren und besseren politischen Optionen unterscheidet und sich für letztere einsetzt. Eine solche aktive Mitverantwortung der christlichen Kirche und aller Mitglieder der Bürgergemeinde zu ermöglichen und zu fördern, dies ist nach Barths Überzeugung der Vorzug *demokratischer* Rechtsstaaten. Barth zeigt sich daher zwar reserviert gegenüber dem Versuch, eine bestimmte Staatsordnung als *die* christliche auszuzeichnen,[127] konstatiert aber doch eine klare »*Affinität* zwischen der Christengemeinde und der Bürgergemeinde der freien Völker.«[128] Denn nach Barths Überzeugung ist

> »die Phrase von der gleichen Affinität bzw. Nichtaffinität aller möglichen Staatsformen dem Evangelium gegenüber [...] nicht nur abgenützt, sondern falsch. Daß man in einer Demokratie zur Hölle fahren und unter eine Pöbelherrschaft oder Diktatur selig werden kann, das ist wahr. Es ist aber nicht wahr, daß man als Christ ebenso ernstlich die Pöbelherrschaft oder die Diktatur bejahen wollen, erstreben kann wie die Demokratie«[129]

– eben weil sie die Mitverantwortung und *Freiheit* aller Bürger ermöglicht, die in theologischer Perspektive im Zentrum politischer Gestaltung stehen muss.[130]

---

[125] BARTH, Christengemeinde, 55.
[126] Ebd.
[127] Vgl. a. a. O., 56f.; 74.
[128] A. a. O., 74. Bereits in seiner »Ethik« (1928/1929) versteht Barth den Staat ausdrücklich als »Rechtsstaat« (BARTH, Ethik II, 332) und betont die politische Verantwortlichkeit aller Bürger (Vgl. a. a. O., 338).
[129] BARTH, Rechtfertigung, 41f., Anm. 30b. Vgl. zum Thema umfassend D. W. HADDORFF, Barth and Democracy: Political Witness without Ideology, in: D. L. MIGLIORE (Hg.), Commanding Grace. Studies in Karl Barth's Ethics, Grand Rapids 2010, 96–121. Man muss allerdings auch sagen, dass Barth mit seiner Haltung christlicher Äquidistanz im Ost-West-Konflikt und seiner Weigerung, das Unrecht des real existierenden Sozialismus als solches zu benennen, die eigene Einsicht in die »Demokratie-Affinität« christlichen Glaubens zumindest unterlaufen hat – auch wenn man seine Kritik an einem ideologischen Anti-Kommunismus für berechtigt halten mag. Vgl. exemplarisch K. BARTH, An einen Pfarrer in der Deutschen Demokratischen Republik (1958), in: DERS., Offene Briefe 1945–1968, hg. von D. KOCH, Karl Barth GA V/15, Zürich 1984, 401–439, v. a. 417f. und zur Analyse R. LEONHARDT, Religion und Politik im Christentum. Vergangenheit und Gegenwart eines spannungsreichen Verhältnisses, Baden-Baden 2017, 375–379.
[130] Vgl. BARTH, Rechtfertigung, 41f. und zur menschlichen Freiheit als Pointe theologischer Ethik K. BARTH, Das Geschenk der Freiheit: Grundlegung evangelischer Ethik,

Eine politische Kirche?

Die politische Mitverantwortung der christlichen Kirche ist, wie Barth hervorhebt, an ihre partikulare Gestalt als »innerer Kreis« und ihre spezifische Funktion des Zeugnisses gebunden: »Kirche muß *Kirche bleiben.*«[131] Sie kann daher aus seiner Sicht nicht darauf zielen, die distinkte Gestalt der Kirche allmählich in den Staat aufgehen zu lassen.[132] Vor allem aber kann es der Christengemeinde Barth zufolge nicht darum gehen, die sie umfassende Bürgergemeinde fortschreitend zu verchristlichen oder gar zu »*verkirchlichen,* d. h. ihn soweit als möglich in den Dienst ihrer eigenen Aufgabe zu stellen.«[133] Vielmehr besteht die christliche und kirchliche Mitverantwortung für staatliche Politik aus Barths Sicht darin, an der Friedens- und Rechtssicherung als der spezifischen Funktion des Staates mitzuwirken. Und dies geschieht nach Barths Überlegungen in einer doppelten Akzentuierung:[134] *Zum einen* geht es um eine Beteiligung der Christengemeinde an »den menschlichen Fragen nach der besten Gestalt, nach dem sachgemäßesten System des politischen Wesens«,[135] um einen Einsatz für menschliche Gerechtigkeit,[136] deren Sicherung staatlicher Politik gemäß göttlicher Anordnung anvertraut ist. Die politische Mitverantwortung der Christengemeinde vollzieht sich darin gemäß der säkularen Funktionslogik staatlicher Politik »nach dem Maß *menschlicher* Einsicht und *menschlichen* Vermögens«.[137] Sie zielt also nicht auf eine dezidiert christliche,[138] sondern auf eine vernünftige (oder: *vernünftigere*) Politik und misst politische Optionen an dem Ziel einer »Humanisierung des menschlichen Daseins«.[139] Christliche und kirchliche Beiträge zum politischen Entscheidungsprozess können ihre Dignität daher nicht durch eine christliche Be-

---

Zollikon-Zürich 1953.

[131] BARTH, Christengemeinde, 54.

[132] Vgl. die Kritik an der entsprechenden Vision Richard Rothes ebd.

[133] A. a. O., 61; meine Herv. Die Kirche würde auf diese Weise nicht nur die spezifische Funktion des gerade nach göttlicher Anordnung *säkularen* Staates unterlaufen, sondern auch ihrer eigenen *Sendung* in die Welt widersprechen, in deren Vollzug sie gerade kein Selbstzweck ist. Vgl. oben 2.3.

[134] Vgl. die Analyse bei G. THOMAS, Die politische Aufgabe der Kirche im Anschluss an das reformierte Modell der »Königsherrschaft Christi«. Beobachtungen politischer Ethik, in: I. DINGEL / CH. TIETZ (Hg.), Die politische Aufgabe von Religion. Perspektiven der drei monotheistischen Religionen, Göttingen 2011, (299–329) 318–326.

[135] BARTH, Christengemeinde, 56.

[136] Vgl. dazu auch die späten Überlegungen in BARTH, Das christliche Leben, 450–496.

[137] BURGSMÜLLER / WETH (Hg.), Barmer Erklärung, 40.

[138] Dem Phänomen »christlicher« politischer Parteien begegnet Barth daher mit größtem Misstrauen (Vgl. BARTH, Christengemeinde, 74f.).

[139] A. a. O., 52. Der aktive Widerstand gegen eine offensichtlich inhumane staatliche Ordnung und Politik kann daher für Barth durchaus zur christlichen Pflicht werden, auch unter Einsatz von Gewalt. Vgl. K. BARTH, Gotteserkenntnis und Gottesdienst nach reformatorischer Lehre, Zollikon 1938, 212–216 und DERS., An Prof. Dr. Josef L. Hromádka, Prag (1938), in: DERS., Offene Briefe 1935–1942, 107–134.

gründung erhalten, sondern müssen sich im politischen Raum als sachgemäß(er) erweisen.[140] Diese Gestalt politischer Mitverantwortung vollzieht sich Barth zufolge in erster Linie durch das politische Engagement individueller Christenmenschen, die aus ihrer Orientierung an der Universalität der Versöhnung und dem kommenden Reich Gottes politisch handeln, ohne diese Orientierung als politisches Argument einsetzen zu können und zu sollen.[141]

Zum anderen gehört für Barth zur politischen Mitverantwortung der Kirche die Aufgabe, staatliche Politik »an *Gottes* Reich, an *Gottes* Gebot und Gerechtigkeit [zu erinnern].«[142] In dieser Gestalt politischer Mitverantwortung geht es darum, einer politischen Öffentlichkeit dezidiert christliche Orientierungen auch explizit zuzumuten – ohne dabei die funktionale Differenz von Kirche und Staat zu überspielen. Dies geschieht nach Barth konkret im christlichen und kirchlichen Zeugnis,[143] das daher in allen seinen Formen – von der expliziten, öffentlichen Stellungnahme über die Liturgie bis hin zum diakonischen Handeln – politisch relevant ist.[144] Denn das von der Kirche bezeugte Evangelium ist »von Haus aus politisch«,[145] weil sein Inhalt die universale Versöhnung in Person und Geschichte Jesu Christi und deren Offenbarwerden im kommenden Reich Gottes ist.[146] Die Kirche beteiligt sich »in Erfüllung ihrer *eigenen* Aufgabe auch an der Aufgabe der Bürgergemeinde«,[147] indem sie in ihrem Zeugnis nicht auf sich selbst, sondern auf das Reich Gottes als eine gegenüber Staat *und* Kirche dritte Größe verweist: Die Kirche *ist* nicht das Reich Gottes und der Staat kann auch durch die beste Politik nicht zum Reich Gottes werden.[148] Wohl aber kann die im Zeugnis der Kirche vollzogene Erinnerung an Gottes Reich, mit der das christliche Narrativ der universalen Heilsgeschichte Gottes mit der Welt im Raum der Bürgergemeinde präsent wird, Möglichkeiten politischer Gestaltung und Veränderung eröffnen, die ohne sie nicht in den Blick treten würden.[149]

---

[140] Vgl. BARTH, Christengemeinde, 75.

[141] Barth geht entsprechend davon aus, dass Christenmenschen »[i]m politischen Raum […] gerade mit ihrem Christentum nur *anonym* auftreten [können].« (A. a. O., 76).

[142] BURGSMÜLLER / WETH (Hg.), Barmer Erklärung, 40; meine Herv.

[143] Vgl. oben 2.2.b.

[144] Insofern diesen verschiedenen Formen christlichen und kirchlichen Zeugnisses auch verschiedene Öffentlichkeiten und Sozialräume entsprechen, bietet die Einsicht in die (indirekte) politische Relevanz dieser Zeugnispraxis einen Ansatz für eine differenzierte Wahrnehmung des Verhältnisses von »Kirche« und »Politik«, als dies innerhalb des auch für Barths Überlegung prägenden Duals von Kirche und Staat möglich ist.

[145] BARTH, Christengemeinde, 76.

[146] Vgl. a. a. O., 76f.

[147] A. a. O., 54.

[148] Vgl. a. a. O., 62f.

[149] Die politische Relevanz des christlichen und kirchlichen Zeugnisses besteht für Barth somit darin, »daß die politischen Zustände veränderlich und die politischen Veränderungen geschichtlich unvollendbar gehalten werden.« (J. J. MOLTMANN, Politische Theologie – Politische Ethik, München 1984, 145).

Die Pointe von Barths Bestimmung christlicher und kirchlicher Mitverantwortung für die Sphäre des Staates und staatlicher Politik liegt nun gerade in dieser zweifachen Gestalt. Denn gäbe es nur den Einsatz für menschliche Gerechtigkeit nach dem Maß menschlicher Einsicht, dann wäre die theologische Erkenntnis folgenlos, dass auch die Sphäre der Politik bereits von der Geschichte Jesu Christi bestimmt ist, und es gäbe keinen *spezifischen* Beitrag der christlichen Kirche zur Bürgergemeinde. Gäbe es hingegen nur die »Erinnerung an Gottes Reich«, so müsste die politische Mitverantwortung der christlichen Kirche als paternalistische und »nach dem Maß menschlicher Einsicht« opake Bevormundung erscheinen. Nimmt man hingegen beide Gestalten christlicher und kirchlicher Mitverantwortung für Staat und staatliche Politik zusammen, so zielt diese auf eine »Transformationsdynamik«,[150] auf Gestaltungsimpulse für Staat und staatliche Politik, die die »Humanisierung des menschlichen Daseins«[151] als spezifische Funktion des Staates befördern. Gerade darin lässt sich eine besondere »Passung« der politischen Ethik Barths zu demokratischen Formen staatlicher Politik erkennen,[152] auch wenn Barths Tendenz unverkennbar ist, der christlichen Kirche eine Richtlinienkompetenz gegenüber staatlicher Politik zuzuschreiben, die sowohl die Kirche selbst als auch den demokratischen Rechtsstaat, dessen weltanschauliche Neutralität Barth ja selbst betont, zu überfordern droht.[153]

Sowenig es aus Barths Sicht »*die* christliche Lehre vom rechten Staat«[154] gibt und geben kann, so sehr ergibt sich nach seiner Überzeugung aus der Doppelgestalt christlicher und kirchlicher Mitverantwortung für staatliche Politik eine klare »*Richtung* und *Linie* der im politischen Raum zu vollziehenden christlichen Entscheidungen.«[155] Denn indem die christliche Kirche den Staat als »*Gleichnis*«[156] des Reiches Gottes wahrnimmt, kann und muss sie staatliche Politik und konkrete politische Optionen aus Barths Sicht daran messen, ob und inwiefern sie dem Reich Gottes als der Offenbarung universaler Versöhnung entsprechen. Und auf dieser Grundlage ist

---

[150] THOMAS, Die politische Aufgabe, 321.
[151] BARTH, Christengemeinde, 52.
[152] Vgl. J. STOUT, Democracy and Tradition, Princeton 2004, 107–117; 147–161.
[153] Vgl. etwa Barths Anspruch, die christliche Kirche solle »*exemplarisch*«, als »Urbild und Vorbild« des Staates existieren und darin »Quelle der Erneuerung und Kraft der Erhaltung des Staates« sein (alle Zitate BARTH, Christengemeinde, 78). Schon Barths Leitvorstellung der Christengemeinde als »innerer Kreis« im »äußeren Kreis« der Bürgergemeinde kann eine solche tendenziell hegemoniale Richtlinienkompetenz nahelegen, wenn der epistemische Vorsprung der christlichen Kirche im Blick auf die Versöhnung mit der Behauptung eines epistemischen Vorsprungs im Blick auf die menschliche Gestaltung des Politischen kurzgeschlossen wird.
[154] BARTH, Christengemeinde, 56.
[155] A. a. O., 58.
[156] A. a. O., 63.

dann »von Fall zu Fall, von Situation zu Situation«[157] die jeweils bessere, dem erhofften Reich Gottes mehr entsprechende Option zu wählen. Obwohl die konkreten Analogieschlüsse, die Barth in »Christengemeinde und Bürgergemeinde« als Beispiele für diese »Richtung und Linie« formuliert,[158] durchaus fragwürdig sind,[159] eröffnet der Gedanke einer »*Gleichnis*fähigkeit und *Gleichnis*bedürftigkeit des politischen Wesens«[160] einen Entdeckungsraum für Entsprechungen zwischen der universalen Versöhnung in Jesus Christus und den Gestaltungsoptionen staatlicher Politik. In der Orientierung an solchen Entsprechungen – die von Barth selbst dann auch durch Grundbegriffe wie Freiheit, Humanität, Gerechtigkeit und Frieden markiert werden können[161] – bewegt sich eine christliche Ethik des Politischen damit nach Barth jenseits einer die »positive Beziehung und Verbindung« leugnenden Trennung zwischen Kirche und politischer Sphäre, aber auch jenseits einer Identifikation des Reiches Gottes mit menschlich-politischen Handlungsoptionen.[162] In Orientierung an solchen Entsprechungen können sich die christliche Kirche und individuelle Christenmenschen nach Barths Überzeugung dabei nicht prinzipiell auf die *indirekte* politische Wirkung ihres Zeugnisses von der Versöhnung zurückziehen, sondern sind in bestimmten Situationen auch zur *direkten* politischen Stellungnahme herausgefordert[163] – eine Überzeugung, die Barth angesichts der Judenverfolgung durch den NS-Staat gewinnt[164] und deren Berechtigung man jedenfalls im Blick auf *diese* Situation schwerlich bestreiten kann.[165]

---

[157] A. a. O., 58.

[158] Vgl. a. a. O., 65–72.

[159] *Zum einen,* weil die von ihnen als *analogans* in Anspruch genommene Herrschaft Christi von Barth noch nicht so differenziert gedacht wird wie später in der Versöhnungslehre der »Kirchlichen Dogmatik« (Vgl. H. LINDENLAUF, Karl Barth und die Lehre von der »Königsherrschaft Christi«, Spardorf 1988, 325–334), *zum anderen,* weil die in ihnen ganz offensichtliche Verbindung von theologischer Erkenntnis und politisch-vernünftiger Einsicht von Barth nicht hinreichend geklärt wird.

[160] BARTH, Christengemeinde, 63.

[161] Vgl. K. BARTH, Die Kirche zwischen Ost und West (1949), in: DERS., »Der Götze wackelt«, Zeitkritische Aufsätze, Reden und Briefe von 1930 bis 1960, Berlin 1961, (124–143) 141.

[162] Barth geht es somit gleichermaßen um eine klare Differenzierung zwischen Gottes Reich und der *menschlichen* Gestaltung politischer Verhältnisse wie um eine theologische Neuinterpretation der politischen Sphäre im Horizont des Reiches Gottes.

[163] Eine »[e]chte Bezeugung Jesu Christi«, so kann Barth 1938 formulieren, kann nicht nur in der »*Wiederholung* des Bekenntnisses« zu der in seiner Person und Geschichte wirklichen Versöhnung bestehen, sondern muss »den *Vollzug*[] dieses Bekenntnisses in bestimmten Entscheidungen in den die Kirche und die Welt bewegenden Fragen der jeweiligen Gegenwart einschließen.« (K. BARTH, Die Kirche und die politische Frage von heute [1938], in: DERS., Eine Schweizer Stimme 1938–1945, Zürich 1948, [69–107] 72; meine Herv.).

[164] Vgl. VAN NORDEN, Weltverantwortung, 57–63.

[165] *Welche* politische Situation eine solche kirchliche Parteinahme erfordert und welche

4. Eine politische Kirche jenseits von Rückzug und Hegemoniestreben

Eine politische Kirche, die ihre Mitverantwortung für die politische Gestaltung menschlichen Zusammenlebens ernst nimmt, hat nach Barths theologischen Überlegungen einen Rückzug von ihrer gesellschaftlichen Umwelt ebenso zu vermeiden wie dem Versuch zu widerstehen, diese Umwelt hegemonial bestimmen zu wollen. Im ersten Fall wäre mit Barth von einer »*Kirche im Defekt*«[166] zu reden, die die Universalität der Versöhnung aus dem Blick verliert und ihre Zeugnispraxis daher binnenkirchlich limitiert. Und dies kann in einer Selbstisolierung im Kontrast zur gesellschaftlichen Umwelt[167] ebenso geschehen wie in einer »Selbstsäkularisierung«, die die Kommunikation der Kirche in gesellschaftlichen Öffentlichkeiten auf moralische Kommunikation reduziert.[168] Im zweiten Fall würde die Kirche zu einer »*Kirche im Exzess*«,[169] die die Teilhabe ihrer Zeugnispraxis am »prophetischen Amt« Jesu Christi als Verfügungsmacht missversteht und meint, in diesem vermeintlichen religiösen Besitz ihre gesellschaftliche Umwelt hegemonial bestimmen zu können und zu sollen. Es ist ein Vorzug der Überlegungen Barths, beide Gefahren klar in den Blick zu nehmen. Allerdings zeigt auch seine eigene Darstellung – bei aller theologischen Kritik klerikaler Verkirchlichungsphantasien – die problematische Tendenz, der christlichen Kirche eine Richtlinienkompetenz gegenüber der »Bürgergemeinde« und damit eine hegemoniale Stellung in ihrer gesellschaftlichen Umwelt zuzuschreiben.[170] Und diese Tendenz wird dadurch verstärkt, dass Barths Überlegungen weitgehend

---

nicht, war 1938 strittig und bleibt es auch heute. Barth selbst hat bekanntlich auch in vielen anderen – weniger eindeutigen – Situationen nach 1945 solche christliche und kirchliche Parteinahme für nötig gehalten, dabei aber jedenfalls keinen kirchlichen Dauerkommentar zum politischen Zeitgeschehen ins Auge gefasst (Vgl. BARTH, Christengemeinde, 77f.).

[166] BARTH, Das christliche Leben, 227.

[167] Eine Selbstisolierung, die sich dann durchaus mit der bei Barth unter dem Stichwort »Kirche im Exzess« beschriebenen Selbstsakralisierung der Kirche verbinden kann.

[168] Vgl. dazu H. JOAS, Kirche als Moralagentur?, München 2016 und zur kritischen Diskussion P. DABROCK, »Nicht Politik machen, Politik möglich machen«: Zur begrenzten Legitimität religiöser Moral, in: J. SAUTERMEISTER (Hg.), Kirche – nur eine Moralagentur? Eine Selbstverortung, Freiburg i. Br. 2019, 35–56.

[169] BARTH, Das christliche Leben, 224.

[170] Vgl. oben 3.3. Es gibt also durchaus Motive in Barths Überlegungen, die sich zu der problematischen Vorstellung eines »prophetischen Wächteramts der Kirche« verdichten lassen. Vgl. die kritische Diskussion dieser Vorstellung bei F. W. GRAF, Vom Munus Propheticum Christi zum prophetischen Wächteramt der Kirche? Erwägungen zum Verhältnis von Christologie und Ekklesiologie, ZEE 32 (1988), 88–106 und die differenzierenden Überlegungen bei T. MEIREIS, Die Rückkehr des »Prophetischen Wächteramts der Kirche?« Öffentliche als kritische Theologie, in: U. H. J. KÖRTNER u. a. (Hg.), Konzepte und Räume Öffentlicher Theologie. Wissenschaft – Kirche – Diakonie, Leipzig 2020, 27–41.

an einem Dual von Kirche und Staat orientiert bleiben und die Kirche daher nicht konsequent als *Teil* der Gesellschaft – etwa als zivilgesellschaftlichen Akteur[171] – in den Blick nehmen,[172] obwohl letzteres durchaus auf der Linie der Barth'schen Einsicht in die gesellschaftliche Partikularität der Kirche liegt. Um Barths Überlegungen für die Gegenwart fruchtbar zu machen, wird man daher (mindestens) an diesen Punkten über Barths Darstellung einer politischen Kirche hinausdenken müssen. Barths eigene Einsicht, dass im universalen Horizont des »prophetischen Amtes« Jesu Christi mit »Gleichnissen des Himmelreiches« *extra muros ecclesiae* zu rechnen ist,[173] wäre dabei auch gegen Barth selbst ins Spiel zu bringen. Denn als innertheologische Rekonstruktion der Erfahrung, dass die christliche Kirche in der Sendung in ihre nicht-kirchliche Umwelt von letzterer nicht nur in der Analyse gesellschaftlicher Wirklichkeit, sondern auch für ihr theologisches Selbstverständnis *lernen* kann, ist diese Einsicht ein gewichtiges Argument gegen Tendenzen des Rückzugs und des Hegemoniestrebens gleichermaßen.

---

[171] Vgl. exemplarisch W. HUBER, Kirche in der Zeitenwende. Gesellschaftlicher Wandel und Erneuerung der Kirche, Gütersloh 1998 und R. F. THIEMANN, Religion in Public Life. A Dilemma for Democracy, Washington 1996.

[172] Eine konsequentere Wahrnehmung der christlichen Kirche als Teil der Gesellschaft würde hingegen unterstreichen, dass diese im Spiel der gesellschaftlichen Kräfte Mitspieler, *nicht* Schiedsrichter ist.

[173] Vgl. oben 2.2.c.

Herrenlos!

Karl Barth und die »Mächte und Gewalten« im Raum des Politischen

Margit Ernst-Habib

1. »Da hilft nur noch Beten!«

Klimakrise, Bürgerkriege, Nationalismus, Antisemitismus, Populismus, Fremdenhass, Sexismus, Millionen Menschen weltweit auf der Flucht, national und global wachsende Armut und Ausbeutung, Artensterben, Attentate, Ausbreitung von tödlichen Viren und Krankheiten – jeden Tag und in allen Medien beherrschen Themen wie diese die Nachrichten. *Live* und in *real time* werden wir mit den konkreten Auswirkungen von Ereignissen und Katastrophen, von unheilvollen Systemen und Strukturen versorgt, deren Zusammenhänge und Konsequenzen wir kaum durchschauen oder verstehen können. Dieser unablässige Strom schlechter Nachrichten hinterlässt bei nicht wenigen das Gefühl von Ermüdung, Resignation oder gar Abwehr; selbst politisch aktive und engagierte Menschen verzweifeln immer wieder angesichts der schier übermächtigen Dynamiken und Kräfte, die sich auch durch noch so viel Einsatz und Engagement nicht zähmen zu lassen scheinen. Je mehr Berichte, Analysen und politische Programme wir lesen, je mehr wir über Ursachen und Folgen gegenwärtiger Ereignisse lernen, umso deutlicher scheint nur eins zu werden: auf allen Ebenen herrschen Mächte und Gewalten, die – wenn überhaupt – nur unter größten Anstrengungen noch zu beherrschen sind. Menschliche Möglichkeiten und menschlicher Wille scheinen begrenzt, die Situation vielfach aussichtslos.

Vielleicht kommt der Stoßseufzer »Da hilft nur noch Beten!« heute nicht mehr vielen Menschen spontan auf die Lippen, er trifft das Gefühl der Ausweglosigkeit trotzdem: Wir Menschen können jetzt nicht mehr tun als eine höhere Macht um Beistand bitten. Wir geben auf – und wahrscheinlich nicht nur unseren Optimismus mit Blick auf die Reversierbarkeit der Krisen unserer Gegenwart, sondern sogar unsere Hoffnung auf göttliches Eingreifen. »Da hilft nur noch Beten!«: Von einem Vertrauen in Gott oder eine »höhere Macht«, die im Gebet angesprochen, ja angefleht werden soll und kann, ist in diesem Stoßseufzer heute oftmals nicht mehr viel vorhanden. Vielmehr gewinnt er einen nahezu zynischen Sinn in seiner Umkehrung. »Da hilft nur noch Beten!« heißt heute eigentlich: Da hilft *alles* nichts mehr, da hilft *niemand* mehr, wir sind dem Schicksal ausgeliefert.

»Da hilft nur noch Beten!« – Womöglich hätte auch Karl Barth genau das gesagt, angesichts der Situation in der wir uns, in der die Welt sich *heute* befindet. Gesagt und geschrieben hat er es tatsächlich zu *seiner* Zeit, wenn auch nicht mit genau den Worten dieses Stoßseufzers aus dem Volksmund, aber darum nicht weniger nachdrücklich und häufig. Angesichts von unheilvollen, gar todbringenden Mächten und Gewalten seiner Zeit in unterschiedlichsten Manifestationen war genau das Barths Anweisung über die Jahre seines pastoralen und theologischen Wirkens hinweg: Da hilft nur noch Beten! Aber natürlich war diese Anweisung, typisch für Barths theologisches Denken und Handeln, weder pietistischer Quietismus noch spirituelle Weltflucht, sondern eine gebetstheologische Zentrierung christlichen Lebens, seine Interpretation der *duplex gratia* Gottes,[1] sein Verständnis des Zusammenhanges von Zuspruch und Anspruch Gottes.[2]

Gebetstheologische Zentrierung des christlichen Lebens heißt bei Barth: Der Grundakt des Glaubenslebens, des »sich im Glauben betätigenden Gehorsams«[3] ist die Anrufung Gottes, das Gebet; genauer gesagt, das Bittgebet: »Es ist wahr: beten heißt *bitten*.«[4] Christen und Christinnen leben also ihr christliches Leben immer und überall als Gott Anrufende, Bittende; alle kirchliche Theologie als Nahrung und Impulsgeber für christliches Glaubensleben und als Reflexion der christlichen Glaubenspraxis ist daher (und muss es auch nach dem Verständnis Barths sein) *Bittgebetstheologie*.[5]

Kritisch sei bereits hier mit Matthias Wüthrich jedoch angemerkt, gerade auch im Blick auf das uns in den folgenden Überlegungen bewegende Thema der »Herrenlosen Gewalten« und den Erfahrungen der Gegenwart, dass diese Fokussierung des Gebetes auf die Bitte[6] der Vielfalt biblischen Betens nicht gerecht wird, indem etwa die Gebetsgattung der *Klage* keinen Raum in Barths Überlegungen findet.[7]

---

[1] Zu BARTHs Verständnis der doppelten Gnade (in Anlehnung an Calvin) vgl. u. a. BARTH, KD IV/2, § 66 Des Menschen Heiligung, 565–694. Zu CALVINs Verständnis vgl. z. B. Inst. III,1,1; III,3,1 und III,16,3.

[2] Vgl. dazu etwa die Zweite These der Barmer Theologischen Erklärung von 1934: »Wie Jesus Christus Gottes Zuspruch der Vergebung aller unserer Sünden ist, so und mit gleichem Ernst ist er auch Gottes kräftiger Anspruch auf unser ganzes Leben; durch ihn widerfährt uns frohe Befreiung aus den gottlosen Bindungen dieser Welt zu freiem, dankbarem Dienst an seinen Geschöpfen.« Abgedruckt, in: G. PLASGER / M. FREUDENBERG (Hg.), Reformierte Bekenntnisschriften. Eine Auswahl von den Anfängen bis zur Gegenwart, Göttingen 2005, 243.

[3] BARTH, KD III/3, 320.

[4] BARTH, KD III/4, 90.

[5] Vgl. M. D. WÜTHRICH, Klage und Ehre. Zur Verdrängung der Klage und ihrer Bedeutung für die spätmoderne Form der Ehre, in: I. FISCHER u. a. (Hg.), Beten. Jahrbuch für Biblische Theologie 32 (2017), Göttingen 2019, (221–250) 230. Vgl. auch W. KRÖTKE, Der Eifer um Gottes Ehre. Die Bedeutung des Gebets für die Gotteslehre Karl Barths, in: DERS., Barmen – Barth – Bonhoeffer. Beiträge zu einer zeitgemäßen christozentrischen Theologie, UnCo 26, Bielefeld 2009, 291–312.

[6] Vgl. BARTH, KD III/4, 110: Das Gebet ist »*entscheidend,* es ist in seiner *Mitte,* es ist in dem, was es zum Gebet macht *Bitte,* und nur als Bitte dann auch Dank, Busse und Anbetung.«

[7] Vgl. dazu M. D. WÜTHRICH, »Gottes kräftiger Anspruch auf unser ganzes Leben«:

Mit der von Barth vorgenommenen Fokussierung auf das Bittgebet verwundert es auch nicht, dass er seine Lehre vom christlichen Leben insbesondere als *Auslegung des Unser-Vater-Gebetes*[8] entfaltet, dass er die christliche Ethik als den »Versuch einer Darstellung des christlichen Lebens unter dem Gebote Gottes«[9] versteht und das Unservater »als Richtschnur zur Beantwortung unserer Frage nach dem den Christen gebotenen Gehorsam.«[10] Barth schreibt:

> »Daß die Christen Gott anrufen, daß sie *Alles, was sie tun, in der Anrufung Gottes tun,* das ist es, was von ihnen als den Jesus Christus Verbundenen und Verpflichteten erwartet ist – ist das Gebot, das sie, soll ihr Tun Gehorsam sein, zu halten haben.«[11]

Christliches Leben leben heißt also gemäß Barth in der Anrufung Gottes leben – im Gebet zu leben oder vielmehr: das Gebet zu leben. Und schon im Jahr 1918, in einer Predigt am Karfreitag in Safenwil, kann Barth in der für ihn so typischen Weise die Dinge auf den Kopf stellen und aus neuer Perspektive betrachten, wenn er in seiner Predigt zu Hebräer 5 auch unseren Stoßseufzer »Da hilft nur noch Beten!« bedenkt:

> »Wie furchtbar kommt uns das vor, nicht wahr, eine Lage, in der man nur noch beten, nur noch sich an Gott halten kann. Ja eben, wir sagen ›nur‹ – und das war's ja eben, daß Jesus nur noch beten, nur noch sich an Gott halten wollte, weil er erkannt hatte, wie gefährlich, wie verderblich eigentlich alles Andere ist.«[12]

»Da hilft nur noch Beten!« beschreibt damit für Barth also gerade *nicht* die zynische Resignation, das verzweifelte Aufgeben oder die Aussichtslosigkeit einer Situation, sondern die Grundhaltung des Christen, der Christin, die sich ganz und in allem an Gott halten will, weil alles andere, jede Haltung, die sich an etwas anderes ausrichtet als an Gott, gefährlich und verderblich ist. Barth kehrt damit die Bedeutung dieses Stoßseufzers um, indem er ihn aus der Perspektive des betenden und zum Gebet einladenden Jesus her interpretiert. In der Nachfolge Jesu leben damit die Christenmenschen als solche, die ein »Da hilft nur noch Beten!« als Ausdruck des Vertrauens, des Sich-an-Gott-Haltens empfinden und nicht als Ausdruck der Resignation; für die dieser Ausspruch als Orientierung und Wegweiser über dem gesamten Lebensweg steht und nicht erst angesichts von Sackgassen und Irrwegen auf die Lippen kommt.

Barmen II, in: M. L. FRETTLÖH u. a. (Hg.), »Gottes kräftiger Anspruch«. Die Barmer Theologische Erklärung als reformierter Schlüsseltext, Zürich 2017, (51–70) 66, und WÜTHRICH, Klage und Ehre.

[8] BARTH, KD IV/4, §§ 76–78.
[9] A. a. O., 75.
[10] A. a. O., 77.
[11] A. a. O., 76; meine Hervorhebungen.
[12] K. BARTH, Predigt 418, Safenwil, den 29. März (Karfreitag): Hebräer 5,5–9, in: DERS., Predigten 1918, hg. von H. SCHMIDT, Karl Barth GA I/37, Zürich 2002, (96–105) 104.

So weit, so gut, aber auch: so weit, so wenig spektakulär, so wenig politisch, so wenig aktuell, so wenig konkret – so gefährlich passiv gar? Heißt auf Gottes helfende Zuwendung zu vertrauen dann nicht konsequenterweise: Wir legen die (gefalteten) Hände in den Schoß und warten geduldig ab, ob und was sich in den Krisen unserer Zeit, in gegenwärtigen Unordnungen und Bedrohungen tun wird, wo uns Hilfe und Beistand zuteilwird? Führt Beten dann nicht möglicherweise zur eskapistischen Weltflucht? Wer Barth nur ein wenig kennt, der weiß, dass eine solch passive Haltung ganz und gar nicht dem entspricht, was er unter einem christlichen Leben im Gehorsam versteht, dass vielmehr das Gegenteil der Fall ist. Eine der am häufigsten zitierten »apokryphen‹ Äußerungen Karl Barths«[13] macht dies unmittelbar deutlich, und soll daher hier erwähnt werden. Der tschechisch-schweizerische Theologe Jan Milič Lochman erinnerte sich in einer Rechenschaft über seinen theologischen Weg an eben diese Äußerung Barths, die auch für seine Theologie zur Grundlage geworden war: »Die Hände zum Gebet falten ist der Anfang der Auflehnung gegen die Unordnung der Welt.«[14] Gebet also nicht als »Selbstzweck und als Ausweichbewegung«,[15] nicht Ende des christlichen Lebens und christlichen Handelns, wohl aber sein Ausgangspunkt, seine Mitte und sein *telos*. Nur vom Gebet her und durch das Gebet hindurch und zum Gebet zurück führt der Weg der Christenmenschen in die Nachfolge und in der Nachfolge Jesu.

Wenn wir uns also mit den »Mächten und Gewalten im Raum des Politischen« *und* mit Karl Barth beschäftigen wollen, dann können wir dies, Barth folgend, nur *gebetstheologisch* tun. Bevor wir uns also in einem vierten Schritt mit dem zentralen Thema der »Herrenlosen Gewalten« aus und in der Perspektive des Gebets beschäftigen, soll zunächst der doppelte Anfang im Gebet thematisiert werden. Den Abschluss werden dann Überlegungen zur subversiven Kraft des Gebetes machen.

2. Mit dem Beten anfangen! Der gebetstheologische Zusammenhang von Dogmatik und Ethik

Einleitend wurde bereits festgehalten, dass christliches Leben sich nach Barth im Gebet und als Gebet vollzieht, dass alles »christliche[] Sein, Leben und Tun«[16] in der Anrufung Gottes geschieht und in der Gewissheit, dass Gott diese Anrufung hört

---

[13] J. M. LOCHMAN, Rechenschaft über einen theologischen Weg, in: CH. DAHLING-SANDER u. a. (Hg.), Herausgeforderte Kirche. Anstöße – Wege – Perspektiven. Eberhard Busch zum 60. Geburtstag, Wuppertal 1997, (189–200) 197.
[14] Ebd.
[15] Ebd.
[16] Vgl. dazu die Studie von J. CHAN, Gebet als christliches Sein, Leben und Tun. Die Bedeutung und Funktion des Gebets für die Theologie der »analogia fidei« Karl Barths, Leipzig 2016.

und erhört.[17] Dass der Mensch Gott als seinen Vater anrufen kann, ist selbst schon das Geschenk der freien Gnade Gottes, und durch sie wird die Anrufung selbst zum *Grundakt des christlichen Ethos*:

> »Die [...] Anrufung Gottes durch seine Kinder, in der das geistliche Leben, aber auch der Zeugendienst der Christen in der Welt ihren Grund, ihre Wurzel und ihre Norm haben und die der Nerv ihrer ganzen christlichen Existenz ist, ist ein integrierendes Element der Geschichte des Bundes zwischen Gott und den Menschen. [...] Eben in seiner freien Gnade gebietet er ihnen [den Menschen] dann auch, zu tun, wozu er sie befreit: ihn als Vater anzurufen. Eben durch Gottes freie Gnade wird also, was sie tun, indem sie seinem Gebot gehorchen, wird ihr ›Abba, Vater!‹ zum Grundakt des christlichen *Ethos*«.[18]

Gleiches gilt, und das mag zunächst überraschen, in besonderem Maße auch und gerade für die Orientierung im politischen Raum der Christinnen und Christen, der christlichen Gemeinde und Kirche, in den spezifischen Herausforderungen und Krisen der Gegenwart des lokalen wie globalen Kontextes. Auch politische Analyse wie politisches Handeln der christlichen Gemeinde beginnt, Barths Gedankengang folgend, im Gebet und als Gebet und zwar in einer doppelten Funktion: Im Gebet und mit dem Gebet rufen die Betenden *Gott und nur Gott als den Herrn* an, unterscheiden sie so zwischen Gott und den Götzen, leben sie im Akt des Gebetes das Erste Gebot.[19] Damit wird das Gebet zum entscheidend *politischen Akt* in sich selbst; im Gegenüber zu allen »Herren der Welt«, im Gegenüber zu allen Mächten und Gewalten der Welt bekennen sich im Akt des Gebetes die Betenden zu *ihrem* Herrn und erkennen von hier aus die Situation der Welt. Von hier aus (und Barth würde hinzufügen: nur von hier aus!) werden nicht nur die Welt und die falschen Loyalitätsansprüche der Herrschenden erkannt, von hier aus wird auch das Gegenbild erkannt: Die Vision und Aktualität des Reiches Gottes, das in Jesus Christus bereits anfänglich gekommen ist, aufscheinend auch schon im Hier und Jetzt.

Die Gebrochenheit der gegenwärtigen Welt im Gegenüber zum Reich Gottes wird im Gebet zum Vater des einen Herrn Jesus Christus deutlich; der Widerstand und Aufstand gegen diese Gebrochenheit und Unordnung fängt genau hier an. Diesem gebetstheologischen Verständnis nach beginnt also politische Aktivität im doppelten Sinne im Gebet und kehrt hierhin auch immer wieder zurück – eine für unsere Zeit wahrscheinlich eher ungewöhnliche, gar verwunderliche Vorstellung politischen

---

[17] Vgl. dazu etwa BARTH, KD III/4, 117.
[18] A. a. O., 166f.
[19] Vgl. dazu M. D. WÜTHRICH, »Gottes kräftiger Anspruch auf unser ganzes Leben«: Barmen II, in: M. L. FRETTLÖH u. a. (Hg.), »Gottes kräftiger Anspruch«. Die Barmer Theologische Erklärung als reformierter Schlüsseltext, Zürich 2017, (51–70) 70: »Beten ist der performative Erweis des ersten Gebots als theologisches Axiom.« Dort auch der Verweis auf BARTH, Das erste Gebot als theologisches Axiom, in: DERS., Theologische Fragen und Antworten, Gesammelte Vorträge III, Zürich 1957, (127–143) 127.

Handelns, vermutlich selbst in christlichen Kreisen. Und nicht nur ungewöhnlich und verwunderlich, diese Vorstellung erscheint ja doch auch zumindest so, wie sie bisher geschildert wurde als unspezifisch, unkonkret, mit unserer Realität kaum verbunden. Natürlich muss sie, muss jede theologische Überlegung mit der Realität verbunden werden, in sie sozusagen hineinübersetzt werden; natürlich dürfen und können dogmatische Erkenntnisse und Bekenntnisse nicht von ihren konkreten ethischen Implikationen abgetrennt werden; natürlich muss die biblische Rede vom Reich Gottes und von *shalom* in Jesus Christus in die jeweiligen politischen, gesellschaftlichen und auch wirtschaftlichen Gegebenheiten hinein erzählt und gelebt werden. Tatsächlich aber nicht nur hinein, sondern auch *gegen* die großen Narrative der Gegenwart, die uns auf allen Ebenen bestimmen. Und Karl Barth wäre nicht der, der er war, wenn er genau dies nicht immer wieder und ausführlichst getan hätte; und wir würden nicht heute noch nach der Relevanz seiner Theologie fragen, wenn sie nicht immer wieder Handwerkszeug anbieten würde, mit dem kritisch und selbstkritisch Theologie in der und für die Gegenwart getrieben werden könnte.

Einer der entscheidendsten Impulse für die Theologie der Gegenwart, das wird im Durchgang durch Barths Auslegung der Unservater-Bitte immer wieder deutlich werden, bleibt dabei Barths Betonung des inhärenten Zusammenhangs von Dogmatik und Ethik, in diesem Fall begründet in einer gebetstheologischen Perspektive, die das christliche Leben in allen Aspekten holistisch als das Leben in der Anrufung Gottes versteht, als Leben in der befreienden Gnade. Diese gebetstheologische Interdependenz von Dogmatik und Ethik, so wie sie im Folgenden ausführlich und mit Barths Lehre von den »Herrenlosen Gewalten« beispielhaft beschrieben werden wird, verbietet es geradezu, diese beiden theologischen Arbeitsfelder voneinander zu trennen. Im und durch das Gebet sind beide, bei aller spezifischen Arbeitsweise und Thematik, untrennbar miteinander verbunden, indem *Gott* als Akteur und Offenbarer seines gnädigen Handelns angerufen wird und der *Mensch,* daraus folgend, als der mit Gott und Mitmensch versöhnte, zum Handeln befreite Partner dieses versöhnenden Gottes verstanden wird.

Eines der Werkzeuge, das Karl Barth der gegenwärtigen Theologie an die Hand gegeben hat und das in den letzten sechzig (!) Jahren immer wieder weltweit von Theologen und Theologinnen aufgegriffen worden ist, ist seine Lehre – oder vielmehr seine Erzählung – von den *Herrenlosen Gewalten*. Kaum eine andere Lehre Barths wirkt dabei auch heute noch so politisch (tages-)aktuell und für viele so unmittelbar einleuchtend und erhellend, in den unterschiedlichsten Kontexten für dogmatische wie ethische Überlegungen anregend und hilfreich. Systematische Theologen wie

Alan Boesak und Dirkie J. Smit aus Südafrika,[20] befreiungstheologische Überlegungen,[21] auch aus Deutschland,[22] und politische, neuerdings insbesondere postkoloniale/dekoloniale Theologien überall auf der Welt, interpretieren und re-interpretieren diese Lehre Barths für und in ihrem Kontext und ihrer Zeit.[23]

Wenden wir uns also nun diesem Werkzeug Barths genauer zu und betrachten es immer auch mit einem Blick auf den »Raum des Politischen«, in den wir heute gestellt sind und in dem wir uns nicht nur bewegen müssen, sondern den wir zu gestalten haben und dessen Unordnung wir nicht mit gefalteten Händen einfach hinnehmen können.

3. »Dein Reich komme!« – Die von Gott her geschehene Versöhnung und die Unversöhnlichkeit der Welt

3.1 Die Auslegung des Unser-Vater-Gebetes in der Versöhnungsethik

Der letzte Abschnitt seiner Kirchlichen Dogmatik, den Karl Barth in den letzten zwei Jahren seiner Vorlesungen (1959–1961) bearbeitet hatte, und der nur noch zu Teilen[24] innerhalb der Kirchlichen Dogmatik veröffentlicht wurde, beschäftigt sich mit der *Versöhnungsethik*: Das christliche Leben, um das es in einer theologischen Ethik ja geht, kann laut Barth nur aus der Perspektive der bereits *in Christus vollgültig*

---

[20] Vgl. dazu zum Beispiel D. J. SMIT, Resisting »Lordless Powers«? Boesak on Power, in: P. DIBEELA u. a. (Hg.), Prophet from the South. Essays in Honour of Allan Aubrey Boesak, Stellenbosch 2014, 11–35.

[21] P. S. CHUNG, Karl Barth. God's Work in Action, Eugene, OR 2008, 425, kann dazu sogar festhalten: »Barth's contribution to liberation theology can be found in his theology of God's act for the world, political-ethical resistance to the reality of lordless powers, and an affinity for social justice in light of God's kingdom.«

[22] Vgl. dazu insbesondere S. PLONZ, Die herrenlosen Gewalten. Eine Relektüre Karl Barths in befreiungstheologischer Perspektive, München 1995.

[23] Vgl. zum Beispiel P. S. CHUNG, Karl Barth: Postcolonial Theology and World Christianity, in: M. GREBE (Hg.), Polyphonie der Theologie. Verantwortung und Widerstand in Kirche und Politik, Stuttgart 2019, 31–50; D. A. WOODARD-LEHMAN, Liberating Barth? From a Theological Critique of Idolatry to a Political Critique of Ideology, in: R. R. RODRIGUEZ (Hg.), T & T Handbook of Political Theology, London 2019, 417–432, und D. N. FIELD, Christen Gemeinde, Bürgergemeinden, Migranten, Aktiengesellschaften, Finanzmärkte … Towards a decolonial reconfiguration of Karl Barth's theological politics for contemporary Europe, Stellenbosch Theological Journal 5/1 (2019), 49–70.

[24] Ein Jahr vor seinem Tod erschien mit KD IV/4 (Fragment) »Die Taufe als Begründung des christlichen Lebens« das letzte noch von Barth selbst redigierte Teilstück der Kirchlichen Dogmatik. 1976 erschien posthum KD IV/4: Das christliche Leben. Fragmente aus dem Nachlaß. Vorlesungen 1959–1961, hg. von H.-A. DREWES und E. JÜNGEL.

geschehenen Versöhnung verstanden und gelebt werden.[25] Das christliche Leben ist kein Weg hin zur Versöhnung mit Gott und den Mitmenschen; das christliche Leben ist das Leben in der bereits geschehenen Versöhnung mit Gott und den Mitmenschen, das sich nicht an Nichtversöhnung und Unversöhnlichkeit, sondern an dem *Faktum der geschehen Versöhnung* orientiert. Und dieses christliche Leben in der bereits geschehenen Versöhnung beruht nun – und hier sind wir wieder bei der gebetstheologischen Mitte der Theologie Karl Barths – immer »auf der Wechselwirkung von Gebet und Handlung«,[26] oder mit Jüngel formuliert: »Ethik als Unterweisung im Beten – das ist die Pointe der Lehre vom Gebot Gottes des Versöhners.«[27]

Angesichts der menschlichen Realität, die auf allen Ebenen und in vielen Aspekten nicht nur der von Gott her bereits geschehenen Realität der Versöhnung her widerspricht, sondern ihr sich immer wieder aktiv widersetzt, bedenkt Barth nun in seiner Versöhnungsethik detailliert die *Bitten des Unser-Vater-Gebets*. In der Anrufung Gottes nimmt für unsere Fragestellung die Auslegung der *zweiten Bitte* eine zentrale Stellung ein, denn es ist genau hier, wo Barth seine Vorstellung von den *Herrenlosen Gewalten* entwickelt. Im vorhergehenden § 77 der posthum herausgegebenen Fragmente zu den Vorlesungen aus den Jahren 1959–1961 hatte sich Barth unter der Überschrift »Eifer um die Ehre Gottes« mit der Bitte »Geheiligt werde Dein Name!« beschäftigt, um sich nun in § 78 mit der Bitte »Dein Reich komme« unter der Überschrift »Kampf um die menschliche Gerechtigkeit« auseinanderzusetzen.

Barth interpretiert also, vorläufig zusammengefasst, die Unser-Vater-Bitte um das Kommen des Reiches Gottes als Grundlage christlicher Ethik, die sich mit dem christlich begründeten Einsatz für menschliche Gerechtigkeit befasst. Auf die Grundsatzfrage jeder ethischen Besinnung »Was sollten wir tun?« antwortet Barth mit einem robusten »Ihr sollt beten: ›Unser Vater, der du bist im Himmel, geheiligt werde Dein Name!‹« – eine zumindest anfänglich wenigstens erstaunliche Perspektive.

3.2 Der unversöhnliche Gegensatz: Gottes Gerechtigkeit und menschliche Ungerechtigkeit

Was tun wir also, wenn wir beten: »Dein Reich komme«? Wie verstehen wir den Kontext, die Realität, in der wir leben und in die hinein wir das Kommen des Reiches Gottes erbitten? Barth versteht den Kontext und die Realität des christlichen Lebens

---

[25] Vgl. dazu E. JÜNGEL, Anrufung Gottes als Grundethos christlichen Handelns. Einführende Bemerkungen zu den nachgelassenen Fragmenten der Ethik der Versöhnungslehre Karl Barths, in: DERS., Barth-Studien, Zürich u. a. 1982, 315–331.

[26] PLONZ, Die herrenlosen Gewalten, 319: »Den Vollzug des christlichen Lebens stellt Barth anhand einer Auslegung des Vater Unser dar, so daß dieser Teil der Ethik auf einer Wechselwirkung von Gebet und Handlung beruht.«

[27] JÜNGEL, Anrufung Gottes, 324.

und dieser Bitte primär als einen Kontext eines unversöhnlichen Gegensatzes zwischen Gottes guter Schöpfung und der irdischen Realität. So hatte er im Typoskript der Vorlesung in seinem Leitsatz zum § 78 ausgeführt (und diesen Passus dann nachträglich gestrichen):

> »Die Christen sind dessen gewiß gemacht, daß Gott *die Ordnung* in seiner Schöpfung zum Besten der Menschen in die Hand genommen und verwirklicht hat und daß er sie endlich und zuletzt in ihrer Vollkommenheit offenbaren und in Kraft setzen wird.«[28]

Das ist also die eine Seite des Gegensatzes: Gottes Ordnung in der Schöpfung ist bereits *verwirklicht* und in dieser Ordnung ist der Mensch dazu erschaffen und ermächtigt, mit Gott gehorsam zusammenzuleben. Dieses gehorsame Zusammenleben mit Gott schließt dabei – und das ist entscheidend für Barths Argumentation – gleichzeitig und notwendig ein mitmenschliches Zusammenleben ein, welches »menschliches Recht, menschliche Freiheit, menschlichen Frieden«[29] untereinander sichert. Die gute Ordnung Gottes ist also das gute Zusammenleben mit Gott *und* Mensch, die *göttliche* Gerechtigkeit ist Grund und Garantie auch der *menschlichen* Gerechtigkeit.[30] Barth geht sogar noch einen Schritt weiter: Genau darin, dass die göttliche Gerechtigkeit die menschliche begründet und garantiert

> »ist Gott, der er ist: der dem Menschen als solchem gnädige und so alle Menschen bejahende und, indem er sie alle bejaht, zu ihrem Besten zusammenfügende Gott.«[31]

Alle Menschen werden von Gott bejaht und zu ihrem Besten zusammengefügt; menschliche Gerechtigkeit dient der Sicherung dieses mitmenschlichen Zusammenlebens *aller* in Recht, Freiheit und Frieden. Menschliche Gerechtigkeit beruht dabei nach Barth nicht auf menschlichem Verständnis und menschlicher Einsicht und Übereinkunft, sondern ist nur von Gott, von Gottes Gerechtigkeit her zu verstehen.

Aber so erfahren wir ja die Welt nicht (immer): Recht, Freiheit, Frieden und menschliche Gerechtigkeit im Allgemeinen sind überall auf der Welt bedroht, in manchen Situationen vielleicht schon nicht mehr erkennbar oder für die Mehrheit der Gesellschaft gar nicht mehr vorhanden. *Un*-Recht, *Un*-Freiheit, *Un*-Frieden und *Un*-Gerechtigkeit bestimmen und bestimmten die Realität einer Vielzahl von Menschen zu allen Zeiten und bedrohen in unserer Gegenwart nicht nur menschliches Leben, sondern in ihren Auswirkungen auch die gesamte Schöpfung. Barth findet dafür als Gegensatz zur guten Ordnung des gehorsamen Zusammenlebens der Menschen mit Gott den Begriff der *Un-Ordnung*:

---

[28] BARTH, KD IV/4, 347 (Anm. 1; meine Hervorhebungen).
[29] A. a. O., 359.
[30] Vgl. ebd.
[31] Ebd.

> »Die *Unordnung,* die die große Not ist, unter deren Druck die Menschen zu leiden haben, entsteht und besteht – und darum ist sie ihre Schuld, wie sie ihre Not ist – im *Übersehen* und *Übertreten* dieser Ordnung. Sie entsteht und besteht in der Ungerechtigkeit ihres Abfalls *von Gott,* der als solcher auch ihren Abfall *voneinander,* die Verwandlung ihres ihrem Sein mit Gott entsprechenden Miteinander in ein allgemeines Ohneeinander und Gegeneinander unvermeidlich nach sich zieht.«[32]

Diese Abweichung von der guten Ordnung ist die »alle menschlichen Verhältnisse und Beziehungen innerlich und äußerlich beherrschende und durchdringende und zerrüttende *Unordnung*«:[33] Sie ist der Menschen Schuld wie ihre Not; der Abfall von Gott zieht den Abfall der Menschen voneinander und damit das Ohneeinander und Gegeneinander nach sich – das sind zentrale Schlüsselsätze hier. Ohne Gott und gegen Gottes Ordnung lebt die Welt in Unversöhnlichkeit und Unversöhntheit (und in ihr die Christen und Christinnen), das ist ihre Schuld und aus dieser Schuld entwickelt sich ihre Not, die alle Menschen bedrückt und unter der alle leiden. Es ist diese menschliche Ungerechtigkeit, diese die Menschen plagende, zerrüttende und verwüstende Not,[34] die der Gegenspieler der guten und heilsamen Ordnung Gottes ist, diese »Denaturierung der Menschlichkeit und Mitmenschlichkeit«,[35] deren Wurzel nach Barth *der Abfall und die Entfremdung von Gott* ist.

Im Wissen um diese Unordnung bitten die Christen und Christinnen Gott darum, »daß er seine Gerechtigkeit auf einer neuen Erde unter einem neuen Himmel erscheinen und wohnen lasse.«[36] Sie falten die Hände zu diesem Bittgebet, das gleichzeitig auch ein Eingeständnis der eigenen Schuld ist, *und gleichzeitig*

> »handeln sie ihrer Bitte gemäß als solche, die für das Halten menschlicher Gerechtigkeit [...] auf Erden verantwortlich sind.«[37]

Christinnen und Christen *handeln ihrer Bitte gemäß,* deswegen kann Barth nach Lochman davon reden, dass die Hände zum Gebet zu falten der Anfang der Auflehnung gegen die Unordnung der Welt ist. Im Akt des Gebetes, in der Anrufung Gottes als Herrn, in der Performation des ersten Gebotes aber erkennen und verstehen die Menschen diese Unordnung genauer. Das Gebet wird zum Instrument gesellschaftlicher, politischer, wirtschaftlicher Analyse. Wie das? Wir folgen Barths Überlegungen hier Schritt für Schritt.

---

32 BARTH, KD IV/4, 359.
33 A. a. O., 358.
34 Vgl. a. a. O., 363.
35 Ebd.
36 A. a. O., 347.
37 Ebd.

4. Die herrenlosen Mächte im Raum des Politischen

War das bisher Gesagte eher abstrakt formuliert, so traut sich Barth bei aller Vorsicht jetzt doch, wenigstens einige Beispiele für die herrenlosen Mächte und ihr »Wesen und Treiben« gerade im Raum des Politischen zu benennen. Barth geht davon aus, dass die herrenlosen Gewalten nicht nur den neutestamentlichen Autoren und deren Lesern und Leserinnen konkret vor Augen standen, sondern auch ihm selbst und seinen Zeitgenossen und Zeitgenossinnen, dass aber dennoch über ihr »Wesen und Treiben« wenigstens kurz Rechenschaft abgelegt werden sollte, um deutlicher sehen zu können, in welcher Gefangenschaft die Menschen sich befinden. Barth beschreibt dazu vier spezifische Gestalten der herrenlosen Gewalten und bei aller Distanz zwischen den Zeiten, zu denen er seine Gedanken niederschreibt, und unserer Gegenwart ist nicht zu übersehen, wie aktuell seine Überlegungen auch heute noch sind.

Barth beschreibt also vier herrenlose Gewalten, die jeweils zentrale Lebensbereiche der Menschen betreffen und daher größte Wirkmächtigkeit besitzen – die Gefangenschaft, in die sie die Menschen nehmen, durchdringt dabei jeden Lebensbereich: Da ist zunächst und zentral die herrenlose Gewalt, die (1) in »allerlei Gestalten des *politischen Absolutismus*« in Erscheinung tritt. (2) Die zweite Gewalt, die tatsächlich auch im Neuen Testament ausdrücklich so benannt wird, ist der *Mammon*; und (3) als drittes benennt Barth die geistigen Gebilde, die wir als »*Ideologien*« bezeichnen. (4) Mit der vierten der herrenlosen Gewalten wendet sich Barth von den »Geistesmächten« den sogenannten Mächten des Chthonischen,[38] der Erde, der Körperwelt zu; auch wenn ein Zusammenhang der Themen Technik, Mode, Sport, Vergnügen und Verkehr, die Barth hier thematisiert, mit dem Raum des Politischen durchaus zu sehen ist, wird auf eine detailliertere Diskussion der vierten herrenlosen Gewalt an dieser Stelle aus Platzgründen verzichtet.[39]

4.1 Der herrenlose Mensch und die herrenlosen Gewalten

Bevor jedoch überhaupt ein erstes Wort über die herrenlosen Gewalten gesagt werden kann, muss mit Barth festgehalten werden, dass es zunächst der *Mensch selbst* ist, der beginnt »herrenlos« zu denken, zu reden, zu handeln, zu existieren.[40] Wir *tun so,* als wären wir nicht Gottes Eigentum, als wäre er nicht unser Herr und Gott,[41] als

---

[38] Griech. »chthon«: Erde; »chtonios«: chthonisch, der Erde zugehörig, irdisch.
[39] Es fällt allerdings negativ auf, dass in der theologischen Diskussion von Barths Narrativ der herrenlosen Gewalten diese vierte Gewalt trotz ihres augenscheinlichen kritischen Potenzials für Gegenwartsanalyse und theologische Interpretation auf die Breite gesehen ungleich weniger diskutiert und analysiert wird.
[40] Vgl. BARTH, KD IV/4, 364.
[41] Zu BARTHS Verständnis von »Herrschaft« Gottes vgl. insbesondere die christologisch begründete Versöhnungslehre in KD IV/1 und KD IV/2, in der »Jesus Christus, der Herr als Knecht« und »Jesus Christus, der Knecht als Herr« den Bezugs- und Interpretationsrahmen

wären wir nicht an ihn und die Mitmenschen gebunden, als wären wir unsere eigenen Herren, »als ob« wir gott- und herrenlos wären. Barth nennt dies das »greuliche ›Als ob‹«,[42] denn obwohl es nicht der Wahrheit entspricht (zu unserem Heil), so hat dieses »als ob« doch für die Menschen (und die Schöpfung) katastrophale Folgen. Der gott- und herrenlose Mensch, der von Gott und seinen Mitmenschen entfremdete Mensch, mag nun vielleicht denken, dass er an die Stelle Gottes getreten sei und nun Herr und Meister seines eigenen Lebens ist, er mag sich selbst für souverän, autonom und mündig halten und ausgeben, und doch ist alles *nur Mythus und Illusion*.[43]

Das ist so leicht dahingesagt und doch stellt es das nach-aufklärerische Menschen- und Selbstbild, dem auch wir vollkommen verfangen sind, komplett auf den Kopf: Dass wir frei seien, dass wir souverän, mündig, autonom handeln können, gehört zu den Grundvoraussetzungen unseres modernen Selbstverständnisses. Barth spricht uns diese Fähigkeiten nicht nur ab, sondern fügt noch hinzu: Je selbstbewusster und nachdrücklicher wir uns für frei halten, umso mehr widerfährt uns das Gegenteil, wir hören auf, als freie Menschen, als »freie Herrn und Meister«,[44] wie Barth sagt, zu leben. Was ist passiert? Der herrenlose Mensch, besser gesagt: der sich als herrenlos verstehende und handelnde Mensch, macht in dieser Entfremdung von seinen Lebensmöglichkeiten, von seinen Fähigkeiten Gebrauch – aber diese Fähigkeiten werden nun »zu selbständig sich auslebenden und auswirkenden Geistern, zu herrenlos hausenden Gewalten«.[45] Die dem »Menschen eigene[n] [...] Kräfte«[46] werden zu Kräften, die der Mensch nicht mehr zu kontrollieren vermag – höchst eindrücklich und nachdrücklich beschrieben in Goethes Gedicht vom *Zauberlehrling*, auf das Barth selbst in diesem Zusammenhang hinweist.[47]

Und hier springen wir aus der Betrachtung Barths einmal kurz heraus in die Betrachtung der Gegenwart und unseres politischen Raumes (politisch verstanden hier als die »polis«, das gesamte menschliche Miteinander betreffend). Kaum etwas trifft, wie eingangs bereits festgehalten, das Empfinden der Gegenwart wohl so sehr wie das Gefühl, diffusen Mächten und Gewalten ausgeliefert zu sein. In allen Bereichen sehen wir, wie menschliche Fähigkeiten und Gaben sich scheinbar autonom zu entwickeln scheinen, einer Logik folgend, die Mitmenschlichkeit oftmals vermissen lässt und die sich letztlich gegen die Menschen oder mindestens die Mehrheit der Menschen zu richten scheint. Ob es um gegenwärtige wirtschaftliche Systeme geht, die global gesehen nur für einen Teil der Weltbevölkerung Wohlstand und Sicherheit bringen; um Entwicklungen in Technik und Industrie, die gleichzeitig enorme Fortschritte in einigen Bereichen bringen *und* die Schöpfung zu zerstören drohen; ob es

---

für sein Verständnis von Herrschaft bilden.
[42] BARTH, KD IV/4, 364.
[43] Vgl. a. a. O., 365.
[44] Ebd.
[45] Ebd.
[46] A. a. O., 366.
[47] Vgl. a. a. O., 365.

um politische Bewegungen geht, die Menschen Identität und Wert zu geben versprechen, sich aber gleichzeitig aus der Verachtung anderer Menschen speisen – immer wieder sehen wir auch heute besonders, welche geradezu dämonische Eigenmacht diese menschlichen Fähigkeiten gewinnen können. *Die ich rief, die Geister, ...*

Aber zunächst einmal zurück zu Barth und seinem Verständnis der herrenlosen Gewalten, diesen Geistern, die sich von ihren Herren und Meistern lösen, weil diese wiederum sich von ihrem wahren Herrn und Meistern gelöst haben. Der Mensch hat sich von Gott »emanzipiert« und lebt jetzt so, als ob Gott nicht mehr sein Gott wäre,[48] als ob der Mensch jetzt sein eigener Herr und Meister wäre, und gleiches gilt dann analog auch für die Fähigkeiten und Kräfte des Menschen. Auch sie existieren in einem »als ob«: sie lösen sich vom Menschen, nehmen den Charakter von »irgendwie« selbständig existierenden und regierenden Wesenheiten« an, obgleich ihnen nur eine »pseudo-objektive Wirklichkeit und Wirksamkeit«[49] eignet – auch sie bleiben, wie der entfremdete Mensch, der Wirklichkeit von Gottes Herrschaft unterstellt, werden nicht zu Göttern, zum unwiderruflichen Schicksal. Die herrenlosen Gewalten, die ehemals dem Menschen unterstellten Fähigkeiten, werden zu *einer Art Wesenheit*, und können doch nicht abschließend erkannt und benannt werden. Sie sind keine zu beschreibenden Götter mit fester Gestalt, sondern nehmen eine Vielzahl flüchtiger, zu jeder Zeit und in jeder Kultur verschiedener Gestalten an und jederzeit ist damit zu rechnen, dass neue, bisher unbekannte Gestalten auftreten können.

Wie kann man aber dann von diesen flüchtigen Gestalten reden? Sie haben nach Barth eine unleugbare Realität und sind doch gleichzeitig nur pseudo-real, sie sind bekannt und gleichzeitig unbekannt, können weder er- noch begriffen werden und halten uns doch fest im Griff – wollen wir sie beschreiben, so Barth, dann können wir »immer nur bewußt *mythologisierend* von ihnen reden«.[50] Das Weltbild der neutestamentlichen Gemeinde steht diesem Verständnis dabei durchaus viel näher als wir, die wir mit einem magischen Weltbild nichts mehr anfangen können und daher durchaus in der Gefahr stehen, die reale Wirk-Mächtigkeit dieser herrenlosen Gewalten zu übersehen und dann in ihrer Gefangenschaft zu verbleiben. Der nachaufklärerische Mensch befindet sich in der Hand von Mächten und Gewalten, von herrenlosen Mächten und Gewalten, häufig ohne dass er dieses selbst erkennen und

---

[48] Vgl. dazu die Auslegung von Röm. 1,18 in K. BARTH, Der Römerbrief 1919, hg. von H. SCHMIDT, Karl Barth GA II/16, Zürich 1985, 27: »Denn wenn der Mensch sich selber Gott wird, so *muß* sich seine herrenlos gewordene Welt mit Götzen füllen, und wenn die Welt voll Götzen ist, dann *muß* sich der Mensch je länger je mehr als der alleinige Gott unter seinen Abgöttern, als die einzige Wahrheit unter den Schattenbildern fühlen. Aus der Unmoral, mit der der Mensch die Rechte Gottes an sich nimmt, muß sich die Unreligion ergeben, für die kein Gott mehr ist. Und die Unreligion wird nicht versäumen, immer neue Unmoral hervorzubringen.«

[49] BARTH, KD IV/4, 366.

[50] A. a. O., 367.

benennen könnte, ohne dass er überhaupt erkennen kann, dass es sich um eine *Gefangenschaft* handelt, dass diese herrenlose Gewalt ihn und alle anderen verknechtet. Das ist die Realität, die diese herrenlosen Gewalten laut Barth besitzen: ihre *Wirk-Mächtigkeit* mit der sie uns in die Gefangenschaft nehmen.

Und in der Realität dieser Gefangenschaft der herrenlosen Mächte beten die Christen und Christinnen: Dein Reich komme! Und dieses Gebet stellt wiederum alles auf den Kopf. In diesem Gebet, in der Anrufung Gottes, des Herrn, im Gehorsam dem Einen Gott gegenüber geschieht nämlich nun ein Doppeltes: zwar erkennt darin die betende Gemeinde und der betende Mensch die Wirk-Mächtigkeit dieser herrenlosen Mächte an, aber doch nur sozusagen *negativ*, von ihrer Überwindung und Begrenzung her. Das Neue Testament ist – trotz des magischen Weltbildes – nicht an diesen herrenlosen Gewalten und ihrer Macht *per se* interessiert, sondern immer nur an ihrer »Entlarvung, Begrenzung, Überwindung und schließlich Aufhebung«.[51] Im Gebet, in der Bitte sehnen sich die Menschen danach, dass Gott die Befreiung aus dieser Gefangenschaft vollkommen macht; im Gebet sehen sie das Reich Gottes herbei, das die bereits in Christus geschehene Befreiung in Vollkommenheit bringen wird und bereits heute die Grenze der Wirk-Mächtigkeit der herrenlosen Gewalten ist. Aber wenn auch die Entzauberung dieser Mächte bereits in Christus geschehen ist, so ist die Christengemeinde wie die ganze Welt doch immer wieder auf diese Entzauberung der herrenlosen Mächte angewiesen, darauf, dass bei aller realen Wirk-Mächtigkeit ihre Pseudo-Existenz, ihre Irrealität, Teil der guten Botschaft ist.

Mit anderen Worten: Der Glaube an Jesus Christus führt gerade *nicht* zum Glauben an jene Mächte und Gewalten, sondern zu einem »resoluten *Unglauben*«, wie Barth schreibt.[52] Mit der Bitte um das Kommen des Reiches Gottes wenden sich Christinnen und Christen an den wahren Herrn und Gott, erkennen Wirklichkeit und Wirksamkeit der herrenlosen Gewalten zwar an – aber glauben nicht an sie. Das ist eine befreiende Botschaft, das ist gute Nachricht; keine vertröstende, ausweichende Nachricht, wohl aber eine, die dem Reich Gottes in Jesus Christus mehr zutraut als allen anderen Mächten und Gewalten – und auch sich selbst. Die Bitte um das Kommen des Reiches Gottes ist keine resignierte Aufgabe und Weltflucht, sondern ist *Ausdruck der christlichen Freude* in Hoffnung und Vertrauen auf den Versöhner und sein Reich des Friedens und der Gerechtigkeit – Gott, der Herr, ist der Herr auch der herrenlosen Gewalten.[53]

---

51 A. a. O., 373.
52 A. a. O., 372.
53 Vgl. dazu die Beschreibung von Boesaks Verständnis der Herrschaft Gottes über die herrenlosen Gewalten bei A. TALJAARD, Unashamed evangelical? The poetic-preached word of salvation that nourishes, illuminates, persuades and liberates our full humanity, in: C. D. FLAENDORP u. a. (Hg.), Festschrift in Honour of Allan Boesak. A Life in Black Liberation Theology, Stellenbosch 2016 (119–132) 123: »God is the Lord of all, also of the *lordless powers*. He is truly the Almighty One who has overcome sin and disorder and thus enables new life

4.2 Die erste herrenlose Gewalt: Der politische Absolutismus

Beginnen wir mit den Gestalten des *politischen Absolutismus* – nach Barths Verständnis diejenige herrenlose Gewalt, deren (überlegene!) Gegeninstanz das Reich Gottes ist.[54] Worum geht es hier? Barth geht es hier *nicht* um das Problem der Staatlichkeit der menschlichen Existenz als solcher – der Staat wird von ihm letztlich als »heilsame göttliche Anordnung« beurteilt. Allerdings: In aller Politik wird – eben weil sich auch hier menschliche Fähigkeit vom Menschen löst, der sich selbst von Gott abgewandt hat – die Dämonie des Politischen wirksam und sichtbar und zwar immer dann, wenn sich die Macht vom Recht löst, wenn die Macht und Herrschaft um ihrer selbst geliebt werden, wenn sie zur Unterdrückung anderer Menschen genutzt werden und nicht zu deren Schutz und Aufrichtung. Mit Barths Worten:

> »Recht ist nun nicht mehr die dem Menschen helfende, sein Leben sichernde, befreiende und befriedende Ordnung: Recht ist nun die Begründung und Verstärkung der von Menschen ergriffenen und verwalteten, andere Menschen unterwerfenden Macht.«[55]

Macht schützt nicht mehr das Recht, Macht wird nicht durch das Recht begrenzt und bestimmt; der Staat dient nicht mehr dem Menschen, sondern der Mensch dem Staat. Es fällt nicht schwer, für diese herrenlose Gewalt Beispiele in der aktuellen politischen Situation verschiedener Staaten weltweit und auch bei uns in Deutschland zu finden. Der Einzug rechtsextremer Parteien in deutsche Parlamente etwa verleiht Politikern eine Bühne, die eine »Politik der wohltemperierten Grausamkeit« fordern, mit deren Hilfe durch rechtliche Maßnahmen die »ethnisch-deutsche Bevölkerung« durch »Säuberung« von »kulturfremden Menschen« und »schwachen Volksteilen« vorgenommen werden solle[56] – und erhalten dafür Zustimmung und Beifall. Es ist deutlich, wie in solchen politischen Vorstellungen und Programmen, Recht dazu missbraucht werden soll, die eigene, andere Menschen unterwerfende Macht zu begründen und zu verstärken. Auch Barth hatte deutlich die Gefahren gerade des Faschismus und Nationalsozialismus vor Augen,[57] jedoch warnt er vor *allen* unmenschlichen Ideen eines *Imperiums*,[58] seien es monarchische, demokratische,

---

and new order, already as a possibility in the reality of history.«
54 Vgl. BARTH, KD IV/4, 373f.
55 A. a. O., 374.
56 Vgl. H. FUNKE, Höcke will den Bürgerkrieg, in: ZEITONLINE vom 24.10.2019, www.zeit.de/politik/deutschland/2019-10/rechtsextremismus-bjoern-hoecke-afd-fluegel-rechte-gewalt-faschismus.
57 Vgl. BARTH, KD IV/4, 378: »Der Schritt von der Möglichkeit des *mündigen* zur Verwirklichung des *unmündigen*, des gänzlich *entmündigten* Menschen hat sich gerade in unserem Jahrhundert als schrecklich klein erwiesen.«
58 Vgl. a. a. O., 375: »Die Dämonie des Politischen besteht in der immer und als solche unmenschlichen Idee des Imperiums.«

nationalistische oder sozialistische Ideen – unmenschlich sind sie immer, weil in ihnen der Umschlag von der Macht des Rechts in das Recht der Macht nicht nur drohend lauert, sondern bereits verwirklicht wurde.

Imperium oder *Empire*: es überrascht nicht, dass an genau dieser Stelle Barths Entwurf aus den 60er Jahren des letzten Jahrhunderts für aktuelle theologische Überlegungen der Gegenwart anschlussfähig wird, steht doch gerade dieser Begriff, dieses Grundmotiv zentral für eine sich langsam auch im deutschsprachigen Bereich etablierende theologische Perspektive; nämlich der bereits oben erwähnten[59] postkolonialen Theologien.[60] Der postkoloniale Theologe und Barthinterpret Paul S. Chung verweist auf diese postkoloniale Dimension von Barths Interpretation der herrenlosen Gewalten, insbesondere der ersten beiden Gestalten *politischer Absolutismus* und *Mammon*, wenn er schreibt:

> »Barth's prophet ethic of reconciliation entails a postcolonial dimension to cut through the pathology of modernity under empire as critically regarding the demonism of politics (Fascism, National Socialism, Socialism) and the economy of mammon (late capitalism) as being *grounded in the idea of empire*.«[61]

Dieses Verständnis der herrenlosen Gewalten, die insbesondere in der »unmenschlichen Idee des Imperiums«[62] Realität gewinnen, dieses Narrativ bietet nach Field damit einen Ausgangspunkt für ein »theological reading of coloniality«:

> »The dominant European narratives obscure the realities endured by the colonial victims whose exploitation provided the material base of European modernity. Barth's theology of the lordless powers opens the way for an alternative narrative which exposes this exploitation and provides a key component in the development of a theological decoloniality.«[63]

---

[59] Vgl. dazu oben bei Anm. 21.

[60] Vgl. dazu meine kurze Zusammenfassung »Postkoloniale Theologien. Herausforderungen und Anfragen an christliche Theologien«, in: M. ERNST-HABIB, »Politik hat in der Kirche nichts zu suchen?« Zum Spannungsfeld von Religion und Kirche aus der Perspektive postkolonialer Theologien, in: K.-O. EBERHARDT / I. BULTMANN (Hg.), Das Spannungsfeld von Religion und Politik. Deutung und Gestaltung im kulturellen Kontext, Baden-Baden 2019, (31–59) 35–51; zu Empire vgl. insbesondere 50f., dort auch Literatur zum Thema.

[61] CHUNG, Karl Barth, 33; Hervorhebungen von mir.

[62] Vgl. Anm. 58.

[63] FIELD, Christen Gemeinde, 51. Zu dekolonialisierenden Ansätzen bei gleichzeitigem Verhaftetsein in kolonialer Weltsicht in der Theologie Barths vgl. z. B. seine Überlegungen in der Ethik-Vorlesung von 1928: K. BARTH, Ethik I (1928), hg. von D. BRAUN, Karl Barth GA II/2, Zürich 1973, 276–278: »Wenn wir Alle als Angehörige der weißen Rasse alle möglichen geistigen und materiellen Vorzüge genießen, die auf der Überlegenheit dieser Rasse und also

Und gerade in diesem Thema der Dekolonialisierung ist bereits die zweite herrenlose Gewalt angeklungen, die Barth beschreibt: der Mammon.

4.3 Die zweite herrenlose Gewalt: Der Mammon

Auch die zweite herrenlose Gewalt, die Barth aufführt und die im Neuen Testament durch das mythologisierende Wort »Mammon« bezeichnet wird, scheint an ihrer Aktualität gegenwärtig nichts eingebüßt zu haben – ja, durch unsere Zeit des globalisierten Kapitalismus und Neokolonialismus scheint sie gar noch entgrenzter wirkmächtig zu sein. Es geht hier um materielles Eigentum, um Besitz und Vermögen – eigentlich dazu gedacht, des Menschen Lebensunterhalt zu garantieren und zu sichern, ein Mittel zum Zweck. Aber auch hier verkehrt sich das »Vermögen« des Menschen, der sich von Gott und der heilsamen Anordnung Gottes entfremdet, in das Dämonische: das Vermögen dient nicht mehr seinem Herrn, dem Menschen, vielmehr muss der Mensch (und für ihn unter Umständen viele andere) dem Vermögen dienen. Diesseits des Reiches Gottes »sind wir Menschen dem Mammon gegenüber keine Befreiten«,[64] schreibt Barth. Es ist schon etwas Großes, »dass es Menschen gibt, die um Befreiung auch von ihm *beten* und in der ihnen damit gewiesenen Richtung wenigstens ehrliche Befreiungsversuche unternehmen dürfen.«[65] Die erste Bitte des Unservater wird damit auch zu einer Bitte um die Befreiung von der Herrschaft des Mammon, von seinen Eigengesetzlichkeiten und Machtansprüchen über

---

auf der Unterlegenheit mancher anderen und auf dem Gebrauch, den unsere Rasse seit Jahrhunderten von beidem gemacht hat, beruhen, so habe ich darum keinem N[...] oder Indianer ja auch nur ein Haar gekrümmt, ich bin ganz freundlich, wer weiß, sogar missionsfreundlich, ein Angehöriger der weißen Rasse gewesen, die als Ganzes sich nun freilich ziemlich gründlich der Möglichkeit der Aneignung gegenüber jenen bedient hat. In welcher Ferne und Indirektheit bin ich daran beteiligt, was vor hundert, vor fünfzig Jahren in Afrika und China gesündigt worden sein mag, obwohl Europa nicht das wäre, was es ist, und also auch ich nicht wäre, was ich bin, wenn jene Expansion nicht stattgefunden hätte? Es kennt besonders unser Wirtschaftsleben eine ganze Menge von Delegationsverhältnissen, die es dem Einzelnen scheinbar – aber doch nur scheinbar – erlauben, dem Kampf ums Dasein in der harmlosen Rolle des Zuschauers und, wer weiß, sogar in der sehr befriedigenden Rolle des kritischen und kritisierenden Zuschauers beizuwohnen. [...] Aber eben: mit der Unverantwortlichkeit, die wir aus dieser Indirektheit unseres Greifens und Nehmens so gerne folgern möchten, ist es nichts. Wiederum fragt das Gebot Gottes nicht nach unserer näheren oder ferneren Beteiligung, sondern nach unserer Beteiligung oder Nicht-Beteiligung an der Tat, die einen Angriff auf das fremde Leben bedeutet und die insofern unter der Krisis des Gebotes auf alle Fälle steht, macht uns verantwortlich für unser eigenes Tun nicht abgesehen [von], sondern in der Verflochtenheit mit dem Tun Anderer, in der es sich in der Tat befindet, dem Tun Anderer, das dadurch, daß wir seine Früchte genießen oder mitgenießen – wie Adam, da er von der Frucht aß, die Eva gebrochen hatte – *unsere eigene Tat wird.*« Hervorhebungen von mir.

64 BARTH, KD IV/4, 380.
65 Ebd. Hervorhebung von mir.

Menschen, Gesellschaften, ganze Staaten. Finanz- und Schuldenkrisen, die Reaktionen der Staaten und der Wirtschaft darauf haben in den letzten Jahrzehnten überdeutlich gemacht, welche Eigengesetzlichkeiten sich in diesen Sektoren bereits entwickelt haben, Eigengesetzlichkeiten, die kaum noch zu durchschauen oder zu steuern sind, Eigengesetzlichkeiten, die das Leben vieler Menschen weltweit nicht nur erschweren, sondern konkret bedrohen.

Ein längeres Zitat Barths verdeutlicht diese Eigengesetzlichkeit und erscheint unvermindert aktuell:

»Geld, das ebenso flexible wie mächtige Instrument, das, vermeintlich vom Menschen gehandhabt, in Wirklichkeit seiner Eigengesetzlichkeit folgend, ebensowohl auf tausend Wegen Meinungen, ja Überzeugungen begründen und andere unterdrücken wie brutale Tatsachen schaffen kann – jetzt eine Konjunktur zum Steigen, jetzt dieselbe zum Fallen bringt, jetzt eine Krise aufhält, jetzt eine solche auslöst, jetzt dem Frieden dient, aber mitten im Frieden schon kalten Krieg führt, den blutigen vorbereitet und schließlich herbeiführt, hier alle vorläufige Paradiese, dort ihnen nur zu entsprechende vorläufige Höllen schafft. Es müßte das alles nicht so sein, daß es das Alles kann. Es kann aber das Alles und tut es auch: gewiß nicht das Geld als solches, aber das Geld, das der Mensch zu haben meint, während es in Wahrheit ihn hat, und zwar darum, weil er es ohne Gott haben will und damit das Vakuum schafft, in welchem es, an sich eine harmlose, ja brauchbare Fiktion, zum absolutistischen Dämon und in welchem der Mensch selbst dessen Sklave und Spielball werden muß.«[66]

Geld an sich ist *nicht* schlecht – das Geld aber, das vom Mittel zum Zweck wird, versklavt die Menschen, hält sie in einer Gefangenschaft, die nur schwer zu durchschauen und noch schwerer zu bekennen ist.[67] Konkrete Beispiele für diese Gefangenschaft ließen sich auf vielen Ebenen finden: vom privat-persönlichen Verhältnis zu Geld bis hin zu gegenwärtigen nationalen, transnationalen und globalen Wirtschaftssystemen.

Das gerade aufgeführte Zitat endet mit einer Bemerkung Barths, die einem ein wenig den Atem nimmt, weil sie im Blick auf die gegenwärtige politische und ökonomische Situation als geradezu prophetisch und ein Grundproblem unserer Zeit beschreibend erscheint:

---

[66] BARTH, KD IV/4, 382.
[67] Die sogenannte ERKLÄRUNG VON ACCRA des Reformierten Weltbundes von 2004 versucht diese Gefangenschaft zu benennen und bekennt den christlichen Glauben »angesichts wirtschaftlicher Ungerechtigkeit und ökologischer Zerstörung«; abgedruckt, in: M. HOFHEINZ u. a. (Hg.), Reformiertes Bekennen heute. Bekenntnistexte der Gegenwart von Belhar bis Kappel, Neukirchen-Vluyn 2015, 136–149. Vgl. dazu auch J. PILLAY, The Accra Confession as a response to empire, in: HTS 74(4), 1–6, www.doi.org/10.4102/hts.v74i4.5284.

»Mammon, keine Realität, und doch eine, und was für eine! Und nicht abzusehen, was daraus würde, wenn Mammon sich etwa auch noch mit dem anderen Dämon, [...] dem politischen Absolutismus zusammenfinden, schlagen und vertragen sollte!«[68]

Es steht zu befürchten, dass genau dies geschieht oder bereits in einigen Ländern geschehen ist: Macht – Recht – Geld, das alles ist nicht mehr voneinander zu trennen und beherrscht die Lebenswirklichkeit der Menschen überall auf der Welt in einer Verwobenheit, die sich kaum durchschauen lässt. Es ist kein Zufall und keine Ausnahmeerscheinung mehr, dass überall auf der Welt etwa Präsidenten und andere Politiker in höchste Ämter gewählt werden, die offensichtlich und un-verschämt ganz eigene finanzielle Interessen mit ihren Machtambitionen verknüpfen und dazu Ideologien verbreiten, die ihre Wählerinnen und Wähler mit Begeisterung aufgreifen und vertreten. Wer hätte es gedacht, dass nach der Katastrophe des Faschismus weniger als hundert Jahre später nationalistischer Populismus, vermischt mit kapitalistischen Grundideen, überall auf der Welt wieder brennende Anhänger und Anhängerinnen findet?

4.4 Die dritte herrenlose Gewalt: Die Ideologien

Kommen wir damit zu der letzten Gruppe von herrenlosen Gewalten, die hier vorgestellt werden soll und die für den politischen Raum eine besondere Relevanz besitzt, nämlich die geistigen Gebilde, die als »Ideologien« bezeichnet werden. Auch hier wird wieder eine gute, ja »wunderbare Fähigkeit« des Menschen pervertiert, seine Fähigkeit nämlich, die ganze Welt mit Begriffen zu erfassen und diese zu Wissen zu erheben und dieses Wissen nun in den Dienst des Handelns und Denkens der Menschen zu stellen. Aber auch diese Fähigkeit, die Fähigkeit des *freien Geistes*, wird durch den Abfall des Menschen von Gott zu einer herrenlosen Gewalt, indem nämlich alles Vorläufige und Relative aus den menschlichen Ideen verschwindet und diese sozusagen zu quasi-göttlichen Aussagen und Feststellungen erhoben werden: Hypothesen werden zu Thesen, Ideale werden zu Idolen.[69] Es gibt nur noch Grundprinzipien, Systeme, Ideen werden zur Ideologie, die Treue verlangt und keine (Selbst-)Kritik mehr erlaubt. Aus Ideen werden so mächtige geistige Gewalten, die die menschliche Geschichte maßgeblich bestimmen können und die sich sprachlich, so Barth, durch die zwei Silben »-ismus« verraten (Sozialismus, Kapitalismus, Konservatismus, Pietismus, Christozentrismus, ...).

> »-ismus« signalisiert auf allen Gebieten, daß irgendeine Anschauung, ein Begriff, eine von den Figuren auf dem Feld des menschlichen Daseins, irgendeine der Möglichkeiten menschlicher Haltung und Handlungsweisen im Verhältnis zu allen übrigen die Rolle eines

---

[68] BARTH, KD IV/4, 382.
[69] Vgl. a. a. O., 384.

Regulators und Diktators bekommen hat und dass rund um dieses Prinzip herum ein System entstanden ist, dem gegenüber der Mensch seine Freiheit mehr oder weniger zu verlieren im Begriff steht oder schon verloren hat. Wo diese zwei Silben auftauchen, da lauert eine Ideologie, da gilt es, wenn es nicht schon zu spät ist, auf der Hut zu sein.«[70]

Auch das Auftauchen von Schlagworten und Stichworten und von Propaganda weist laut Barth auf diese herrenlose Gewalt in Form von Ideologie hin – und von diesen Schlagworten und der Bedeutung von Propaganda sind in diesen letzten Jahren alle Medien, besonders aber die sozialen Medien doch geradezu übervoll. Es geht bei diesen Schlagworten nicht um Reflexion und Diskussion, sondern diese sollen verhindert werden, auch ohne dass die Ideologien, wie von Barth beschrieben, große geistige Gewalten wären. Gerade in ihrer Kleinheit und Kleinlichkeit haben sie eine derartige Gewalt entwickelt, dass sie im Stande zu sein scheinen, ganze gesellschaftliche Systeme mindestens zu erschüttern, wenn nicht gar zu zerstören. Man sehe sich nur die Kommentare in den sozialen Medien zu Themen wie Flüchtlingen, rechte Gewalt, Rassismus oder Sexismus an, um zu verstehen, welche Macht hier ihre Eigengesetzlichkeit und Wirkmächtigkeit entwickelt. Nicht nur in Zeiten von Verschwörungstheorien findet dabei auch die immer stärker wieder in den Vordergrund tretende Ideologie des Antisemitismus gerade in den sozialen Medien auf beängstigende Weise einen Nährboden, der sich immer häufiger in konkreten Gewalttaten gegen jüdische Menschen in Deutschland aktualisiert. Wie kann der Antisemitismus in Deutschland nach all den Jahren der Aufklärung, der Bildung, der versuchten Reue immer noch so wirk-mächtig sein?

Ideologien, attraktiv verpackt in Schlagworte und Propaganda, konsumentenfreundlich und medienaffin,[71] versehen mit einem absoluten Gültigkeitsanspruch, den eigenen Wert bestätigend, indem der Wert der »Anderen« infrage gestellt oder verneint wird, üben eine Macht aus, die im Zeitalter der Digitalisierung ins schier Unendliche vervielfältigt wird und jeden Lebensbereich durchdringt. Fake News, Social Bots und ganze Troll-Armeen dienen dazu, Ideologien nicht nur in Umlauf zu bringen, sondern ihre Relevanz und ihren Einfluss zu steigern und Politik, Gesellschaft, gar die Geschichte zu bestimmen. Gerade und besonders offensichtlich gilt für die sozialen Medien,

> »dass die Ideologien eben in bestimmten Zeiten und Räumen des individuellen Lebens wie ungeheure in allen Farben schillernde Blasen aufsteigen, ihre faszinierende Wirkung auf die menschlichen Gemüter ausüben können und tatsächlich ausüben: nicht als allmächtige,

---

[70] A. a. O., 386.
[71] Vgl. dazu J. DENKER, Wollen hab ich wohl … (Römer 7,24). Des Christenmenschen Aufstand gegen die herrenlosen Gewalten, Impuls auf der Tagung der Karl-Barth-Gesellschaft und des Ev. Kirchenkreises Wuppertal, »Wir sind die Kirche. Zwischen Hoffnung auf Heimat und Angst vor Verlust«, 22.09.2018; www.reformiert-ronsdorf.de/files/reformiert_ronsdorf/ Nachrichten/PDF/20180922_Karl-Barth-Gesellschaft_Vortrag_JD.pdf.

aber als mächtige geistliche Gewalten, die die menschliche Geschichte nicht nur begleiten, sondern […] in bestimmtem Maß auch Geschichte machen.«[72]

5. Aufstand gegen die Unordnung – Die subversive Kraft des Gebetes und das Gottesreich

Diese herrenlosen Gewalten sind es also, die die menschliche Existenz und die menschliche Geschichte »im Ganzen wie im Einzelnen in Unordnung« bringen, die auf der Schuld des Menschen beruhen, der sich von Gott abgewandt hat, und unter denen der Mensch gleichzeitig zu leiden hat. Diese Gewalten versprechen »Befreiungen, Stärkungen, Erleichterungen, Vereinfachungen und Bereicherungen«, aber sie meinen es tatsächlich *nicht* gut mit den Menschen; sie sind widermenschliche, menschenfeindliche Gewalten. Und jetzt faltet der sündige, leidende Mensch in Gemeinschaft mit anderen sündigen, leidenden Menschen und in Solidarität mit den unter Sünde leidenden Menschen die Hände zum Gebet und bittet: »Dein Reich komme!«, wissend das in Christus das Reich bereits gekommen ist, wissend, dass die herrenlosen Mächte nur eine »Als ob«-Realität besitzen, wissend, dass Christus ihnen eine Grenze gesetzt hat und sie in Vollkommenheit besiegen wird. Wissend aber auch, dass ihnen in diesem Gebet und durch dieses Gebet »Dein Reich komme!« auch etwas geboten ist: nämlich der Aufstand gegen eben diese Unordnung der Welt, die sich in der tiefen Ungerechtigkeit äußert, die unser eigenes Lebens wie auch das Leben in der Gemeinschaft prägt. Wir sind »Menschen der Unordnung«, mit Gott und unserem Nächsten entzweit und von ihnen entfremdet, unser Gebet zu Gott, die Anrufung Gottes findet ihre Fortsetzung oder Aktualisierung in unserem Handeln, Denken und Leben. Das Gebet tatsächlich hört nicht mit dem Amen auf, sondern wird »mit Herzen, Mund und Händen« weiter- und ausgeführt.

Der Aufstand gegen die Unordnung erwächst aus dieser *subversiven Kraft des Gebetes*, die alles auf den Kopf stellt, was für uns Realität zu besitzen scheint, und die uns aus der Kontemplation in die Aktion führt und durch die wir im Sinne Gottes in Anspruch genommen werden.[73]

---

72 BARTH, KD IV/4, 385.
73 Vgl. WÜTHRICH, Gottes kräftiger Anspruch, 64: »Das Gebet bildet eben nicht den Rückzug aus der Welt, sondern die Bedingung der Möglichkeit, in ihr je und je im Sinne Gottes in Anspruch genommen werden zu können. Mit dem Gebet geht es in ursprünglicher Weise um das Ganze unserer Existenz in der Welt. In ihm sitzt die ganze subversive Sprengkraft des Christlichen, denn in ihm geschieht unsere bundesgemässe Ermächtigung zu Mitarbeiterinnen und Mitarbeitern Gottes.«

Subversive Kraft des Gebetes heißt, dass das Gebet gerade darin »umstürzlerisch« ist, dass es unseren Glauben an die herrenlosen Gewalten, an die schillernden, attraktiven, verheißungsvollen Gebilde der vom Menschen losgelösten Fähigkeiten, »umstürzt« und zu einem resoluten Unglauben werden lässt.

Die *subversive Kraft des Gebetes* bringt einen Realismus, der politische Analysen mit theologischen Erkenntnissen in Zusammenhang zu bringen versucht, um daraus ein christliches Leben zu entwickeln, dass aus der Versöhnung lebt und die Versöhnung lebt.[74] Die *subversive Kraft des Gebetes* bringt einen Realismus, der nicht nur *unsere* Not und *unser* Leid thematisiert, die die herrenlosen Gewalten mit sich bringen, sondern die Not und das Leid derer, deren Leben und Überleben in weitaus stärkerem Maße von diesen bedroht ist als das unsere. Sie bringt einen Realismus, der uns auch erkennen und bekennen lässt, wo und wie wir auf Kosten der Mehrheitswelt von eben diesen herrenlosen Mächten profitieren, wo der Kampf und Aufstand *gegen* diese und *für* die Mehrheit der Menschen bedeutet, sich der eigenen Verstrickung bewusst zu werden und unserer Naivität in Bezug auf systemische und andere Ungerechtigkeiten von der subversiven Kraft des Gebetes zerstören zu lassen.[75]

Subversive Kraft des Gebetes heißt damit auch, dass die Bitte um und Hoffnung auf Gottes Reich nicht zum Eskapismus, sondern zur Aktion führen kann, und eine »ethische Unterweisung«[76] darin enthält, dass Resignation nicht die letztgültige und alleinige Antwort auf die Krisen unserer Zeit zu sein hat, sondern dass sie aus der

---

[74] Im Blick auf kolonialen Ausbeutungssysteme und -strukturen expliziert FIELD, Christen Gemeinde, 53, diesen Aufstand gegen die herrenlosen Gewalten wie folgt: »Christians as those who are commanded to pray for the coming of the kingdom are called into a life or revolt against the oppressive and exploitative power of the lordless powers. Hence, if colonialism and coloniality are manifestations of lordless powers then decolonial insurgency is a praxis which corresponds with and is required by the prayer for the coming of God's kingdom.«

[75] Vgl. BARTH, Ethik I, 275: »Ethische Besinnung kann nicht anders als Zerstörung der Naivität bedeuten, mit der wir unsere Vitalität zu behaupten und als Rechtsgrund geltend zu machen pflegen. Es kann nicht anders sein, als daß sie uns bedenklich machen wird gegen unsere Unbedenklichkeit.« Vgl. dazu auch WOODARD-LEHMAN, Liberating Barth?, 425f.

[76] Vgl. dazu JÜNGEL, Anrufung Gottes, 323, der diese ethische Unterweisung wie folgt beschreibt: »In Analogie zu der allein von Gott eschatologisch zu bewirkenden Aufrichtung der βασιλεία kämpfen die Christen, indem sie ihrerseits der Zukunft entgegeneilen, auf Erden für menschliche Gerechtigkeit. Und indem sie das tun, bezeugen sie allen nach Gerechtigkeit Hungernden und Dürstenden, dass sie satt werden sollen.«

Verheißung heraus in den Kampf und Aufstand nicht *gegen* andere Menschen, sondern *für* die Menschen[77] und *gegen* die herrenlosen Gewalten eintreten kann und soll.[78]

Subversive Kraft des Gebetes heißt, dass bei aller Sorge, gar Verzweiflung immer wieder auch die Freude mitklingt, dass die herrenlosen Gewalten eben *nicht* das letzte Wort haben werden, dass ihre Wirkmächtigkeit durch Gott begrenzt ist, dass sie nur »Als ob«-Realitäten sind.[79]

Die subversive Kraft des Gebetes ist die Kraft des Evangeliums, der Guten Nachricht und Frohen (!) Botschaft. Die Frohe Botschaft besteht nicht darin, dass wir alle Probleme, Krisen und Ungerechtigkeiten der Welt ignorieren sollen oder können, dass wir aus der Situation entnommen werden oder, im Gegenteil, allein verantwortlich für die Lösung aller Probleme und Bekämpfung aller Mächte und Gewalten zuständig wären. Die Gute Nachricht ist das Evangelium von der »ganz anderen Möglichkeit«, die uns nicht nur vor Augen gestellt worden ist, sondern der wir durch die Begabung mit dem Heiligen Geist entgegeneilen *können*.

Dass diese subversive Kraft keinen Automatismus beschreibt, liegt auf der Hand; dass das Gebet nicht zum Heilmittel aller gegenwärtigen Übel wird ebenfalls. Und dennoch, im Blick auf die Tageszeitungen und Meldungen in den sozialen Netzwerken können wir getrost, hoffnungsvoll und mit Freude trotz allem sagen: Da hilft nur noch Beten!

---

[77] Vgl. dazu T. GORRINGE, Karl Barth. Against Hegemony (Christian Theology in Context), Oxford 1999, 265: »Christians are called to revolt not against people, but *for* all humankind and therefore against the disorder, which controls and poisons and disrupts all human relations and interconnections.«

[78] Vgl. BARTH, KD IV/4, 350: »In dem den Christen gebotenen Denken, Reden und Handeln geht es nicht nur um die Ablehnung einer von ihnen als schlimm erkannten Möglichkeit, sondern um die Auflehnung, um den Aufstand gegen deren Verwirklichung: um einen Aufstand nämlich, der seinen positiven Sinn, seine innere Notwendigkeit darin hat, dass den Aufständischen eine ganz andere Möglichkeit in solcher Herrlichkeit vor Augen gestellt ist, dass sie es nicht unterlassen können, sie zu bejahen, zu ergreifen und in den Kampf um und für ihre Verwirklichung einzutreten. [...] Sie sagen hier in Wort und Tat Nein, weil sie dort Ja sagen dürfen und wollen.«

[79] Vgl. a. a. O., 398f.: »Was wären wir, was müsste aus der Welt werden, was möchte längst aus ihr geworden sein, wenn dem Strom der in der Herrschaft der herrenlosen Gewalten triumphierenden Ungerechtigkeit nicht ein unerschütterlicher Damm entgegenstünde? Ein solcher Damm *steht* ihm aber entgegen: Dem Reich der menschlichen Unordnung das Reich der göttlichen Ordnung.«

Karl Barth liest die links-liberale »National-Zeitung«
Foto vom 6. Juli 1961 (KBA 9111.3) © Karl Barth-Archiv, Basel

II. Sektion B: Menschliches Zeugnis – Ethische Konkretionen

»Es wird regiert!« – und dann kam Corona?

Das Coronavirus als theologische Anfechtung von Karl Barths Verständnis der Weltregierung Gottes

André Jeromin

1. Das Coronavirus als Infragestellung von Gottes Weltregierung

Das Coronavirus stellt scheinbar eine theologische Anfechtung für Gottes Weltregierung dar, indem es Menschenleben raubt und gewohnte Alltagsroutinen, und zwar oft mit schmerzlichen Folgen, unterbindet.[1] Insbesondere die Reduktion von Kontakten fällt uns schwer, da wir Menschen auf Sozialkontakte angewiesen sind, auch wenn wir unter Quarantäne gestellt werden.[2] Von der Theologie wird daher erwartet, Orientierungsvorschläge zu unterbreiten.[3] So ist es nicht verwunderlich, dass sich in »Zeitzeichen« schnell Beiträge sammelten, die sich der schwierigen Frage annehmen, inwiefern Gottes Weltregierung mit der Existenz einer Pandemie vereinbar ist. Die Beiträge stellen eine Suchbewegung dar und wollen Impulse zur Orientierung liefern. Dabei wird bewusst behutsam vortastend vorgegangen, um keine voreiligen Schlüsse zu ziehen. Florian Höhne betont zwar, dass in Krisensituationen, wie der derzeit vorliegenden, gut Entschlüsse gefasst werden können, diese jedoch ihre Grenzen haben, indem die Theologie sich primär im Alltag bewähren muss und nicht nur in Krisen.[4] Folglich ist die vorliegende Krise theologisch wahrzunehmen, sie sollte aber nicht »zum Maß aller Dinge«[5] überhöht werden. Ich skizziere im Folgenden grob die in »Zeitzeichen« vorgestellten Positionen von Günter Thomas, Florian Höhne und Ralf Frisch, um das Spektrum theologischer Positionen zur Coronakrise aufzuzeigen.

---

[1] Vgl. R. FRISCH, Gott, das Virus und wir. Warum die Corona-Epidemie auch eine theologische Herausforderung ist, in: Zeitzeichen 21 (4/2020), (15–17) 15 (www.zeitzeichen.net/node/8151 [28.07.2020]).

[2] Vgl. G. THOMAS, Gott ist zielstrebig (I–V). Theologie im Schatten der Coronakrise (www.zeitzeichen.net/node/8206 [28.07.2020]). Im Folgenden zitiert nach www.doam.org/images/archiv/thomas_theologie_im_schatten_der_coronakrise_2020maerz18.pdf (18.03.2020), 5.

[3] Vgl. a. a. O., 1.

[4] Vgl. F. HÖHNE, Die Krise kann kein Maßstab sein (I). Warum sich Ethik nie dem Alarmismus des Ausnahmezustandes hingeben darf (www.zeitzeichen.net/node/8212 [09.04.2020]).

[5] Ebd.

Im Anschluss richtet sich mein Blick auf Barths Theologie, wobei ich danach frage, inwiefern seine Erkenntnisse die aktuelle Suchbewegung bereichern können.

1.1 Günter Thomas' Positionierung zur Coronakrise

Günter Thomas[6] beschreibt den Zwiespalt, in dem unser Verständnis von Gottes Regieren in der Coronakrise gefangen ist, überaus treffend:

> »In Sachen Providenz sind wir in der gegenwärtigen Krise aber nun eingeklemmt zwischen zwei fragwürdigen Alternativen: einer mit den Eigenschaften der Allmacht und Allwirksamkeit verbundenen Gottesverdunklung und einer mit den Ideen der liebenden Begleitung in Schwachheit verbundenen Verohnmächtigung Gottes.«[7]

Schon die Benennung der Fragwürdigkeit dieser Alternativen offenbart, dass die Suchbewegung sich nicht leichtfertig für eine von ihnen entscheiden sollte. Günter Thomas sieht die Theologie in der Pflicht, Orientierungsvorschläge dazu zu geben, wie Nächstenliebe innerhalb der Coronakrise gelebt werden kann.[8] Er entfaltet, dass die Schöpfung »nicht unüberbietbar gut«[9] ist, sondern »passabel brauchbar, aber stets gefährdet durch einbrechendes Chaos«.[10] Im Umgang mit Gottes Vorsehung benennt Thomas offen, dass es angesichts des menschlichen Leidens und Todes in der Coronakrise schwierig ist, den Glauben an Gottes Vorsehung zu verkünden, und fordert, diesbezügliche Zweifel offen zu artikulieren. Zugespitzt stellt er die These auf, dass in der Coronakrise nicht mehr von Gottes herrlichem Regieren gesprochen werden kann.[11] Darüber hinaus warnt er davor, den Blick auf das große Ganze zu lenken und Einzelschicksale in der Krise zu vergessen.[12] Den Vorsehungsglauben aufzugeben kommt aber auch für Thomas nicht infrage, da er feststellt, dass auch wir Menschen nicht in der Lage sind, Gottes Rolle in der Erlösung von der Coronakrise zu übernehmen.[13] Zugleich betont er, dass die Theologie sich keine

---

[6] Auch wenn Günter Thomas in seiner von der Coronapandemie initiierten Suchbewegung nicht explizit auf Barth rekurriert und keineswegs eine klassisch barthianische Position entfaltet, gehört er zu den großen Kennern und kritischen Rezipienten von dessen Theologie. Es sei hier exemplarisch verwiesen auf seine Monografie G. THOMAS, Gottes Lebendigkeit. Beiträge zur Systematischen Theologie, Leipzig 2019. Thomas' Ausführungen zu einer Theologie im Schatten der Coronapandemie müssen vor dem Hintergrund einer exzeptionellen Barth-Kenntnis gelesen werden.
[7] G. THOMAS, Theologie im Schatten der Coronakrise, 3.
[8] Vgl. a. a. O., 1.
[9] A. a. O., 2.
[10] Ebd.
[11] Vgl. a. a. O., 3.
[12] Vgl. ebd.
[13] Vgl. ebd.

Überheblichkeit erlauben darf, sondern sich der kritischen Kommentare zur Vorsehung annehmen muss.[14] Günter Thomas grenzt sich klar von einem Zusammenhang zwischen Sünde und Leid in der Krise ab[15] und betont demgegenüber, dass auch im Rahmen von Kontaktsperren Menschen auf die Unterstützung ihrer Mitmenschen angewiesen sind.[16] Ganz im Sinne Barths (den er diesbezüglich auch in seine Argumentation einbezieht) sieht Günter Thomas Gottes Zuwendung zu uns Menschen in Form von Jesus Christus als Bestätigung der Tatsache, dass Gott uns auch im Leid beisteht, was auch für menschliches Verhalten vorbildlich sein kann.[17] Im Heiligen Geist manifestiert sich dieser Beistand.[18] Thomas unterstreicht ebenfalls, dass Gottes Beistand über unseren Tod hinaus besteht.[19] Der Kirche bleibt, neben der Solidarität mit den Schwachen, ihr in dieser Situation erschwerter Verkündigungsauftrag erhalten.[20] Er schließt seine Argumentation, indem er sich die Frage stellt, wer der »Nächste« sei, der in der Krise von uns zu unterstützen ist, und kommt zu dem Resultat, dass eine Beschränkung auf einzelne Teile der Weltbevölkerung illegitim wäre. Zugleich fordert er jedoch die Ehrlichkeit ein, dass bei jeder moralischen Argumentation auch ihre Praxistauglichkeit erhalten bleiben muss. Zugespitzt formuliert er im Hinblick auf die Frage, wen die Solidarität einzuschließen hat: »Wer hier alle sagt, drückt sich.«[21] Solidarität soll somit im Mittelpunkt der Verkündigung stehen, allerdings nicht mit unerreichbar hohen Maßstäben weltfremd werden.[22] Daneben muss das Bewusstsein aufrechterhalten bleiben, dass wir auf Gottes Unterstützung angewiesen sind.[23]

1.2 Ralf Frischs Positionierung zur Coronakrise

Ralf Frisch kritisiert, dass es selbst Theologen zunehmend schwer fällt, anzuerkennen, dass in der Welt viele Elemente existieren, die für uns unverfügbar sind, die wir also auch nicht erklären können.[24] Für ihn stellt das Coronavirus ein solches Element dar, da es uns offenlegt, »dass es Wirklichkeiten gibt, deren wir nicht Herr werden können«.[25] Einerseits muss die Theologie so anerkennen, dass es Wahrheiten in un-

---

14 Vgl. a. a. O., 8.
15 Vgl. a. a. O., 4.
16 Vgl. a. a. O., 5.
17 Vgl. a. a. O., 5f.
18 Vgl. a. a. O., 7f.
19 Vgl. a. a. O., 8.
20 Vgl. a. a. O., 6f.
21 A. a. O., 9.
22 Vgl. a. a. O., 9f.
23 Vgl. ebd.
24 Vgl. FRISCH, Gott, das Virus und wir, 16.
25 A. a. O., 15.

serer Welt gibt, die wir nicht umfassend verstehen können. Andererseits unterstreicht Frisch auch, dass mit dieser Beobachtung keineswegs darauf vertröstet werden darf, dass Gott das Problem schon richten werde: Eine diese Haltung vertretende Theologie würde ihren Bezug zur Welt verlieren.[26] Weit entfernt von Barth integriert Frisch im Rahmen dieses Zwiespaltes Luthers Zwei-Regimenten-Lehre und lebt damit, dass Teile Gottes im Sinne des *deus absconditus* nicht fassbar bleiben.[27] Im Sinne der Anerkennung der uns unverfügbaren Elemente der Welt auch in der Coronakrise plädiert Frisch dafür, »Gottes Macht über das Böse ernster zu nehmen als die Theodizeefrage«[28]. Ähnlich wie Barth gesteht er damit ein, dass im Glauben weltliche Elemente anzuerkennen sind, mit denen »Gott […] allein […] fertigwerden kann«.[29]

1.3 Florian Höhnes Positionierung zur Coronakrise

Höhne legt einen Schwerpunkt seiner Argumentation auf die Feststellung, dass sich Positionen der Theologie zu ethischen Fragestellungen als alltagstauglich erweisen müssen und nicht nur für eine Krisensituation tauglich sein dürfen.[30] Zum einen dürfe die Krise nicht überbewertet werden, zum anderen müsse man den Blick auf das Leid der Schwächsten – nämlich der Personen, die konkret in der aktuellen Situation leiden – lenken. Bei dem Blick auf die Betroffenen stellt Höhne fest, dass es Menschen häufig gerade im Leid gelingt, neue Bedeutungen in Bibelversen zu entdecken, die ihnen Trost spenden können.[31] Daneben liegt Höhne daran, das Virus nicht zu personifizieren, sondern sich bewusst zu halten, dass ein Virus nicht denkt.[32] Folglich ist es auch keine Gott entgegengerichtete Macht. Indem anerkannt wird, dass Gottes Macht weiterhin dem ganzen Weltgeschehen übergeordnet ist, ergeben sich jedoch Dilemmasituationen, die Höhne offen benennt. Insbesondere die Entscheidung darüber, wen Christen als ihren Nächsten anerkennen, den sie lieben sollen (vgl. Lev 19,18), fällt in diesen Situationen schwer. Sowohl die Frage nach der Verfügbarkeit von Beatmungsgeräten als auch nach dem Export medizinischer Hilfsgüter, die eventuell auch vor Ort gebraucht werden könnten, berücksichtigt Höhne in seiner Argumentation. Er kommt zu dem Schluss, dass jeder Mensch einbezogen werden muss. Dies erst schafft die Voraussetzung für ein ethisches Abwägen, wem zu helfen wäre, wobei man sich aber dabei nur in Grauzonen bewegen

---

26 Vgl. a. a. O., 17.
27 Vgl. ebd.
28 Ebd.
29 Ebd. Bei Barth ist die Erhaltung der Schöpfung ein Beispiel für ein solches Element, das nur Gott allein vermag (vgl. BARTH, KD III/3, 83).
30 Vgl. HÖHNE, Die Krise kann kein Maßstab sein (I).
31 Vgl. F. HÖHNE, Die Krise kann kein Maßstab sein (II). Wer ist der andere? Wer hier nicht »alle« sagt, der drückt sich… (www.zeitzeichen.net/node/8214 [09.04.2020]).
32 Vgl. ebd.

könne. Die Krise bringe es mit sich, dass eine Lösung nur im Abwägen von erträglicheren oder schlimmeren Übeln bestehen könne.[33]
Höhne stellt Günter Thomas' Zitat: »Wer hier alle sagt, drückt sich.«[34] entgegen: »Wer hier nicht ›alle‹ sagt, der drückt sich vor der Dilemmahaftigkeit dieser Extremsituation.«[35] Höhne hält sich aber keinesfalls dabei auf, dass die Theologie nichts sagen könne, sondern er betont die Bedeutung vorbeugender Maßnahmen, um entsprechende Dilemmasituationen möglichst zu vermeiden.[36]

Auf Grundlage der drei vorgestellten Positionen muss in der Coronakrise eingestanden werden, dass es von uns nicht beherrschbare Elemente in der Welt gibt.[37] Historisch wurden Krisen wie die heutige schlichtweg als »Gottesgeißel«[38] interpretiert, sodass eine Coronainfektion vermutlich als Strafe für Sünden interpretiert worden wäre.[39] Glücklicherweise ist dieses Verständnis überwunden. Damit wird die Pandemie allerdings zu einer »Herausforderung für ein Reden von Gottes gegenwärtiger Vorsehung«[40]. Es ist schwierig, wie Barth Gottes väterlichen Umgang mit uns zu betonen,[41] wenn gleichzeitig Menschen an dem Virus sterben. So kann ein Widerspruch zwischen der Bezeichnung der Schöpfung als »sehr gut« (Gen 1,31) und der Existenz des Virus wahrgenommen werden,[42] wodurch die Natur fehlerhaft wirkt.[43] Darüber hinaus ist die Kirche herausgefordert, Althergebrachtes in der veränderten Situation zu modifizieren, wie die von Günter Thomas gestellte Frage zeigt, wie »Nächstenliebe zu Zeiten der sozialen Distanzierung«[44] gelebt werden könne. Aus diesen Problemen resultiert die genannte Suchbewegung.

2. Eine Skizze von Barths Verständnis der Weltregierung Gottes

Barths 1950 veröffentlichte Vorsehungslehre der Kirchlichen Dogmatik ist zu komplex, als dass ich sie in der Kürze dieses Beitrags darstellen könnte. Diesbezüglich

---

33 Vgl. ebd.
34 THOMAS, Theologie im Schatten der Coronakrise, 9.
35 HÖHNE, Die Krise kann kein Maßstab sein (II).
36 Vgl. ebd.
37 Vgl. FRISCH, Gott, das Virus und wir, 15.
38 R. WISCHNATH, Wenn ihr nicht umkehrt. Ist Corona eine Gottesgeißel? (www.reformiert-info.de/Wenn_Ihr_nicht_umkehrt-26061-0-56-2.html [09.04.2020]), 1.
39 Vgl. THOMAS, Theologie im Schatten der Coronakrise, 4.
40 A. a. O., 3.
41 Vgl. BARTH, KD III/3, 33.
42 Vgl. THOMAS, Theologie im Schatten der Coronakrise, 2.
43 Vgl. a. a. O., 4.
44 A. a. O., 1.

verweise ich nur auf meine hierzu erscheinende Monografie.⁴⁵ Dem dogmatischen Entwurf zuzumuten, die Coronakrise zu erklären, wäre zu viel verlangt. Ich sehe meinen Beitrag als Teil der Suchbewegung von Günter Thomas, Ralf Frisch und Florian Höhne, indem ich auf Grundlage von Barths Entwurf nach Perspektiven forsche, mit denen die Theologie mit den aktuellen Problemen umgehen kann. Um beurteilen zu können, inwiefern das Coronavirus Barths Verständnis von Gottes Weltregierung infrage stellt, muss allerdings knapp skizziert werden, was er überhaupt unter Gottes Regieren versteht.

Es handelt sich bei Barth insofern um eine vordergründig »klassische« Vorsehungslehre, als dass Gott in ihr aktiv am Weltgeschehen beteiligt ist. Gottes Wirken geschieht in KD III/3 in drei Schritten: dem Erhalten (*conservatio*), dem Begleiten (*concursus*) und dem Regieren (*gubernatio*).⁴⁶

1. Conservatio: Für Barth hat sich Gott frei entschieden, uns zu erhalten.⁴⁷ Wir Menschen benötigen diese Erhaltung jedoch, um zu überleben.⁴⁸ Warum Gott uns erhält, ist für uns unbegreiflich.⁴⁹ Es geschieht durch Gott allein oder durch andere Geschöpfe, die er als Mittler einsetzt.⁵⁰ Jesus Christus spielt für die Erhaltung eine besondere Rolle, da Gott uns in ihm seine Zuwendung offenbart.⁵¹

2. Concursus: Gott lässt die Schöpfung nicht allein. Er bleibt in ihr aktiv⁵² und begleitet uns in unserem Leben indem er uns in Form des Heiligen Geistes unser Handeln ermöglicht.⁵³ Dabei lässt er eigene Tätigkeiten zu,⁵⁴ sodass uns Menschen Freiheiten eingeräumt werden. Gott bedingt jedoch die Wirkungen unserer Handlungen.⁵⁵ Das Begleiten basiert auf Gottes Bund mit den Israeliten.⁵⁶

---

⁴⁵ Vgl. A. JEROMIN, »Es wird regiert …«. Gottes Weltregierung als Teil der *providentia Dei* nach Karl Barth, [Druck in Vorbereitung]. Die Ausführungen der Abschnitte 2 und 3 stützen sich maßgeblich auf meine Arbeit. Auf detaillierte Nachweise muss aufgrund der noch ausstehenden Veröffentlichung verzichtet werden.

⁴⁶ Vgl. H.-TH. GOEBEL, Struktur und Aussageabsicht. Historische und dogmatische Analyse von KD III/3, ZDTh 10 (1994), (135–158) 144.

⁴⁷ Vgl. BARTH, KD III/3, 73.
⁴⁸ Vgl. a. a. O., 83.
⁴⁹ Vgl. a. a. O., 77.
⁵⁰ Vgl. a. a. O., 74.
⁵¹ Vgl. a. a. O., 91.
⁵² Vgl. a. a. O., 103.
⁵³ Vgl. a. a. O., 148.
⁵⁴ Vgl. a. a. O., 104.
⁵⁵ Vgl. a. a. O., 171.
⁵⁶ Vgl. a. a. O., 133f.

3. Gubernatio: Gottes Regieren folgt einem Plan.[57] Dessen Ziel besteht darin, die Menschen zurück zu Gott zu führen.[58] Wir können den Plan weder sehen noch prognostizieren.[59] Gott regiert für Barth primär in einem Ordnen,[60] was das Herstellen von Beziehungen zu Gott und unter uns Geschöpfen beinhaltet. Ermöglicht wird dies, indem Gott sich mit der Kreuzigung selbst in die Welt einordnet.[61]

Dem biblischen Zeugnis misst Barth eine besondere Rolle zu als einzige uns vorliegende Quelle zur Wahrnehmung von Gottes Weltregierung. Die biblischen Erzählungen versteht er als Hinweise.[62] Christen dürfen an der Durchsetzung der Weltregierung indirekt durch solidarisches Verhalten in Form von Gehorchen, Glauben und Beten teilhaben. Sie können sie aber nicht selbst herbeiführen.[63] Barth spricht Gott bereits in früheren Schriften zu, uns Freiheiten zu ermöglichen.[64] Es kann dabei nicht identifiziert werden, ob Gott oder ein Mensch für einzelne Wirkungen verantwortlich ist.[65]

Barth hat nach Meinung von Hans Urs von Balthasar mit seiner Christozentrik frühere christliche Vorsehungslehren korrigiert.[66] Er fokussiert, angelehnt an die Evangelien, Jesu Christi Rolle für Gottes Regieren. Dessen weltliche Existenz und seine Kreuzigung zur Vergebung unserer Sünden offenbaren nach Barth die Gnade, in der Gott uns regiert.[67] Auf Grundlage der Christozentrik beziehungsweise von Jesu Christi Sohnschaft folgert er, dass Gott als Vater regiert:[68] »Er ist als Vater des Sohnes auch unser Vater.«[69] Jesus Christus ist demnach für Gottes Regieren und sein Verhältnis zu uns entscheidend. So ist bei der Betrachtung der Vorsehung nach Barth stets Gottes Offenbarung in Christus als Ausgangspunkt zu wählen.[70] Da wir

---

[57] Vgl. a. a. O., 175.
[58] Vgl. a. a. O., 179.
[59] Vgl. a. a. O., 181f.
[60] Vgl. a. a. O., 186.
[61] Vgl. a. a. O., 191.
[62] Vgl. a. a. O., 225.
[63] Vgl. a. a. O., 274; 278.
[64] Vgl. K. BARTH, Ethik I. Vorlesung Münster Sommersemester 1928 wiederholt in Bonn Sommersemester 1930, hg. von D. BRAUN, Karl Barth GA II/2, Zürich 1973, 412.
[65] Vgl. K. BARTH, Konfirmandenunterricht 1909–1921, hg. von J. FANGMEIER, Karl Barth GA I/18, Zürich 1987, 325.
[66] Vgl. H. U. VON BALTHASAR, Karl Barth. Darstellung und Deutung seiner Theologie, Einsiedeln ⁴1976, 46.
[67] Vgl. BARTH, KD III/3, 90.
[68] Vgl. a. a. O., 175.
[69] A. a. O., 33.
[70] Vgl. BARTH, KD IV/2, 334.

ihm im Spiegel der biblischen Zeugnisse begegnen können[71] ist es sinnvoll, Erkenntnisse von der Lektüre biblischer Schriften zu erwarten.

Vordergründig könnte Barths Entwurf vorgeworfen werden, ein dogmatisches Schema zu sein, das als solches zwar »genial« ist., das sich aber angesichts der Coronakrise als wenig griffig erweise für diese »passabel brauchbar[e]« Welt (Günter Thomas).[72] Es offenbart sich hier am Anwendungsfall der Coronakrise ein schwelender Konflikt im Umgang mit christlichen Vorsehungslehren, die zuletzt deutlich aus dem Fokus der christlichen Verkündigung gerieten. Demgegenüber sehe ich jedoch eine auf dem skizzierten Fundament aufbauende Weiterführung und Konkretisierung von Barths Ideen die angezweifelte Griffigkeit gewinnen. Dies möchte ich im Folgenden näher entfalten.

3. Welche Perspektiven lassen sich von Barth her zur Anfechtung durch das Coronavirus entwickeln?

In Bezug auf die Ziele von Gottes Regieren ist eine von Barth 1948 bei der Vollversammlung des Ökumenischen Rates der Kirchen in Amsterdam gehaltene Rede interessant.[73] Der ÖRK tagte nach den beiden Weltkriegen 1948 mit 147 Kirchen zur Konstituierung einer institutionellen Zusammenarbeit in der Ökumene.[74] Das Ziel der Tagung bestand darin, »der Krise der Moderne im 20. Jahrhundert angemessen zu begegnen, die im Faschismus und im Zweiten Weltkrieg ihren Höhepunkt gefunden hatte«.[75] Es ging also um eine geistliche Aufschlüsselung der Frage, wie Gott den Zweiten Weltkrieg zulassen konnte, und um die Suche nach einer Position, welche die Kirchen in den Nachweltkriegsordnungen einnehmen können. Barth wurde bei dieser Gelegenheit gebeten, den Eröffnungsvortrag zu halten. Dieser ist deshalb für meine Fragestellung interessant, da Barth gegenüber den dogmatischen Überlegungen seiner Kirchlichen Dogmatik in diesem Vortrag vor ganz pragmatischen Problemen stand. Für heutige Theologen stellt die Coronakrise ein solches pragmatisches Problem dar, was die Beiträge von Ralf Frisch, Florian Höhne und Günter Thomas offenbaren. Aufgrund dieser Passung versuche ich daher in diesem Kapitel, die Ergebnisse von Barths Vortrag mit den theologischen Herausforderungen der Coronakrise in ein Gespräch zu bringen, um die aktuelle Diskussion durch weitere Impulse zu bereichern.

---

71 Vgl. K. BARTH, Einführung in die evangelische Theologie, Zürich ⁷2010, 41.
72 THOMAS, Theologie im Schatten der Coronakrise, 2.
73 Vgl. TH. HERWIG, Karl Barth und die Ökumenische Bewegung. Das Gespräch zwischen Karl Barth und Willem Visser't Hooft auf der Grundlage ihres Briefwechsels 1930–1968, Neukirchen-Vluyn 1998, 132.
74 Vgl. CH. TIETZ, Karl Barth. Ein Leben im Widerspruch, München 2018, 348.
75 HERWIG, Karl Barth und die Ökumenische Bewegung, 132f.

3.1 Die Umkehrung der Denkrichtung

Barth wird für seinen Eröffnungsvortrag das Thema »Die Unordnung der Welt und Gottes Heilsplan« gestellt.[76] Er empfindet diese Themenstellung als problematisch, da sie »von der Wahrnehmung kirchlicher, sozialer und politischer Zustände bzw. Mißstände zu den in der christlichen Tradition anbietenden Lösungsangeboten«[77] schaut. Barth dreht das Thema daher um: »Es heißt ja, daß wir am ersten nach dem Reiche Gottes und seiner Gerechtigkeit trachten sollen, damit uns dann alles das, was wir im Blick auf die Unordnung der Welt nötig haben, hinzugefügt werden möge.«[78] Barth wünscht also, bei der Erkenntnis von Gottes Weltregierung anzusetzen und erst von dieser ausgehend Folgerungen für weltliche Sachverhalte abzuleiten, aber nicht von weltlichen Problemen aus auf Gottes Regieren zu blicken.

Das Coronavirus löst offensichtlich ebenfalls soziale Missstände aus. Mit Barth kann auch heute die Umkehrung der Denkrichtung vollzogen werden. Würde er heute gefragt werden, inwiefern wir noch von Gottes Regieren sprechen können, wenn wir beobachten, wie viele Menschen unter dem Virus leiden oder sogar daran sterben, dürfte seine Antwort analog zu dem ihm damals gestellten Thema ausfallen. Grundsätzlich würde er wahrscheinlich nicht ablehnen, sich zu äußern, da er in diversen Kontexten mit der Wendung »Bibel und Zeitung«[79] darauf hinweist, dass sich für ihn die Theologie nicht von einer Partizipation am Weltgeschehen zurückziehen darf.[80] Zugleich würde er sich aber mutmaßlich auch davor verschließen, vom weltlichen Problem des Coronavirus ausgehend Rückschlüsse auf Gottes Regieren zu ziehen. Barth müsste auch hier, wollte er seinem Ansatz treu bleiben, in die andere Richtung denken, also von der Erkenntnis der Weltregierung Gottes ausgehend auf das Coronavirus schauen und sich damit die Frage stellen, wie die Theologie auf diese Herausforderung antworten kann. Ich gehe daher davon aus, dass er Günter Thomas' These, es könne nicht mehr von Gottes herrlichem Regieren gesprochen werden,[81] ablehnen würde. Stattdessen könnte seine Positionierung nur bei diesem Regieren beginnen und von ihm ausgehend Impulse suchen. Diese Position deckt sich mit Höhnes Betonung, nach der die Krise nicht »zum Maß aller Dinge«[82] überhöht werden darf.

---

[76] K. BARTH, Die Unordnung der Welt und Gottes Heilsplan. Vortrag gehalten an der Weltkirchenkonferenz in Amsterdam, 23. August 1948, in: F. LÜPSEN (Hg.), Amsterdamer Dokumente. Berichte und Reden auf der Weltkirchenkonferenz in Amsterdam 1948. Erstes Beiheft zu der Halbmonatsschrift EvW, Bethel ²1952, (136–146) 136.
[77] HERWIG, Karl Barth und die Ökumenische Bewegung, 156.
[78] BARTH, Die Unordnung der Welt und Gottes Heilsplan, 136.
[79] Vgl. BARTH, Einführung in die Evangelische Theologie, 88; 123; 154f.
[80] Vgl. M. WEINRICH, Die bescheidene Kompromisslosigkeit der Theologie Karl Barths. Bleibende Impulse zur Erneuerung der Theologie, FSÖTh 139, Göttingen 2013, 331.
[81] THOMAS, Theologie im Schatten der Coronakrise, 3.
[82] HÖHNE, Die Krise kann kein Maßstab sein (I).

Im Kern geht es bei dem Umdrehen der Thematik darum, anzuerkennen, dass nur Gott die Pläne seiner Vorsehung kennt und diese uns nicht einsichtig sind. Barth beschreibt dies mit den Begriffen »oben« und »unten«: »Der ›Heilsplan‹ Gottes ist oben – die Unordnung der Welt aber und so auch unsere Vorstellungen von ihren Gründen, so auch unsere Vorschläge und Pläne zu ihrer Bekämpfung, das alles ist unten.«[83] Barth unterstreicht so, dass unsere Erklärungsversuche für Gottes Regieren weltlich und folglich unvollständig sind.

Hiervon ausgehend können wir im Blick auf die Coronakrise vermuten, dass Gott auch diese in sein Regieren einflechten wird, uns aber nicht ersichtlich ist, in welcher Form er dies tut, da wir mit menschlichen Denkstrukturen nicht erfassen können, wie Gott konkret mit ihr umgeht. In eine ähnliche Richtung denkend stellt Frisch im Hinblick auf die Coronakrise fest, dass protestantischer Glaube eingestehen muss, dass es Dinge gibt, die nur Gott weiß,[84] und er trotz dieser Ungewissheit und den Anfechtungen durch das Virus am Glauben an Gott festhält.[85] Auch im Hinblick auf positive Ereignisse in der Krise darf allerdings nicht vorschnell auf Gott verwiesen werden. Gegen Günter Thomas' These: »Wenn in der Zuwendung zu verletzlichem und gefährdetem Leben Kräfte der Solidarität und Unterstützung wirksam sind und wenn leidenschaftliche und professionell kühle Hilfe gegenwärtig sind, dann wirkt der bewahrende Geist Gottes«,[86] würde Barth vermutlich einwenden, dass wir als Menschen nicht sagen können, wann Gott wo und in welcher Form handelt, sondern dies nur in seinem Heilsplan, der »oben« bei ihm ist, geschrieben steht.

Absolute Einsichten gibt es nur bei Gott. Bezüglich seines Heilsplans fragt Barth im Rahmen des Vortrags vor dem ÖRK:

> »Sollten wir uns nicht auch darüber verständigen müssen, daß unter ›Gottes Heilsplan‹ wirklich sein Plan, d. h. aber sein schon gekommenes, schon siegreiches, schon in aller Majestät aufgerichtetes Reich zu verstehen ist, unser Herr Jesus Christus, der der Sünde und dem Tod, dem Teufel und der Hölle ihre Macht schon genommen, Gottes Recht und das Recht der Menschen in seiner Person schon zu Ehren gebracht hat?«[87]

Barth betont hier Jesu Christi Rolle für Gottes Heilsplan. Es liegt daher im Hinblick auf unseren Umgang mit dem Coronavirus nahe, dass wir für Einsichten ebenfalls bei Jesus Christus ansetzen können. Ein vollständiges Erfassen von Gottes Ziel seiner Weltregierung kann uns nicht möglich sein, da dieses in Barths Bild nur »oben«, bei Gott liegt. Wir dürfen jedoch darauf vertrauen, dass Gott selbst uns diesem Ziel

---

[83] BARTH, Die Unordnung der Welt und Gottes Heilsplan, 136f.
[84] Vgl. FRISCH, Gott, das Virus und wir, 16.
[85] Vgl. a. a. O., 17.
[86] THOMAS, Theologie im Schatten der Coronakrise, 8.
[87] BARTH, Die Unordnung der Welt und Gottes Heilsplan, 138.

entgegen führt, wie er auch in Jesus Christus von sich aus auf uns zugekommen ist, und das Erreichen des Ziels damit nicht unsere Aufgabe ist. So stellt Barth im Eröffnungsvortrag fest: »Wir sollten den Gedanken gleich an diesem ersten Tag unserer Beratungen gänzlich fahren lassen, als ob die Sorge für die Kirche und für die Welt unsere Sorge sein müsse.«[88] Wir könnten dies tun im Vertrauen auf Gottes Fürsorge. Ein isoliertes Betrachten weltlicher Probleme, ohne Gottes Heilsplan zu berücksichtigen, ist für Barth sinnlos, da er Gott bei jedem Weltgeschehen von Anfang an mitdenkt.[89] Diese Beobachtung gilt entsprechend auch für die Coronakrise.

Barth möchte nicht zum Ausdruck bringen, dass er die Konferenz des ÖRK für nutzlos halte. Gegenüber menschlichem Engagement stellt für ihn jedoch Gottes Gnade das entscheidende Element dar.[90] Indem wir uns dieser gewiss sind, können wir befreit Veränderungen anstreben. Wenn Barth Gott zuschreibt, die Verantwortung für die Welt zu übernehmen und seinen Heilsplan mit ihr umzusetzen, möchte er Menschen zu unbeschwertem Handeln befreien. Er schreibt hierzu: »[…] das ist eine Haltung geistlicher Freiheit und Freude, die darauf beruht, daß es uns um die schon siegreiche Sache unseres Herrn und nicht um unsere irgendeinem Sieg entgegenzuführende Sache geht.«[91] Wir dürfen dem Ziel der Gemeinschaft mit Gott entgegenstreben und können darauf vertrauen, dass Gott die Resultate unserer Handlungen zu unseren Gunsten lenkt.

Es wäre daher eine falsche Unterstellung, dass Barth in der heutigen Situation eine fatalistische Haltung vertreten hätte, die dem Motto folgt: »Wir müssen das Coronavirus nicht bekämpfen, Gott wird es schon richten.« Ganz im Gegenteil würde er gewiss auch heute Engagement in der Bekämpfung des Virus fordern. Hier deckt sich seine Position mit der von Frisch ausgesprochenen Warnung davor, den Bezug zur Welt zu verlieren.[92] Das Engagement schließt natürlich einerseits medizinischen Fortschritt ein, andererseits aber auch eine Solidarisierung mit den Opfern. Die befreiende Wirkung der Erkenntnis von Gottes Vorsehung kann einsetzen, insofern wir uns gewiss sein dürfen, dass jedes Engagement von Gott in sein Regieren eingeordnet wird. Das bedeutet selbstverständlich keine kirchliche Legitimation beliebigen Vorgehens. Diese Gewissheit kann uns aber grundsätzlich zur Aktivität ermuntern.

Daneben besteht eine Schlussfolgerung aus Barths Ansatz darin, eine klare Position gegenüber Haltungen einzunehmen, die die Existenz des Virus im Sinne eines Tun-Ergehen-Zusammenhangs als Strafe Gottes ansehen und daraus zu folgern,

---

[88] A. a. O., 140.
[89] Vgl. M. WEINRICH, Karl Barth. Leben – Werk – Wirkung, UTB 5093, Göttingen 2019, 333.
[90] Vgl. HERWIG, Karl Barth und die Ökumenische Bewegung, 177.
[91] BARTH, Die Unordnung der Welt und Gottes Heilsplan, 142f.
[92] Vgl. FRISCH, Gott, das Virus und wir, 17.

dass ein entgegengerichtetes Engagement nicht gewünscht wäre. Eine derartige Haltung ist nicht mit Barths Gottesbild vereinbar, wonach er Gott als Vater sieht,[93] der seine Kinder beschützen möchte. So kann solchen Fehlinterpretationen entgegengehalten werden, dass ein uns als Vater beistehender Gott unser Wohlergehen wünscht – also auch unseren Kampf gegen das Virus.

3.2 Wie kann Gott das Leid der Coronapatienten zulassen?

In Amsterdam war 1948 die Frage sehr präsent, wie Gott im Rahmen seiner Vorsehung die schrecklichen Ereignisse des Zweiten Weltkrieges zulassen konnte. Sie führte zu der grundsätzlichen Frage, ob die Kirchen nach derartigen Ereignissen überhaupt noch Gottes aktives Regieren der Welt vertreten können. Barth leugnet gewiss nicht die Schrecken des Zweiten Weltkrieges, die zu seinen Lebzeiten stattfanden. Er ist aber überzeugt: »Die Unordnung der Welt ist heute auch in dieser Hinsicht nicht kleiner, aber auch nicht größer als sie es immer war.«[94]

Für Barth stellen weltliche Schrecken Gottes Regieren nicht infrage. Stattdessen besteht die Hoffnung auf das Kommen des Reiches Gottes: »Inmitten dieser Unordnung Gottes Reich als das der Gerechtigkeit und des Friedens anzuzeigen, das ist der prophetische Auftrag der Kirche, der Auftrag ihres politischen Wächteramtes und ihres sozialen Samariterdienstes.«[95] Nach Barth dürfen keine Schrecken einen Verzicht auf die kirchliche und theologische Verkündigung von Gottes aktivem Regieren der Welt bewirken, sondern diese muss gerade im Leid laut werden. Die Ziele der Verkündigung bestehen dann darin, uns Menschen Mut zuzusprechen und zu verdeutlichen, dass Gott uns auch im Leid beisteht. Den Auftrag, Hoffnung unter Verweis auf Gottes Regieren zu stiften, erkennt auch Günter Thomas bei aller Skepsis gegenüber theologisch allzu vollmundigen Sprachspielen in Bezug auf das Coronavirus an.[96]

Einen weiteren Aspekt, der diesbezüglich zu bedenken ist, stellt das Ziel von Gottes Regieren dar, das ich in Barths Verständnis bereits darin identifizieren konnte, dass Gott danach strebt, die Menschen wieder zu sich zu führen.[97] Bezüglich der Erhaltung jedes Geschöpfes stellt Barth die These auf: »Er erhält es ewig.«[98] Die Begründung dieses Zusammenhangs würde viel Raum einnehmen. In aller Kürze: Barth geht grundsätzlich davon aus, dass Gottes Erhaltung nicht mit unserer weltlichen Existenz endet, sondern auch nach dieser weiter besteht. Indem das übergeordnete Ziel seines Regierens darin besteht, uns in eine neue Gemeinschaft mit ihm

---

93 Vgl. BARTH, KD III/3, 33.
94 BARTH, Die Unordnung der Welt und Gottes Heilsplan, 144.
95 Ebd.
96 Vgl. THOMAS, Theologie im Schatten der Coronakrise, 6.
97 Vgl. BARTH, KD III/3, 179.
98 A. a. O., 70.

zu führen, muss Gott im Hinblick auf sein Attribut der Allmacht zugeschrieben werden, dass dieses Ziel für ihn auch dann noch erreichbar ist, wenn unsere weltliche Existenz endet. Dem Tod kann so zugesprochen werden, nicht das größte Übel zu sein, was übertragen auf die Situation des Coronavirus eine wichtige Ergänzung darstellt. Wir dürfen uns folglich über unseren Tod hinaus von Gott begleitet fühlen. In individuellen Schicksalen kann diese Ergänzung jedoch insbesondere für die Hinterbliebenen nur wenig Trost spenden.

3.3 Die Aufgaben der Kirche in der Coronakrise

Das Coronavirus stellt die Kirche vor eine anspruchsvolle Herausforderung. Einerseits engagieren sich viele Gemeinden, etwa indem sie Einkäufe für Senioren tätigen, die ihr Haus nicht verlassen möchten, über die Telefonseelsorge sowie in der Verkündigung mittels Radio- und Fernsehgottesdiensten. Zugleich ist aber der Ort, der sonst die Heimat der Verkündigung darstellt, momentan (d. h. im April 2020) weitgehend ausgeschaltet. Die Kirchen dürfen keine Gottesdienste und Gemeindearbeit vor Ort anbieten, da Sozialkontakte reduziert werden müssen. Genau mit diesen Angeboten wäre es sonst möglich, Menschen Mut zuzusprechen. Das Engagement der Kirchen ist deutlich erkennbar. Sie bemühen sich um neue Formate, wie die bereits genannte Telefonseelsorge oder Fernsehgottesdienste (auch wenn diese nicht wirklich neu sind, aber nun in den Fokus gerückt werden). Doch den persönlichen Kontakt können diese Formate gewiss nicht ersetzen.

In seinem Vortrag vor der Versammlung des ÖRK 1948 zieht Barth praktische Konsequenzen, die aus der Verkündigung der Kirche erwachsen sollen. Analog zu seiner Umstellung der Reihenfolge seines Vortragsthemas betont er: »Es wird (1.) das Reich, das wir der Welt anzeigen, das Reich Gottes und nicht das Reich irgendwelcher von uns für gut gehaltenen Ideen und Prinzipien sein müssen. Unser Ja und unser Nein zum Tun der Gesellschaft und der Staaten sei das Ja oder Nein des Evangeliums und nicht das Ja oder Nein irgendeines Gesetzes!«[99] Die kirchliche und theologische Verkündigung muss daher ihre Inhalte aus dem biblischen Zeugnis gewinnen. Weltliche Gesetze sind für Barth defizitär, da sie menschlich sind, sie können dementsprechend keine absolute Gültigkeit beanspruchen. Sogar wenn der Common Sense der Gesellschaft davon ausgeht, dass eine These im Sinne der christlichen Botschaft ist, wird diese von Barth nicht automatisch anerkannt, sondern eine biblisch-theologische Begründung für sie eingefordert.

Für eine Position zum Coronavirus liegt es daher im Anschluss an Barth nahe, die praktischen Konsequenzen, wie ich sie im vierten Kapitel dieses Beitrags zu ziehen versuche, ebenso aus der biblischen Tradition zu gewinnen. Außerdem ist sich Barth der Begrenztheit der menschlichen Möglichkeiten bewusst, sodass er unter (2.)

---

[99] BARTH, Die Unordnung der Welt und Gottes Heilsplan, 144f.

aufführt, »daß wir Gottes Reich doch nur anzeigen können«.[100] Er leitet daraus die These ab: »Wir werden es nicht sein, die diese böse Welt in eine gute verwandeln. Gott hat seine Herrschaft über sie nicht an uns abgetreten.«[101] Barth hebt in dieser These seine Überzeugung hervor, dass Gott die Welt zu unserem Besten regiert. In Bezug auf die derzeitige Lage wäre somit Barths Vertrauen auf Gottes Unterstützung bei der Überwindung der Coronakrise zu betonen. Das menschliche Fortschrittsstreben ist erwünscht, aber Barth plädiert dafür, uns bewusst zu machen, dass Gott selbst unsere Geschichte zu ihrer Vollendung in der Gemeinschaft mit ihm führt und diese Aufgabe nicht uns obliegt. Die Kirchen und die Theologie dürfen auf die Verheißung hinweisen und Zeugnis von der aus ihr resultierenden Befreiung zum Handeln geben. Barth kann zwar auf Grundlage der biblischen Botschaft vermuten, dass erfreuliche politische Elemente, wie eine von der Nächstenliebe geprägte Unterstützung Deutschlands beim Wiederaufbau nach dem Zweiten Weltkrieg, in Gottes Sinne sind, aber mehr als Vermutungen können diese Aussagen nicht sein. Ob derartige Ereignisse wirklich in Gottes Sinne sind, können wir nicht gewiss entscheiden.[102] Entsprechend sind wir in unserem Hoffen und Beten, das die Suche nach Impfstoffen oder Medikamenten gegen das Coronavirus begleitet, auf Gottes Wohlwollen für seine Schöpfung verwiesen.

Natürlich kann diesen Folgerungen unterstellt werden, dass die Vorsehungslehre so versuche, sich der weltlichen Probleme zu entziehen – wie dies gegenüber Barths Theologie auch Leonhard Ragaz schon 1927, also deutlich vor dem Entwurf der Vorsehungslehre seiner Kirchlichen Dogmatik, getan hat.[103] Dieser Einwand scheint berechtigt, wenn man bedenkt, dass Barth an verschiedenen Stellen untermauert, dass Gott uns keine Rechenschaft schuldig ist.[104] Wenn also Günter Thomas in Bezug auf die von der Kirche in der Coronakrise zu spendende Hoffnung (worin Barth mit ihm übereinstimmen würde) die These aufstellt, dass diese »ein Ort ist, an dem Gott befragt wird und sich rechtfertigen muß«,[105] würde Barth genau diese Rechtfertigung ablehnen, da sie von der Unordnung auf Gott blickt und nicht die von Barth geforderte Blickrichtung einnimmt. Ich denke jedoch nicht, dass sich Barths Theologie in Ragaz' Sinne weltlichen Problemen entzieht, da die oben hergeleiteten Folgerungen eine Verkündigung der Kirche fordern – in Barths Kontext zu den schlimmen Ereignissen des Zweiten Weltkrieges, in meinem Versuch einer Übertragung seiner Position auf die Coronakrise. Der Ansatzpunkt bleibt hierbei, von oben her zu denken – also von der Vorsehung ausgehend Folgerungen für die Welt zu ziehen und nicht in der anderen Richtung Rechtfertigungen zu verlangen. Dass es

---

[100] A. a. O., 145.
[101] A. a. O., 146.
[102] Vgl. a. a. O., 180.
[103] Vgl. L. RAGAZ, Über den gegenwärtigen Stand des religiös-sozialen Problems, Neue Wege 21 (1927), (319–355) 341.
[104] Vgl. z. B. BARTH, Einführung in die evangelische Theologie, 147.
[105] THOMAS, Theologie im Schatten der Coronakrise, 8.

möglich ist, mit Barth derartige Folgerungen zu ziehen, soll das vierte Kapitel meines Beitrags verdeutlichen.

3.4 Warum beendet Gott die Pandemie nicht sofort?

Wenn wir voraussetzen, dass Gott uns in seiner Weltregierung fürsorglich wie ein Vater behandelt, ist die Frage naheliegend, warum er nicht umgehend die Pandemie beendet und uns zu unserem Alltag zurückkehren lässt. Ohne Frage könnte damit viel Leid vermieden werden, sodass dieses Vorgehen grundsätzlich gut zum Umgang eines Vaters mit seinen Kindern passen würde. Schließlich ergriffe wohl jeder menschliche Vater, eine sich bietende Möglichkeit, sein Kind vom Coronavirus zu heilen. Barths Position in Bezug auf Gottes Heilsplan deutet bereits an, dass auch hier die Antwort lauten muss, dass nur Gott weiß, wieso er uns nicht sofort vom Virus erlöst.

1941 kann Barth zu der gewissermaßen analogen Frage, wieso Gott die Welt nicht unmittelbar von Hitler erlöst, nur mutmaßen:

> »Das Unternehmen Adolf Hitlers mit allem seinem Geräusch und Feuerwerk, in seiner ganzen Raffiniertheit und Dynamik, ist das Unternehmen eines Koboldgeistes. Es ist wahrscheinlich dazu eine Weile in Freiheit gesetzt, um unseren Glauben an die Auferstehung Jesu Christi und vor allem auch den Gehorsam unseres Glaubens auf die Probe zu stellen.«[106]

Barth sieht es in diesem Kontext offenbar als unmöglich an, dass der »Koboldgeist«[107] Hitler im Zweiten Weltkrieg siegen könnte. Er vertraut sogar während der Zeit des »Dritten Reiches« auf Gottes Ordnen der Welt und eine daraus resultierende Überwindung des »Dritten Reiches«.

In Bezug auf das Coronavirus müssen wir analog eingestehen, dass wir ebenso wenig wissen, wieso Gott uns von dieser Pandemie nicht unmittelbar erlöst, wie wir in vergangenen Kriegen nicht wussten, warum Gott diese nicht unmittelbar beendet. Mit Barth dürfen wir allerdings auch davon ausgehen, dass Gott es dem Virus nicht gestatten wird, die Menschheit auszulöschen oder unser gesellschaftliches Leben auf unabsehbar lange Zeit außer Gefecht zu setzen. Stattdessen ist ein Vertrauen darauf angemessen, dass Gott uns eines Tages von dem Coronavirus erlösen wird. In diesem Sinne ist es ein ähnlicher »Koboldgeist«,[108] der »eine Weile in Freiheit gesetzt«[109] ist, wie es das »Dritte Reich« war – aber auch seine Macht kann nicht für immer

---

[106] K. BARTH, Ein Brief aus der Schweiz nach Großbritannien von 1941, in: DERS., Offene Briefe 1935–1942, hg. von D. KOCH, Karl Barth GA V/36, Zürich 2001, (280–303) 288.
[107] Ebd.
[108] Ebd.
[109] Ebd.

anhalten. Selbstverständlich muss dabei eingestanden werden, dass das Coronavirus keineswegs mit den Schrecken dieses Krieges vergleichbar ist – in Barths Bild gesprochen, stellt es einen deutlich schwächeren Koboldgeist dar.

Zugleich zeigt uns die momentane Situation aber auch auf, dass der Staat Gott nicht ersetzen kann, da auch er nicht in der Lage ist, uns umgehend von dem Virus zu erlösen.[110] Hierfür hoffen wir weiter auf Gottes Unterstützung. Selbstverständlich müssen wir aber bezüglich der Annahme, dass das Virus nur für eine Weile die Kraft bekommt zu existieren, anerkennen, dass sie im Blick auf individuelle Schicksale kaum Trost spenden kann. Wenn eine Familie dem Coronavirus zum Opfer fällt, wird es für diese genauso wenig eine Hilfe sein, dass wir auf eine zukünftige Normalisierung unseres gesellschaftlichen Lebens vertrauen können, wie für eine Familie, die im Zweiten Weltkrieg ausgelöscht wurde. Auch Günter Thomas unterstreicht in diesem Sinne, dass ein Hinweis auf das große Ganze, wie in meinem Fall auf das Überleben der Menschheit, die Gefahr birgt, »das kleine Elende als notwendiges Opfer für den großen Prozeß [sic] zu betrachten«.[111] Der Fokus sollte bei einer Übertragung von Barths Haltung auf die Coronakrise also auf unserem Unwissen liegen und nicht auf Gottes Erhaltung der Menschheit an sich. Um diesem Problem weiter zu begegnen, möchte ich abschließend einen Blick darauf werfen, welche praktischen Konsequenzen sich im Umgang mit dem Coronavirus aus Barths Position ableiten lassen.

4. Wie sollten wir folglich mit dem Coronavirus umgehen?

Die in der Coronakrise an die Theologie gestellten Anfragen sind größtenteils aus der Richtung jener Menschen zu erwarten, die glücklicherweise bislang vom Virus verschont wurden. Pointiert erinnert Hermann Häring daran, dass sobald ein Flugzeug bei Turbulenzen abzustürzen scheint, plötzlich jeder Fluggast seinen Glauben wiederfindet.[112] Leid stärkt bei vielen Menschen eher den eigenen Glauben, als es ihn zerbrechen lässt. In diesem Sinne stellt Höhne bezüglich der biblischen Überlieferung fest: »In der gegenwärtigen Coronakrise werden tiefere, tröstlichere, unerwartete Bedeutungen in Versen entdeckt […].«[113] Dies gelingt insbesondere in Leidsituationen, in denen Menschen sich mit den Versen auseinandersetzen, etwa während sie genesen. Anfragen entstehen so primär aus der Angst davor, selbst zu den Betroffenen zu gehören, oder aus dem Blick auf die eigene Umwelt, der das in der

---

[110] Vgl. THOMAS, Theologie im Schatten der Coronakrise, 3.
[111] Ebd.
[112] Vgl. H. HÄRING, Ijob in unserer Zeit. Zum Problem des Leidens in der Welt, in: TH. SCHNEIDER / L. ULLRICH (Hg.), Vorsehung und Handeln Gottes, QD 115, Freiburg i. Br. / Basel / Wien 1988, (168–191) 172.
[113] HÖHNE, Die Krise kann kein Maßstab sein (II).

derzeitigen Situation ausgelöste Leid offenbart. Gegenüber jenen, die unter dem Virus leiden, muss in Barths Sinne die Verkündigung der Kirche betonen, dass Gott sie keinesfalls bestrafen möchte, sondern in seinem väterlichen Regieren weiterhin begleitet. Auch das Bewusstsein für das primäre Ziel von Gottes Regieren, das in der Wiederherstellung seiner Gemeinschaft mit uns besteht,[114] kann Menschen dabei unterstützen, sich von Gott gehalten zu fühlen.

Eine wichtige Prämisse hierfür stellt dar, dass Gott überhaupt eine Macht besitzt, die dem Virus überlegen ist. Höhne bemerkt diesbezüglich, dass das Virus »kein personaler Akteur«[115] ist, »sondern ein ›es‹«.[116] Bezüglich der Chaoskräfte, die er auch mit dem Nichtigen bezeichnet, stellt Barth im Hinblick auf ihre Macht fest:

> »Ich denke, das Chaos hat seine Macht vom göttlichen Schöpfungsakt her. Aber nun läuft es so, daß geschieden wird. Er schied das Licht von der Finsternis, die Wasser von der Feste, schied den Ozean hier und das Land dort. Nun wird zu einem Ja und zum anderen Nein gesagt. Da gehören die Menschen hin und dort nicht. Das ist der Vorgang in dieser Sage. Und nun ist in diesem göttlichen Nein auch eine Kraft. Das göttlich Verneinte hat nur eine Nein-Kraft […].«[117]

Es folgt daraus, dass diese destruktive Kraft für Barth nicht Gottes Allmacht gefährdet, sondern dieser eindeutig unterlegen ist. Es kann analog auch für das Coronavirus angenommen werden, dass seine destruktive Zerstörungskraft als »es« Gottes Macht unterlegen ist.

Die christozentrische Perspektive ist das entscheidende Novum und auch der Kern von Barths Verständnis der Weltregierung Gottes.[118] Damit muss auch im Umgang mit dem Coronavirus der Ausgangspunkt jeder Folgerung darin liegen, wie Jesus Christus mit dieser Problematik umgehen würde. Eine Antwort erschließt sich uns aus dem biblischen Zeugnis.[119] Das Handeln Gottes in ihm wird als »das entscheidende […] Element seiner Fürsorge für die Welt«[120] verstanden. In Jesus Christus zeigt sich Gottes Zuwendung zur Welt, indem er Gottes Barmherzigkeit offenbart.[121] Daher ist es erhellend, zu betrachten, wie er mit Leid in Verbindung mit Gottes Liebe umgeht.

---

[114] Vgl. BARTH, KD III/3, 179.
[115] HÖHNE, Die Krise kann kein Maßstab sein (II).
[116] Ebd.
[117] K. BARTH, Brechen und Bauen. Eine Diskussion (1947), in: DERS., »Der Götze wackelt«. Zeitkritische Aufsätze, Reden und Briefe von 1930 bis 1960, hg. von K. KUPISCH, Berlin 1961, (108–123) 110.
[118] Vgl. VON BALTHASAR, Karl Barth, 46.
[119] Vgl. BARTH, KD IV/2, 334.
[120] U. KÜHN, Traktat IV: Schöpfung, in: W. BEINERT / U. KÜHN (Hg.), Ökumenische Dogmatik, Leipzig 2013, (187–218) 217.
[121] Vgl. BARTH, KD III/3, 90.

Zunächst berichten die Evangelien, dass Jesus Christus für diverse Heilungswunder auf Kranke zugeht. Nehmen wir uns ihn zum Vorbild, so steht unser Engagement gegen die Auswirkungen des Coronavirus außer Zweifel.[122] Dabei kann die Vergegenwärtigung hilfreich sein, dass Jesus Christus nicht nur in Macht aufgetreten ist, sondern Gott sich in ihm als mitleidender Gott offenbart hat. Die Zuwendung Gottes in Jesus Christus ruft in Erinnerung, dass Mitleid also auch in der Coronakrise angebracht ist.[123] Diese Argumentation deckt sich mit Barths Verständnis, der in Bezug auf die Kreuzigung von einem »väterlichen Mitleiden Gottes«[124] spricht.

Im Lukasevangelium findet sich eine Geschichte, die davon berichtet, wie Jesus Christus mit konkretem Leid umgeht. Lk 13,1–5 stellt zwei von Leid erfüllte Situationen vor. So wird erzählt, dass Pilatus einige Galiläer töten lässt, wovon Jesus berichtet wird (vgl. Lk 13,1). Die zweite Situation bringt Jesus selbst in die Diskussion ein, indem er darauf verweist, dass beim Bau des Turmes von Siloah achtzehn Menschen erschlagen wurden (vgl. Lk 13,4). Jesus stellt in Bezug auf beide Situationen die rhetorische Frage, ob seine Zuhörer davon ausgehen, dass die jeweiligen Opfer für Fehlverhalten bestraft wurden (vgl. Lk 13,2.4). Er verneint dies in beiden Fällen (vgl. Lk 13,3.5). Statt einer logischen Erklärung für das Leid geht es Jesus bei diesen Beispielen um einen Aufruf zur Umkehr.[125] Entgegen einer Suche nach Ursachen plädiert Jesus in beiden Situationen für die persönliche Anteilnahme mit den Opfern sowie um Buße und persönliche Umkehr (vgl. Lk 13,3.5).[126]

Lk 13,1–5 zeigt, dass Jesus Christus entgegen der menschlichen Suche nach Schuld und Verantwortung (im Sinne eines Tun-Ergehen-Zusammenhangs) einen vollkommen anderen Schwerpunkt legt, indem für ihn in der konkreten Leidsituation die persönliche Anteilnahme das einzig Entscheidende ist, ergänzt durch einen Aufruf zur Buße.[127] Es wird eingestanden, dass die Theodizee-Frage nicht von uns Menschen beantwortet werden kann. Es ist insofern konsequent, dass auch Barth nicht von menschlichen Problemen auf Gottes Weltregierung schauen möchte, sondern nur die entgegengesetzte Blickrichtung als legitim erachtet.[128] Wir können also aus der Coronakrise keine Rückschlüsse auf Gottes Regieren ziehen und entsprechend die Theodizee-Frage nach dem Leid in der Krise nicht beantworten.

---

[122] Vgl. THOMAS, Theologie im Schatten der Coronakrise, 5.
[123] Vgl. a. a. O., 8.
[124] BARTH, KD IV/2, 399.
[125] Vgl. J. M. LOCHMAN, »Was verstehst du unter der Vorsehung Gottes?« Referat vor der Hauptversammlung des Reformierten Bundes am 16. Oktober in Hanau, RKZ 135 (1991), (373–381) 380. Rolf Wischnath folgert in Bezug auf diese Erzählung auch, dass es sich nach Jesu Erläuterung offensichtlich bei dem Coronavirus nicht um eine Gottesgeißel handeln kann (vgl. WISCHNATH, Wenn ihr nicht umkehrt, 1).
[126] Vgl. LOCHMAN, »Was verstehst du unter der Vorsehung Gottes?«, 380.
[127] Vgl. ebd.
[128] Vgl. BARTH, Die Unordnung der Welt und Gottes Heilsplan, 136.

Die biblische Erzählung offenbart uns aber viel mehr als diese Bewusstmachung unseres Unvermögens darin, Gottes Ziele umfassend zu verstehen.[129] Jesus Christus stellt in der Erzählung eindeutig klar, dass das Finden einer Erklärung gar nicht im Fokus stehen sollte. Der Versuch, Gottes Heilshandeln in Einzelereignissen zu identifizieren, ist nicht sinnvoll. Gegenüber den individuellen Opfern muss eingestanden werden, dass wir nicht erklären können, warum das Virus sie trifft, gegenüber den Italienern muss etwa eingestanden werden, dass wir schlichtweg nicht wissen, warum sie stärker unter dem Coronavirus leiden müssen und eine höhere Sterblichkeitsrate aufweisen. Natürlich soll die wissenschaftliche Forschung versuchen, dies zu ergründen, um damit möglichst viele Menschen zu retten. Diese Suche nach einer Erklärung soll aber nicht dazu führen, Betroffene z. B. für eine ungesunde Lebensweise zu verurteilen. Gegenüber derartigen Ansätzen offenbaren die Erzählungen im Lukasevangelium eindeutig, dass die eigene Buße zu fokussieren ist.

Rolf Wischnath sieht im Kontext des Coronavirus den Kern von Lk 13,1–5 im enthaltenen Aufruf zur Umkehr, zuerst zu Gott und in der Folge auch zu unseren Mitmenschen.[130] Diese Umkehr bleibt zunächst schwammig. Der Begriff der Buße spielt jedoch für Barth eine zentrale Rolle in theologischen Fragestellungen. So kann mit ihm auch in dieser Situation konkretisiert werden, was von den Menschen gefordert ist. Barth formuliert im Kontext des Ost-West-Konfliktes, als seine klare Positionierung auf der westlichen Seite vermisst wird: »Vom ›dunklen Westen – hellen Osten‹ habe ich auch im Traum nie geredet, wohl aber davon, daß es im ›hellen Westen‹ besser wäre, selber Buße zu tun, statt immer wieder den ›dunklen Osten‹ zu verklagen.«[131] Barth sieht die Buße darin, sich selbst weiterzuentwickeln – im damaligen politischen Kontext, indem der Westen versucht, die soziale Frage zu lösen.[132]

Übertragen auf den Umgang mit dem Coronavirus sollte somit in politischen Überlegungen der Fokus auf der Frage liegen, wie das eigene politische System diesem besser begegnen, insbesondere, wie es die ihm anvertrauten Menschen besser schützen kann. Dabei sollte es vollständig in den Hintergrund rücken, andere Gruppierungen (wie andere Staaten) für ihren Umgang mit dem Virus zu kritisieren. Demgegenüber ist anzustreben, selbst exemplarisch zu agieren, um auch auf diese positiv einzuwirken – etwa, indem die eigenen Konzepte zur Bekämpfung so gut gelingen, dass andere Staaten diese imitieren können. Günter Thomas sieht es als Aufgabe der Kirche an, auch »auf die grenzüberschreitende Zuwendung Gottes zu verweisen«,[133]

---

[129] Vgl. WISCHNATH, Wenn ihr nicht umkehrt, 1.
[130] Vgl. ebd.
[131] K. BARTH, Brief an Franz Sanders vom 29. Oktober 1962, Bremen / Basel, 29. Oktober 1962, in: DERS., Briefe 1961–1968, hg. von J. FANGMEIER / H. STOEVESANDT, Karl Barth GA V/6, Zürich ²1979, 96f.
[132] Vgl. K. BARTH, Brief an Wolf-Dieter Zimmermann vom 17. Oktober 1950, in: DERS., Offene Briefe 1945–1968, hg. von D. KOCH, Karl Barth GA V/15, Zürich 1984, (205–214) 210.
[133] THOMAS, Theologie im Schatten der Coronakrise, 6.

während der politische Fokus zurück auf die Nationalstaaten fällt. Er benennt aber offen, dass Solidarität einzufordern in der aktuellen Krisensituation schwierig ist, in der jeder Staat zunächst um das Leben der eigenen Bürger kämpft.[134] Wenn man Barths Providenzlehre stark macht, kann man an dieser Stelle zu einem ähnlichen Ausgangspunkt kommen wie Günter Thomas, da auch Barth betont, dass im Gegensatz zur Begrenztheit der Bürgergemeinden (Staaten) Gottes Regieren die gesamte Welt umspannt.[135] Aber in der Konsequenz ist Barths Ansatz näher bei Höhne, alle als unsere Nächsten zu betrachten, als bei Günter Thomas' krisenbedingter Eingrenzung.[136] Das von Barth betonte exemplarische Agieren kann einsetzen, indem sich Kirchen und Staaten im Rahmen ihrer Möglichkeiten bemühen.

Diese Grunddirektive kann auch auf das individuelle Verhalten übertragen werden. So ist es nicht hilfreich, andere Menschen für ihren Umgang mit der Krise zu kritisieren. Stattdessen sollte die eigene Buße im Vordergrund stehen. Dies kann gelingen, indem das eigene Verhalten stetig im Hinblick darauf hinterfragt wird, wie es entweder möglich ist, das eigene Infektionsrisiko zu minimieren, oder andere Personen zu unterstützen, diese für jeden schwierige Zeit zu durchleben. Auch hierbei ist eine Vorbildfunktion wichtig. Die Unterstützung anderer Menschen muss dabei nicht allein auf das Engagement von Menschen reduziert werden, die sich für andere körperlich einsetzen, indem sie beispielsweise Einkäufe für ältere Menschen tätigen, die in der jetzigen Situation ihr Haus nicht verlassen möchten, oder sich als Ärztinnen und Ärzte, Krankenpflegerinnen und Krankenpfleger, Verkäuferinnen und Verkäufer und in vielen anderen Berufsgruppen engagieren. Daneben darf nicht vergessen werden, dass auch die moralische Unterstützung eine nicht zu vernachlässigende Komponente darstellt, zumal anzustreben ist, andere Menschen davor zu bewahren, sich in dieser Situation einsam und verlassen zu fühlen. Es sollte ihnen daher sowohl Mut zugesprochen als auch versucht werden, soweit möglich eine gewisse Normalität aufrecht zu erhalten, um dem Gegenüber einen Halt in dieser besonderen Situation zu geben.

Ein solcher Ansatz scheint mir in Barths Sinne zu sein. Parallelen sehe ich zu einem Brief, den Barth 1958 als Antwort an Friedemann Goßlau verfasst, der die für die Kirche schwierige Situation innerhalb der DDR erlebt und Barth zur Situation der Theologen in diesem Staat befragt. Barth konzipiert seinen Antwortbrief[137] im Stil eines Seelsorgers, der den Christen im Osten Mut zusprechen möchte.[138] Neben

---

[134] Vgl. a. a. O., 10.
[135] Vgl K. BARTH, Christengemeinde und Bürgergemeinde (1946), in: DERS., Rechtfertigung und Recht, Christengemeinde und Bürgergemeinde, Evangelium und Gesetz, Zürich 1998, (47–80) 52f.
[136] Vgl. THOMAS, Theologie im Schatten der Coronakrise, 9; Höhne, Die Krise kann kein Maßstab sein (II).
[137] Vgl. K. BARTH, Brief an einen Pfarrer in der DDR von 1958, in: DERS., Offene Briefe 1945–1968, 411–439.
[138] Vgl. F. JEHLE, Christsein in einer nachchristlichen Gesellschaft – Karl Barths »Brief

diversen anderen, für meine Fragestellung weniger relevanten Inhalten dieses Briefes offenbart sein Stil, dass Barth es als wichtig erachtet, mentalen Beistand zu leisten, sodass er Engagement in diese Richtung gewiss auch in der heutigen Situation begrüßen würde, um Menschen vor der Vereinzelung zu bewahren. Die Gefahr, die auch Barth in der Vereinzelung von Menschen sieht, drückt er im Kontext von Gottes Regieren wie folgt aus:

> »Was wären die Geschöpfe ohne dieses gemeinsame Ziel, ohne die Zuordnung ihrer einzelnen Ziele zu diesem Einen, ohne die Ausrichtung auf Gott selbst hin? Was wären sie alle in der Vereinzelung ihres Wirkens und ihrer Wirkungen? Gott bewahrt sie vor dem Elend eines sinnlosen Fürsichseins, vor dem Widerspruch und Streit untereinander, vor dem sie sich selbst ja durch nichts bewahren könnten, vor dem sie durch die Herrschaft des Schicksals oder des Zufalls offenbar zu allerletzt geschützt wären.«[139]

Das Ziel von Gottes Regieren ist nach Barth folglich der Vereinzelung von Menschen direkt entgegengerichtet, indem Gott im Rahmen seines Ordnens die Ziele aller Menschen verknüpft. Gott stellt für ihn den entscheidenden Faktor dar, der die Menschen zusammenführen kann, was ihm durch Jesus Christus als verbindendes Element für das ganze Weltgeschehen gelingt.[140] Wir Menschen können diese Funktion nicht übernehmen, aber es ist demnach anzunehmen, dass wir in Gottes Sinne handeln, wenn wir versuchen, im Rahmen unserer weltlichen Möglichkeiten ebenfalls der Vereinzelung in dieser Situation entgegenzuwirken, die – unabhängig davon, ob ein Land ein Kontaktverbot oder eine Ausgangssperre einrichtet, oder schlicht an die Vernunft seiner Bürger appelliert – schnell Einsamkeit bewirken kann. Es muss kein körperlicher Kontakt bestehen, um den Mitmenschen die rar gewordene Nähe zu spenden. Auf digitalen Kanälen kann dies ebenso zumindest versucht werden.

Für Barth ist die Individualität von Gottes Geschöpfen ein wichtiges Charakteristikum. So betont er auch im Hinblick darauf, dass er unsere individuellen Ziele dem Ziel von Gottes Weltregierung unterordnet:

> »Sein Einheitsplan besteht und ist in voller Ausführung, und da ist kein Wesen, das er nicht auch umfaßte, das ihm an seinem Ort und in seiner Weise nicht auch zu dienen hätte. Aber eben: an seinem Ort und in seiner Weise! Sein Einheitsplan hat also mit Gleichschaltung, Uniformierung und Vermassung der Individuen und individuellen Gruppen gerade nichts

---

an einen Pfarrer in der Deutschen Demokratischen Republik« von 1958, in: S. MÜLLER / J. VOIGTLÄNDER (Hg.), »Christengemeinde und Bürgergemeinde« – in einer nachchristlichen Gesellschaft, Bonn / Hannover 2018, (61–68) 64.
[139] BARTH, KD III/3, 190.
[140] Vgl. a. a. O., 221.

zu tun. Im Gegenteil: Gottes *propositum* und *proponendum* bezieht sich gerade auf die Individuen und ihr Individuelles als solches und verwirklicht sich in lauter individuellen Zielen.«[141]

Unsere Individualität wird demnach von Gott wertgeschätzt. Bezüglich des individuellen Engagements in der Coronakrise habe ich bereits festgestellt, dass nicht nur der körperliche Einsatz entscheidend ist, sondern auch der Einsatz zur mentalen Stärkung jener Menschen, die unter der Einsamkeit oder sogar unter dem Virus selbst leiden. Mit Barth muss davon ausgegangen werden, dass Gott uns bewusst die Möglichkeit gibt, uns jeweils auf Basis unserer individuellen Fähigkeiten einzubringen, sodass die Frage »Wie sollte ich persönlich mich in Zeiten von Corona engagieren?« keine universale Antwort finden kann. Beim Einbringen der individuellen Fähigkeiten bleibt die Solidarität mit den Opfern (einer Infizierung, Vereinsamung etc.) die übergeordnete Direktive.

Im Kampf gegen die Vereinsamung kann der Glaube an Gottes Regieren darüber hinaus bestärkend wirken. Indem nach Barth dessen zweiter Aspekt im Begleiten liegt[142] können wir uns darauf verlassen, dass Gott uns nicht verlässt. Dieser Gedanke kann gerade während der Zeit der Isolation, die das Coronavirus mit sich bringt, sehr bestärkend sein.

Im Kern der kirchlichen Verkündigung (wobei Kirche in Barths Sinne als Institution und auch als Gemeinschaft aller Christen aufgefasst wird) müssen also die Solidarität mit den Opfern und das eigene Streben nach einem vorbildlicheren Umgang mit der derzeitigen Krise stehen, auch, um anderen ein Beispiel zu geben. Diese eigene Verbesserung kann dann sowohl in körperlichem als auch in mentalem Beistand bestehen.

5. Resümee

Ich erachte Barths Verständnis des Regierens Gottes, das ich hier nur knapp skizzieren konnte, als überaus zeitgemäß. Im Hinblick auf die Coronakrise ist es verständlich, die Frage nach Gottes Weltregierung zu stellen und damit auch zu fragen, wieso Gott unser Leid in Bezug auf diese Pandemie nicht umgehend beendet.

Barth ist in seiner Zeit diversen Anfechtungen ausgesetzt, unter denen der Zweite Weltkrieg eine große Rolle spielt. Trotz allem gibt er seinen Glauben an Gottes aktives Regieren der Welt nicht auf, sondern im Gegenteil spricht er sich dagegen aus, von weltlichem Leid ausgehend auf Gottes Regieren zu blicken. Ihm zufolge muss in entgegengesetzter Richtung vorgegangen werden, indem zuerst Gottes Vorsehung erkannt wird und der Blick sich von dieser ausgehend auf die weltlichen

---

[141] A. a. O., 190.
[142] Vgl. a. a. O., 103f.

Probleme richtet. Dabei sollen diese weltlichen Probleme aber bewusst nicht ausgeblendet, sondern ernstgenommen werden.

Wir dürfen uns eingestehen, dass es uns Menschen nicht möglich ist, Gottes Regieren vollständig gedanklich zu erfassen. Entsprechend sind wir nicht in der Lage, zu beantworten, warum Gott die Corona-Pandemie nicht umgehend beendet. Genauso muss Barth auch in seiner Zeit eingestehen, dass es offensichtlich Elemente in der Welt gibt, die nicht gut für diese sein können, aber offensichtlich von Gott die Möglichkeit erhalten, vorerst zu bestehen. Barth ist sich dabei sicher, dass derartige destruktive Kräfte niemals die Oberhand gewinnen können, sodass wir davon ausgehen dürfen, dass das Coronavirus weder in der Lage ist, die ganze Menschheit auszulöschen, noch unser Leben langfristig so einzuschränken, wie dies momentan (im April 2020) der Fall ist. Dabei eröffnet sich die Frage nach dem Umgang mit dem Coronavirus. In Barths Sinne muss bei dieser Überlegung von Gottes Regieren ausgegangen werden, womit unser Anknüpfungspunkt Jesus Christus ist, in dem Gott sich offenbart. Erzählungen, die uns berichten, wie er mit Leid umgegangen ist, finden sich in den Evangelien, wobei Lk 13,1–5 einen geeigneten Ausgangspunkt darstellt. Wir können daraus ableiten, dass nicht die Frage nach den Ursachen des Leides fokussiert werden sollte, sondern unser Umgang mit diesem. Ein an Jesu Christi Handeln orientierter Umgang muss von Mitgefühl geprägt sein. Natürlich wäre es nicht in Barths Sinne, die Aussagen von Lk 13 allein auf diesen Aspekt zu reduzieren. Dennoch scheint er mir im Hinblick auf unser Verhalten in der Coronakrise ein bereichernder Denkanstoß zu sein.

Auf politischer Ebene kann dieses Mitgefühl umgesetzt werden, indem jeder Staat versucht, die ihm anvertrauten Menschen so gut wie möglich zu schützen und anderen Staaten ein Beispiel zu geben. Solidarität mit den anderen Staaten im Rahmen der eigenen Möglichkeiten ist dabei überaus wünschenswert. Kritik am Umgang anderer Systeme mit dem Virus sollte in den Hintergrund rücken. Auf der individuellen Ebene gilt dasselbe im Hinblick auf die Hilfsbereitschaft und den Einsatz für unsere Nächsten. Diese Hilfsbereitschaft darf individuell sehr unterschiedlich aussehen, sollte aber die mentale Stärkung der Mitmenschen nicht vernachlässigen. Es spielt so auch eine entscheidende Rolle, dafür Sorge zu tragen, dass in der momentanen Situation niemand vereinsamt, auch wenn Sozialkontakte erschwert sind.

Bezüglich der von Günter Thomas, Ralf Frisch und Florian Höhne aufgeworfenen Frage danach, wie es in der Coronakrise um Gottes Regieren steht, komme ich entsprechend zu dem Schluss, dass der Glaube an Gottes Weltregierung auch in der Coronakrise nicht aufgegeben werden muss, sondern durch die Erinnerung an Gottes Begleitung in dieser Situation stärkend wirken kann. Barth hilft uns dabei, zu verstehen, warum es nach wie vor bestärkend bleibt, wie er zu glauben: »Es wird regiert!«[143]

---

[143] K. BARTH, Gespräch mit Eduard Thurneysen vom 9. Dezember 1968, in: DERS., Gespräche 1964–1968, hg. von E. BUSCH, Karl Barth GA IV/28, Zürich 1996, 562.

Absente Mit-Menschlichkeit

Karl Barths christologische Anthropologie und die Kampfdrohnen

Björn Schütz / Marco Hofheinz

1. Einleitung: Die Kampfdrohnen und Karl Barths christologische Anthropologie der Mit-Menschlichkeit

Karl Barth und Kampfdrohnen – diese Verbindung liegt nicht unbedingt auf der Hand. Im Barth-Jubiläumsjahr wurde der Schweizer Theologe zwar als theologisches Genie gefeiert,[1] jedoch wird die mit einem Augenzwinkern weitergegebene aktuelle Information aus dem Barth-Archiv niemanden wirklich überraschen: Es wurde weder dort noch anderswo ein Papier gefunden, in welchem sich Barth direkt und explizit, gleichsam in prophetischer Vorausschau, zu diesen militärtechnischen Entwicklungen der letzten Jahre geäußert hat, die ja inzwischen längst keine Science-Fiction mehr sind. Barth war, wie wir indes recht genau wissen, dem persönlichen Geniekult ebenso abhold, wie er jenes unbiblische Prophetieverständnis dezidiert ablehnte, das sein Leitbild im Genie hatte.[2]

In den folgenden Ausführungen kann es also nicht um die Präsentation einer direkten Auseinandersetzung Barths mit jenem Phänomen gehen, das wir umgangssprachlich als »Kampfdrohnen« bezeichnen. Insofern müssen diese Ausführungen von den bisherigen (auch unseren eigenen)[3] Darstellungen der Friedensethik Karl

---

[1] R. Marwick, Fröhlich(es) Genie gefeiert. Variantenreicher Auftakt des Karl-Barth-Jahres in der Universität Basel, Zeitzeichen 1/2019, 48–49.

[2] Vgl. dazu M. Hofheinz, Elmer G. Homrighausen und Wilhelm Pauck: Zwei »Wittgensteiner« bringen Karl Barth nach Nordamerika. Regionalgeschichtliche Details zur frühen Rezeption der Dialektischen Theologie in der »neuen Welt«, in: Wittgenstein. Blätter des Wittgensteiner Heimatvereins e.V. 108 (Heft 3/Dezember 2019), (108–139) 122–128. Fernerhin: D. Neuhaus, Ist prophetische Kritik institutionalisierbar? Beobachtungen zur Entwicklung der Figur der Kritik in der Theologie Karl Barths, in: H.-G. Geyer u. a. (Hg.), »Wenn nicht jetzt, wann dann?« Aufsätze für H.-J. Kraus zum 65. Geburtstag, Neukirchen-Vluyn 1983, 305–317.

[3] Vgl. M. Hofheinz, »Er ist unser Friede«. Karl Barths christologische Grundlegung der Friedensethik im Gespräch mit John Howard Yoder, FSÖTh 144, Göttingen 2014.

Barths abweichen. Stattdessen soll versucht werden zu zeigen, inwiefern die christologisch fundierte Anthropologie Barths[4] eine Argumentationsgrundlage liefern kann,[5] um trotz der zeitlichen Distanz zwischen seiner Theologie und dem Aufkommen dieser militärischen Entwicklung eine tragfähige Position im Hinblick auf »Kampfdrohnen« zu entwickeln – und so hoffentlich dazu einzuladen, sich auf die weitere Suche nach Potenzialen in seiner Anthropologie zu begeben.[6] Matthias Zeindler hat vor nicht allzu langer Zeit die These aufgestellt: »Die Barth'sche Anthropologie der Sozialität ist ein Beispiel dafür, wie eine theologische Interpretation des Menschseins auch Massstäbe an die Hand gibt für eine Beurteilung aussertheologischer Interpretationen ebendieses Menschenseins.«[7] Wir verstehen diese These als Hinweis auf die Erschließungskraft der Barth'schen Anthropologie, den wir gerne anhand des Phänomens Drohnen aufnehmen, auch wenn das Menschseins dabei christologisch und also keineswegs außertheologisch interpretiert wird. Dass sich menschliche Phänomenalität im Zuge dieser christologischen Betrachtung erschließt, wird zu zeigen sein.

---

[4] Vgl. BARTH, KD III/2, 270: »[W]as der Mensch ist, das entscheidet sich in der theologischen Anthropologie von ihrem primären Text, nämlich von der Menschlichkeit des Menschen Jesus her.« Zum Verhältnis von Anthropologie und Christologie vgl. hellsichtig: CH. GESTRICH, Vere Homo – Systematische Leitgedanken zum Verhältnis von Anthropologie und Christologie, in: E. AXMACHER / K. SCHWARZWÄLLER (Hg.), Belehrter Glaube. FS Johannes Wirsching, Frankfurt a. M. 1994, 67–86.

[5] Barths Anthropologie wurde bereits zu Lebzeiten kontrovers diskutiert. Vgl. H. VOGEL, Ecce homo. Die Anthropologie Karl Barths, VuF 1949–50, 102–128; H. J. IWAND, Christologie. Die Umkehr des Menschen zur Menschlichkeit, bearb., kommentiert und mit einem Nachwort versehen von E. LEMPP / E. THAIDIGSMANN, Hans Joachim Iwand Nachgelassene Werke. Neue Folge 2, hg. von der Hans-Iwand-Stiftung, Gütersloh 1999, 129–153; 276–285.

[6] Dass die theologische Anthropologie vermittelt über das implizite Menschenbild ethisches Potenzial besitzt, hat hellsichtig etwa W. SCHOBERTH (Einführung in die theologische Anthropologie, Darmstadt 2006, 9–26) gezeigt. Zur Anthropologie im Allgemeinen vgl. auch: W. SCHOBERTH, »Es ist noch nicht erschienen, was wir sein werden.« Möglichkeit und Aufgabe theologischer Anthropologie, in: DERS., Die Erfahrung der Welt als Schöpfung. Studien zur Schöpfungstheologie und Anthropologie, hg. von N. HAMILTON, Leipzig 2017, 277–294. Zum Menschenbild vgl. auch L. KLINNERT, Gibt es ein »christliches Menschenbild«? Zum Verhältnis von Anthropologie und Ethik, in: DERS., Über Leben entscheiden. Zur Grundlegung und Anwendung theologischer Bioethik, Ethische Zeitfragen in Kirche, Diakonie und Sozialer Arbeit Bd. 1, Bochum / Freiburg i. Br. 2018, 9–31.

[7] M. ZEINDLER, Der wirkliche Mensch. Zur Aktualität von Karl Barths Anthropologie, in: M. GRAF / F. MATHWIG / M. ZEINDLER (Hg.), »Was ist der Mensch?« Theologische Anthropologie im interdisziplinären Kontext. Wolfgang Lienemann zum 60. Geburtstag, Forum Systematik 22, Stuttgart 2004, (261–279) 277. So auch D. J. PRICE, Karl Barth's Anthropology in the Light of Modern Thought, Grand Rapids / Cambridge 2002, 28.

Absente Mit-Menschlichkeit 107

Für Barth ist der Mensch nicht einfach nur ein relationales Wesen, sondern – chalcedonensisch verstanden – der »wahre Mensch« (*verus homo*),[8] der zu Gott in Beziehung steht und ebenso zu seinen Mitmenschen. Von dieser Basis ausgehend, kann nach Barth die Sozialität des Menschen in den Blick genommen und nach der Beziehung zum Mitmenschen gefragt werden, die Barth als »Sein in der Begegnung«[9] charakterisiert. Dieses Sein macht des Menschen Mit-Menschlichkeit aus. Von hier aus sollen »Kampfdrohnen« im Blick auf den Einfluss auf die menschliche Interaktion hin ethisch untersucht werden. Dabei werden wir selbstverständlich auch die naheliegende Frage der Anwendbarkeit dieser Kategorie (Mit-Menschlichkeit bzw. »Sein in Begegnung«) auf Kampfdrohnen eigens thematisieren. Diese sind nämlich, wie gezeigt wird, in besonderer Weise, also nochmals anders als konventionelle Weisen des Tötens, von dieser Kategorie betroffen.

Da die Anthropologie den Ausgangspunkt unserer Positionierung bildet, folgen die im Weiteren entfalteten Überlegungen in ihrer Struktur nur bedingt den klassischen »Schritten« einer ethischen Urteilsbildung, wie sie z. B. Barths Schüler Heinz Eduard Tödt[10] prominent gemacht hat,[11] sondern eher einem phänomenologisch orientierten Ansatz. Mit Hilfe dieses Ansatzes sollen die Kampfdrohnen in den Blick genommen werden. Dabei werden bereits anderen Ortes getätigte Ausführungen zum Phänomen der »Kampfdrohnen« an dieser Stelle fortgeschrieben.[12] Beide, phänomenologischer Ansatz und ethisches Urteilsschema, schließen sich jedenfalls keineswegs aus, geht es doch in der ethischen Urteilsbildung um die Beurteilung von Phänomenen, die in ethischer Hinsicht problematisch erscheinen. Urteilsbildung hat darum immer mit Wahrnehmung zu tun,[13] womit bereits ein recht direkter Konnex

---

[8] Vgl. BARTH, KD III/2, 58: »Jesus ist der Mensch, wie Gott ihn wollte und schuf. Was das wirkliche menschliche Wesen in uns ist, das ist es unter Voraussetzung dessen, was es in ihm ist.«

[9] Vgl. BARTH, KD III/2, 299–344.

[10] Vgl. H. E. TÖDT, Perspektiven theologischer Ethik, München 1988, 21–84.

[11] Dass Tödt sein Urteilsschema letztlich auf Barth zurückgeführt hat, wurde an anderer Stelle bereits gezeigt: M. HOFHEINZ, Urteilsbildung und Entscheidungsfindung im (Bekenntnis-)Konflikt. Karl Barths Beitrag zur Rationalisierung des innerkirchlichen Streits, in: TH. K. KUHN / H.-G. ULRICHS (Hg.), Bekenntnis im Konflikt. Streitgeschichten im reformierten Protestantismus, Vorträge der 12. Internationalen Emder Tagung zur Geschichte des reformierten Protestantismus, Emder Beiträge zum reformierten Protestantismus Bd. 18, Göttingen 2020, 211–226.

[12] Vgl. M. HOFHEINZ, Abusus non tollit usum? Ein kleines theologisch-ethisches Argumentarium zum Gebrauch von Kampfdrohnen, in: DERS. / I.-J. WERKNER (Hg.), Unbemannte Waffen und ihre ethische Legitimierung. Fragen zur Gewalt Bd. 5 (Band II/5 der Reihe »Gerechter Frieden«), Wiesbaden 2019, 155–192.

[13] So J. FISCHER, Wahrnehmung als Proprium und Aufgabe christlicher Ethik, in: DERS., Glaube als Erkenntnis. Zum Wahrnehmungscharakter des christlichen Glaubens, BEvTh 105, München 1989, 91–118; DERS., Theologische Ethik. Grundwissen und Orientierung, Forum

zur Phänomenologie (zumindest in einem weiteren Sinne) gegeben sein dürfte. Überhaupt wird man mit Blick auf die Barth-Forschung der letzten Dekaden sagen dürfen, dass dort ein phänomenologischer Zugang recht prominent bzw. populär geworden ist.[14] In einem Interview vertrat Eberhard Jüngel gegenüber Reportern die These:

»Wenn Sie die Kirchliche Dogmatik Barths lesen, entdecken Sie, in welchem Ausmaß dieser Mann sich unserer Lebenswirklichkeit ausgesetzt hat. Sie finden keine zeitgenössische Dogmatik, in der die Phänomenologie des Lebens, freilich aus theologischer Perspektive, so gelingt, wie die Dogmatik Barths. Diejenigen, die etwas anderes behaupten, haben ihn einfach nicht gelesen.«[15]

Barth selbst hat sich – wie Christian Link zu Recht hervorhebt – in der Anthropologie des Bandes III/2 seiner »Kirchlichen Dogmatik« wie in keinem zweiten Band »auf das Gespräch mit den Humanwissenschaften eingelassen«.[16] Barth gesteht ihnen zu, bestimmte »Phänomene des Menschlichen«[17] als »Symptome des wirklich Menschlichen«[18] aufzuweisen. Er denkt dabei an Merkmale, »in denen zwar jeder die Merkmale auch seines menschlichen Wesens, in denen aber niemand sich selbst, seine wirklich menschliche Existenz wiederfinden wird.«[19] Eine solche Merkmalsbestimmung ist allgemein-anthropologisch notwendig, wenngleich für die theologische Anthropologie nicht hinreichend,[20] bleiben solche Merkmale doch aus ihrer Perspektive geurteilt »neutral, relativ, zweideutig«.[21] Theologische

---

Systematik 11, Stuttgart u. a. 2002, 121–124; 129f.; DERS. u. a., Grundkurs Ethik. Grundbegriffe philosophischer und theologischer Ethik, Stuttgart 2007, 43–69; Fernerhin: F. MATHWIG, Technikethik – Ethiktechnik. Was leistet Angewandte Ethik, Forum Systematik 3, Stuttgart u. a. 2000, 269–282. Aus philosophischer Perspektive: V. MÜHLEIS, How To Do Things with Perception: Sehen als Praxis, PhR 57 (2010), 49–56.

[14] Zu Barth und der Phänomenologie in einem engeren Sinn vgl. U. BEUTTLER, Radikale Theologie der Offenbarung: Karl Barth und die postmoderne Phänomenologie und Hermeneutik, in: W. THIEDE (Hg.), Karl Barths Theologie der Krise heute. Transfer-Versuche zum 50. Geburtstag, Leipzig 2018, 51–67. Vgl. fernerhin: H. J. ADRIAANSE, Rezeption und Zukunft der Theologie Barths in religionsphilosophischer Sicht, ZDTh 11 (1995), 247–262.

[15] E. JÜNGEL, Gott – das Denkwürdigste. Gespräch mit dem Theologen Eberhard Jüngel, EvKomm 30 (12/1997), (711–715) 715.

[16] CH. LINK, Anthropologie, in: M. BEINTKER (Hg.), Barth Handbuch, Tübingen 2016, (335–341) 336f.

[17] BARTH, KD III/2, 87.

[18] Ebd. So auch a. a. O., 88; 296 u. ö.

[19] A. a. O., 88.

[20] Vgl. ZEINDLER, Der wirkliche Mensch, 277: »Aussertheologische Anthropologie ist für die theologische wohl nicht ein hinreichender, allemal aber ein notwendiger Realitätstest.«

[21] BARTH, KD III/2, 88. Dort kursiv.

»Aussagen zur Anthropologie entstehen nicht aus operationalem Forschen und Vergleichen, nicht aus eigener Vernunft und Kraft, sondern von einem dezidiert theologischen Erkenntnisgrund aus, nämlich aus Gottes Selbstkundgebung, seinem offenbarenden Wort. [...] Da die Offenbarung die ›kritische Instanz‹ aller Ontologie sei, geht es Barth in der theologischen Anthropologie selbstverständlich um ontologische Aussagen, um das wahre Sein des Menschen, um seine ›Phänomene‹.«[22]

Barth kommt zu dem Ergebnis, dass die Anthropologie der »exakten Wissenschaften« (Physiologie, Biologie, Psychologie und Sozialwissenschaften), freilich »nicht der Feind des christlichen Bekenntnisses sein«[23] kann, weil sie etwas anderes im Auge haben als die Theologie, nämlich das »Phänomen Mensch« – »wie er ist, in welchen Grenzen und unter welchen Bestimmungen er als der, der er ist, und als das, was er ist, existieren kann.«[24] Hier öffnet sich ein weites Feld zum interdisziplinären Diskurs und der wechselseitigen Bezugnahme.[25] Denn theologische Anthropologie und die »exakten Wissenschaften« behandeln zwar den gleichen Gegenstand, aber aus unterschiedlichen Perspektiven: »Nicht die Philosophie und die empirischen Wissenschaften übertrumpfend und besserwissend, wohl aber anderswissend als sie, versucht Karl Barth die Wirklichkeit des Menschen, seine Geschöpflichkeit und die Verkehrung derselben, seine Sünde allein im Lichte des Wortes Gottes«,[26] das in Jesus Christus Fleisch geworden ist (Joh 1,14), zu begreifen.[27] In diesem Sinne gilt: »Jesus Christus vermittelt Phänomenalität.«[28]

Entsprechend diesen einleitenden Ausführungen sind die folgenden Überlegungen in drei Abschnitte untergliedert: Zunächst werden wir (unter 2.) den Begriff der »Kampfdrohne« präzisieren, ihre Arbeits- und Wirkungsweise darstellen und Entwicklungen bzw. Entwicklungspotenziale aufzeigen. Im nächsten Schritt (3.) möchten wir mithilfe der »Telepräsenztheorie«, die Paul Virilio im Zusammenhang mit der

---

[22] H. HOLLENSTEIN, Die Anthropologie – ein Plädoyer für ein vernachlässigtes Thema, RKZ. Theologische Beilage 7/1992, (1–7) 4. Hollenstein (a. a. O., 5) weist in seinem wichtigen, aber weitgehend übersehenen Aufsatz darauf hin, dass »auch die exakten Wissenschaften vom Menschen [...], solange sie ›exakt‹ bleiben und nicht ›axiomatisch, dogmatisch und spekulativ werden, nicht im Gegensatz zur theologischen Anthropologie stehen«. »Dass sich eine theologische Anthropologie, bezogen auf einen in empirischen und analytischen Perspektiven gesichteten Menschen, im interdisziplinären Dialog zu bewähren und zu behaupten vermag, hat Barth selbst«, nach dem Urteil Hollensteins, mit seiner »Rezeption der Forschungsergebnisse des Biologen A. Portmann gezeigt.«
[23] BARTH, KD III/2, 26.
[24] Ebd.
[25] So auch ZEINDLER, Der wirkliche Mensch, 277.
[26] HOLLENSTEIN, Die Anthropologie, 4.
[27] Vgl. BARTH, KD III/2, 47: »Indem der Mensch Jesus das offenbarende Wort Gottes ist, ist er die Quelle unserer Erkenntnis des von Gott geschaffenen menschlichen Wesens.«
[28] M. TROWITZSCH, Karl Barth heute, Göttingen 2007, 55.

immer größer werdenden Bedeutung von Geschwindigkeit, Bildern und Teleaktion entwickelt hat, versuchen, das Neuartige an dem Waffensystem »Kampfdrohne« herauszuarbeiten. Schließlich werden wir dann (4. und 5.) die sich aus dieser Neuartigkeit ergebenden Folgen vor dem Hintergrund von Barths christologischer Anthropologie der Mit-Menschlichkeit beleuchten und einen Transfer auf dem Weg hin zu einer Beurteilung von Kampfdrohnen wagen.

2. Begriffliche Annäherungen. Ein Überblicksversuch über die technische und operative Seite des »Phänomens«

Der Begriff der Kampfdrohne und, in großer Diskursnähe, der des »Kampfroboters«[29] haben in Industrie, Politik und Gesellschaft eine gewisse Konjunktur. Wohl über kein anderes Waffensystem wird derart grundsätzlich und abseits finanzieller und militärischer Erwägungen so heftig diskutiert, und jede Meldung einer möglichen Beschaffung oder revolutionären Weiterentwicklung auf diesem Gebiet sorgt für Schlagzeilen. Man denke z. B. an die Debatte aus dem Sommer des Jahres 2018, als die Bundesregierung die Anschaffung von bewaffnungsfähigen Drohnen vom Typ Heron TP für die Bundeswehr beschlossen hat oder die Bundestagsanhörung zu »LAWS«, also autonom arbeitenden Waffensystemen, die im Herbst 2019 stattfand. Jedoch handelt es sich dabei eigentlich um grundverschiedene Systeme, wie auch im Verlauf der dargelegten Überlegungen deutlich werden soll.

Die seit Jahren geführte deutsche Debatte um die Beschaffung von Kampfdrohnen für die Bundeswehr ist zum Politikum geworden. Die Brisanz zeigt sich auch darin, dass aktuell (Winter 2020) gerade dieses Thema für einen Koalitionsstreit sorgte, der von Seiten der SPD-Führung damit begründet wurde, dass die bisherige Debatte um »bewaffnete Drohnen« nicht hinreichend breit geführt worden sei.[30] Freilich ist im Koalitionsvertrag festgelegt, dass es vor einer entsprechenden Entscheidung eine Debatte über die politischen, rechtlichen und ethischen Implikationen geben soll. Ein Ende ist allerdings damit momentan unabsehbar. Alle drei Aspekte sind natürlich verwoben.[31]

---

[29] Vgl. jetzt zu den KI-basierten Kampfrobotern: B. KOCH, Ethische und anthropologische Herausforderungen durch KI-basierte militärische Kampfroboter, Una Sancta 74 (3/2019), 228–238.

[30] Vgl. dazu den Bericht des RedaktionsNetzwerks Deutschland vom Dezember 2020 unter www.rnd.de/politik/spd-chef-ueber-drohnen-entscheidung-nicht-in-dieser-legislaturperiode-5BVK2CDQBMDTPO5RQNVUMXZCWU.html (28.01.2021).

[31] Zur ethischen Dimension von bewaffneten Drohnen vgl. einführend den Band: I.-J. WERKNER / M. HOFHEINZ (Hg.), Unbemannte Waffen und ihre ethische Legitimierung. Fragen zur Gewalt Bd. 5 (Band II/5 der Reihe »Gerechter Frieden«), Frankfurt a. M. 2019 (mit Beiträgen von Jürgen Altmann, Christian Alwardt, Robin Geiß, Marco Hofheinz, Bernhard Koch, Niklas Schörnig, Ines-Jacqueline Werkner), Wiesbaden 2019. Fernerhin: J. ALTMANN,

Jedem, der sich in den letzten gut fünfzehn Jahren mit dem US-amerikanischen »Krieg gegen den Terror«,[32] ob im afghanisch-pakistanischen Grenzgebiet[33] oder am Horn von Afrika, dem israelisch-palästinensischen Konflikt, dem Krieg um Bergkarabach oder den Bürgerkriegen in Syrien und der Ukraine beschäftigt hat, dürften Waffensysteme, die mit »Kampfdrohnen« benannt sind, bereits begegnet sein und zwar in Form von sogenannten »UAVs«. UAV steht als Akronym für »(U)nmanned (A)erial (V)ehicles«. Dieser Begriff umschreibt unbemannte Waffensysteme, die über hunderte oder tausende Kilometer hinweg durch einen Piloten und einen Waffenoffizier ferngesteuert werden, weshalb sie alternativ auch die Bezeichnung »Remote controlled vehicles« tragen. Sie sind mit leistungsstarken Sensoren wie Kameras und Radaren ausgestattet und können, je nach Typ des Waffensystems und Einsatzszenarios, auch mit Raketen und Bomben bewaffnet sein. Sie werden dann als sogenannte UCAVs (»(U)nmanned (C)ombat (A)erial (V)ehicles«) bezeichnet. Mittlerweile können

---

Zur ethischen Beurteilung automatisierter und autonomer Waffensysteme, in: I.-J. WERKNER / K. EBELING (Hg.), Handbuch Friedensethik, Wiesbaden 2017, 793–804; E. KOS, Digitalisierung als Herausforderung der christlichen Friedensethik, in: M. ECKHOLT / G. STEINS (Hg.), Aktive Gewaltfreiheit. Theologie und Pastoral für den Frieden, Würzburg 2018, 214–237; E. SCHOCKENHOFF, Kein Ende der Gewalt? Friedensethik für eine globalisierte Welt, Freiburg i. Br. u. a. 2018, 718–731; B. KOCH, Bewaffnete Drohnen. Was ihren militärischen Einsatz ethisch so fragwürdig macht, Information Philosophie 3/2017, 8–15; DERS., Ethische Erwägungen im Kontext autonomer Waffensysteme, Militärseelsorge (Dokumentation) 56 (2018), 137–142.

[32] Vgl. aus US-amerikanischer Perspektive das umstrittene Buch von J. BETHKE ELSTHAIN, Just War Against Terror. The Burden of American Power in a Violent World, New York 2003. Fernerhin: M. WALZER, Arguing about War, New York / London 2004, bes. 151. Kritisch zur Berufung auf das *bellum-iustum*-Paradigma: M. HOFHEINZ, Gerechter Krieg? Gerechter Frieden! Eine kleine Apologie eines friedensethischen Paradigmas, in: H. THEISSEN / M. LANGANKE (Hg.), Tragfähige Rede von Gott. Festgabe für Heinrich Assel zum 50. Geburtstag, Hamburg 2011, 151–174. Fernerhin: M. HOFHEINZ, Die Aktualität der Friedensethik Karl Barths, in: M. FREUDENBERG / G. PLASGER (Hg.), Kirche, Theologie und Politik im reformierten Protestantismus. Vorträge zur achten Emder Tagung der Gesellschaft für reformierten Protestantismus, Emder Beiträge zum reformierten Protestantismus Bd. 14, Neukirchen-Vluyn 2011, 157–165.

[33] Die »Evangelische Kirche in Deutschland« (EKD) weist indes in ihrem »Afghanistan-Papier« (»Selig sind die Friedfertigen«. Der Einsatz in Afghanistan: Aufgaben evangelischer Friedensethik. Eine Stellungnahme der Kammer für Öffentliche Verantwortung der EKD, Hannover 2013, 21) darauf hin: »Die US-Streitkräfte setzen seit einiger Zeit verstärkt auf ›verdeckte Operationen‹ durch Spezialeinheiten, die gezielte Tötung Aufständischer und Terrorismusverdächtiger und Angriffe mit bewaffneten unbemannten Flugkörpern (›Kampfdrohnen‹). Die tribalen Vergeltungsmechanismen werden auf diese Weise nicht überwunden, eher sogar weiter verschärft. Vielfach ist Vergeltung bzw. Rache für den Tod eines Angehörigen ein wichtiges Motiv für den Widerstand in Afghanistan.«

UAVs fast alle Aufgaben wahrnehmen, die ihre bemannten Gegenstücke auch durchführen: von Aufklärung über elektronische Kampfführung bis hin zur Betankung von anderen Flugzeugen während des Fluges.

Für die vorliegende Betrachtung sind jedoch vor allem vier häufige Einsatzszenarien von U(C)AVs, also den bewaffneten Varianten, relevant:[34]

1. Die weiträumige Aufklärung und Überwachung potenziell unsicheren Gebiets. Sie können feindliche Truppenbewegungen feststellen, die Anlage von Minenfeldern und Hinterhalten dokumentieren und ähnliches. Bei diesem Einsatztyp geht es vorrangig um die Gewinnung und Übertragung von Daten. Bei Bedarf kann der Feind aber auch direkt bekämpft werden, z. B. wenn er gerade eine Sprengfalle an einer Straße vergräbt, die später ein verbündeter Konvoi passieren wird.
2. Die Unterstützung von Bodentruppen durch Luftschläge: Dabei fordern Bodentruppen Luftunterstützung in Form von Bomben- und Raketenangriffen an, die durch die UCAVs in Abstimmung mit den Bodentruppen durchgeführt werden. Hier geht es also um den Einsatz von Waffen zur Unterstützung eigener Bodentruppen direkt im Kampfgeschehen.
3. Das sogenannte »targeted killing«:[35] Ähnlich dem Vorgehen eines Scharfschützen werden UCAVs dazu genutzt, gezielt Feinde auszuschalten, deren Aufenthaltsort und Identität durch Beobachtungen im Feld, Überwachung, Geheimdienstinformationen o. Ä. festgestellt wurde. Allerdings sollte man sich durch den Vergleich mit dem Scharfschützen nicht täuschen lassen: Zwar steht die Tötung einer oder mehrerer als Feinde identifizierter Menschen im Mittelpunkt des Einsatzes, aber diese werden durch Bomben bzw. Raketen getötet, so dass die unbeabsichtigte Tötung weiterer Menschen möglich ist.
4. Die sogenannten »signature strikes«: »Signature strikes« sind Angriffe auf Personengruppen, welche anhand bestimmter Verhaltensmuster als Feinde

---

[34] M. MAYER, The New Killer Drones: Understanding the Strategic Implications of Next-generation Unmanned Combat Aerial Vehicles, International Affairs 91 (4/2015), (765–780) 766f.

[35] Vgl. B. KOCH, Targeted Killing. Grundzüge der moralphilosophischen Debatte in der Gegenwart, in: V. BOCK u. a. (Hg.), Christliche Friedensethik vor den Herausforderungen des 21. Jahrhunderts, Baden-Baden 2015, 191–206; B. KOCH / B. RINKE, Der militärische Einsatz bewaffneter Drohnen. Zwischen Schutz für Soldaten und gezieltem Töten, Zeitschrift für Technikfolgenabschätzung in Theorie und Praxis 27 (3/2018), (38–44) 41–43; P. RUDOLF, Zur Legitimität militärischer Gewalt, Bonn 2017, 114–116; SCHOCKENHOFF, Kein Ende der Gewalt?, 703–705.

identifiziert wurden.³⁶ Sowohl die langwierige Beobachtung ihres Verhaltens als auch der Angriff selbst werden häufig von UCAVs durchgeführt. Im Unterschied zum »targeted killing« erfolgt der Angriff hierbei also nicht anhand mehr oder weniger präziser und valider Informationen, sondern aufgrund von der Sensorik von automatisiert erfassten und als auffällig bewerteten Verhaltensmustern.

Insbesondere wegen des flächendeckenden Einsatzes von UCAVs durch die US-Streitkräfte in den letzten fünfzehn Jahren haben diese Systeme eine gewisse Bekanntheit erlangt.

Die Gründe für die zunehmende Verwendung dieser Waffensysteme durch westliche Streitkräfte sind vielfältig. Am offenkundigsten dürften die Vorteile dieser Systeme im technischen und ökonomischen Bereich sein: Im Vergleich zu bemannten, konventionellen Waffensystemen verfügen sie über eine erheblich größere Reichweite und Standzeit³⁷ und sind auch erheblich kostengünstiger in der Anschaffung.³⁸

Die militärischen Vorteile des Einsatzes solcher Waffensysteme sind damit verknüpft, reichen aber auch noch weiter und erstrecken sich auf die strategische, operative und schließlich taktische Ebene. Dies gilt insbesondere für die westliche Art der Kriegsführung. Spätestens seit dem Ende des Kalten Krieges zielt diese darauf ab, Konflikte durch überlegene Informationen und dem Gegner überlegene Handlungsgeschwindigkeit zu »managen« – und zwar möglichst weltweit und mit möglichst flexiblem Truppeneinsatz.³⁹ Operativ kann diese Forderung mithilfe von UAVs dadurch umgesetzt werden, dass sie durch ihre große Reichweite und hohe

---

³⁶ Vgl. B. KOCH, Die ethische Debatte um den Einsatz von ferngesteuerten und autonomen Waffensystemen, in: I.-J. WERKNER / M. HOFHEINZ (Hg.), Unbemannte Waffen und ihre ethische Legitimierung. Fragen zur Gewalt Bd. 5 (Band II/5 der Reihe »Gerechter Frieden«), Frankfurt a. M. 2019, (13–40) 18.

³⁷ Bei der »Reaper«, dem am häufigsten eingesetzten Waffensystem, beträgt die Reichweite ca. 2.000 km. Das bedeutet, dass das System, wenn es in Paris startet, nach Bukarest fliegen, dort wirken und, ohne aufzutanken, wieder nach Paris zurückkehren kann. Der Einsatzradius ist damit fast doppelt so groß wie der des modernsten Kampfjets der USAF, der F-35. Mit der großen Reichweite ist zweitens eine sehr hohe Standzeit von 27 Stunden verbunden. Damit können Räume und Ziele wesentlich länger überwacht werden als mit herkömmlichen Flugzeugen oder Hubschraubern, die nur einige Stunden in der Luft bleiben können und zudem lauter und auffälliger sind. Zu den Daten vgl. D. GETTINGER, The Drone Databook, www.dronecenter.bard.edu/files/2019/10/CSD-Drone-Databook-Web.pdf (02.05.2020).

³⁸ Eine Reaper-Drohne kostet ca. 30 Millionen Dollar, die Kosten für einen F-35 Jet liegen bei ca. 135 Millionen Dollar – zumindest zum Zeitpunkt der letzten Beschaffung eines Reaper-Systems durch die US-Streitkräfte 2014. UNITED STATES GOVERNMENT ACCOUNTABILITY OFFICE, Defense Acquisitions. Assessments of Selected Weapon Programs March 2014, www.gao.gov/assets/670/662184.pdf (30.04.2020).

³⁹ Vgl. hierzu O. SCHMITT, Wartime Paradigms and the Future of Western Military Power, International Affairs 96 (2/2020), (401–418) 406–408.

Standzeit sowie umfassende Sensorik in der Lage sind, große Operationsgebiete effektiv zu kontrollieren – also sowohl Informationen zu sammeln als auch dort zu wirken. Daneben wird, durch die Fernsteuerung bedingt, die Bedrohung der eigenen Soldaten minimiert.

Exkurs: Die »kill chain«
Dieses Zusammenspiel von Informationssammlung, -verarbeitung und Wirkung orientiert sich maßgeblich an dem »OODA«-Konzept von John Boyd[40] und wird bei der US Air-Force als »kill chain« bezeichnet.[41] Die »kill chain« beschreibt den Ablauf der Bekämpfung eines Ziels in sechs Schritten und unter der Einbindung von drei Akteuren. Die Akteure sind

- die Aufklärungseinheit, also je nach Einsatz entweder das UAV selbst, Bodentruppen, Geheimdienstinformationen usw.;
- der Waffenträger, das Fluggerät (im Falle von UCAVs also das Waffensystem selbst);
- der Operator, sprich der Waffenoffizier, welcher die Aufklärungsdaten und den Waffeneinsatz durch seine Entscheidungen verbindet.

In einem ersten Schritt wird ein Feind als solcher durch spezifisch definierte Merkmale, welche durch Algorithmen festgeschrieben, aber auch durch Geheimdienstkenntnisse gewonnen wurden, identifiziert (»Find«). Nach der Identifizierung erfolgt eine Prüfung der Notwendigkeit des Waffeneinsatzes und die präzisere Lokalisierung des Feindes (»Fix«). Daran anschließend wird der fixierte Feind verfolgt (»Track«). Im vierten Schritt, der »kill chain«, wird die konkrete Möglichkeit des Waffeneinsatzes geprüft (»Target«). In der fünften Phase erfolgt die Freigabe des Waffeneinsatzes (»Engage«). Im letzten Schritt wird die erwartete Wirkung mit der tatsächlichen abgeglichen (»Assess«). Bedingt durch die Verbindung von Aufklärungsfähigkeiten und Möglichkeit des Waffeneinsatzes bei UCAVs können diese Systeme die Schritte der »kill chain« besonders schnell durchlaufen. Es ist keine Abstimmung mit anderen Systemen, z. B. für gesonderte Aufklärung, notwendig.
Es liegt in der Natur der »kill chain«, die einzelnen Schritte möglichst schnell hintereinander abzuhandeln und damit das sogenannte »sensor-to-shooter-gap« zu verringern: Der Feind soll so früh wie möglich als solcher identifiziert und adäquat bekämpft werden, bevor er die Möglichkeit hat, sich der Beobachtung zu entziehen oder den Waffenträger zu bekämpfen und so den Einsatz scheitern zu lassen.[42]

---

[40] I. T. BROWN, A New Conception of War. John Boyd, the US Marines, and Maneuver Warfare, Quantico 2018.
[41] J. A. TIRPAK, Find, Fix, Track, Target, Engage, Assess, www.airforcemag.com/article/0700find/ (30.04.2020).
[42] H. MÜLLER / N. SCHÖRNING, Drohnenkrieg: Die konsequente Fortsetzung der westlichen Revolution in Military Affairs, www.bpb.de/apuz/32303/drohnenkrieg-die-konsequente-fortsetzung-der-westlichen-revolution-in-military-affairs?p=all (29.04.2020).

Diese militärische Logik der Reduktion des »sensor-to-shooter-gaps« führt zu einer zunehmenden Automatisierung des Kampfgeschehens und zu einer Herausdrängung des menschlichen Einflusses auf das Kampfgeschehen. An anderer Stelle hat sich einer von uns intensiv mit der Automatisierung und damit Ausschaltung des Menschen als Subjekt der Verantwortung auseinandergesetzt, so dass wir uns hier weitere Ausführungen dazu ersparen können.[43] Wir stellen weiter fest: Der Mensch in der »kill chain« verlängert die Auswertung und Entscheidungsfindung im Vergleich zu Automatismen erheblich. Er muss die Aufklärungsbilder beurteilen, die ihm per Kamera und Satellit zukommen, was bereits technisch bedingt eine Verzögerung von ca. zwei Sekunden mit sich bringt, er muss die Notwendigkeit des Waffeneinsatzes einschätzen und schließlich konkret beurteilen und den Vorgang auswerten. Der Mensch, der hier noch einigermaßen großen Einfluss auf das Kampfgeschehen hat, befindet sich »in the loop«.[44]

Die sich hieraus ergebende Verzögerung des Prozesses ist aber, wie oben bereits angedeutet, militärisch ineffizient und fehleranfällig. Daher wird versucht, menschliche Entscheidungsfindung durch Algorithmen zu substituieren und möglichst nur noch auf die Freigabe des konkreten Waffeneinsatzes zu beschränken. Programme machen aufgrund der Datenlage Vorschläge; der Mensch entscheidet, ob diese Vorschläge für den Waffeneinsatz plausibel sind. Wir reden hier von »man on the loop«. Eberhard Schockenhoff gibt zu bedenken: »Der Bediener sieht die Welt mehr oder weniger durch die Brille des Assistenzsystems. Warum der Algorithmus eine Handlungsentscheidung trifft oder diese vorselektiert und anbietet, bleibt – in Echtzeit – nicht mehr nachvollziehbar.«[45]

Es ist sogar, bedingt durch die Logik militärischer Effizienz, davon auszugehen, dass der Mensch schließlich komplett aus dem Prozess der »kill chain« ausgeschlossen wird (»man out of the loop«): Bereits die Tatsache, dass UCAVs auch in die Lage versetzt werden sollen, Luftkämpfe zu bestreiten, in denen innerhalb von ein oder zwei Sekunden Entscheidungen über den Waffeneinsatz getroffen werden müssen, also schneller, als die Übertragung zwischen UAVs und Operator physikalisch möglich ist, ist hierfür ein zwingender Grund.

Wenn Waffensysteme eine solchen Status erreicht haben, kann von »autonomen« Systemen (»Lethal Autonomous Weapon Systems«, sogenannten LAWS) gesprochen werden: Der Mensch ist nicht länger Bestandteil der Wirkungsweise des Waffensystems, die Maschine trifft ihre Entscheidungen selbstständig und handelt entsprechend – diese Art von Waffensystemen werden umgangssprachlich mit dem Begriff »killer robots« umschrieben. Ihre Entwicklung steckt noch in den Anfängen, stellt aber das erklärte Ziel zahlreicher

---

[43] Vgl. HOFHEINZ, Abusus non tollit usum?, 149–155.
[44] HUMAN RIGHTS WATCH (Losing Humanity. The Case against Killer Robots [2012], www.hrw.org/report/2012/11/19/losing-humanity/case-against-killer-robots# [10.03.2020]) unterscheidet zwischen diesen drei Zuständen: »man in the loop« (hier ist der Einsatz dem Menschen vorbehalten), »man on the loop« (der Mensch fungiert lediglich als Beobachter beziehungsweise Überwachender des Entscheidungskreislaufes) und »man out of the loop« (Entscheidungen erfolgen ohne jeglichen Einfluss des Menschen).
[45] SCHOCKENHOFF, Kein Ende der Gewalt?, 722.

Staaten bzw. Unternehmen dar. Dass die militärische Robotik – wie Anja Dahlmann zutreffend bemerkt – eine »neue Qualität in die Beziehung von Mensch und Maschine« bringt, »indem der Mensch an vielen Punkten die Kontrolle an Roboter abgibt«,[46] dürfte evident sein.[47]

Um die eingangs skizzierten ökonomischen und militärischen Vorteile nutzen zu können, bedarf es allerdings keiner LAWS. Es kann daher nicht verwundern, dass insbesondere die US-Amerikaner in ihrem sogenannten »War on Terror« in erheblichem Maße auf diese Waffensysteme zurückgreifen und entsprechende Schlagzeilen in den Medien produzieren.[48]

An einer Weiterentwicklung von UCAVs und ihrer Verbreitung kann nach momentanem Stand der Dinge nicht gezweifelt werden. Die USA werden ihre Drohnenflotte in Qualität und Quantität weiter ausbauen und haben ihre diesbezüglichen Ziele bis zum Jahr 2042 formuliert.[49] Aber auch andere Staaten treiben die Entwicklung voran, so z. B. China. Das Land ist mit einer aggressiven Vermarktung in die Lücke gesprungen, welche die bislang relativ restriktive Proliferationspolitik der USA hinterlassen hat.[50] Damit sind z. B. auch

---

[46] A. DAHLMANN, Militärische Robotik als Herausforderung für das Verhältnis von menschlicher Kontrolle und maschineller Autonomie, ZEE 61 (3/2017), (171–183) 171. Vgl. HOFHEINZ, Abusus non tollit usum?, 139; KOCH, Die ethische Debatte um den Einsatz von ferngesteuerten und autonomen Waffensystemen, 25–27.

[47] KOCH / RINKE (Der militärische Einsatz bewaffneter Drohnen, 43) geben zu bedenken: »Bewaffnete Drohnen können als eine Art ›Einstiegsdroge‹ in Richtung auf den Einsatz vollautomatisierter und autonomer Waffensysteme (*killer robots*) gesehen werden. Mit anderen Worten: Auch der Weg von der bewaffneten Drohne zum autonomen Waffensystem kann mit großer Plausibilität im Sinne einer ›Slippery Slope‹-Argumentation dargestellt werden.«

[48] Daneben verfügen aber auch gut 60 weitere Staaten über UAVs, allerdings besitzen von diesen nur 15–20 UCAVs. Deutschland und Europa sind dabei nicht untätig: Ein gemeinsames Rüstungsprogramm zwischen Deutschland, Frankreich und Spanien – mit dem Hauptentwickler Airbus – forscht an einem europäischen UAV, das bewaffnungsfähig sein wird. Bis dieses System einsatzbereit ist, möchte die Bundeswehr gerne bewaffnungsfähige UCAVs aus Israel leasen. Einziges Hindernis momentan: Der konkurrierende US-Hersteller, der die »Reaper« gerne auch nach Deutschland bringen möchte, klagt gegen die Beschaffungsentscheidung und verzögert so den Zulauf der israelischen Systeme.

[49] Vgl. US Department of Defence, Unmanned Systems Integrated Roadmap FY2011–2036 (2011). Approved for Open Publication. Reference Number 11–S–3613, www.fas.org/irp/program/collect/usroadmap2011.pdf (03.03.2020); US Department of Defence, Directive No. 3000.09 (November 21, 2012) on Autonomy in Weapon Systems, www.esd.whs.mil/Portals/54/Documents/DD/issuances/dodd/300009p.pdf (03.03.2020).

[50] Darauf, dass »alte« Leitthemen der Friedensethik wie Zwang zur Abrüstung und Rüstungskontrolle, Entspannung, vertrauensbildende Maßnahmen, usw. hier wiederkehren, macht zu Recht E. KOS (Digitalisierung als Herausforderung der christlichen Friedensethik, 235) aufmerksam. Zum Problem der Rüstungs- und Exportkontrolle vgl. CH. ALWARDT, Unbemannte Systeme als Herausforderung für die rüstungs- und Exportkontrolle, in: M. HOFHEINZ / I.-J. WERKNER (Hg.), Unbemannte Waffen und ihre ethische Legitimierung. Fragen

Staaten wie der Irak und Nigeria in den Besitz bewaffneter Drohnen gekommen, die sie im Kampf gegen Aufständische im eigenen Land nutzen.[51]

3. Die Novität des Waffensystems auf dem Hintergrund der »Telepräsenztheorie« von Paul Virilio

3.1 Die neue Qualität der Waffensysteme

Eine dezidierte Debatte um den Einsatz von UAV/UCAVs besitzt nur dann eine Legitimität, wenn man davon ausgeht, dass solche Waffensysteme sich wesentlich und eigentümlich von konventionellen Systemen unterscheiden.[52] Dass es solche Unterschiede gibt, wird, insbesondere von Militärs, bestritten, die dementsprechend ihre Einheiten auch an bereits existierende Waffengattungen angliedern, beispielsweise der Artillerie oder Aufklärungseinheiten und keine eigenständigen Strukturen schaffen, anders als z. B. bei Cyberstreitkräften.

Um dieser Frage nachzugehen, muss zunächst der Unterschied zwischen den bisher existenten und eingesetzten Systemen, welche auf einen menschlichen Operator »in and on the loop« angewiesen sind, und komplett autonomen Systemen, welche in der Lage sind, die »kill chain« selbstständig abzuarbeiten, also mit einem »man out of the loop«-Verfahren arbeiten, unterschieden werden. Da solch autonome Systeme momentan noch nicht im Einsatz sind und ihre Entwicklung maßgeblich von der Weiterentwicklung der bereits bestehenden Systeme abhängig ist und ihre Andersartigkeit gegenüber konventionellen Waffen durch die vollständige Automatisierung auf der Hand liegt, wollen wir uns im Folgenden auf die Frage nach

---

zur Gewalt Bd. 5 (Band II/5 der Reihe »Gerechter Frieden«), Wiesbaden 2019, 85–109; J. ALTMANN, Autonome Waffensysteme – der nächste Schritt im qualitativen Rüstungswettlauf?, in: M. HOFHEINZ / I.-J. WERKNER (Hg.), Unbemannte Waffen und ihre ethische Legitimierung. Fragen zur Gewalt Bd. 5 (Band II/5 der Reihe »Gerechter Frieden«), Wiesbaden 2019, 111–136.

[51] Dass autonome Waffensysteme auch in die Hände nichtstaatlicher Gewaltakteure gelangen können, will in diesem Zusammenhang bedacht sein. Vgl. N. SCHÖRNIG, Unbemannte Kampfsysteme in Händen nichtstaatlicher Gewaltakteure – vom Albtraum zur baldigen Realität, in: M. HOFHEINZ / I.-J. WERKNER (Hg.), Unbemannte Waffen und ihre ethische Legitimierung. Fragen zur Gewalt Bd. 5 (Band II/5 der Reihe »Gerechter Frieden«), Wiesbaden 2019, 63–83.

[52] H.-R. REUTER (Wen schützen Kampfdrohnen?, ZEE 58 [2014], 163–167, 165) wendet ein: »In der Tat scheinen Drohnen wie geschaffen als Mittel risikoloser Kampfführung – solange man ihre technischen Systemeigenschaften von ihren Auswirkungen auf den Konfliktverlauf trennt. Ihre Verfügbarkeit kann aber die Kultur militärischer Zurückhaltung schwächen, denn in dem Maß, in dem die politischen Kosten militärischen Engagements begrenzbar bleiben, wird Krieg zur akzeptablen Option.«

der Neuartigkeit der momentan eingesetzten »man in and on the loop«-Systeme beschränken.

Vertreter, welche UCAVs zu den konventionellen Waffensystemen zählen, führen vor allem zwei Aspekte[53] ins Feld: 1. Die Vergrößerung der Wirkungsreichweite der Soldatin bzw. des Soldaten ist ein seit der Erfindung der Fernkampfwaffen anhaltender Prozess; 2. die daraus resultierende größere Sicherheit des eigenen Soldaten und damit zugleich auftretende Asymmetrie des Kampfgeschehens ist im Grund bereits bei der Verwendung weitreichender Artillerie und in der Nutzung von Bombern über nicht-umkämpftem Luftraum angelegt. Daraus folgt, dass UCAVs als Schritt technischer Evolution und nicht als Revolution[54] zu beschreiben sind und daher keine neue bzw. andere ethische Beurteilung als konventionelle Waffensysteme erfordern.[55]

Diese auf den ersten Blick einleuchtende Argumentation greift allerdings zu kurz, wie wir denken,[56] denn sie kann die charakteristische Funktionsweise von UCAVs nicht hinreichend präzise abbilden. Sie denkt ausschließlich von der Wirkung her, nicht aber von der Mensch-Maschine-Interaktion. Unter diesem Gesichtspunkt nämlich zeigen sich sofort die Unterschiede zwischen konventionellen Waffen und UCAVs: Konventionelle Waffensysteme, auch Bomber und weitreichende Artillerie, sind in essenzieller Art auf ihren Benutzer angewiesen – ohne ihn kann das Waffensystem überhaupt keine Wirkung entfalten, ist es nicht mehr als ein Haufen Metallschrott. Deshalb steht in der Anwendung der Systeme der Mensch, sprich der Soldat, im Mittelpunkt, und je komplexer und aufwändiger das Waffensystem, umso größer sind die Anforderungen an den Menschen und seine Qualifikation, diese Waffen zu bedienen und ins Gefecht zu führen.

Betrachten wir unter der gleichen Perspektive die Funktionsweise von UCAVs wird deutlich, dass die mechanisch-elektronische Integration der einzelnen Stufen der »kill chain« dazu führt, dass der Mensch nicht länger notwendig ist, um das Instrument zu bedienen, sondern er wird vielmehr selbst zu einem Element der Maschine bzw. zunehmend zu einem Störfaktor für das Waffensystem.

Vereinfach dargestellt, ist die »kill chain« nichts anderes als ein herkömmlicher »sensor-think-act«-Zyklus, wie er genutzt wird, um Maschinen das Handeln zu ermöglichen. Durch die Mobilität und elektronischen Aufklärungsinstrumente wie Kameras und Radare bei der gleichzeitigen Möglichkeit der Wirkung durch das UCAV

---

[53] Vgl. zur Auseinandersetzung mit beiden Aspekten auch HOFHEINZ, Abusus non tollit usum?, 143–162.

[54] Vgl. etwa P. SINGER, Wired for War. The Robotics Revolution and Conflict in the 21st Century, New York 2009.

[55] Vgl. HOFHEINZ, Abusus non tollit usum?, 143–145; KOCH, Die ethische Debatte um den Einsatz von ferngesteuerten und autonomen Waffensystemen, 19–21.

[56] So HOFHEINZ, Abusus non tollit usum?, 146–162. Fernerhin: H.-R. REUTER, Kampfdrohnen als Mittel rechtswahrender militärischer Gewalt? Aspekte einer ethischen Bewertung, in: epd-Dokumentation 49 (2014), (37–46) 43; SCHOCKENHOFF, Kein Ende der Gewalt?, 720.

wird der »think«-Part, das Denken, zum limitierenden Faktor im System. Dies ist aber der Ort des Nutzers. Der Nutzer nutzt also nicht länger die Maschine, wie dies bei konventionellen Systemen der Fall ist, sondern wird in selbige auf einzigartige Weise und mit weitreichenden Konsequenzen *integriert*, ja wird von ihr benutzt. Es lohnt sich, auf dieses Phänomen einen genaueren Blick zu werfen und zu versuchen, die Bedeutung der Wahrnehmung von Welt mittels Kamera bzw. der Interaktion mit der Welt durch Prothesen wie beispielsweise Steuerknüppeln zu ermessen.

3.2 Paul Virilios Konzept der »Telepräsenz«

Die oben skizzierte Entwicklung bildet den Endpunkt einer andauernden militärischen Entwicklung, in der Geschwindigkeit die treibende Kraft ist. Sie lässt sich theoretisch mit dem Werk des französischen Geschwindigkeits- und Simulationstheoretikers Paul Virilio (1932–2018)[57] erfassen, der in der vermeintlichen Notwendigkeit zur Beschleunigung im Krieg einen, wenn nicht den wesentlichen, Triebfaktor kultureller Entwicklung sieht.[58] Vor diesem Hintergrund beschreibt er den Vorgang der Integration des Nutzers in eine durch Kameras und andere Sensoren erzeugte und über Bildschirme vermittelte »Telerealität« mithilfe des Konzepts der »Telepräsenz«. Virilio weist darauf hin, dass durch die echtzeitliche Übertragung von Videodaten der reale Raum aufgelöst wird und stattdessen eine Präsentation des Ortes geschaffen wird also eine Darstellung eines Ortes, der das Ergebnis einer Übersetzung des Realen in Wellen mithilfe der elektromagnetischen Physik ist.[59] Diese Darstellung eines Ortes braucht nicht mehr realen Raum als ein Bildschirm. Es entsteht damit eine Tele-Brücke zwischen den realen Orten und dem wahrnehmenden Subjekt, das ggf. mithilfe von Prothesen Tele-Aktionen durchführen kann. Der Wahrnehmende wird damit – neben seiner Existenz im realen Raum – in eine Telepräsenz gezwungen, deren wesentliches Merkmal die Echtzeit der Datenübertragung ist.[60] Raum wird durch Zeit ersetzt, das physische Ding durch das elektronische Bild. Die Konsequenzen dieser Telepräsenz sind dreierlei:

1. Der Mensch existiert auf zwei Arten in einer Art Stereo-Existenz. Er existiert gleichzeitig in realer und Telewelt. Die Erfahrung einer ganzheitlichen

---

[57] Vgl. einführend zum Werk Virilios G. Ch. Tholen, Geschwindigkeit als Dispositiv. Zum Horizont der Dromologie im Werk Paul Virilios, in: J. Jurt (Hg.), Von Michel Serres bis Julia Kristeva, Freiburg i. Br. 1999, 135–162.

[58] Der Einfluss dieses Konzepts zieht sich durch weite Teile seines Werks, insbesondere seit »Geschwindigkeit und Politik«, das erstmals 1977 unter dem Titel »Vitesse et Politique. Essai de Dromologie« in Paris erschienen ist.

[59] P. Virilio, Rasender Stillstand. Essay, übers. von B. Wilczek, Frankfurt a. M. ⁵2015, 10–13.

[60] A. a. O., 12–16.

Welt(erfahrung) geht dadurch verloren; Teleaktionen geschehen in der Telepräsenz, haben aber Rückwirkungen auf den realen Raum;[61]
2. Vergangenheit und Zukunft lösen sich in der Telepräsenz in einem immerwährenden Jetzt auf. Der Operator kennt in der Telepräsenz nur das andauernde Jetzt des Bildschirms;[62]
3. Raum wird zu Zeit, und die Dinge verlieren damit ihren Körper und ihren Standort, die Dinge fallen zusammen.[63]

Die Nähe dieses Konzepts zum Waffensystem der UCAVs fällt auf, wenn die Einsatzbedingungen des Operators betrachtet werden: Raum und Zeit des Operators werden durch den Eindruck der Echtzeit, der einzigen Zeit in der Telepräsenz, vernichtet, welche die Kameras über den Bildschirm in die Einsatzzentrale hineinprojizieren.[64] Es gibt für den Operator keine Strecke mehr, die er zurücklegen müsste, um seine Mission erfüllen zu können, keine irgendwie notwendige Verbindung mit den Gegebenheiten des Raumes: Seine Prothesen-Sensoren ermöglichen und zwingen ihn zur Immobilität und zur Teleaktion.[65] Wenn die Strecke und der mit ihr untrennbar verbundene Raum vernichtet werden, wird auch, um mit Virilio zu sprechen, die Tiefe der Zeit zu Gunsten des Eindrucks von Unmittelbarkeit negiert.[66]

In seiner Telepräsenz, also außerhalb von Raum und strukturiert erfahrbarer Zeit, existiert der Operator nur noch in dem System des UCAVs als eine Art »Terminal«, in welchem die nach bestimmten Algorithmen vorsortierten Daten des UCAVs ankommen, verarbeitet und wieder zurückgesendet werden. Der Soldat, der Operator, ist nicht mit sich selbst oder anderen Menschen im Dialog oder in Interaktion, sondern mit der Maschine. Ohne die Maschine ist der Operator im Sinne seiner Mission buchstäblich nicht existent, er ist ihr gänzlich unterworfen. Er interagiert mit nichts anderem mehr als der Maschine, sie ist Ziel seiner Handlungen und der Tod seines Feindes erst das Nebenprodukt seines Dialogs mit der Maschine, einer durch Algorithmen ermöglichten »Teleaktion«, in der Mensch und Maschine in integrierter Weise auf einen oder mehrere andere Menschen einwirken.[67]

---

61 Virilio, Fluchtgeschwindigkeit. Essay, übers. von B. Wilczek, Frankfurt a. M. ²1999, 62f.
62 A. a. O., 196f.
63 Virilio, Rasender Stillstand, 116f. Vgl. auch P. Virilio / S. Lotringer, Der reine Krieg, übers. von M. Karbe, Berlin 1984, 70f.
64 Zum Verhältnis von Telepräsenz und Realraum unter Gefechtsbedingungen vgl. P. Virilio, Krieg und Kino. Logistik der Wahrnehmung, übers. von F. Grafe / E. Patalas, Frankfurt a. M. ³1994, 160–162.
65 Virilio erkennt hier Zusammenhänge zum »Übermenschen« des Futurismus nach Marinetti. Vgl. P. Virilio, Geschwindigkeit und Politik. Ein Essay zur Dromologie, übers. von R. Voullié, Berlin 1980, 78.
66 S. Anm. 58.
67 Zum Begriff des »Terminal-Menschen«: Virilio, Fluchtgeschwindigkeit, 34f.

Es ist diese Konstellation des Verhältnisses von Mensch und Maschine, welche einen qualitativen Unterschied der UAVs bzw. UCAVs zu konventionellen Waffensystemen markiert, seien es der Bomberpilot oder der Artillerist, erst recht der Infanterist. Ihre Waffen sind abhängig von ihnen und nutzlos ohne sie; sie beherrschen ihre Maschinen, denn sie existieren nicht nur vermittelt durch Sensoren, sondern real im Kampfgeschehen, seien sie nun 500 Meter oder 40 km entfernt: In jedem Fall ist der Mensch auf den Raum angewiesen, und die Maschine auf ihren Nutzer, und ihre Handlungen haben unmittelbare Rückwirkung auf ihr Sein.

4. Barths christologische Grundlegung einer Anthropologie der Mit-Menschlichkeit

Folgen wir Virilios Argumentation im Hinblick auf die Telepräsenz und den sich daraus ergebenden Konsequenzen für die Seinsweise des Operators, dann stellt sich die Frage, wie ein System, welches den Menschen derart integriert, zu beurteilen ist. Unseres Wissens steht eine grundlegende Untersuchung zu der Frage nach den Konsequenzen einer solchen Systemintegration des Menschen, die aus christlicher Perspektive argumentiert, noch aus. Sie müsste wesentlich eine Anthropologie des Virtuellen sein und sollte der Schnittstelle Mensch-Maschine und dem daraus entstehenden Raum besondere Aufmerksamkeit schenken.

Gleichwohl können uns die Begriffe Raum, Zeit, Interaktion und Wahrnehmung Hinweise geben, wo eine Beurteilung in ihrer Argumentation auf bereits bestehende Konzepte aufsetzen könnte. Davon ausgehend erscheint uns insbesondere ein Blick auf Karl Barths Anthropologie vielversprechend, wie er sie in seiner »Kirchlichen Dogmatik«, genauer in KD III/2, § 44 »Der Mensch als Geschöpf Gottes«[68] und in § 45 »Der Mensch in seiner Bestimmung zu Gottes Bundesgenossen«[69] entwickelt. Selbige möchten wir im Folgenden in ganz oberflächlichen Grundzügen skizzieren, um Hinweise auf ihr Potenzial im Hinblick auf das Thema Mensch-Maschine-Integration bzw. auf den Menschen im virtuellen Raum zu geben.

Die christologische Grundlegung der Anthropologie bei Barth können wir hier natürlich unmöglich *in extenso* entfalten.[70] Um Barths Überlegungen besser nachvoll-

---

[68] BARTH, KD III/2, 64–241.
[69] A. a. O., 242–391.
[70] Zur Anthropologie Barths vgl. CH. FREY, Zur theologischen Anthropologie Karl Barths, in: H. FISCHER (Hg.), Anthropologie als Thema der Theologie, Göttingen 1978, 39–69; CH. FREY, Arbeitsbuch Anthropologie. Christliche Lehre vom Menschen und humanwissenschaftliche Forschung, Stuttgart / Berlin 1979, 50–67; K. STOCK, Anthropologie der Verheißung. Karl Barths Lehre vom Menschen als dogmatisches Problem, BEvTh 86, München 1980; W. KRÖTKE, The Humanity of the Human Person in Karl Barth's Anthropology, in: J.

ziehen zu können, ist es aber hilfreich, sich seinen christologischen Grundlegungsansatz[71] zu verdeutlichen. Geradezu autosuggestiv bzw. selbstbeschwörend weist sich Barth methodisch an, »bei der Entfaltung der Lehre vom Menschen Punkt für Punkt zunächst auf das Wesen des Menschen [zu] blicken, wie es uns in der Person des Menschen Jesus entgegentritt, um dann erst und von da aus [...] auf das Wesen des Menschen zu blicken, wie es das Wesen jedes Menschen, aller anderen Menschen ist.«[72] Barth verweist nachdrücklich auf das Pilatuswort »Ecce homo« – »seht, welch ein Mensch« (Joh 19,5) und liest von diesem Wort ausgehend die Anthropologie in ihrer christologischen Schriftart.[73] Die theologische Lesart hat nach Barth dieser Schriftart zu folgen.

In einer Vielzahl von Analogien (im Sinne von *analogia relationis*)[74] entfaltet Barth virtuos, inwiefern Jesus der erwählenden Entscheidung Gottes für sein Geschöpf entspricht.[75] Treffend konstatiert Christian Link: »Der Mensch Jesus ist die Quelle, schärfer noch: die Bedingung der Möglichkeit unserer Erkenntnis des von Gott geschaffenen Menschen.«[76] Jesus Christus wird in der Tat von Barth als der wahre Mensch (*verus homo*) und damit als Erkenntnisquelle für die Anthropologie ausgemacht.[77] Dabei sind für Barth zwei Dimensionen, eine vertikale und eine horizontale Dimension, leitend: Jesus Christus ist der wahre Mensch, weil und indem er »der

---

WEBSTER (Hg.), The Cambridge Companion to Karl Barth, Cambridge 2000, 159–176; PRICE, Karl Barth's Anthropology in Light of Modern Thought, bes. 97–164; ZEINDLER, Der wirkliche Mensch, 257–275; G. SAUTER, Das verborgene Leben. Eine theologische Anthropologie, Gütersloh 2011, 346–350; G. HUNSINGER, Barth on What It Means to Be Human: A Christian Scholar Confronts the Options, in: DERS., Evangelical, Catholic, and Reformed. Doctrinal Essays on Barth and Related Themes, Grand Rapids / Cambridge 2015, 245–259; P. D. JONES, Human Being, in: DERS. / P. T. NIMMO (Hg.), The Oxford Handbook of Karl Barth, Oxford 2019, 407–421.

[71] Vgl. dazu STOCK, Anthropologie der Verheißung, 31–35; M. HAILER, Stellvertretung. Studien zur theologischen Anthropologie, FSÖTh 153, Göttingen 2018, 74–77.

[72] BARTH, KD III/2, 54. Dort kursiv.

[73] Vgl. a. a. O., 51f.

[74] Siehe a. a. O., 262. Zur *analogia relationis* vgl. E. JÜNGEL, Die Möglichkeit theologischer Anthropologie auf dem Grund der Analogie. Eine Untersuchung zum Analogieverständnis Karl Barths (1962), in: DERS., Barth-Studien, ÖTh 9, Zürich-Köln / Gütersloh 1982, 210–232; J. TRACK, Art. Analogie, TRE 2 (1978), 625–650, bes. 640–642. Vgl. auch S. HAUERWAS, With the Grain of the Universe. The Church's Witness and Natural Theology, Grand Rapids 2001, 184–193.

[75] Die Grundlegung in der Erwählungslehre, die die Zwei-Naturen-Lehre (Jesus Christus als wahrer Gott und wahrer Mensch) als das entscheidende Interpretament gebraucht (Jesus Christus ist der erwählende Gott und zugleich der erwählte Mensch), betont STOCK, Anthropologie der Verheißung, 57. Vgl. auch ZEINDLER, Der wirkliche Mensch, 265.

[76] LINK, Anthropologie, 336.

[77] Es geht Barth dabei um eine konsequente Explikation des Chalcedonense (451). So auch ZEINDLER, Der wirkliche Mensch, 264.

Mensch für Gott«[78] ist, also in besonderer Beziehung zu Gott steht,[79] weil er sich in seiner Freiheit für Gott entschieden hat – Jesus Christus ist der wahre Mensch, weil und indem er »der Mensch für den anderen Menschen«[80] ist, also in besonderer Beziehung zu seinen Mitmenschen steht, weil er »ontologisch«[81] Mitmensch ist. In Barths eigenen Worten: »Die ontologische Bestimmung des Menschen ist darin begründet, daß in der Mitte aller übrigen Menschen Einer der Mensch Jesus ist.«[82] Barth versteht seinen dezidiert christologischen Ansatz keineswegs als Engführung, sondern ausgehend von der Partikularität des Menschen Jesus als öffnenden Überschritt in die universale Weite, als Erschließung von Sozialität und Humanität, kommt doch Gott in diesem Jesus zu nichts weniger als zur Welt und eben auch zum Menschen.

Nur christologisch ist es Barth möglich, den Menschen jenseits von Substanzeigenschaften zu verstehen, also gerade nicht substanzontologisch zu denken, sondern gänzlich durch die Beziehung zu Gott und dem Mitmenschen bestimmt, d. h. relational:[83] »The human essence is reflected in the being of the man Jesus, a man who lived his life in encounter with God and others [...]. Human essence, therefore, is relational.«[84] Hier zeigt sich der neuralgische Punkt der Anthropologie Barths: »Ihr vom Menschsein des Gottessohnes her entfalteter Grundgedanke besteht darin, dass der Mensch als *Verhältniswesen Gottes Ebenbild* ist. D. h. er ist ontologisch-strukturell in Verhältnissen geschaffen, die dem Verhältnis des trinitarischen Gottes zu sich selbst und dem Verhältnis des Sohnes Gottes zum Mitmenschen *entsprechen*«.[85] Barth geht also davon aus, dass Gott selbst in Beziehung ist. Das heißt, dass das innertrinitarische Sein Gottes, welches sich als Zusammensein, Miteinandersein und Füreinandersein (»Perichorese« lautet das Theologumenon) realisiert,[86] allem anderen Sein

---

[78] BARTH, KD III/2, 64.
[79] Barth hebt in diesem Zusammenhang die Besonderheit Jesu Christi hervor: »Es ist der Mensch [Jesus Christus; M. H.] unter allen Geschöpfen dasjenige, in dessen Identität mit sich selber wir sofort auch die Identität Gottes mit sich selber feststellen müssen. Ist uns die Gegenwart Gottes in allen anderen Geschöpfen mindestens problematisch, so steht sie hier außer aller Diskussion, so ist sie hier unübersehbar, denknotwendig.« A. a. O., 79.
[80] A. a. O., 242.
[81] A. a. O., 251.
[82] A. a. O., 158. Dort kursiv.
[83] Zur Relationalität vgl. R. MEYER ZU HÖRSTE-BÜHRER, Gott und Mensch in Beziehungen. Impulse Karl Barths für relationale Ansätze zum Verständnis christlichen Glaubens, FRTH 7, Neukirchen-Vluyn 2016.
[84] PRICE, Karl Barth's Anthropology in Light of Modern Thought, 162f.
[85] W. KRÖTKE, »Der Mensch als Seele seines Leibes«. Bemerkungen zu den anthropologischen Grundlagen der Seelsorge bei Karl Barth, ZDTh 19 (2003), (104–118) 107f. (wiederabgedruckt, in: DERS., Barmen – Barth – Bonhoeffer. Beiträge zu einer zeitgemäßen christozentrischen Theologie, Unio und Confessio 26, Bielefeld 2009, 203–224, 208f.). Vgl. DERS., The Humanity of the Human Person in Karl Barth's Anthropology, 168f.
[86] Vgl. BARTH, KD III/2, 261.

darin voraus ist, dass es die vollständige Entsprechung der Personen in Anrufung und Antwort und damit Wahrheit und Wirklichkeit realisiert:

> »Gott existiert in Beziehung und Gemeinschaft: als der Vater des Sohnes, als der Sohn des Vaters ist er in sich selbst Ich und Du, ist er sich selbst gegenüber, um im Heiligen Geist zugleich Einer und Derselbe zu sein. Gott schuf den Menschen nach seinem Bilde, in Entsprechung zu diesem seinem eigenen Sein und Wesen, nach eben dem Bild, das auch in seinem Werk als Schöpfer und Herr des Bundes sichtbar wird. Weil er in sich selbst nicht einsam ist und so auch nach außen nicht einsam bleiben will, darum ist es dem Menschen nicht gut allein zu sein, darum schuf er den Menschen nach seinem Bild: den Mann und die Frau.«[87]

Die christologische Grundlegung der Anthropologie Barths weist eine durch und durch trinitarische Tiefendimension auf. Er kann das Menschsein des Menschen, seine Ebenbildlichkeit auf dem Hintergrund der *analogia relationis* in Analogie zum trinitarischen Sein Gottes explizieren. Anthropologie wird von Barth im Rahmen der Schöpfungstheologie trinitätstheologisch expliziert und zugleich christologisch exemplifiziert und konkretisiert. Und selbst die Ethik tritt im Zuge dieses dynamisch-kommunikativen Gottes- und Menschenverständnisses in den Blick. Gewiss macht dies die Rasanz seines anthropologischen Entwurfs, um nicht zu sagen Brillanz seines gesamten theologischen Denkens aus. Die innertrinitarische Beziehung Gottes ist daher das Vorbild und Urbild interpersonaler humaner Beziehungen.

Die Beziehung des Sohnes Gottes zum Vater und zum Mitmenschen lässt sich freilich nicht einfach auf eine Vorbildfunktion reduzieren, sondern in dieser doppelten Beziehung ist urbildlich das realisiert, »was in uns erst auf das Urbild hin, abbildlich verwirklicht wird.«[88] Jesus ist in der Konzeption Barths ganz so vom Mitmenschen bestimmt, wie er von Gott her bestimmt ist. Der Mensch Jesus ist ganz von Gott her bestimmt und als solcher ganz bei den Menschen, ist definiert durch sein Zusammensein, Miteinandersein und Füreinandersein mit dem Mitmenschen, um hier nochmals diejenigen Begriffe aufzugreifen, die auch für das innertrinitarische Sein bestimmend sind.

Wenn Jesus daher in wahrhaftiger und wirklicher Beziehung ist, dann bildet sein Sein den Maßstab für den wirklichen, echten Menschen. Der wahre Mensch existiert in der geglückten Beziehung zu Gott und gleichzeitig geglückten Beziehung zu seinen Mitmenschen. Das heißt negativ ausgedrückt: »No accurate understanding of the human being can be derived if we look at a person in isolation from God and others.«[89] Das bedeutet, dass der wahre Mensch nur dann zutreffend erscheint, wenn er als in Beziehung, d. h. relational, betrachtet wird; ein Menschenbild, welches den

---

[87] A. a. O., 390. Vgl. auch DERS., KD I/1, 333.
[88] ZEINDLER, Der wirkliche Mensch, 265.
[89] PRICE, Karl Barth's Anthropology in Light of Modern Thought, 97. So auch a. a. O., 13f.

Mitmenschen nur als Hinzukommendes, als Möglichkeit des Seins betrachtet, verfehlt indes das Wesen des Menschen: »Wie Gott ›in Beziehung‹ ist, so soll auch er [der Mensch; B. S. und M. H.] in Beziehung, also im Zusammensein mit dem anderen Menschen existieren.«[90] Dies macht seine Mit-Menschlichkeit aus.

Daraus folgt für Barth: »Ich bin, indem Du bist, und Du bist, indem Ich bin.«[91] Diese Aussage soll nicht bedeuten, dass das Ich nur im Du existiert. Aber es heißt, dass Ich durch Dich bestimmt, qualifiziert bin. Ich und Du existieren damit in einer gemeinsamen Bewegung, die als jeweilige Setzung Begegnung und bei Barth deshalb Geschichte genannt wird[92] – »Wer Mensch sagt, sagt Geschichte.«[93] In unverkennbarer Nähe zum jüdischen Religionsphilosophen Martin Buber, von dem Barth sich freilich auch abgrenzen kann,[94] stellt Barth fest: »Es ist schon so etwas wie ein – nun freilich schlechterdings eminentes – Ich, das, ganz vom Du her und ganz zum Du hin bestimmt, sichtbar wird. In dieser doppelten Bestimmtheit ist nun eben Jesus menschlich«.[95] Buber selbst bemerkt: »Ich werde am Du; Ich werdend spreche ich Du. Alles wirkliche Leben ist Begegnung.«[96] In diesem Beziehungsgeschehen, d. h. zwischen Ich und Du, ist Liebe, und »Liebe ist Verantwortung eines Ich für ein

---

[90] LINK, Anthropologie, 338.

[91] BARTH, KD III/2, 297.

[92] Bereits begrifflich ist hier die Nähe Barths zu Martin Bubers Personalismus bzw. dialogischem Prinzip mit Händen zu greifen. D. BECKER (Karl Barth und Martin Buber – Denker in dialogischer Nachbarschaft? Zur Bedeutung Martin Bubers für die Anthropologie Karl Barths, FSÖTh 51, Göttingen 1986, 62–95; 101–124) konkretisiert diese Nähe in seinem Barth-Buber-Vergleich anhand von sieben Kriterien: Relationalität, Dualität, Interaktion, Verbalität, Subjektivität, Analogizität und Perspektivität. Vgl. auch E. BRINKSCHMIDT, Martin Buber und Karl Barth. Theologie zwischen Dialogik und Dialektik, Neukirchen-Vluyn 2000; H.-CH. ASKANI, Karl Barth und Martin Buber, in: M. LEINER / M. TROWITZSCH (Hg.), Karl Barths Theologie als europäisches Ereignis, Göttingen 2008, 239–259.

[93] BARTH, KD III/2, 297. Dort z. T. kursiv.

[94] Vgl. z. B. ders., KD II/2, 779. Dass Barth Buber gegenüber nicht unkritisch war, zeigt auch sein Vorwurf an seinen Schüler Helmut Gollwitzer, er »buberle«. Vgl. E. BUSCH, Meine Zeit mit Karl Barth. Tagebuch 1965–1968, Göttingen 2011, 10. Entgegen dem Verdacht, dass Barth seine Konzeption von Mit-Menschlichkeit aus dem Personalismus bzw. den Philosophemen des Dialogismus Bubers ableitet, macht G. HUNSINGER (How to Read Karl Barth. The Shape of His Theology, New York / Oxford 1991, 62f.) zu Recht geltend: »Any appropriation has obviously not been uncritical. A close reading of the argument, furthermore, indicates that the concept of I-Thou relationships is meant to interpret the idea of ›cohumanity‹ as ›the basic form of humanity‹, and that that idea, in turn, is derived doctrinally from the idea of Jesus' humanity as a humanity of ›self-giving‹ with us and for us, as well as hermeneutically from the idea of the *imago dei* as found in the Genesis creation narratives. Cohumanity is thus the derived doctrine, and I-Thou relationships is the assimilated concept.«

[95] BARTH, KD III/2, 257.

[96] M. BUBER, Ich und Du, Reclam 9342, Stuttgart 1995, 12.

Du«.[97] Bei Barth heißt es entsprechend: »Daß der wirkliche Mensch von Gott zum Leben mit Gott bestimmt ist, hat seine unangreifbare Entsprechung darin, daß sein geschöpfliches Sein ein Sein in der Begegnung ist: zwischen Ich und Du«.[98]

Wie aber konstituiert sich das Ich in der Beziehung zum Du als Grundlage wahren, wirklichen menschlichen Seins? Barth benennt vier Stufen,[99] die je aufeinander aufbauen.

(1) Zunächst ereignet sich diese Konstitution in der Wahrnehmung des Du und Ich in einem gemeinsam geteilten Raum. Das Ich kann das Du deshalb unterscheiden, weil Du nicht Ich bist, aber auch kein Es. Dieses »Sein in der Begegnung«[100] setzt offenbar voraus,[101] dass ich den Anderen als Menschen wahrnehme (In-die-Augen-Sehen) und mich von dem Anderen als Mensch und nicht als Ding o. Ä. sehen lasse. Eine Beobachterposition aus einem Versteck beispielsweise würde das verunmöglichen. Menschsein heißt für Barth deshalb auch »Offensein«, sich preisgeben.[102] Interessanterweise verweist Barth in diesem Zusammenhang auf das Phänomen der Bürokratie, der eben diese Sicht verloren geht, weil Menschen dort nur mittels eines Formulars, einer Nummer usw. in Beziehung treten und die Bürokratie deshalb bereits den Keim der Inhumanität in sich trägt.[103]

(2) Neben der Wahrnehmung des Anderen spielt das Miteinander-Reden und Aufeinander-Hören eine wesentliche Rolle für ein »Sein in Begegnung«. Es geht um den »humane[n] Sinn von Sprache«:[104] Ich teile mich mit, Du teilst Dich mir mit, damit wir uns selbst zeigen können, uns selbst in der Beziehung interpretieren und

---

[97] A. a. O., 15. E. Lévinas (Die Spur des Anderen, in: Ders., Die Spur des Anderen. Untersuchungen zur Phänomenologie und Sozialpsychologie, übersetzt, herausgegeben und eingeleitet von W. N. Krewani, Freiburg i. Br. / München 1998, 209–235, 224) fasst diesen Gedanken noch etwas weiter: »Die Epiphanie des absolut Anderen ist Antlitz, in dem der Andere mich anruft und mir durch seine Not, eine Anordnung zu verstehen gibt. Seine Gegenwart ist eine Aufforderung zur Antwort. Das Ich wird sich nur der Notwendigkeit zu antworten bewusst, so als handele es sich um eine Schuldigkeit oder eine Verpflichtung, über die es zu unterscheiden hätte. In seiner Stellung selbst ist es durch und durch Verantwortlichkeit oder Diakonie, wie im 53. Kapitel des Buches Jesaja. Von daher bedeutet Ichsein, sich der Verantwortung nicht entziehen zu können.«
[98] Barth, KD III/2, 242 (Leitsatz § 45). Dort kursiv.
[99] Vgl. a. a. O., 291–329.
[100] A. a. O., 299 u. ö.
[101] Zum Motiv des »Seins in der Begegnung« vgl. die höchst instruktive Untersuchung: D. A. Becker, Sein in der Begegnung. Menschen mit (Alzheimer-)Demenz als Herausforderung theologischer Anthropologie und Ethik, hg. von G. Plasger, EThD 19, Berlin 2010.
[102] Vgl. Barth, KD III/2, 300f.: »Sein in der Begegnung ist ein Sein in der Offenheit des Einen zum Anderen hin und für den Anderen. ›Ich bin, indem Du bist‹ – das vollzieht sich grundlegend darin, dass ich für dich nicht verschlossen, sondern geöffnet bin. […] [W]o Offenheit waltet, da beginnt Humanität zum Ereignis zu werden.«
[103] Vgl. a. a. O., 302.
[104] Ebd.

Kontur gewinnen – für uns, für den Anderen und so schließlich einen Verkehr sicherstellen, eine gemeinsame Handlungsbasis gewinnen.[105]

(3) Als dritte Stufe folgt dann als weitere Konsequenz das gegenseitige Einander-Beistand-Leisten als aufeinander bezogene Handlung, als Antwort auf einen Ruf, der wiederum einer Antwort entspringt. So entsteht in dem Füreinander eine Gemeinschaft, ein Miteinanderleben, auf das der Mensch so dringend angewiesen ist, weil er eben nicht Gott ist. Eine Abkehr davon, hin zur Autarkie, zu »affektierter Bedürfnislosigkeit«,[106] wie Barth sagt, wäre eine Verleugnung seiner Menschlichkeit. Das Verhältnis des Menschen zum anderen Menschen prädiziert Barth als die »Grundform der Menschlichkeit«.[107] »Humanität schlechthin, die Humanität jedes Menschen besteht in der Bestimmtheit seines Seins als Zusammensein mit dem anderen Menschen.«[108]

(4) Die vierte und höchste Stufe des wirklichen »Seins in der Begegnung« schließlich liegt in der Einsicht, dass dieses Sein vor der Einsicht in die Notwendigkeit dieses Vorgangs geschieht, dass der Mensch in diesem Sein »gerne«[109] menschlich ist. Das Sein in der Begegnung ist durch ein »Gern-Geschehen« charakterisiert, das seinerseits jegliche Indifferenz konterkariert. Damit meint Barth, dass die Existenz in der Beziehung verfehlt würde, inhuman wäre, wenn sie auf dem Gefühl eines äußerlich auferlegten Gesetzes erfolgte und nicht aus Freiheit heraus, als Chance begriffen würde, selbst und wirklich zu werden. Barth kann diesen Gedanken bis zur äußersten, radikalen Konsequenz, nämlich bis zur Häretisierung zuspitzen: »[S]i quis dixerit hominem esse solitarium, anathema sit!«[110]

---

[105] Im Blick auf die Kommunikation weist E. LÉVINAS (Sprache und Nähe, in: DERS., Die Spur des Anderen. Untersuchungen zur Phänomenologie und Sozialpsychologie, übersetzt, herausgegeben und eingeleitet von W. N. KREWANI, Freiburg i. Br. / München 1998, 261–294, 280) darauf hin, dass Kommunikation nicht auf einer verbalen Basis beruht: »Die Beziehung der Nähe, dieser Kontakt, der nicht in noetisch-noematische Strukturen umgemünzt werden kann und der schon das Worin für alle Übertragung von Botschaften ist – um welche Botschaften es sich auch handele – ist die ursprüngliche Sprache, Sprache ohne Worte und Sätze, reine Kommunikation.«

[106] BARTH, KD III/2, 315.

[107] A. a. O., 266.

[108] A. a. O., 290.

[109] A. a. O., 318.

[110] A. a. O., 384. Einen interessanten Vergleich mit Carl Gustav Jung stellt D. J. PRICE, Karl Barth's Anthropology in the Light of Modern Thought, 97, her. Zum Motiv der Einsamkeit bei Barth vgl. E. BUSCH, »Der Mensch ist nicht allein«. Das Problem der Einsamkeit in der Theologie Karl Barths, in: J. DENKER u. a. (Hg.), Hören und Lernen in der Schule des NAMENS. Mit der Tradition zum Aufbruch. FS Bertold Klappert zum 60. Geburtstag, Neukirchen-Vluyn 1999, 239–253.

5. Transfer: Auf dem Weg zu einer Beurteilung von Kampfdrohnen auf dem Hintergrund von Barths Anthropologie der Mit-Menschlichkeit

Barths christologisch grundgelegte Anthropologie erweist sich – wie wir sahen – in ihrer Entfaltung als eine Anthropologie der Sozialität und Humanität. Sie zielt auf Mit-Menschlichkeit ab. Wie kann uns aber diese Konzeption von einem wahrhaftigen »Sein in Begegnung« dabei helfen, eine Position zum Einsatz von UCAVs zu vermitteln? Natürlich wird es hier nicht darum gehen können, urteilsbildend ein abwägendes und womöglich gar mit Vollständigkeitsanspruch auftretendes Argumentarium zu entfalten.[111] Vielmehr geht es uns um Perspektivgewinnung, die freilich unabdingbar zur Urteilsbildung hinzugehört.[112] Erinnern wir uns an das Konzept der »Telepräsenz«, das Virilio entworfen hat, und seine Adaption für die Funktionsweise von UCAVs, dann sieht man, dass 1. der Operator, der die Waffen des UCAVs bedient, wesentlich durch seine Abhängigkeit von Maschinen definiert ist, 2. diese von Maschinen und Programmen entworfene Teleexistenz durch die Vernichtung des Raumes zu Gunsten der Zeit geprägt ist, und 3. die Zerstörung des Raumes einen Zusammenbruch der Ordnung und Setzung des Raumes mit sich bringt, in dem Telehandlungen keine Konsequenzen für den Operator haben.

Vor dem Hintergrund der Barth'schen Anthropologie ergeben sich aus diesen Befunden erhebliche Probleme, denn letztlich verunmöglichen sie ein »Sein in der Begegnung« und damit wahres, wirkliches Menschsein. Das mag sich ebenso banal wie makaber anhören, wenn man sich klarmacht, dass es um das Töten geht, also die (Ver-)Nichtung des Seins bzw. der Begegnung *per se*. Bildet also nicht jedwedes Töten eine (Ver-)Nichtung und damit die fundamentalste Verfehlung eines »Seins in der Begegnung«? Damit wäre aber zugleich auch die Anwendbarkeit einer solchen Kategorie auf Kampfhandlungen mit tödlichem Ausgang infrage gestellt, wie sie eben auch automatisierte Waffen wie Kampfdrohnen repräsentieren.

Hier soll freilich nicht mit dem Tod und dem Traurigen wie Schrecklichen einer solchen (Ver-)Nichtung gespaßt werden. Vielmehr geht es darum, die Absurdität herauszustellen, die die UCAVs als ein Referenzrahmen für ein »Sein in Begegnung« darstellen. Während nämlich beim konventionellen Töten, das ja auch eine (Ver-) Nichtung des Seins bzw. der Begegnung bedeutet, die Feinde »immerhin« einen Raum teilen, teilt der Operator in seiner Teleexistenz keinen Raum mehr mit irgendjemandem, auch nicht mit seinen Feinden. Wenn er ihn aber nicht mehr teilen muss, dann verunmöglicht sich auch die gegenseitige Wahrnehmung des jeweils Anderen

---

[111] Nachdrücklich verweisen wir nochmals auf das nach Pro und Contra, freilich ohne Vollständigkeitsanspruch entfaltete »theologisch-ethische Argumentarium zum Gebrauch von Kampfdrohnen«: HOFHEINZ, Abus non tollit usum?, 137–169.

[112] So TÖDT, Perspektiven theologischer Ethik, 38. Fernerhin: MATHWIG, Technikethik – Ethiktechnik, 228.

und damit die absolut grundlegende Voraussetzung von Mit-Menschlichkeit – die Erkenntnis des Ich durch die Anerkennung des Du. Dann wird der Mensch unwirklich, unwahr, löst sich gleichsam auf und verschwindet, denn er kann sich nicht mehr setzen, sich nicht mehr unterscheiden und führt ein Schattendasein.[113]

Ähnlich wie dies Barth schon im Hinblick auf die Bürokratie erkannte, als er dort die Wahrnehmung des Menschen in Form von Formularen, Nummern und dergleichen kritisierte, muss hier die Wahrnehmung des Menschen nicht als wahrzunehmender Gegner, Feind, zu dem man sich verhalten muss, weil er so ist wie ich, sondern als Objekt, x-beliebige Darstellung in den Mensch-Maschine-Interaktionen gesehen werden: als Information, die verarbeitet wird und damit Menschsein verunmöglicht. Bereits insofern also zwingen UCAVs den Menschen in eine Situation, in der er sein Selbst verfehlen muss und seiner Mit-Menschlichkeit verlustig geht:

Mit Blick auf die kritisch gestellte Rückfrage und den mit ihr einhergehenden Einwand, inwiefern eine solche Situation der Verneinung eines »Seins in Begegnung« nicht bereits bei modernen konventionellen Waffensystemen, wenn nicht im Krieg überhaupt, gegeben sei, geben wir also zu bedenken, dass die längste Zeit der Menschheitsgeschichte Krieg zwar als katastrophalste Form zwischenmenschlicher Beziehungen galt, aber immerhin noch als Beziehung, die stets auch eine gewisse Offenheit mit sich brachte: Angefangen bei Kampf Mann gegen Mann mit Keulen und Schwertern, bei der das eigene Tun ganz vom Gegner bestimmt gewesen ist, bis hin zum Einsatz moderner Kampfjets und Artillerie, bei der schon die Existenz des Gegners den Menschen dazu zwingt, seine eigene Position in Abhängigkeit vom Gegner zu wählen, weil man sich einen Raum teilt, den Gegner als potenziell gefährlich wahrzunehmen, auf ihn zu reagieren, mit ihm dadurch zu interagieren und dadurch sein eigenes Sein in Abhängigkeit vom anderen zu definieren.[114]

All das ist beim Einsatz von UCAVs nicht gegeben. Die Verwendung dieses Systems zwingt zu einem geschlossenen, autarken System, in dem der Mensch nicht mehr Mensch ist, sondern Teil der Maschine. Barth nennt explizit den »Robotermensch« des Materialismus als ein warnendes Beispiel für den Verlust des Menschseins des Menschen.[115] Er ist entseelt.[116] Auch beim Einsatz von UCAVs interagiert der Mensch nur noch als Maschine, indem er nur noch mit der Maschine interagiert.[117] Diese Form der Interaktion ist mithin durch die geradezu schlechthinnige

---

[113] BARTH (KD III/2, 87; 236) kann vom »Schattenmenschen« sprechen.

[114] Vgl. die Synopse von M. FUNK, Drohnen und sogenannte »autonom-intelligente« Technik im Kriegseinsatz. Philosophische und ethische Fragestellungen, in: DERS. u. a. (Hg.), Cyberwar @ Drohnenkrieg. Neue Kriegstechnologien philosophisch betrachtet, Würzburg 2017, (163–193) 168.

[115] BARTH, KD III/2, 467.

[116] A. a. O., 464.

[117] Vgl. auch B. KOCH, Maschinen, die uns von uns selbst entfremden. Philosophische und ethische Anmerkungen zur gegenwärtigen Debatte um autonome Waffensysteme, in: Militärseelsorge. Dokumentation 54 (2016), 99–119.

Absenz von Mit-Menschlichkeit gekennzeichnet. Denn auch der Mensch auf der anderen Seite, der Feind, wird lediglich zu einem beliebigen Systemparameter, wird zu einem neutralen »Es«, ohne jede Möglichkeit der Beziehungnahme für beide Seiten. Und vielleicht liegt hierin auch der Grund für die Unruhe, die der Vorstoß der US-Streitkräfte auslöste, Tapferkeitsmedaillen auch an Operatoren zu verleihen.[118]

Nun könnte indes jemand einwenden und kritisch zurückfragen: Handelt es sich bei einer solchen Verleihung nicht auch um einen Akt der »Wertschätzung« und der »Humanität«? »There is no authentic humanity apart from fellow humanity«,[119] könnte man, geradezu sarkastisch auf Mit-Menschlichkeit pochend, konstatieren. Im Lichte der christologischen Anthropologie Barths zeigt sich freilich, dass »Mit-Menschlichkeit« kein freiflottierendes Konzept von Humanität meint und auch kein mehr oder weniger beliebiges Versatzstück allgemeiner Anthropologie repräsentiert. »Mit-Menschlichkeit« ist bei Barth rückgebunden an den Menschen Jesus als das offenbarende Wort Gottes. Von ihm heißt es: »Ecce homo« – »Seht, welch ein Mensch«! Und Barth setzt eben, wie wir sahen, nicht beim »Menschen im Allgemeinen« an, um dann nach einer mehr oder weniger gelungenen »Phänomenologie« auch noch theologische Sätze gleichsam als *donum superadditum* anzuhängen.[120] Das Sein *Jesu* ist Sein in Beziehung bzw. Begegnung und nur von daher erschließt sich sowohl das Sein des Menschen als auch das Prädikat der Mit-Menschlichkeit.

Ein Transfer auf dem Weg zu einer Beurteilung von Kampfdrohen auf dem Hintergrund von Barths Anthropologie der Mit-Menschlichkeit wird deshalb beim Menschen Jesu und seinem Sein ansetzen müssen. Gewiss kann und soll es nicht darum gehen, dass das theologische Urteil die Phänomene, Fakten und deren Analyse hypertroph überlagert.[121] Es geht vielmehr um eine perspektivische Erschließung der Phänomene. Von daher ist aus christologischer Perspektive zu fragen, ob das Sein Jesu, dessen Mit-Menschlichkeit jede Isolation ausschließt und in dessen Zusammensein, Miteinandersein und Füreinandersein Gottes Zuwendung zu den Menschen Ereignis wird, nicht den Gegenentwurf zum Waffensystem der Kampfdrohnen darstellt. Werden nicht alle vier Charakteristika des von Barth christologisch gefassten »Seins in der Begegnung« in eklatanter Weise verletzt, als da wären, verkürzt gesprochen: (1) das In-die-Augen-Sehen und das Offen-Sein für den Anderen, (2) das Miteinander-Reden und Aufeinander-Hören, (3) die Gegenseitigkeit und der Beistand und schließlich (4) das die Indifferenz konterkarierende »Gern-Geschehen«?

---

[118] CH. CARROLL, Hagel Eliminates ›Drone Medal‹, Creates Device for Existing Medals. www.stripes.com/hagel-eliminates-drone-medal-creates-device-for-existing-medals-1.216722 (02.05.2020).

[119] PRICE, Karl Barth's Anthropology in Light of Modern Thought, 307.

[120] Zu den Abgrenzungsbewegungen Barths gegenüber Naturalismus, Idealismus, Existentialismus und Neo-Orthodoxie vgl. HUNSINGER, Barth on What It Means to Be Human, 249–259.

[121] Vgl. HOLLENSTEIN, Die Anthropologie, 5.

Absente Mit-Menschlichkeit

Entspricht also dieses Waffensystem nicht exakt jener »Humanität ohne den Mitmenschen«,[122] die Barth verwirft? Wenn dem aber so ist, und wir selbst teilen dieses Urteil, so kann die naheliegendste Konsequenz wohl nur im Verzicht auf Kampfdrohnen und einem Caveat zu dem mit ihrer Einführung beschrittenen Weg hin zu den autonomen Waffensystemen bestehen. Wir geben deshalb zu bedenken und wenden gegen eine entsprechende Ausstattung ein: Mit diesem Weg wird ein Ab- und ein Irrweg beschritten. Bei diesem Weg handelt es sich um einen Weg absenter Mit-Menschlichkeit. Wo aber die Mit-Menschlichkeit absent ist, wird aus der Welt nicht nur eine *un*-menschliche, sondern sogar eine regelrecht *ohn*-menschliche Welt.

---

[122] BARTH, KD III/2, 274. Dort kursiv.

Barth for Future?

Eine Barth-Relektüre vor dem Hintergrund der Bewegung »Fridays for Future«

Raphaela J. Meyer zu Hörste-Bührer

1. »Please help the world.« Ein Spiel mit Emotionen?

»Römerbrief und Tageszeitung. Politik in der Theologie Karl Barths«, so titelt die Ringvorlesung, in deren Rahmen der folgende Beitrag entstanden ist. Dieser Beitrag kontrastiert Stücke der Theologie Karl Barths mit tagesaktuellen Fragestellungen, liest Barth also gewissermaßen »explorativ« auf die Gegenwart hin und bietet keine historische Aufarbeitung der Entstehungskontexte der aufgenommenen Barthtexte. Dabei wird auch der Römerbrief an späterer Stelle noch kurz Erwähnung finden. Zunächst wendet sich die Betrachtung aber einem gegenwärtigen Pendant der Tageszeitung zu, nämlich einem bzw. zwei Internetfund(en), die verdeutlichen, inwiefern ein Spiel mit Emotionen die Klimadebatte gegenwärtig prägt. Es geht um eine kurze Sequenz aus einem Video, das auf YouTube einsehbar ist. Ursprünglich stammen die gezeigten Bilder aus dem Eröffnungsfilm der Klimakonferenz der Vereinten Nationen 2009 in Kopenhagen.[1] Es handelt sich in dem Film um eine Albtraumszene, die durch Beobachtungen des Wetters und eine Nachrichtensendung ausgelöst wird. Ein Mädchen träumt von einem Weg durch eine Art Wüste, die dann von steigenden Wassermassen überflutet wird. Schließlich kann sich das Mädchen nur an einem dürren Baum festhalten.[2] Das gleiche Mädchen blickt gegen Ende des Videos direkt in die Kamera und sagt: »Please help the world.«

---

[1] Das Video »Please Help the World«, film from the opening ceremony of the United Nations Climate Change Conference 2009 (COP15) in Copenhagen from the Ministry of Foreign Affairs of Denmark. Shown on December 7, 2009 at COP15, ist unter www.youtube.com/watch?v=NVGGgncVq-4 (21.11.2019) verfügbar. Die erwähnten Szenen finden sich in Min 1:50–2:38 und Min 3:43–46. Vgl. auch Fußnote 2.

[2] Vgl. M. THIELE, Von Eisbären, dem Patient Erde, Weltrettungs- und Weltuntergangsszenarien. Eine Interdiskurs- und Dispositivanalyse des Medienereignisses »Klimagipfel Kopenhagen«, in: N. ELIA-BORER / S. SIEBER / G. C. THOLEN (Hg.), Blickregime und Dispositive audiovisueller Medien, MedienAnalysen 13, Bielefeld 2011, (267–294) 269 beschreibt die Albtraumszene aus dem Eröffnungsvideo folgendermaßen: »Mit bedrohlichem Getöse reißen in einem rissigen, ausgedörrten Boden Erdspalten auf, denen ein Mädchen mit ihrem Kuscheltier – einem Eisbären – zu entfliehen sucht. In der Fluchtbewegung fällt das Plüschtier aus der Hand in eine Kluft. Als das Kind rettend nach dem weißen Stofftierbären greift, ziehen

Zusammengeschnitten sind Elemente beider Szenen in einem YouTube-Video unter dem Titel »Klimawandel – Umweltschutz als neue Weltreligion«.[3] Hier werden sie unterlegt mit einer im Tonfall deutlich spöttischen Kommentierung: »Im Eröffnungsfilm der Kopenhagenkonferenz träumt ein Kind vom Weltuntergang«. Das Video nimmt (vor allem in der zweiten Hälfte) in polemischer Weise die Warnungen vor dem Klimawandel auf, spricht von »Klimagläubigen« und zieht Parallelen zwischen religiösen Phänomenen und Phänomenen, die durch die Klimadebatte angestoßen wurden.

Man sieht hier sehr deutlich, welches Spiel mit Emotionen in der Diskussion um den Klimawandel gespielt wird. Die eine wie die andere Seite appelliert in diesen Beispielen stark an Emotionen. Ängste, Unsicherheit, Gehetztheit durch die knapp werdende Zeit und das Gefühl der Bedrohung allen Lebens in der Form, wie wir es kennen, auf der einen Seite. Die andere Seite evoziert Gefühle der Überlegenheit, der Beschämung und Lächerlichkeit.

Die Kritik an dem Video zur Klimakonferenz ist in gewissen Aspekten nicht unberechtigt: Der Eröffnungsfilm appelliert in Bild und Ton sehr stark an die Emotionen. Das Video »Klimawandel – Umweltschutz als neue Weltreligion«, verfährt allerdings auch nicht subtiler und vor allem: nicht sachlicher. Es arbeitet ebenfalls stark mit affektiven Mitteln.

Die genannten Emotionen bilden nun gemeinsam die passende Gefühlsmischung für Apokalypsen, wie man sie etwa bereits in der Johannesapokalpyse finden kann. Nun lässt sich einwenden, dass die zugrunde liegenden Prognosen sich heute nicht auf Nostradamus oder personale Offenbarungen, sondern auf wissenschaftliche Berechnungen und Beobachtungen stützen.[4] Gleichwohl finden sich in der Diskussion auch gewisse Tendenzen, Themen und Denkstrukturen, die in der Theologie schon seit etlichen Jahrhunderten reflektiert werden. So sind Parallelen bestimmter Phänomene im Rahmen von Klimaschutzbewegungen mit religiösen Phänomenen auch anderweitig bereits beobachtet worden, wie etwa die Vergleichbarkeit von CO_2-

---

schwarze Wolken auf, die alles verdunkeln und sich zu einem wütenden Tornado verdichten, dem das Mädchen wiederum durch Flucht zu entgehen versucht, wobei es von plötzlich hereinbrechenden Flutwellen umspült und dadurch gezwungen wird, sich an den Ast eines toten Baumes zu klammern, an dem das Kind wie ein Blatt hängt, das stürmischen Winden hilflos ausgeliefert ist.«

[3] Das Video ist abrufbar unter www.youtube.com/watch?v=A4roZUnGS98 (21.11.2019). Die genannte Szene findet sich unter Min. 1:55–2:18. Gemäß der Information der Youtube-Seite wurde das Video im Programm 3sat Kulturzeit am 19.01.2010 ausgestrahlt. (Vgl. auch das Video »Klimawandel: Die neue Religion«, abrufbar unter www.youtube.com/watch?v=dbI9OFv-xhU [03.03.2020]. In diesem Video findet sich die identische Szene bei Min 9:41–9:57.)

[4] Vgl. etwa zur Einführung in die CO_2-Thematik E. WEBER, Welt am Abgrund. Wie CO_2 unser Leben verändert, Darmstadt 2018.

Zertifikaten mit dem Ablasshandel.⁵ Das bedeutet aber, dass auch spezifisch theologische Reflexionen der Fragestellung zu dem Themenbereich Umweltethik und Klimaschutz von Nöten sind.⁶ Diese müssen sich allerdings der Herausforderung stellen, in den emotional so massiv aufgeheizten Diskursen argumentativ sachlich, fair und produktiv zu bleiben.⁷

Die Situation ist allerdings – trotz bestimmter wiedererkennbarer Strukturen – zugleich eine wirklich neue: Ein entsprechend rasanter Wechsel der ökologischen Verhältnisse auf dem Planeten Erde durch menschenverursachte Einwirkungen hat in der Vergangenheit keine Parallele.⁸

2. Fridays for Future

2.1 Drei Zeitproblematiken in der Klimadebatte

Die Fakten sind hinreichend bekannt, so dass sie hier nur in aller Kürze erwähnt werden sollen. Die Bewegung »Fridays for Future« ist eine weltweite Schülerbewe-

---

⁵ Der Hinweis auf diese Parallelen wird vielfach in abwertender Absicht angebracht: Eine Ähnlichkeit zur Religion steht dann vielfach für Irrationalität und übertriebenen Aktionismus. Ähnlich verfährt auch der Text von R. FRISCH, »Zwischen Klimahysterie und Klimahäresie. Kleines theologisches Spiel mit dem Feuer«, der in der Internetausgabe von »Zeitzeichen« erschienen und unter www.zeitzeichen.net/node/7759 abrufbar ist (21.11.2019). Vgl. auch die Kritik hierzu bei A. MERTIN, Ein Bekenntnis zur Umwelt-Häresie. Not-wendige Anmerkungen zu Ralf Frischs umstrittenem Text zur Klimahysterie, www.zeitzeichen.net/node/7784 (03.03.2020).

⁶ U. H. J. KÖRTNER, Religion und Klimaschutz, ZEE 64 (2020), (3–7) 4 weist darauf hin, dass die religionskritische Bewertung der »Fridays for Future«-Bewegung »in manchen Kreisen zu vordergründig« ausfällt und zitiert den Literaturwissenschaftler Klaus Vondung: »Die Bedrohung unserer Lebenswelt ist eine Sache, eine andere die Angst vor dem Weltuntergang, und noch eine andere die Art und Weise, in der sich die Angst äußert, in der man über sie redet und sie zu bewältigen sucht.« (K. VONDUNG, Die Apokalypse in Deutschland, München 1988, 8).

⁷ Dass der Tabubruch eines Theologen, sich zu unangemessener Sprache, zu Diffamierungen und irreführender Begriffsverwendung hinreißen zu lassen, zwar tatsächlich breite Aufmerksamkeit hervorruft, zeigt die Rezeption des in Fußnote 5 erwähnten Textes von FRISCH, Klimahysterie. Sie zeigt zugleich, dass diese Aufmerksamkeit der qualifizierten und produktiven Diskussion gerade nicht förderlich ist.

⁸ Die atomare Bedrohung der ganzen Welt, die im kalten Krieg deutlich vor Augen stand, war (und ist) zwar wohl ähnlich existenziell, aber hier konnte (und kann) man darauf hoffen, dass die Atomwaffen niemals zum Einsatz kommen. Die Situation des Klimawandels ist aber eine Entwicklung, die bereits eingeleitet ist und die im besten Fall noch aufgehalten werden kann.

gung, die mit verschiedenen Aktionen auf die Bedrohungen des Klimawandels aufmerksam macht. Die Bewegung ist »international, überparteilich, autonom und dezentral organisiert«.[9] Insbesondere an bestimmten Freitagsterminen ruft die Bewegung zum »Klimastreik« auf, der im Fernbleiben vom Schulunterricht (und universitären Lehrveranstaltungen) Ausdruck findet. Es wurde verschiedentlich festgestellt, dass der Erfolg der Bewegung gerade in ihrem klaren Anliegen, ihren möglichst schmal gehaltenen Organisationsstrukturen und vor allem ihrer Unabhängigkeit liegt.

Die Organisation und ihre Aktionen haben weltweit breite Aufmerksamkeit erreicht und einen breiten und in weiten Teilen äußerst emotional geführten Diskurs ausgelöst. Ich beschränke mich im Folgenden i. W. auf die Debatte in Deutschland. Diese dreht sich in einer dreifachen Weise um die Fragen nach »Zeit«.

1. Zunächst und am offensichtlichsten geht es um die Frage der Frist, innerhalb derer menschliches Leben auf dem Planeten Erde in etwa der uns bekannten Weise noch möglich ist. Die Worst-Case-Szenarien besagen, dass bei unverändertem Verhalten bereits in 30 Jahren große Landstriche aufgrund des Klimas für Menschen nicht mehr bewohnbar und etliche wichtige Ökosysteme zusammengebrochen sein werden.[10] Nach einer UN-Studie könnte der Nordpol bereits ab den 2030er Jahren im Sommer vollständig eisfrei sein.[11] Das bedeutet vielleicht nicht zwingend, dass in 30 Jahren alle Menschen sofort sterben würden, aber jedenfalls, dass der Generation jetziger Schülerinnen und Schüler dann nur noch zusammengebrochene globale Strukturen zur Verfügung stünden.

2. Der Punkt, der die Bewegung »Fridays for Future« so besonders macht und ihr dadurch wahrscheinlich auch viel Aufmerksamkeit eingebracht hat, ist nun aber gerade die Reaktion auf ein Zeitproblem mit einer anders gearteten Version von Zeit, nämlich Schulzeit. Die Schülerinnen und Schüler machen ein »Recht auf Zukunft« geltend und erklären in gewisser Weise den Bruch des Generationenvertrages durch die gegenwärtig verantwortliche Erwachsenengeneration. Wenn es keine gestaltbare Zukunft gibt, so die Argumentation, ergibt »Lernen für die Zukunft« auch keinen Sinn. Ich vermute, dass die Bewegung gerade deshalb – trotz aller Unterstützung durch »Parents for Future«, »Scientists for Future« usw. – als *Schülerbewegung* wahrgenommen wird, weil dieses Argument aus dem

---

9 So die Selbstbeschreibung unter www.fridaysforfuture.de (20.11.2019).
10 Vgl. etwa die Ausführungen bei A. FLATLEY, Klima-Prognose 2050: »Hohe Wahrscheinlichkeit, dass die menschliche Zivilisation endet«, www.utopia.de/klimawandel-prognose-2050-142678/ (11.11.2019). Über die naturwissenschaftliche Angemessenheit dieser Prognosen vermag die Autorin dieses Textes nicht zu urteilen. Es kann aber festgehalten werden, dass diese Prognose gesellschaftlich diskutiert wird.
11 Vgl. M. ODENWALD, Dramatische UN-Studie: Die Arktis ist ab 2030ern im Sommer eisfrei, www.focus.de/wissen/klima/arktis-ab-2030ern-eisfrei-neue-un-studie-sieht-drastische-erwaermung_id_10489964.html (03.03.2020).

Mund von Schülerinnen und Schülern letztlich nur sehr schwer zu entkräften ist. Jeder Politiker, der es gewagt hat, in diesem Sinne auf die Schulpflicht zu pochen, hat hier den Generationenvertrag, auf dem unser Bildungssystem ruht, unglaubwürdiger gemacht: Die langwierige Schulausbildung, die für Teenager unserer Breitengrade im Wesentlichen in ihrem Sinn und ihrer Weise kontraintuitiv sein dürfte, hat ihre Begründung immer darin, die Kompetenzen zu gewinnen, die Welt und das menschliche Leben auf ihr weiterzuführen und zu gestalten. Wenn es dafür aber keine Zeit mehr geben sollte, ist die Begründung von Schulbildung tatsächlich hinfällig. Bildung muss zumindest potenziell die Kenntnisse und Fähigkeiten vermitteln, die zur Gestaltung des menschlichen Lebens notwendig sind.

3. Viel bewusste Infantilisierung und Diffamierung der Bewegung »Fridays for Future« lässt sich daher als Hilflosigkeitsreflex angesichts des dritten Zeitproblems in der Frage deuten, nämlich der Zeit der Veränderung. Denn Veränderung braucht Zeit und muss von verschiedenen Menschen in verschiedener Weise bewältigt werden: Wenn in Deutschland die Kohlekraftwerke abgeschaltet werden sollen, muss zuvor geklärt werden, wie die Stromversorgung dann sichergestellt werden kann. Während Stromausfälle für private Haushalte und viele Arbeitsstellen unangenehm wären, wären sie in Krankenhäusern leicht lebensbedrohlich. Wenn ohne geregelten Übergang viele Arbeitsplätze in den Kohlekraftwerken wegfielen, könnten auch Eltern schulpflichtiger Kinder die Haupteinnahmequellen wegfallen.

Nun gibt es in Deutschland immerhin noch gewisse soziale Absicherungen. Wenn aber die Rodung des Regenwaldes unterbunden würde, fiele die Lebensgrundlage vieler Menschen weg, die zu den Ärmsten gehören und keine Sicherungssysteme haben. Etwas zynisch gesagt: Was heißt schon das Überleben der Menschheit in 30 Jahren für die Eltern, die um das Überleben ihrer Kinder morgen und übermorgen kämpfen?

2.2 Reaktionsimpulse

Die Bewegung »Fridays for Future« hat die Notwendigkeit des Handelns massiv in das Bewusstsein der Politik und der Öffentlichkeit gerufen. Emotionen setzen in Bewegung und Bewegung ist notwendig. Allerdings sind starke Emotionen gut für Kampf oder Flucht. »Ich will, dass ihr in Panik geratet!«[12] titelt nun auch die deutsche

---

[12] G. THUNBERG, Ich will, dass ihr in Panik geratet! Meine Reden zum Klimaschutz, übers. von U. BISCHOFF, Frankfurt a. M. 2019. Der Titel ist dabei deutlich anders gewählt als in der englischen Ausgabe: G. THUNBERG, No one is too small to make a difference, New York 2019. Der Impuls dieses Titels ist damit ein deutlich anderer.

Übersetzung der Reden von Greta Thunberg. So notwendig der Aufschrei der Schülerinnen und Schüler anscheinend ist, um überhaupt gewisse Bewegungen auszulösen, so dankbar muss man wohl sein, dass bisher keine politische Massenpanik ausgebrochen ist. Denn Panik ist hilfreich zum Rennen, aber meist nicht, um klar zu denken. Panik engt den Blick auf das eigene Leben ein und lässt die Mitmenschen aus dem Blick geraten. Es ist daher auch verschiedentlich darauf aufmerksam gemacht worden, dass die Mittel, mit denen die Schülerbewegung die Politik aufrütteln will, durchaus auch problematische Momente aufweisen. Auf die Größe der Probleme aufmerksam zu machen, vor denen wir stehen, ist sinnvoll. Doch daraus ergibt sich nicht automatisch, welche Folgen aus dieser Aufmerksamkeit entstehen werden.

Der Romanautor William Faulkner soll angesichts ganz anderer anstehender Zeitfragen 1958 gesagt haben:

»In jedem Zeitalter gibt es immer einige Menschen, die mit den bestehenden Problemen nicht fertig werden können. Es scheint drei Arten dieser Leute zu geben: Die erste sagt: ›Dies ist furchtbar, ich will damit nichts zu tun haben, ich will mich lieber umbringen.‹ Die zweite sagt: ›Es ist furchtbar, und ich verabscheue es, ich kann nichts dagegen tun, aber ich werde wenigstens nicht daran teilnehmen, ich gehe fort und ziehe mich in eine Höhle zurück oder klettere auf eine Säule und bleibe oben.‹ Die dritte sagt: ›Dies stinkt zum Himmel, und ich werde etwas dagegen tun.‹«[13]

Alle drei Tendenzen sehe ich – etwas modifiziert – durchaus auch in den Reaktionen auf die Klimathematik. Dass es daneben auch Positionen gibt, die den Klimawandel bestreiten oder ignorieren, lasse ich an dieser Stelle weg. Es interessieren im Moment diejenigen, die die Problematik wahr- und ernst nehmen und daher damit umgehen müssen.

Zum ersten: Selbstmord wegen des Klimawandels? Dass die Folgen des Klimawandels gegenwärtig massiv zu den existentiellen Ängsten, insbesondere von Teenagern, beitragen, haben sie uns im Rahmen der »Fridays for Future« laut und deutlich gesagt. Darüber, inwieweit diese Angst bei Suiziden als ein Auslöser erkennbar ist, konnte ich keine seriösen Quellen finden. Jedenfalls interessant, wenn auch in ihren Aussagen nicht unbedingt als verlässliche Quelle einzustufen, ist, dass die deutschsprachige Wikipedia einen Eintrag zur sogenannten »Church of Euthanasia« hat. Dem Eintrag zufolge ruft diese zu Selbstmord, Abtreibung und zur unbedingten Vermeidung von Fortpflanzung auf. Nun sind Informationen aus Wikipedia-Einträgen vielfach nicht wissenschaftlich geprüft und sicher mit einer gewissen Vorsicht zu rezipieren. Der Slogan des angeblichen Gründers der »Church of Euthanasia«[14]

---

13 Zitiert nach G. GENTSCH, Nachwort, in: W. FAULKNER, Der Bär. Erzählung, Leipzig 1969, (141–151) 148.
14 Vgl. Art. Church of Euthanasia, in: Wikipedia. Die freie Enzyklopädie, www.de.wikipedia.org/wiki/Church_of_Euthanasia (03.03.2020).

Chris Korda: »Save the planet. Kill yourself« ist allerdings anscheinend heute hinreichend salonfähig, um auf verschiedensten Internetseiten aufgegriffen zu werden. Es mag sein, dass man Chris Korda etwa in den Bereich des Dadaismus einordnen kann und seine Parolen mehr als makabre Warnrufe zu verstehen sind. Sicher ist aber, dass es gesellschaftliche Stimmungen gibt, die in eine Richtung gehen, die im Extrem zum Ernstnehmen solcher Sätze führen würden. Die Logik ist hier eine, die man manchmal etwa im extremen Veganismus findet: Menschen handeln so schlecht an Tieren (bzw. auch an Pflanzen) und erzeugen so viel Leid, dass es besser wäre, es gäbe keine Menschen. Dem Planeten als Ganzem ginge es dann besser. Was Faulkner individuell wendet, ist hier m. E. kollektiv gedacht: Der eigene Tod ist besser, als im Angesicht des verursachten Leides zu leben.

Der zweite von Faulkner beschriebene Impuls ist der Versuch, der kollektiven Schuld zumindest individuell so weit als möglich auszuweichen: »[I]ch kann nichts dagegen tun, aber ich werde wenigstens nicht daran teilnehmen«.[15] Das ist die Logik von gesellschaftlichen Aussteigern. Diese Haltung nehme ich an vielen Stellen wahr, an denen es gegenwärtig um Verzicht geht.[16] Menschen, die bewusst aufs Fliegen, auf Fleischessen oder auf bestimmten Konsum verzichten, tun dies vielfach verbunden mit der Haltung: Letztlich nützt es ja doch nichts. Es geschieht in dem Wissen, auf die CO_2-Emissionen in China und den USA keinen Einfluss nehmen zu können, und das Mikroplastik der Fischereinetze in den Ozeanen durch den Verzicht auf Plastikstrohhalme nicht verändern zu können. An diesem Punkt fällt dann oft der resignierte Satz: »Wir sind einfach zu viele«.

Verzicht kann sich allerdings durchaus auch mit Faulkners dritter Kategorie verbinden: »Dies stinkt zum Himmel, und ich werde etwas dagegen tun.«[17] Es kann hier auch die Logik geben: Ich jedenfalls werde tun, was ich kann, Bäume pflanzen, meinen Konsum einschränken, Müll einsammeln oder auch zum Klimastreik aufrufen. Die aus dieser Haltung resultierenden Impulse sind vielfältig und wahrscheinlich sehr unterschiedlich effektiv, sie teilen aber jedenfalls den Wunsch und die Hoffnung auf Veränderung. Es sind diese Ansätze, die eine positive Zukunft des menschlichen Lebens sehen.

Das Anliegen der Unterscheidung der drei Impulse ist weder Schubladendenken, noch Verurteilung. Alle drei Impulse sind ja menschlich, in gewissen Momenten vielleicht sogar nachempfindbar. Es soll aber aufgewiesen werden, dass es diese Reaktionsimpulse gibt, und dass es gilt, sehr sensibel darauf zu achten, in welche Richtungen sie jeweils führen können.

---

15 Zitiert nach GENTSCH, Nachwort, 148.
16 Vgl. zu einer ethisch konstruktiven Interpretation des Begriffes »Verzicht« 3.3 sowie etwa R. ZIMMERMANN, Von der Schönheit des Verzichts. Eine Ethik der Freiwilligkeit und Flexibilität kann die Welt verändern, Zeitzeichen 19 (2018), 47–49.
17 Zitiert nach GENTSCH, Nachwort, 148.

3. Barth for Future?

Vor diesem Hintergrund soll im Folgenden ein Text aus Barths Kirchlicher Dogmatik III/4 aus dem § 56 »Freiheit in der Beschränkung« daraufhin betrachtet werden, was für Impulse er in dem geschilderten Zusammenhang freisetzen kann.[18] Es sollen dabei insbesondere drei thematische Linien gezogen werden.

3.1 »Das Gebot Gottes des Schöpfers«

Es ist eine – wenn nicht die – entscheidende Grundlinie in der Theologie Karl Barths, in jeder auftauchenden Frage die Antwort Gottes darauf – oder aber Gottes Version der Frage – für gewichtiger zu halten als jede mögliche menschliche.[19] Auch wenn diese Antwort dem Menschen nicht verfügbar und auch niemals in Gänze erschlossen ist, kann doch eine theologisch angemessene Antwort nach Barth immer nur eine sein, die versucht, ihrerseits wieder Antwort auf Gottes Wort zu sein. Es ist also zu fragen, wie eine Antwort auf die Fragen der Klimaethik aussehen könnte, die versucht eine Antwort auf die Selbstoffenbarung Gottes als Dreieinem – Erwählendem, Schöpfer, Versöhner und Erlöser – zu sein. Der im Folgenden näher untersuchte Text stammt aus der Ethik der Schöpfungslehre (in KD III/4) und hat, wie es für Barths Ethik grundlegend gilt, das »Gebot Gottes« zum Thema.

Angesichts des Umfangs der Texte Barths und des – zwar geringeren aber immer noch – beträchtlichen Umfangs seiner ethischen Texte lässt sich natürlich fragen, warum hier ein Text aus Barths Schöpfungslehre im Mittelpunkt steht. Angesichts der eschatologischen Aspekte wäre ja durchaus auch ein Schwerpunkt im Sinne der Versöhnungs- (oder soweit aus seinen Texten erkennbar) der Erlösungslehre denkbar. Zwei Gründe für die Wahl eines Textes aus der Schöpfungslehre sollen hier kurz genannt werden:

Zum einen wurde die Verbindung der ökologischen Problematik und der christlichen Schöpfungslehre schon vielfach und auf sehr verschiedene Art und Weise gezogen. Man hat der christlichen Tradition vorgeworfen, dass sie die ganze ökologische Katastrophe überhaupt begründet hätte, weil sie die Herrschaft des Menschen über die Natur verkündet. Ausgangspunkt für diesen Vorwurf ist zumeist der sogenannte »Herrschaftsauftrag« in Gen 1,28:

---

[18] Es ist nochmals darauf hinzuweisen, dass es sich dabei nicht um einen historischen Zugang handelt. Barth hatte andere Fragestellungen vor Augen, als er KD III/4 schrieb, als die hier beschriebenen. Er formuliert seine Gedanken allerdings in weiten Teilen so, dass sie sich auch auf die gegenwärtige Situation beziehen lassen. Ein solches Vorgehen bedeutet natürlich, dass die Ergebnisse selbst nur als Gegenstand kritischer Reflexion behandelt werden können.

[19] Vgl. zu dieser Denkfigur I. U. DALFERTH, Theologischer Realismus und realistische Theologie bei Karl Barth, EvTh 46 (1986), 402–422.

»Und Gott segnete sie [gemeint sind die Menschen] und sprach zu ihnen: Seid fruchtbar und mehret euch und füllet die Erde und machet sie euch untertan und herrschet über die Fische im Meer und über die Vögel unter dem Himmel und über alles Getier, das auf Erden kriecht.«[20]

Es wurde inzwischen hinreichend oft gezeigt, dass es historisch nicht zutrifft, dass dieser Satz nun die eine Ursache der ökologischen Ausbeutung der Natur wäre.[21] Dass der Vorwurf erhoben wird, zeigt aber die Notwendigkeit sowohl exegetischer[22] wie dogmatischer und ethischer Explikation der Schöpfungstexte und Schöpfungslehre.[23] Barth entfaltet in dem ausgewählten Abschnitt aus KD III/4 gewissermaßen, warum der Vorwurf auch dogmatisch gesehen gerade ins Leere läuft.

Denn zum Zweiten gibt es auch einen inhärent inhaltlichen Grund, warum die Schöpfungstheologie hier ethisch und dogmatisch eine grundlegende Bedeutung hat: Nach Barth konstituiert Gott in der Erwählung und Schöpfung eine Beziehung zwischen sich und der Schöpfung und innerhalb dessen auch eine besondere Beziehung zum Menschen. Diese Beziehung hat ihren spezifischen Raum und ist Teil des Geschehens des Gnadenbundes. Gott gibt der Schöpfung eine eigene Existenz in Unterscheidung zu ihrem Schöpfer und damit Raum und Zeit zu eigenem Sein und Werden. Sie bleibt dabei jedoch gerade auf ihren Schöpfer bezogen und steht in Beziehung zu ihm.[24] Der Mensch bekommt sein Leben und damit zugleich seine ihm

---

[20] Übersetzung nach der 2017 revidierten Übersetzung Martin Luthers.

[21] Vgl. zu dem Vorwurf (prominent erhoben etwa von Carl Amery und Lynn White) und möglichen Antworten auf diesen Vorwurf W. LOCHBÜHLER, Führte uns das Christentum in die Umweltkrise? Theologische Stellungnahmen zu einer umstrittenen geistesgeschichtlichen These, in: A. HOLDEREGGER (Hg.), Ökologische Ethik als Orientierungswissenschaft. Von der Illusion zur Realität, Ethik und politische Philosophie 1, Freiburg (CH) 1997, 213–241.

[22] Eine exegetische Ausführung kann hier nicht geleistet werden. Es kann aber jedenfalls darauf hingewiesen werden, dass die Befugnis des Menschen zur Ausrottung der Fische, Vögel und Landtiere nicht im Bedeutungsrahmen von Gen 1,28 liegt. Die Möglichkeit einer Vernichtung des Lebens durch Gott selbst wird in den Texten zur Sintflut (Gen 6–9) narrativ durchdacht und dahingehend beantwortet, dass Gott sich an sein Versprechen bindet, die Schöpfung nicht zu vernichten, und der Auftrag des Menschen sich zu mehren ausdrücklich damit verbunden wird, dass Pflanzen und Tiere in die Hand des Menschen gegeben werden (Gen 9,2–3). Das Verbot, das Blut der Tiere zu essen, ist aber zugleich der Hinweis darauf, dass der Mensch seine Verantwortung gerade nicht beliebig, sondern im Bewusstsein um die Würde und Bedeutung des tierischen und pflanzlichen Lebens wahrzunehmen hat.

[23] Eine konstruktive Explikation bietet etwa G. PFLEIDERER, Natur als »Schöpfung«? Zur Problematik und Produktivität theologischer Umweltethik, in: D. DEMKO / B. S. ELGER / C. JUNG / G. PFLEIDERER (Hg.), Umweltethik interdisziplinär, Perspektiven der Ethik 8, Tübingen 2016, 55–70 an, der das christliche Schöpfungsverständnis mit Blick auf die »gängige umweltethische Typologie von Anthropo-, Bio-, Patho- oder Physiozentrismus« (a. a. O., 66) durchdenkt.

[24] Vgl. die Interpretation der Schöpfungslehre im Rahmen einer relationalen Lesart der

eigenen Schranken, wie im Folgenden weiter auszuführen sein wird. Von einer Überantwortung der Schöpfung an den Menschen ohne weitere Affizierbarkeit[25] Gottes durch das Geschehen in der Schöpfung kann damit nicht die Rede sein.[26]

Im § 56 von KD III/4 wird das Gebot Gottes unter der Perspektive betrachtet, das Gebot *des Schöpfers* zu sein.[27] Dazu beschreibt Barth zunächst ausführlich die Beziehung, in der Gott und Menschen zueinander stehen. Indem Gott die Schöpfung ins Sein setzt, stellt er zugleich eine Beziehung zwischen sich und seiner Schöpfung her. Die Beziehung ist zunächst eine des »gegenseitigen Wissens umeinander.«[28] Gott kennt die von ihm geschaffene Schöpfung und insbesondere die von ihm geschaffenen Menschen. Das bedeutet auch: Wie auch immer die Schöpfung insgesamt, die Menschen, die Tiere, die Pflanzen gewertet und aufeinander bezogen werden, ist damit erst nachrangig demgegenüber, welche Bedeutung Gott selbst ihnen beimisst. Gott hat seine Schöpfung gewählt und ihr damit zugleich eigene Schranken gesetzt. Dies Verständnis von Erwählung hat Barth in KD II bereits ausführlicher entfaltet.[29] Indem Gott seine Schöpfung wählt, wählt er sie dazu, genau das zu sein, was sie ist. Das bedeutet, dass in seiner Wahl des Geschöpfs auch dessen Schranken gesetzt sind. Das Geschöpf ist wirklich etwas anderes als Gott. Es ist nicht vollkommen, wie Gott es ist. Wäre es das, hätte Gott sich verdoppelt und nicht etwas anderes geschaffen. Gott nimmt in der Schöpfung die Unvollkommenheit und Beschränkung seiner Geschöpfe in Kauf. In KD III/4 schreibt Barth:

Kirchlichen Dogmatik in R. J. MEYER ZU HÖRSTE-BÜHRER, Gott und Menschen in Beziehungen. Impulse Karl Barths für relationale Ansätze zum Verständnis christlichen Glaubens, FRTH 6, Neukirchen-Vluyn 2016, 141–147.

[25] Affizierbarkeit ließe sich etwa als »Anrührbarkeit« wiedergeben. Vgl. zum Begriff G. THOMAS, Die Affizierbarkeit Gottes im Gebet. Eine Problemskizze, in: A. GRUND / A. KRÜGER / F. LIPPKE (Hg.), Ich will dir danken unter den Völkern. Studien zur israelitischen und altorientalischen Gebetsliteratur. Festschrift für Bernd Janowski zum 70. Geburtstag, Gütersloh 2013, 709–731.

[26] KÖRTNER, Religion, 6 sieht eine Tendenz dazu gegeben, von einem in der Schöpfung abwesenden Gott zu sprechen, im Dokument der EKD (Hg.): »Geliehen ist der Stern, auf dem wir leben«. Die Agenda 2030 als Herausforderung an die Kirchen. Ein Impulspapier der Kammer der EKD für Nachhaltige Entwicklung, EKD Texte 130, Hannover 2018, www.ekd.de/ekd_de/ds_doc/ekd_texte_130_2018.pdf (22.11.2019).

[27] Der Leitsatz zum § 56 lautet:»Gott der Schöpfer will und fordert den (ihm gehörigen, mit seinem Mitmenschen verbundenen, zur Bejahung des eigenen und des fremden Lebens verpflichteten) Menschen in der besonderen Absicht, die sich in der Grenze seiner Zeit, seines Berufs und seiner Ehre abzeichnet, die er ihm als sein Schöpfer und Herr schon abgesteckt hat.« (BARTH, KD III/4, 648).

[28] A. a. O., 649.

[29] Vgl. insbesondere DERS., KD II/2.

>»Beschränkung – wir reden von der von Gott ausgehenden Beschränkung – ist nicht Negation, sondern höchste Position. Beschränkung als göttliche Verfügung heißt Umschreibung, Abgrenzung und insofern Bestimmung. Unbestimmt und also unbeschränkt ist nur das Nichtige. Indem Gott das Geschöpf von sich selbst unterscheidet, beschränkt er es freilich darauf, nur sein Geschöpf zu sein, gibt er ihm aber eben damit seine besondere, echte Wirklichkeit.«[30]

Menschen sind also »nur« Menschen und eben nicht auch noch stark wie ein Bär oder schnell wie eine Gazelle. Jeder Mensch ist »nur« er selbst und hat damit nicht noch alle Möglichkeiten, die andere Menschen vielleicht haben. Der Mensch ist so verstanden »nur Mensch«. Wäre er aber irgendwie »mehr« als das, wäre er auch nicht Mensch, sondern irgendetwas diffuses anderes. Aber gerade so, wie er ist, ist er in seinen eigenen Möglichkeiten und ihren Grenzen gerade er selbst und gerade darin der von Gott gekannte, bejahte und geliebte Mensch.[31] Das alles beschreibt Barth hier, weil es der Hintergrund dafür ist, wie das Gebot Gottes an den Menschen zu verstehen ist. Es gibt nicht einfach eine Forderung oder ein Gebot Gottes, das der Mensch vorgesetzt bekommt und dann befolgen soll. Das Gebot Gottes gehört zu der Beschränkung, wie eben auch das Geschaffensein als Mensch eine Beschränkung ist, die aber zugleich die einzige Möglichkeit eines Lebens als Mensch ist.

Und das wissen die Menschen nach Barth auch. Denn die Beziehung zwischen Gott und Menschen ist ja die des gegenseitigen Wissens umeinander. An dieser Stelle ist Barth erstaunlich optimistisch, was das menschliche Wissen angeht. Vielleicht besteht hier nun gerade eine Ähnlichkeit zum Römerbrief. Denn gerade im zweiten Kapitel des Römerbriefs findet sich die erstaunliche Aussage, dass die Heiden sich selbst das Gesetz sind, wenn sie es tun, obwohl sie die Tora gar nicht haben.[32] Im Sinne Barths dürfte das menschliche Wissen um das Gebot Gottes wohl so zu verstehen sein, dass das Gebot jedenfalls nicht das erste ist, was zwischen Menschen und Gott gesagt wird:

>»Nicht zu einem ihm von Haus aus Fremden redet Gott, wenn er in seinem Gebot zum Menschen redet: auch des Menschen Übertretung kann nichts daran ändern, daß Gott sein Schöpfer ist und bis zu dieser Stunde auch sein Erhalter, Begleiter und Regent gewesen ist.«[33]

Damit hat Barth der Rede vom Gebot den Kontext der Beziehung gegeben. Indem er dabei als erstes die Beziehung zwischen Gott und Mensch schildert, die Gott in der Schöpfung herstellt, erreicht er zweierlei: Zum einen macht er deutlich, dass das

---

[30] DERS., KD III/4, 651.
[31] Vgl. ebd.
[32] Röm 2,14 lautet in der 2017 revidierten Lutherübersetzung: Denn wenn Heiden, die das Gesetz nicht haben, doch von Natur aus tun, was das Gesetz fordert, so sind sie, obwohl sie das Gesetz nicht haben, sich selbst Gesetz.
[33] BARTH, KD III/4, 649.

Gebot Gottes zu den Beschränkungen dazugehört, die Gott wählt, weil nur so bestimmtes, konkretes, also echtes Leben möglich ist. Zum anderen zeigt er, dass es sich beim Gebot Gottes nicht um irgendwelche Zumutungen handelt, sondern um Anweisungen, die dem Leben der Menschen dienen. Barth erläutert zu Beginn des § 55 »Freiheit zum Leben« im ersten Punkt mit dem Titel »Die Ehrfurcht vor dem Leben« das menschliche Leben als Gottes »Wohltat« und »Leihgabe«.[34] Man kann diesen Aspekt auch im § 56 finden:

> »Die ›einmalige Gelegenheit‹, von der nun zunächst im besonderen zu reden ist, ist schlicht das menschliche Leben in seiner Beschränkung durch Geburt und Tod. Und der Imperativ des Gebotes, sofern es auf des Menschen Freiheit in der Beschränkung seines Seins und Dranseins zielt, lautet wieder sehr schlicht dahin, daß diese einmalige Gelegenheit vom Menschen als solche erkannt, ergriffen, genützt sein will.«[35]

Das impliziert, dass das Gebot Gottes jedenfalls auch die Aufforderung umfasst, selbst zu leben.[36] Auch wenn Barth hier, wie sonst, sehr vorsichtig damit ist, das Gebot Gottes allzu genau auszuformulieren, beinhaltet es jedenfalls auch die Aufforderung zu sein und die eigene Existenz zu gestalten. Dieses Leben-Sollen gilt allerdings im Sinne Barths auch für die nicht-menschliche lebendige Schöpfung und nicht nur für den Menschen allein.

Als Zusammenfassung dieser ersten thematischen Linie lassen sich drei Impulse für den zuvor beschriebenen Kontext festhalten:

Erstens gibt es im Sinne Barths keine Berechtigung, den Schluss zu ziehen, die Welt sei ohne die Menschen besser dran als mit ihnen. Nach Barth wäre dieses Urteil eine Grenzüberschreitung, eine Anmaßung des Menschen, über die Schöpfung anders zu urteilen, als Gott dies getan hat. Eine *grundsätzliche Negation* des Wertes menschlichen Lebens steht im fundamentalen Widerspruch zu dem Gebot, das dem Menschen im Akt der Schöpfung gegeben ist, nämlich das ihm gegebene Leben tatsächlich zu leben.

Zweitens gibt es aber nach Barth auch keine Berechtigung, die nicht-menschliche Schöpfung der hemmungslosen Ausbeutung durch den Menschen auszuliefern. Die Schöpfung bleibt nach Barth in enger Beziehung zum Schöpfer. Ihre willkürliche Zerstörung durch die Menschen kann nicht legitimiert werden. Eine *grundsätzliche Affirmation* des gegenwärtigen menschlichen Handelns ist also ebenfalls nicht zu

---

[34] Vgl. a. a. O., 380–381. Vgl. insbesondere a. a. O., 381: »Das menschliche Leben will als des Menschen Handlung gelebt, es will nicht als ein bloßes Widerfahrnis erlitten und durchgestanden, es will von ihm aufgenommen, es will an jedem neuen Tag von ihm vollbracht sein. Eben dazu (und eben: mit der Fähigkeit dazu) ist es dem Menschen geliehen.«

[35] A. a. O., 652f.

[36] Vgl. die Einführung in den § 55 bei O. WEBER, Karl Barths Kirchliche Dogmatik. Ein einführender Bericht zu Bänden I,1 bis IV,3,2. Mit einem Nachtrag von H.-J. KRAUS zu Band IV,4, Neukirchen-Vluyn 2002, 170–171.

rechtfertigen. Dies anzumahnen, dürfte auch im Sinne Barths wohl als ein großer Verdienst der »Fridays for Future«-Bewegung zu würdigen sein. Und ich denke, das dürfte den Klang der dritten und wohl für Barth zentralen Aussage mitbestimmen.

Drittens kann der Mensch die Schöpfung zwar gestalten und beeinflussen. Ihre eigentliche Bewahrung aber liegt beim Schöpfer selbst. Bei aller Notwendigkeit des Handelns darf nicht vergessen werden, dass das Fortbestehen des menschlichen Lebens auf diesem Planeten in den Händen des Schöpfers steht.[37] M. E. bedeutet dies im Sinne Barths gerade keine Abqualifizierung, sondern eine befreiende Grundlage für die Bemühungen der »Fridays for Future«-Bewegung.[38]

Denn aus der Tatsache, dass die Bewahrung der Schöpfung in der Hand Gottes liegt, ist gerade nicht abzuleiten, dass Gott das Leben, insbesondere das menschliche Leben unabhängig vom menschlichen Handeln in jedem Falle oder zwingend erhalten wird. Dies kommt in der zweiten Linie, die hier ausgeführt werden soll, zum Ausdruck.

3.2 Die »einmalige Gelegenheit«

In gewissem Sinne beschreibt auch Moltmann in seiner »Ethik der Hoffnung« eine »einmalige Gelegenheit«:

> »Wir wissen nicht, ob die Menschheit ihr selbstgemachtes Schicksal überleben wird und sich aus dieser Selbstmordfalle befreien kann. Und das ist auch gut so: Wüssten wir, dass wir nicht überleben werden, würden wir nichts mehr gegen unsere Vernichtung unternehmen; wüssten wir, dass wir auf jeden Fall überleben werden, würden wir nichts tun, um einen neuen Umgang mit dem Lebensraum Erde einzuüben. Nur wenn die Zukunft für beides offen ist, sind wir genötigt, jetzt und hier das Notwendige zu tun, um die Not zu wenden. Weil wir nicht wissen können, ob die Menschheit überleben wird, müssen wir heute so handeln, als ob von uns heute die Zukunft der Menschheit abhinge.«[39]

---

[37] Christoph Schwöbel formulierte bereits 2002 recht ähnlich: »Zerstörung in die Schöpfung zu bringen, bedeutet, ihren Schöpfer zu beleidigen. Jedoch kann die Bewahrung oder Wiederherstellung der Schöpfung keine menschliche Aufgabe sein, wenn die Schöpfung von dem, der sie allererst ins Sein gerufen hat, kontinuierlich geschaffen und erhalten wird.« (C. SCHWÖBEL, Gott, die Schöpfung und die christliche Gemeinschaft, in: DERS., Gott in Beziehung. Studien zur Dogmatik, Tübingen 2002, [161–192] 162).

[38] Gerade diese Linie fehlt m. E. bei FRISCH, Klimahysterie. Sie ist, bei aller notwendigen kritischen Reflexion von bestimmten Ausformungen dieser Bemühung, grundlegend zu berücksichtigen.

[39] J. MOLTMANN, Ethik der Hoffnung, Gütersloh 2010, 67. Ein Hinweis auf die unbekannte Dauer der Zeit und die Ableitung des Impetus, dann gerade diese gegebene Zeit zu nutzen, findet sich allerdings auch in dem untersuchten Text BARTH, KD III/4, 668–670.

Moltmann argumentiert: Wir haben jetzt die Gelegenheit zu handeln. Weil wir nicht wissen, ob wir Erfolg haben werden, müssen wir alles daransetzen, unser Ziel zu erreichen. Damit ist der Situation des Nicht-Wissens um den Ausgang positiv ein Handlungsimpuls abgewonnen. Gerade in der Situation des Nicht-Wissens kann das Handeln entscheidend sein.

Auch Barth führt die Relevanz des menschlichen Handelns aus, aber die Argumentation ist eine deutlich andere als in Moltmanns Ethik. Barth argumentiert mit der Bedeutung des menschlichen Handelns für Gott selbst. Barth schreibt:

> »Das ist sicher, daß des Menschen einmaliges Sein in seiner Zeit, daß sein merkwürdiges Vorübergehen von hier nach dort, von der Geburt zum Tode, ein Sein und Geschehen ist, das Gott selber nicht gleichgültig ist, das jedenfalls Er nicht als sinnlos, sondern ob es uns einleuchtet oder nicht, als sinnvoll behandelt und offenbar auch so ansieht.«[40]

Die menschliche Lebenszeit ist befristet. Man kann vielleicht sogar sagen: kurz.[41] Aber gerade das macht das Leben der Menschen nach Barth nicht unwichtig, sondern zu einem einmaligen Angebot, das genutzt werden kann und soll. Barth bemerkt wohl, der Mensch könnte auch »verdrossen davon träumen, es könnte ihm ein ganz anderes, viel stattlicheres Angebot gemacht sein«.[42] Das ändert aber nichts daran: Es ist sein Leben, das ihm von Gott als Angebot gemacht ist.

Kontrastiert man diese Gedanken mit der oben genannten resignierten Haltung zum Klimawandel (also der zweiten von Faulkner beschriebenen Haltung, die zum Rückzug aus dem Geschehen führt), so scheint mir Barths Ausführung zwar auf den ersten Blick möglicherweise schwer verständlich, auf den zweiten Blick aber doch weiterführend. Der Appell, zumindest alles Mögliche zu versuchen, mag vor der Größe der Aufgabe als Überforderung erscheinen. Mit Barth lässt sich auch in diesem Falle noch auf den Sinn des Versuches verweisen, auch wenn sich dieser Sinn möglicherweise noch nicht umfänglich beurteilen lässt. Das Gefühl der Ohnmacht und der Bedeutungslosigkeit des eigenen Tuns trotz aller noch so konsequenten Bemühung gegenüber den Mengen an freigesetztem CO_2 lässt sich mit Barth dahingehend beantworten, dass das eigene Tun bei Gott einen Sinn und Zusammenhang haben mag, der dem handelnden Menschen selbst möglicherweise nicht bewusst ist. In diesem Sinne wäre Barth wohl ganz einverstanden mit dem Titel der englischsprachigen Ausgabe der Reden von Greta Thunberg: »No one is too small to make a

---

[40] A. a. O., 656.
[41] Barth kommt a. a. O., 654 zu dem Ergebnis: »Der Streit ist müßig: ob kurz ob lang – nur so in dieser Befristung, nur in diesem langsamen oder raschen Übergang von der Geburt zum Tode ist uns das Leben gegeben und kann gelebt werden.« Das »eigentümliche Zeitbewußtsein« (a. a. O., 666) der neutestamentlichen Zeugen aber bestimmt Barth als das Bewusstsein der »Endzeit« (a. a. O., 667) und diese Zeit ist damit »kurze Zeit« (ebd.).
[42] A. a. O., 656.

difference.«[43] Die beschränkte eigene Situation kann auf ihr Potenzial hin betrachtet werden, wenn sie als einmalige Gelegenheit verstanden wird. Über Barth hinausgehend kann vermutet werden, dass gerade ein solches Verständnis viel kreatives Potenzial freisetzen kann.

Barth selbst beschreibt einen Menschen, der sein Leben als »einmalige Gelegenheit« versteht, weitergehend in drei Punkten.[44] Er wird:

1. seinen Ort in der Zeit mit größtmöglicher Offenheit und größtmöglicher Entschlossenheit beziehen;
2. keine Zeit zu verlieren haben, sich aber Zeit zu verschaffen wissen;
3. bedenken, dass er sterben muss, sich davor aber nicht fürchten.

Insbesondere diese Ausführungen Barths kann man m. E. nun besonders gut als Kommentar zum aktuellen Klimadiskurs lesen, auch wenn Barth diesen natürlich nicht im Blick hatte. Es sollen i. F. zumindest drei Aspekte kurz erwähnt werden:

Erstens betont Barth die Offenheit für die Menschen um sich herum. Während Panik zumeist blind macht für die Menschen um sich herum, geht Barth davon aus, dass entschlossenes Handeln gerade mit einem offenen Blick für die Mitmenschen verbunden ist. Zügig zu handeln bedeutet nicht, dass dabei die Nöte und Sorgen der anderen aus dem Blick geraten müssen. Entschlossenes – man kann auch sagen: effizientes – Handeln muss gerade nicht rücksichtsloses Handeln sein:

> »Man erkennt sogar die rechte Entschließung für das Sein, das nur das in der eigenen Zeit und ihren eigenen Schranken sein kann, daß es nicht in der Abwendung von den Anderen, sondern gerade in der Zuwendung zu ihnen, nicht im Bruch, sondern im Halten der Gemeinschaft mit ihnen vollzogen wird.«[45]

Entschlossenheit und Offenheit sind nach Barth daher notwendig miteinander zu vermitteln.

Zweitens geht Barth hier direkt auf das Verhältnis des Menschen zu seiner beschränkten Zeit ein. Der Mensch, der sein Leben als einmalige Gelegenheit wahrnimmt, wird keine Zeit zu verlieren haben, sich aber Zeit nehmen können. Barth bestimmt sogar, wie es möglich ist, sich Zeit zu verschaffen:

> »Man muß sie – dazu ist dann wieder jene Entschlossenheit nötig – da wegnehmen, wo man sie zwar auch brauchen könnte, wo man aber, genau gesehen, nun doch nicht aufgefordert ist, sie zu brauchen, um sie dafür da zu haben – und dann sicher besser brauchen zu können, wo man durch keine andere Instanz als durch Gottes Gebot, aber eben durch

---

[43] G. Thunberg, No one is too small.
[44] Vgl. a. a. O., 671–683.
[45] A. a. O., 672.

diese nun auch kategorisch dazu aufgefordert ist, sie zu brauchen: eben da also, wo man sie unter allen Umständen brauchen muss.«[46]

Wäre es denkbar, kategorisch dazu aufgefordert zu sein, die eigene Zeit dazu zu nutzen, auf Klimaschutz hinzuwirken und dafür diese Zeit an der eigenen Schulausbildung zu sparen, weil beides eine Investition in die Zukunft ist, die eine aber grundlegend wichtiger als die andere? Eine Stärke der Theologie Barths besteht darin, dass er klar macht, dass das Wegnehmen der Zeit an Stellen, an denen man sie auch brauchen könnte, tatsächlich einen Verlust darstellt. Zeit nicht für die Schulausbildung zu nutzen, kann durchaus Konsequenzen haben, die dann zu tragen sind. Es wäre aber eben auch denkbar, dass es tatsächlich eine solche kategorische Aufforderung geben könnte, wenn es denn das Gebot Gottes an einen Menschen ist, das so lauten sollte. Es ist eine weitere Stärke der Theologie Barths, dass sie an diesem Punkt eine Leerstelle offenlässt. Denn es kann gerade nicht durch einen Menschen (sei es Barth oder jemand anderes) gewusst oder gesagt werden, wie das Gebot Gottes konkret lautet. Dann wäre es nur das eigene und gerade nicht Gottes Gebot. Es kann aber darüber gesprochen werden, wie das Gebot Gottes an den Menschen gehört werden und wie daraufhin gehandelt werden kann. Die Entscheidung kann hier also nicht grundsätzlich getroffen werden, sondern verbleibt eine in bestimmten Teilen individuelle.

Drittens beschäftigt sich Barth hier ausdrücklich mit der Angst vor dem Tod. Das eingangs besprochene Video zeigt, wie stark sich mit der Angst vor Untergang und Tod spielen lässt. Aber ist diese Angst ein sinnvoller Motor für Veränderung? Man könnte dies mit einem Verweis auf den Philosophen Hans Jonas begründen, der (neben der Notwendigkeit der Hoffnung)[47] die Notwendigkeit einer »Heuristik der Furcht«[48] akzentuiert: Sich vor Augen führen, welche Gefahren bestehen, ermöglicht, sie zu vermeiden.[49] Jürgen Moltmann hat dagegen gehalten, dass die Hoffnung der stärkere Motor sei als die Furcht, auch wenn beides notwendig sei.[50] Barth kann man an diesem Punkt so verstehen, dass die Furcht selbst in Hoffnung gewandelt werden kann, wenn der Tod selbst als Ort der Begegnung mit Gott verstanden wird. Daraus entsteht nach Barth gerade Freiheit und Freude.[51] So könnte man mit Barth darauf hinweisen, dass die Menschen sich – bei allem bleibenden Unwissen darum,

---

[46] A. a. O., 675.
[47] Vgl. H. JONAS, Das Prinzip Verantwortung. Versuch einer Ethik für die technologische Zivilisation, Suhrkamp-Taschenbuch 3492, Frankfurt a. M. ⁵2015 (¹1979), 391.
[48] A. a. O., 392.
[49] Allzugroße existentielle Risiken können nach Jonas daher nicht eingegangen werden, auch wenn dies bedeutet, bestimmte Chancen ungenutzt zu lassen, vgl. a. a. O., 71.
[50] Vgl. etwa MOLTMANN, Ethik, 20–23. Moltmann verbindet hier die Hoffnung mit dem freien und die Furcht mit dem notwendigen Handeln.
[51] Vgl. BARTH, KD III/4, 679.

ob sich der Klimawandel wird bremsen lassen – nicht von Angst lähmen lassen müssen, weil ihr Gelingen wie ihr Scheitern in Gott gehalten ist.[52] So kann Barth in KD III/2 formulieren, dass Gott »unser Nachbar ist, mit dem wir es an der Schranke unseres Lebens, an den Grenzen unserer Zeit zu tun haben.«[53] Gerade daraufhin kann der Einsatz für das Leben auf dem Planeten Erde gewagt werden, weil die Furcht an die Schranken ihres Seins und der eigenen Möglichkeiten zu stoßen, etwas von ihrem Schrecken verliert.[54] Barth bietet hiermit m. E. ein weiteres gutes Argument gegen die Haltung: »Ich kann ja doch nichts machen. Ich klettere auf eine Säule und bleibe oben.«

3.3 Freiheit in der Beschränkung

Der Titel des § 56, von dem der hier behandelte Text das erste Kapitel darstellt, lautet »Freiheit in der Beschränkung«. Die Formulierung könnte im hier gegebenen Zusammenhang den Eindruck erwecken, selbstgewählter Verzicht solle als Freiheit ausgelegt werden. Das wäre auch nicht abwegig, da es durchaus Menschen gibt, die etwa eine vegane Lebensweise als eine Freiheit vom Essen tierischer Nahrung verstehen können und diese gerade als Möglichkeit (und nicht als Einschränkung) verstehen.[55] Bei vielen Menschen kommt aber der Aufruf zum Verzicht auf das Fliegen, Autofahren oder Fleischessen eher so an wie Verbote bei Kindern: Sie führen zu Ablehnung und Gegenwehr. Bei Barth aber ist die Freiheit in der Beschränkung nicht auf eine – wie auch immer geartete – Selbstbeschränkung, sondern auf die immer vorhandenen Schranken des Menschseins bezogen. Dass der Mensch nur Mensch ist, bedeutet auch: Er ist gerade Mensch. Er hat nur seine Lebenszeit. Gerade dies bestimmt ihn, macht ihn unverwechselbar zu dem Menschen, der er ist und sein darf.

---

[52] Zumindest dieser Aspekt dürfte an dem Vergleich der Wortführer der Klimaschutzbewegung mit den Propheten der alt- und neutestamentlichen Tradition zutreffend sein: Ihr Gelingen liegt gerade darin, dass die drohende Gefahr nicht (oder nicht in vollem Umfang) tatsächlich hereinbricht. Insofern liegt ihr Erfolg in gewisser Weise in der Selbstwiderlegung. Dass dies ein schwer auszuhaltender Zustand ist, reflektiert das Buch Jona ausführlich.

[53] DERS., KD III/2, 685.

[54] Vgl. KÖRTNER, Religion 6–7: »Christlicher Glaube ist nicht gleichbedeutend mit Hoffnung auf den Fortbestand der Welt. Er besteht auch nicht in der apokalyptischen Hoffnung auf eine andere Welt jenseits der möglichen Katastrophe. Vielmehr bejaht der Glaube die Welt angesichts ihrer heute real möglichen Verneinung und Vernichtung. Er ist primär nicht eine Gestalt der Hoffnung, sondern, wie Paul Tillich und Karl Rahner einsichtig gemacht haben, eine Weise des Mutes. Christlicher Glaube ist Mut zum fraglichen Sein, der selbst am Zerbrechen einer heilsgeschichtlich-utopischen Perspektive nicht irre wird.«

[55] Wie sich eine Ethik des Verzichts als Leben in Freiheit ausführen lässt, führt R. ZIMMERMANN, Pauline »Ethics of Relinquishing«: »Implicit Ethics« of the Bible as a Source of Inspiration for Current Ethical Debate, AT 39 (2019), 187–204 in Diskussion der paulinischen Theologie aus: Verzicht kann nicht als universalisierbare Norm oder Gebot verstanden werden, sondern ist wesensmäßig mit Freiwilligkeit verbunden (vgl. a. a. O., 193).

Es hat den Status eines Gedankenexperiments, diese Überlegungen auf die Beschränkung des Planeten zu übertragen. Möglicherweise ergibt aber auch dies durchaus Sinn: Es steht den Menschen nur diese eine Erde zur Verfügung. Ihre Ressourcen sind beschränkt, ihr CO_2-Mantel in der Atmosphäre darf nicht zu dick werden, wenn menschliches Leben möglich bleiben soll. Das heißt aber auch: Wir haben gerade diese eine Erde. Ihre Schranken kommen uns gegenwärtig bedrohlich nah. Alle Berechnungen sagen, dass wir die Schranken unseres Lebensstiles sehr deutlich zu spüren bekommen werden. Barth würde wohl sagen, dass uns diese Beschränkung unter anderem vor menschlichem Allmachtswahn und Machbarkeitsideologien bewahrt, die ja in den vergangenen Jahrhunderten vielfach dazu geführt haben, dass die Tiere und Menschen, die darunter zu leiden hatten, konsequent ignoriert wurden. Der Gedanke kann aber sehr schnell zynisch wirken und den Klang von Schönfärberei bekommen. Er ist daher von Barth her für unseren Kontext wohl eher als Frage, denn als Aussage zu formulieren: Lässt sich Freiheit finden, wenn sich der Blick nicht auf die Beschränkung, sondern auf das Gegebene richtet? Die Schranken sind die Schranken unserer *Möglichkeiten*. Welche Möglichkeiten gibt es, das menschliche Leben auf diesem Planeten so zu gestalten, dass es ihn nicht auslaugt, sondern erhält und gestaltet?

Faulkner formuliert die Haltung der dritten Art von Menschen, die mit den Problemen ihrer Zeit nicht fertig werden, mit den Worten: »Dies stinkt zum Himmel, und ich werde etwas dagegen tun.«[56] Barth könnte vielleicht antworten, dass der Schlüssel zu einer solchen Entschlossenheit gerade darin besteht, das nicht verzweifelt, sondern in bestimmter Weise »gerne« zu tun. Dabei ist das Gegenteil von »gerne« nach KD III/2 nicht etwa »ungern«, sondern »neutral«.[57] Denn »neutral« würde bedeuten, dass der Mensch die Wahl hätte, hier gerne oder ungerne zu handeln. Die Entschlossenheit zu sagen: Ich werde etwas dagegen tun, beinhaltet aber die Möglichkeit dieser Distanz gar nicht erst. Vielleicht passt es zu dieser Haltung ganz gut, zu sagen: Wir haben nur diesen Planeten und ich werde etwas dafür tun, ihn möglichst für alle als einen guten Lebensraum zu erhalten.

3.4 Barth for God's Future

Der Beitrag stand unter der Frage »Barth for Future?« Nach dem Ausgeführten kann man m. E. getrost das Fragezeichen durch einen Punkt ersetzen. Präziser wäre allerdings wohl zu sagen: »Barth for God's Future«. Man kann begründet festhalten, dass mit Barth alles daran zu setzen wäre, das Leben auf diesem Planeten und zwar unbedingt auch das menschliche Leben zu erhalten und in Beziehung zu Gott zu gestalten.[58] Denn dieses Leben und seine beschränkte Zeit auf dem Planeten Erde steht

---

56 Zitiert nach GENTSCH, Nachwort, 148.
57 Vgl. BARTH, KD III/2, 320.
58 Barth hat im Aufriss der KD den fünften Band für die Erlösungslehre vorgesehen.

unter dem Vorzeichen der Bejahung und Beauftragung durch Gott. Es ist die Zeit für die Menschen auf sein Werk der Erwählung, Schöpfung und Versöhnung Antwort zu geben.[59] Es ist durchaus denkbar, dass die Menschheit an dem Versuch, ihre Lebensbedingungen zu erhalten, aus eigenem Verschulden scheitert und die Zivilisation, wie wir sie kennen, untergeht. Gerade dann gilt aber nach Barth, Gott nicht nur in der Zeit, sondern gerade an den Grenzen unserer Lebenszeit zu vertrauen. Denn Gottes Ewigkeit geht über alle Zukunft in der Zeit noch hinaus.

4. Which Future?

Man kann Barth und auch dem hier vorgelegten Beitrag wohl vorwerfen, dass bis hierher die Frage nach inneren Haltungen bzw. nach zugrunde liegenden Glaubensüberzeugungen und nicht nach konkreten eindeutigen ethischen Konsequenzen dieser Überzeugungen im Zentrum der Überlegungen stand. Das steht in einem gewissen Kontrast zu den von der »Fridays for Future«-Bewegung geforderten umgehenden Aktionen. Es sind daher noch ein paar deutlichere Worte dazu an der

---

Da er diesen nie geschrieben hat, könnte man meinen, dass mit dem Fehlen der Eschatologie auch Barths Position zur Zukunft nicht zu erheben ist. Das stimmt aber insofern nicht, als bei Barth in der Einheit Gottes jeweils alle Dimensionen seines Handelns auch zugleich präsent sind. G. OBLAU, Gotteszeit und Menschenzeit. Eschatologie in der Kirchlichen Dogmatik von Karl Barth, NBST 6, Neukirchen-Vluyn 1988, hat aus den vorhandenen Texten Barths zur Eschatologie bzw. Erlösungslehre die Grundlinien erhoben und kommt u. a. zu dem Ergebnis: »Lautet die Schlüsselformulierung für Barths Versöhnungslehre: ›Leben *in* Jesus Christus‹, so für die Erlösungslehre ›Leben *mit* Jesus Christus‹.« (a. a. O., 265f., Hervorhebungen im Original). »Generalthema« von Barths Erlösungslehre wäre Oblau zufolge dies gewesen: »Gott lässt sich nicht daran genügen, daß seine Schöpfung und die Menschheit, der er sich verbündet hat, ihre komprimierte und repräsentative Erfüllung in der Geschichte des Einen finden, sondern daß auch alle Bereiche seiner Schöpfung und der Menschheitsgeschichte, die sich außerhalb des besonderen zeitlich-geschichtlichen Raumes seines Sohnes erstrecken, noch einmal für sich und als solche zu ihrer Erfüllung gelangen.« Das bedeutet für die Menschen, »aktiviert zu werden zur Erkenntnis Jesu Christi, zur lobenden und dankbaren Antwort auf das Werk der Versöhnung« (alle Zitate a. a. O., 266). Bei aller Skepsis Barths gegenüber jeglicher Form von Mitwirkung des Menschen in der Versöhnung ist eine aktive Beteiligung beim Gestalten der Zukunft im Rahmen der Barth'schen Theologie sehr wohl anzunehmen.

[59] Vgl. BARTH, KD IV/1, 824: »[Der Sinn der nach der Auferstehung noch gegebenen Zeit] ist offenbar der, daß Gott sein letztes Wort nicht zu Ende sprechen und die von ihm beschlossene, vollzogene und proklamierte Vollendung in ihrer letzten Gestalt nicht Ereignis werden lassen will, ohne zuvor eine menschliche Antwort darauf, ein menschliches Ja dazu gehört zu haben – nicht ohne daß seine Gnade in einer Stimme menschlichen Dankes aus der Tiefe der mit ihm versöhnten Welt ihre Entsprechung gefunden hätte […]. Er will nicht einfach ohne den Menschen, nicht über seinen Kopf weg sein Versöhner geworden sein und sein Erlöser werden.« (im Original z. T. gesperrt gedruckt).

Zeit, warum es notwendig ist, bei allen Konsequenzen, die man hier ziehen mag, die geschilderten Überlegungen anzustellen und im Blick zu behalten.

4.1 Sind wir zu viele?

Als erstes möchte ich auf den resignierten Satz zurückkommen, den ich unter 2.2 erwähnt habe: »Wir sind einfach zu viele.« Das Anliegen dieses Satzes besteht darin, zu sagen: Wir verbrauchen zu viele Ressourcen unseres Planeten. Weniger Menschen würden weniger verbrauchen. Das Wachstum der Menschheit muss aufhören.

Es ist sicher anzustreben, dass allen Menschen auf dem Planeten Verhütungsmittel zur Verfügung stehen. Auch die grundlegende Entscheidung, keine Kinder in diese Welt setzen zu wollen, ist – unabhängig davon, in welchem Teil der Welt sie getroffen wird – eine absolut respektable.[60]

Wer aber sagt: »Wir sind zu viele«, hat in der Gegenwart gesprochen. Und sie oder er muss sich im Klaren sein, dass sehr schnell eine oder einer kommen kann, die oder der genau dazu sagen wird, wer denn auf dieser Welt »zu viel« ist. Es genügt ein relativ bescheidenes Maß an Geschichtskenntnis, um zu erkennen, dass die Personengruppen, auf die hier schnell der Blick fallen wird, seit Jahrhunderten, wenn nicht seit Jahrtausenden immer wieder recht ähnlich sind. Im Nachhinein wird vielfach festgestellt, dass die Kirchen und auch die Theologie sich viel zu spät auf die Seite dieser Gruppen gestellt haben. Möglicherweise lässt sich daraus der Impuls gewinnen, die Stimmen der Gegenwart aufmerksam zu hören, und entsprechende Tendenzen frühzeitiger wahrzunehmen.

In verschiedenen Regionen dieser Welt und auch in Europa sind gegenwärtig ganz verschiedene Radikalisierungen wahrnehmbar. Diese Radikalisierungen – unabhängig davon, zu welchem politischen oder ideologischen Lager sie gehören mögen – sind dadurch als Radikalisierung zu erkennen, dass sie wenig Bereitschaft zum Dialog mit Andersdenkenden und viel Bereitschaft zur Ausgrenzung und Gewalt mit sich bringen.

Auch die eingangs erwähnten Emotionen lösen möglicherweise den Impuls aus, den demokratischen Dialog zu überspringen und zu gewaltsamen Mitteln zu greifen.[61] Den Dialog zu überspringen bedeutet aber, die Stimme derjenigen zu übergehen, die die Nachteile von Entscheidungen tragen müssen. Demgegenüber haben wir bei Barth nun eine interessante Pointe gesehen: Der Mensch, der sein Leben als

---

[60] Nach DERS., KD III/4, 305 Zeugung eines Kindes ist ein Akt »schlichten mutigen Lebensvertrauens«.

[61] So hat etwa der Rechtswissenschaftler Volker Boehme-Neßler in einem Interview das politische Ziel von Greta Thunberg explizit gewürdigt, ihr Vorgehen aber »erschreckend undemokratisch« genannt, so unter www.gmx.net/magazine/panorama/greta-thunberg/greta-thunberg-spaltet-gesellschaft-experte-symptom-kraenkelnde-demokratie-33997132 (08.11.2019).

einmalige Gelegenheit versteht, handelt in »größtmöglicher Offenheit«[62] für andere und zugleich in »größtmöglicher Entschlossenheit«.[63] Dies führt wieder zu den drei eingangs erwähnten Zeitproblematiken zurück: Nur wenn schnell gehandelt wird, lässt sich der Klimawandel überhaupt beeinflussen. Dies muss aber mit der für die Veränderung notwendigen Zeit lebensförderlich vermittelt werden.

Die Proteste der »Fridays for Future«-Bewegung gegen die Politik können nur dann wirksam werden, wenn sie sich mit der Zusicherung von Solidarität denen gegenüber verbinden, die von einer schnellen Veränderung getroffen werden. Also etwa denen gegenüber, die durch die Schließung der Kohlekraftwerke ihre Arbeitsplätze verlieren. Diese Solidarität hat aber bisher noch keine institutionellen Formen. Veränderung zu fordern, kann in einer Demokratie nur in der Haltung geschehen: Wir alle werden dafür aufkommen müssen und wir sind bereit, das auch zu tun. Dafür existieren innerhalb der Bundesrepublik immerhin noch gewisse soziale Sicherungssysteme. Es wird aber zunehmend die Notwendigkeit auch weltweiter Solidarität sichtbar. Wer sich anmaßt zu fordern, dass die Abholzung der Regenwälder aufhören soll, muss an einem System arbeiten, mit dem denen das Überleben gesichert wird, die von diesem Boden ihre Kinder ernähren. Hierfür fehlen m. W. bisher noch institutionell tragende Formen. Deutlich ist aber bereits, dass die Klimaveränderung auch bestehende Konflikte und Konkurrenzen – etwa um fruchtbares Land – massiv verstärken wird.[64] Umso dringender ist die Arbeit an Frieden und Versöhnung.

Zweifellos muss schnell gehandelt werden, damit die menschliche Zivilisation auf diesem Globus weiter existieren kann. Der Einsatz dafür ist wichtig. Es braucht allerdings zugleich den Einsatz dafür, dass diese Zivilisation dann noch menschlich aussieht. Was wäre das menschliche Leben auf dem Planeten, wenn ihm die Menschlichkeit abhandenkommen würde? Gerade deshalb ist meines Erachtens zu fragen, welche Auswirkungen die entsprechenden Haltungen haben. Es kommt aber noch ein weiterer Aspekt dazu.

4.2 Verzicht, Umdenken, Neudenken?

Die Erwärmung der Erde zu verlangsamen, wird ohne Verzicht in bestimmten Bereichen nicht möglich sein. Unter Punkt 3.2 habe ich versucht, vorsichtig anzudeuten, dass nach Freiheit in der Beschränkung zu suchen, bedeuten könnte, nicht nur auf den Verzicht zu blicken, sondern auch umzudenken bzw. auch neu zu denken.

---

[62] BARTH, KD III/4, 671 (im Original z. T. gesperrt gedruckt).
[63] Ebd. (im Original z. T. gesperrt gedruckt).
[64] Die entsprechenden Mechanismen beschreiben Stefanie Wesch, Lisa Murken und Kira Vinke anhand des Beispiels Burkina Faso in ihrem Text S. WESCH / L. MURKEN / K. VINKE »Warum Klimaschutz Krisenpraevention ist: Das Beispiel Burkina Faso«, abrufbar unter www.peacelab.blog/2019/09/warum-klimaschutz-krisenpraevention-ist-das-beispiel-burkina-faso (04.01.2020).

Denn aus der Bejahung des Lebens entstehen kreative Ideen für das Leben. Zweifellos auch plakativ, aber mir sehr eindrücklich, ist hier der Slogan des Verfahrenstechnikers und Chemikers Michael Braungart: »Wir sind nicht zu viele – Wir sind nur zu blöd!«[65] Braungart hat federführend das Konzept »Cradle-to-Cradle«[66] (wörtlich: von der Wiege in die Wiege) mit entwickelt. Dahinter steht die Idee, möglichst alle Dinge so herzustellen, dass sie i. W. kompostiert – oder zumindest vollständig recycelt werden können und die Rohstoffe damit im ökologischen Kreislauf erhalten bleiben. Seiner Ansicht nach kennt die Natur keinen Müll, sondern nur Rohstoffe. Auch Braungarts Theorien haben ihre Probleme und manches klingt bei ihm wohl zu einfach. Aber ich halte die Denkrichtung für sinnvoll und weiterführend. Und sein Beispiel zeigt m. E., dass aus dieser Denkrichtung tatsächlich produktive Impulse entstehen. Es wird viele solcher Ideen brauchen und wahrscheinlich werden auch viele dabei sein, die sich als nicht umsetzbar oder nicht weiterführend erweisen. Das haben kreative Ideen so an sich.

Theologinnen und Theologen haben wohl schwerlich das Handwerkszeug dazu, hier neue Technologien oder Systeme gerechter globaler Finanzverteilung vorzuschlagen. Aber von der Bejahung des Lebens, von der Vergebung der Schuld und der daraus entstehenden Freiheit zu einem neuen Denken und der Gerechtigkeit für die Armen zu sprechen, liegt jedenfalls im Kompetenzbereich der Theologie. In der Klimathematik scheint mir das ein durchaus notwendiger Beitrag zu sein.

5. Fazit

»Please help the world«, sagt das Kind in dem am Anfang erwähnten Video. Nach Karl Barth wäre diese Bitte weiter zu verweisen an den, in dessen Zuständigkeitsbereich die Schöpfung an erster Stelle fällt. Gerade dadurch kann der Druck der apokalyptischen Emotionsmischung weichen und der Freiraum entstehen, die eigene Zuständigkeit für die Welt und ihre Probleme wahr- und ernstzunehmen. Ob das nun bedeutet, sich einem Klimastreik anzuschließen oder einen solchen klimaethisch zu reflektieren, einen guten Religionsunterricht der Zukunft zu planen oder ein gebrauchtes Fahrrad zu kaufen, ist damit noch nicht gesagt. Vermutlich hat das eine wie das andere seine Berechtigung und kann durchaus zur Gestaltung einer lebensmöglichen und lebensfreundlichen Zukunft dienen.

---

[65] So der Titel des YouTube-Videos, das einen Vortrag von Braungart aus dem Jahr 2014 wiedergibt, vgl. »Wir sind nicht zu viele – Wir sind nur zu blöd!« Vortrag von Prof. Braungart 2014, Dillenburg«, www.youtube.com/watch?v=SlNG8A7fUfE (03.03.2020).

[66] Vgl. Cradle to Cradle – Wiege zur Wiege e.V., www.c2c-ev.de/ (03.03.2020).

Verkaufter Sonntag?

Karl Barths theologische Feiertagsauslegung und die Forderung nach Liberalisierung der Öffnungszeiten

Marco Hofheinz

1. Lockerung der Öffnungszeiten? Die Forderung nach Liberalisierung der Sonntagsverkäufe

»Ring frei zur nächsten Runde.« Wieder einmal steht der Sonntag mit den Ladenöffnungszeiten auf der politischen Tagesordnung. Regelmäßig wiederkehrend avanciert die gesetzliche Sonn- und Feiertagregelung zum Reizthema in den öffentlichen Diskursen.[1] »Quousque tandem abutere, Catilina, patientia nostra?«[2] (»Wie lange noch, Catilina, wirst du unsere Geduld missbrauchen?«) – möchte man mit Cicero klagen. Doch es hilft nichts. Die Debatte, die immer auch den gesetzlichen Grundsatz, namentlich den Art. 140 des Grundgesetzes, berührt, muss geführt werden: »Der Sonntag und die staatlich anerkannten Feiertage bleiben als Tage der Arbeitsruhe und der seelischen Erhebung gesetzlich geschützt.« Dieser Gesetzespassus, der den Sonntag unter besonderen staatlichen Schutz stellt, wird von nicht wenigen als ein Relikt aus grauer frühdemokratischer Vorzeit empfunden, zumal er aus der Weimarer Reichsverfassung (Art. 139) übernommen wurde. Ärgerlich für viele sei, wie jüngst in der »Hannoverschen Allgemeinen Zeitung« (HAZ) zu lesen ist, die kirchliche Genese und die aus ihr abgeleitete Geltung der Restriktion von Ladenöffnungszeiten am Sonntag: »Der Passus wurde mit ausdrücklichem Bezug auf die christlichen Kirchen, für die der Sonntag ein hervorgehobener Tag ist, ins Grundgesetz übernommen. Deshalb verteidigen Katholiken und Protestanten die Restriktionen. Die Dienstleistungsgewerkschaft Verdi steht an ihrer Seite.«[3]

Jüngst hat sich der Handelsverband Deutschland (HDG) zu Wort gemeldet und eine Lockerung der Sonntagsöffnungszeiten gefordert. Es gehe darum, so der Einzelhandelsverband recht alarmistisch, einen »Niedergang der Innenstädte« zu verhindern. Durch starke Onlinekonkurrenz, sprich: immer stärkeren Umsatz im Internet (Onlinehandel), würden die Läden in den Innenstädten zunehmend an den Rand

---

[1] Vgl. U. BECKER, Woher kommt der Druck auf den Sonntag?, in: CH. GEIST u. a. (Hg.), Sonntage ... Sonnentage des Lebens, Münster 2003, 10–16.

[2] CICERO, In Catilinam I,1.

[3] F.-TH. WENZEL / C. DOBRA, Grundgesetz soll mehr Sonntagsverkäufe erlauben, HAZ vom 1. Februar 2020, 9. Vgl. dazu auch den Kommentar von J. HEITMANN, ebd.

gedrängt. Dem müsse man mit einer Liberalisierung der Öffnungszeiten begegnen, da die Kunden dort ohnehin immer seltener einkaufen würden. Dieser Schieflage sei durch ein entsprechendes Gegensteuern mit zusätzlichen verkaufsoffenen Sonntagen zu begegnen. Durch vermehrte Sonntagsöffnungen würden die Kunden zu vermehrtem »Innenstadtshopping« animiert. Dass es spezieller Anlässe bedürfe, um Geschäfte sonntags zu öffnen, empfinde der städtische Einzelhandel als großen Wettbewerbsnachteil. Dieser »Anlassbezug« müsse wegfallen. Die Rechtsprechung der Verwaltungsgerichte würde diesen recht vehement einfordern und es den Kommunen erschweren, entsprechende Genehmigungen zu erteilen. Der HDG-Verbandspräsident Josef Sanktjohanser urteilt scharf: »Bislang aber wird teils nach ideologischen Maßstäben gehandelt. Und das treibt den Niedergang der Innenstädte weiter voran.«[4]

2. »Pretiosen und kein Klimbim« oder: Heribert Prantls »Sonett für den Sonntag«

Werden Kirche und Gewerkschaften damit nicht unter Ideologieverdacht gestellt? Ein scharfer Vorwurf, so werden vielleicht auch diejenigen urteilen, die kleinliche Kränkungen eigentlich gut verschmerzen können und auch ansonsten wenig Neigung verspüren, in einen neuerlichen Kulturkampf zu ziehen. Schwere Geschütze werden aufgefahren. Das Plädoyer für eine Versachlichung der Debatte legt sich nahe. Doch Versachlichung meint eben vor allem, dass die »Sache« (*res*), um die es geht, geklärt wird. Zur Sache zu reden, ist dazu unabdingbar.

Der bekannte Journalist Heribert Prantl ist einer derjenigen, die im positiven Sinne vom Pathos[5] der Sachlichkeit getragen zu sein beanspruchen, welches ja auch der Theologie spätestens seit der Heidelberger Disputation Martin Luthers (1518) und dem »Sagen, was Sache ist« (*dicere quod res est*),[6] nicht fremd ist. Auch Prantl macht gewissermaßen eine »Einheitsfront« der Sonntagsverteidiger aus Kirchen und Gewerkschaften aus;[7] allerdings nicht, um sich abzugrenzen, sondern einzureihen und unterzuhaken. Prantl verfasst ein »Sonett für den Sonntag« und weist in ihm auf die »Sache« hin, um die es gehe:

---

4   Zit. nach WENZEL / DOBRA, Grundgesetz, 9.
5   Zum Pathos-Begriff vgl. R. HÜTTER, Theologie als kirchliche Praktik. Zur Verhältnisbestimmung von Kirche, Lehre und Theologie, BEvTh 117, Gütersloh 1997, 46–50.
6   M. LUTHER, WA 1,354 (Heidelberger Disputation, These 21). Vgl. dazu in ethischer Hinsicht: G. DEN HERTOG u. a. (Hg.), »Sagen, was Sache ist«. Versuche explorativer Ethik. Festgabe zu Ehren von Hans G. Ulrich, Leipzig 2017.
7   Vgl. H. PRANTL, Sonett für den Sonntag, in: DERS., Der Zorn Gottes. Denkanstöße zu den Feiertagen, München ⁴2015, (116–120) 117.

> »Es geht bei der Rettung des Sonntags nicht nur um Tradition und Religion. Die Kirchen wollen ihn natürlich als den Tag der religiösen Erhebung, die Gewerkschaften als soziale Einrichtungen erhalten. Der Sonntag aber ist mehr: Er ist nicht nur der individuelle freie Tag für den Einzelnen. Wäre er nur dies, dann wäre es egal, wer an welchem Tag seinen Sonntag hat. Der Sonntag ist auch ein Tag der Synchronisation der Gesellschaft; das macht ihn so wichtig. Würde daraus ein individuell gleitender Tag, dann wäre jeder Tag Werktag. Dann verschwände der Fixpunkt der Woche.«[8]

Nachdem er die »Sache« in dieser Weise grundsätzlich geklärt hat, kommt Prantl auf die mit jedem Grundsatz einhergehende Frage nach den Ausnahmen bzw. Kautelen zu sprechen und er bemerkt dazu auf das bekannte jesuanische Wort (Mk 2,27) aus dem Kontext des »Ährenraufens am Sabbat« (Mk 2,23–28 par) rekurrierend:

> »Natürlich hat es Ausnahmen vom Gebot der Sonntagsruhe immer gegeben – das darf und muss so sein, zumal schon in der Bibel steht, dass der Sabbat für den Menschen da ist, nicht der Mensch für den Sabbat. Sonntagsarbeit ist in bestimmten Berufen notwendig. Eine generelle Öffnung der Geschäfte macht aber aus der Ausnahme die Regel, so verändert sich das generelle Bild des Sonntags.«[9]

Prantl, selbst gelernter Jurist bzw. Richter und Staatsanwalt und inzwischen auch Honorarprofessor an der juristischen Fakultät der Universität Bielefeld, besingt in seinem »Sonett« (»Klinggedicht«) die Weisheit des Bundesverfassungsgerichts, das in seinem Urteil vom 1. Dezember 2009 auf eine Verfassungsbeschwerde der Kirche hin nicht mehr und nicht weniger als ein »Sonntags-Grundrecht« konstatierte, ein Grundrecht auf Achtung der Sonntagsruhe:

> »Es ergibt sich aus diesem Verfassungsartikel [Art. 140 des GG; M. H.], so das höchste Gericht, nicht nur eine allgemein-unverbindliche Pflicht des Staates, den Sonntag zu achten. Es ergibt sich daraus ein Recht der Kirchen, der Gläubigen, der Arbeitnehmer, der Familien und der Gewerkschaften, geschützt zu bleiben vor ›ausufernden Ausnahmen‹ von der Sonntagsruhe.«[10]

Dieses Recht setzt das Ansinnen neuerlicher Liberalisierungs-Initiativen zunächst einmal grundsätzlich ins Unrecht, wie man nüchtern wird konstatieren dürfen. Und das Bundesverfassungsgericht wusste seine Rechtsprechung zielsicher anzuwenden, nämlich auf die strittigen vier verkaufsoffenen Adventssonntage der Stadt Berlin, die den Anlass der Verfassungsbeschwerde bildeten:

---

8 A. a. O., 117f.
9 A. a. O., 118.
10 A. a. O., 119.

»Das Berliner Gesetz, das an allen vier Adventssonntagen vor Weihnachten die Ladenöffnung erlaubt, wurde von Karlsruhe für verfassungswidrig erklärt, weil so der Ausnahmecharakter der Ladenöffnung am Sonntag nicht mehr deutlich werde: das hektische Treiben, so die Richter, erfasse ja nicht nur die Läden selbst, sondern präge das ganze Straßenbild, sodass vier Wochen lang rund um die Uhr Alltag herrsche. Ladenöffnungen soll es nur an einzelnen Sonntagen geben dürfen, aber nicht an vielen Sonntagen hintereinander. Die Richter haben den Ländern dafür eine Formel an die Hand gegeben, sie lautet: werktags fast immer, gegebenenfalls auch rund um die Uhr, sonntags nur ganz ausnahmsweise.«[11]

Prantl mutet dieses Urteil des Bundesverfassungsgerichts »rührend altmodisch«[12] an. Es bedarf deshalb eines »Sonetts« (wörtlich: »kleines Tonstück«), um es zu würdigen, also jener Gedichtform, die erst im Barock des 18. Jahrhunderts populär wurde. Diese Würdigung vollzieht Prantl hingebungsvoll. Er identifiziert das Sonntags-Grundrecht stilsicher als eine »Antiquität«:[13] »Die Verfassungsrichter haben diese Pretiose nun nicht nur vom Dachboden geholt und entstaubt, sie haben sie poliert – und dann glänzend neu aufgestellt: nicht als Klimbim, sondern als Recht auf einen ruhigen Sonntag für jeden.«[14]

3. Der Feiertag als »Unterbrechung«. Karl Barths theologisches Adagio der Gebotsauslegung

Mindestens ebenso »barock« wie das Sonntags-Grundrecht muten die Ausführungen zum Sonntag (»Der Feiertag«; § 53.1)[15] des Schweizer Theologen Karl Barth im Band zur »Ethik der Schöpfungslehre« (»Das Gebot Gottes des Schöpfers«; 1951) seiner »Kirchlichen Dogmatik« an.[16] Nicht nur aufgrund des Alters (die Passage wurde im Jahr 1951 geschrieben), sondern vor allem wegen der Breite seiner Ausführungen und der auf den ersten Blick langsamen Entwicklung des Gedankengangs assoziiert so mancher theologische »Mit-Musikant« (M. Trowitzsch)[17] ein gehaltvolles Adagio. Ob es sich indes tatsächlich um eine *barocke* theologische Musizieraufführung handelt, ist durchaus umstritten. Es könnte ja sein, dass mit Barths »Performance« etwas »rührend« Altmodisches im Prantl'schen Sinne vorliegt, mithin also etwas, das von

---

[11] A. a. O., 119f.
[12] A. a. O., 120.
[13] A. a. O., 119.
[14] Ebd.
[15] Zu Barths Sonntag-Verständnis vgl. B. BROCK, Christian Ethics in a Technological Age, Grand Rapids / Cambridge 2010, 289–319; G. MCKENNY, The Analogy of Grace. Karl Barth's Moral Theology, Oxford 2010, 204f.; A MASSMANN, Bürgerrecht im Himmel und auf Erden. Karl Barths Ethik, ÖTh 27, Leipzig 2011, 209–218.
[16] Vgl. BARTH, KD III/4, 51–79: »Der Feiertag«.
[17] Vgl. M. TROWITZSCH, Karl Barth heute, Göttingen 2007, 4.

erstaunlicher Aktualität ist und sich sonetthafter Würdigung als durchaus würdig erweist. Könnte es vielleicht sogar sein, dass Barth mit seinen Sonntagsausführungen verblüfft? Sicherlich nicht die hartgesottenen, verblüffungsfesten Verächter seiner Theologie, aber doch vielleicht die weniger Resistenten – und das ggf. mit einer Argumentation, die gar nicht so langsam und behäbig, sondern eher beschwingt und heiter daherkommt?

Wie Prantl macht jedenfalls auch Barth geltend: »Der Sonntag ist dadurch Sonntag, dass er anders ist als andere Tage.«[18] Bei Barth ist zu lesen: »Der Feiertag ist nun einmal kein Werktag, sondern eine konkrete zeitausfüllende Unterbrechung in der Reihe der Werktage. Und gerade, daß der Mensch am Feiertag nicht tue, was er am Werktag tut, und am Feiertag tue, was er am Werktag nicht tut, fordert das Gebot. Es sondert den Feiertag aus.«[19] Es ist das Stichwort »Unterbrechung«, das Barth in diesem Teilparagrafen immer wieder einspielt und das sowohl traditions- als auch rezeptionsgeschichtlich eine besondere Rolle gespielt hat: traditionsgeschichtlich, insofern bereits Friedrich Daniel Ernst Schleiermacher den Gottesdienst als eine »Unterbrechung des übrigen Lebens«[20] bezeichnete; rezeptionsgeschichtlich, insofern etwa Eberhard Jüngel einem seiner Predigtbände diesen sprechenden Titel gab.[21]

Es mutet banal an, aber der Feiertag ist in der Tat die heilsame Unterbrechung des All- bzw. Werktags. Von Zeit zu Zeit ist Entspannung nötig, wie Eberhard Jüngel betont:

> »Von Zeit zu Zeit soll die Zeit anders sein. Von Zeit zu Zeit ist ein Fest an der Zeit, das den Lauf der Zeit unterbricht. Feste haben zwar ihren Sinn zunächst einmal in sich selbst. Sie haben ihren eigenen Anlass und ihre unverwechselbare Bedeutung. Man feiert *etwas*. So auch der christliche Glaube. Er gilt einem Ereignis, das gefeiert sein will wie sonst nichts auf der Welt. […] Unser Leben lebt jedenfalls auch von solchen Unterbrechungen, die ihm allererst seinen Rhythmus geben und ohne die es einfach langweiliger, wenn nicht überhaupt langweilig wäre. Langeweile aber ist tödlich. Der christliche Glaube ist durchgehend eine Absage an die tödliche Langeweile. Er bejaht die Unterbrechung unseres Lebenszusammenhangs durch Gott.«[22]

---

[18] PRANTL, Sonett für den Sonntag, 120.
[19] BARTH, KD III/4, 69f.
[20] F. D. E. SCHLEIERMACHER, Die praktische Theologie nach den Grundsätzen der evangelischen Kirche im Zusammenhange dargestellt, hg. von J. FRERICHS, SW I/13, Berlin 1850, 70. Vgl. dazu: E. JÜNGEL, Der Gottesdienst als Fest der Freiheit. Der theologische Ort des Gottesdienstes nach Friedrich Schleiermacher (1984), in: DERS., Indikative der Gnade – Imperative der Freiheit, Theologische Erörterungen IV, Tübingen 2000, 330–350; G. SAUTER, Schrittfolgen der Hoffnung. Theologie des Kirchenjahrs, Gütersloh 2015, 252f.
[21] E. JÜNGEL, Unterbrechungen. Predigten 4, Stuttgart 2003.
[22] DERS., Von Zeit zu Zeit. Betrachtungen zu den Festzeiten im Kirchenjahr, Wuppertal ³1998, 5.

Auf die Frage nach der Notwendigkeit des Gottes- bzw. Transzendenzbezugs der »Unterbrechung« antwortet Jüngel:

> »Zweifellos kann sich der tätige Mensch diese Freiheit dadurch selbst verschaffen, daß er sich selbst unterbricht, indem er einfach ausbricht aus seiner Alltagsexistenz. Ich nenne das eine schäbige Transzendenz. [...] Um schäbige Transzendenz handelt es sich, wenn nicht die Transzendenz selber das Transzendieren auslöst, sondern der Mensch. Indem er selber aus seinem Alltagszusammenhang ausbricht, etabliert er so etwas wie Gott, an das er sein Herz hängen kann. In diesem Sinne ist jeder Mensch, auch der Atheist, religiös.«[23]

Für Barth ist der Gottesgedanke in diesem Zusammenhang schlechterdings zentral.[24] Die »Unterbrechung« resultiert ihm zufolge nicht einfach aus dem Charakter des Besonderen gegenüber dem Allgemeinen, sondern aus dem Handeln bzw. Tun Gottes,[25] genauer: seinem Gebot, den Feiertag zu heiligen. Das Besondere, die besondere Zeit, der besondere Tag und das besondere Tun resultieren insofern aus der »Aussonderung«[26] und der mit ihr einhergehenden Begrenzung, wobei es jeweils um Prädikate des Handelns bzw. Tun Gottes geht. Und weil und insofern dieses Handeln und Tun Gottes eben auch unterbrechenden Charakter hat, nimmt Barth damit eine spezifische Unterbrechung in den Blick. »Aussonderung«[27] und Begrenzung sind dabei – man kann es politisch gar nicht streng genug betonen, wenn man nicht bei einem national-religiösen »exceptionalism« landen möchte (»God's choosen nation«, »God's own country«) – strikt bezogen auf den Feiertag, der ausgesondert wird und damit den Werktag begrenzt. Der Feiertag geht nach Barth keineswegs im gleichsam Allgemeinen auf, sondern meint den herausgehobenen, in seiner Absonderung einen, besonderen Tag, den Tag, der »nicht dem Menschen, sondern Gott gehört«.[28]

---

[23] DERS., Gott – das Denkwürdigste. Gespräch mit dem Theologen Eberhard Jüngel, EvKomm 30 (12/1997), (711–715) 711.

[24] Vgl. D. SCHELLONG, Es geht in der Theologie um unser Gottesverhältnis. Die Bedeutung der Theologie Karl Barths im Umbruch der christlichen Tradition, ZDTh 24 (2008), 8–30.

[25] Auf das Handeln Gottes insistiert sonntagstheologisch nachdrücklich H. G. ULRICH, Wie Geschöpfe leben. Konturen evangelischer Ethik, EThD 2, Münster 2005, 381: »Heiligung heißt im biblischen Sinn, wie er reformatorisch aufgenommen wird, dass Gott an uns Menschen handelt. So kann der Alltag nur im Glauben heilig sein, in dem Menschen Gottes handeln erfahren.«

[26] Zur Aussonderung als erwählungstheologischem Topos vgl. E. BUSCH, Die große Leidenschaft. Einführung in die Theologie Karl Barths, Darmstadt ²2001, 240–244; M. ZEINDLER, Erwählung. Gottes Weg in der Welt, Zürich 2009, 221–226.

[27] BARTH, KD III/4, 62.

[28] A. a. O., 72.

Dementsprechend fragt Barth: »Was sagt das Gebot des Feiertages?« Und er antwortet: Das Gebot des Feiertages

»redet von einer Begrenzung des Handelns des Menschen, sofern dieses, allgemein gesprochen, sein eigenes Werk, seine Unternehmung und Leistung, seine Arbeit zur Erhaltung seines Lebens und im Dienst der menschlichen Gemeinschaft ist. Es sagt von ihm, daß er sich mit Rücksicht auf *Gott*, auf die Mitte und den Sinn *seines* Werkes, im Gedanken daran und zum Zwecke der bewußten Teilnahme an dem von ihm beschafften und zu erwartenden Heil je und je auch eine Unterbrechung, eine Ruhe, eine bewusste Nichtfortsetzung, einen zeitausfüllenden Stillstand gefallen lassen müsse: daß das eigene Werk des Menschen sich als ein durch diese je und je stattfindende Unterbrechung begrenztes Werk vollziehen soll. Diese Unterbrechung ist der Feiertag. [...] Kann man die Arbeit würdigen und recht tun von anderswoher als eben von ihrer Grenze, von ihrer solennen Unterbrechung her?«[29]

4. Der Feiertag als »starting point« der speziellen Ethik: Die Vorordnung des Evangeliums vor das Gesetz

Karl Barth beginnt seine »Ethik der Schöpfungslehre«, ja sogar die »spezielle Ethik überhaupt«,[30] signifikanterweise mit der material(ethisch)en Frage der Feiertagsgestaltung und zwar unter dem Topos »Freiheit vor Gott«. Es geht Barth also um eine »Ethik der Freiheit«,[31] eine Ethik, die auf die Realisierung von Freiheit abzielt. Am Feiertag geht es darum, »vor Gott und für ihn und darum von sich selbst frei zu werden: von daher dann auch frei für sich selbst, frei von seiner Arbeit und frei zum Gottesdienst.«[32] Barths Freiheitsverständnis[33] erweist sich hier im Spiel der Präpositionen als mehrfach konnotiert: Sie ist zum einen negative Freiheit (»Freiheit von«),

---

[29] A. a. O., 54f.
[30] A. a. O., 55.
[31] So BUSCH, Die große Leidenschaft, 176. W. LIENEMANN (Karl Barth [1886–1968], in: DERS. / F. MATHWIG (Hg.), Schweizer Ethiker im 20. Jahrhundert. Der Beitrag theologischer Denker, Zürich 2005, [33–56] 50) betont zu Recht: »Das programmatische Schlüsselwort in allen Paragraphen von KD III/4, welche die ›Ethik als Aufgabe der Lehre von der Schöpfung‹ explizieren, lautet nun [...] nicht ›Ordnung‹, sondern ›Freiheit‹. Angesichts des Missbrauchs der Lehre von den ›Schöpfungsordnungen‹ im deutschen, konservativen Luthertum, ebenso aus einer gewissen Distanz gegenüber Bonhoeffers Rede von den ›Mandaten‹ – wo Barth ›einen kleinen Geschmack von norddeutschem Patriarchalismus‹ spürte –, betont er entschieden und folgenreich die Freiheit der Menschen – die Freiheit vor Gott, in der Gemeinschaft, die Freiheit zum Leben und auch die Freiheit in der Beschränkung.«
[32] BARTH, KD III/4, 69.
[33] Vgl. zu Barths Freiheitsverständnis J. WEBSTER, Barth's Moral Theology. Human Action in Barth's Thought, Edinburgh 1998, 99–123.

d. h. Abgrenzungsfreiheit von der Arbeit,[34] und zum anderen positive Freiheit (»Freiheit zu«), d. h. Gestaltungsfreiheit zum Gottesdienst. Als Instanz der Freiheit (»Freiheit vor«) bzw. Referenzgröße der Freiheit (»Freiheit für«) nennt Barth Gott und mit Bedacht erst an zweiter Stelle den Menschen, da der Mensch in einem konditionierten Sinne, d. h. nur insofern er für sich selbst frei und nicht etwa abhängig von sich selbst ist, für Gott frei ist. Eine reine Autoreferentialität, d. h. eine Autoreferentialität ohne Gottesbezug, scheidet nach Barth aus. Der Mensch bedarf der Befreiung.

Barths gebotsethischer »starting point« beim Feiertag präjudiziert das Ganze: »Das Gebot des Feiertages erklärt alle anderen Gebote oder alle anderen Gestalten des einen Gebotes. Darum gehört es an die Spitze«.[35] Ja, Barth ist sogar der Meinung, dass man kein Gebot verstehen kann, »bevor man [nicht] den Feiertag verstanden«[36] und beachtet hat. Warum ist das nach Barths Einschätzung so? Nun, weil der Feiertag Gottes Zuspruch an den Menschen, von seinem Werk ruhen, aufatmen zu dürfen, meint und dieser Zuspruch dem Anspruch auf Arbeit bzw. »Werktätigkeit« vorausgeht. Barth spricht explizit von Gottes »Wohltaten«.[37] Gott fordert nicht grundlos. Seine Gabe und das mit ihr einhergehende Empfangen des Menschen, gehen jeder Forderung und jedem Anspruch voraus. Für den Zuspruch und die Gabe Gottes steht das Evangelium und für den Anspruch bzw. die Forderung Gottes sein Gebot. Freilich spricht auch Gebot Gottes den Menschen an. Insofern geht auch hier die Initiative Gottes menschlichem Tun voraus, ist also auch der Anspruch bzw. die Forderung Gabe Gottes.[38] Für Barth ist also auch das Gesetz bzw. Gebot Gottes eine »Gestalt des Evangeliums«.[39] Darin besteht eine der Pointen von Barths theologiegeschichtlich einschneidender und vieldiskutierten[40] Neubestimmung der

---

[34] Zum Arbeitsverständnis Barths vgl. BARTH, KD III/4, 538–648. Dazu: T. MEIREIS, Tätigkeit und Erfüllung. Protestantische Ethik im Umbruch der Arbeitsgesellschaft, Tübingen 2008, 132–181.

[35] BARTH, KD III/4, 58. Dort z. T. kursiv.

[36] A. a. O., 55.

[37] A. a. O., 65. Vgl. auch DERS., KD III/1, § 42.1, 377–395: »Schöpfung als Wohltat«.

[38] Treffend bemerkt H. J. BOECKER, Recht und Gesetz: der Dekalog, in: DERS. u. a., Altes Testament. Neukirchener Arbeitsbücher, Neukirchen-Vluyn ⁵1996, 110–127, 121: »Das Sabbatgebot, das im Zentrum des Dekalogs steht, macht deutlich, dass die Gebote eigentlich Wohltaten sind, keine Forderungen im strengen Sinn.«

[39] BARTH, KD II/2, 564.

[40] Zur Diskussion vgl. etwa: J. COUENHOVEN, Law and Gospel, or the Law of the Gospel? Karl Barth's Political Theology Compared with Luther and Calvin, JRE 30 (2/2002), 181–205; E. JÜNGEL, Evangelium und Gesetz. Zugleich zum Verhältnis von Dogmatik und Ethik, in: DERS., Barth-Studien, ÖTh 9, Zürich u. a. 1982, 180–209; DERS., Zum Verhältnis von Kirche und Staat nach Karl Barth, ZThK.B 6 (1986), 76–135; B. KLAPPERT, Promissio und Bund. Gesetz und Evangelium bei Luther und Barth, FSÖTh 34, Göttingen 1976; DERS., Versöhnung und Befreiung. Versuche, Karl Barth kontextuell zu verstehen, NBST 14, Neukirchen-Vluyn 1994, 166–184; W. LIENEMANN, Grundinformation Theologische Ethik, UTB 3138,

klassisch lutherischen Verhältnisbestimmung von »Gesetz und Evangelium«,[41] deren Reihenfolge Barth zu »Evangelium und Gesetz« umkehrte und zwar in der gleichnamigen Schrift, die er im Jahr 1935[42] verfasste und die er seiner »Ethik der Gotteslehre« (KD II/2, Kap. 8)[43] zugrunde legte.

Auch in Barths schöpfungsethischen Ausführungen zum Feiertag spiegelt sich diese einschneidende Neubestimmung und denkverändernde Weichenstellung wider.[44] Sie zeigt sich u. a. in dem umschriebenen Umstand, dass auch Gottes Anspruch anspricht und dass es Gott ist, der mit seinem Gebot gebietet. Diese umgekehrte Reihenfolge, nämlich die Priorität des Evangeliums vor dem Gebot, manifestiert sich also – um genau zu sein – in Gottes prävenientem Tun. Genau sie bildet sich in der Vorordnung des Feiertags vor den Werktag. Auf sie zielt auch Barths suggestive Frage: »Kann man das Gesetz hören, bevor man das Evangelium gehört hat?«[45] Und darauf spielt Barth auch an, wenn er feststellt: »Im Gebot des Feiertages geht es tatsächlich um das menschliche Tun, das gerade in der Ruhe vom eigenen Werk – umfassend gesagt – in der Bereitschaft für das *Evangelium* besteht. Der Sinn der heiligen Schrift ist aber auch da, wo sie gebietet, das Evangelium.«[46]

5. Freiheit und Gebot: Der Feiertag als »Zeichen der Freiheit«

Barth denkt also Freiheit und Gebot zusammen und sieht in ihnen gerade keinen Widerspruch. So bestimmt er den Feiertag als »das Zeichen der *Freiheit*, die Gott der Schöpfer sich genommen hat« (Gen 2,3) und der »*Freiheit*, die er seinem Geschöpf gegeben und damit von ihm gefordert hat«.[47]

Für Barth ist die Freiheit auch mit Affekten verbunden. Freiheit meint auch *Freude*: Die ganze materiale Ethik bekommt durch ihren Anfang beim Feiertag »von

---

Göttingen 2008, 194–203; WEBSTER, Barth's Moral Theology, 151–178; M. WELKER, Erwartungssicherheit und Freiheit. Zur Neuformulierung der Lehre von Gesetz und Evangelium I, EvKomm 18 (1985), 680–683; DERS., Erbarmen und soziale Identität. Zur Neuformulierung der Lehre von Gesetz und Evangelium II, EvKomm 19 (1986), 39–42.

[41] Zur lutherischen Diskussion vgl. K. L. BLOOMQUIST / J. R. STUMME (Hg.), The Promise of Lutheran Ethics, Minneapolis 1998, insbes. den Beitrag von R. HÜTTER, The Twofold Center of Lutheran Ethics. Christian Freedom and God's Commandments, 31–54; 179–192.

[42] Vgl. K. BARTH, Evangelium und Gesetz (1935), in: E. KINDER / K. HAENDLER (Hg.), Gesetz und Evangelium. Beiträge zur gegenwärtigen Diskussion, WdF 142, Darmstadt 1968, 1–29.

[43] Vgl. DERS., KD II/2, §§ 36–39, 564–875 (»Das Gebot Gottes«).

[44] Freilich keineswegs im Widerspruch zu Luther. So WEBSTER, Barth's Moral Theology, 172f.

[45] BARTH, KD III/4, 55.

[46] Ebd.

[47] A. a. O., 57.

diesem thematischen Ausgangspunkt her etwas eigentümlich Freudiges und Feiertägliches.«[48] Der Sonntag hat seinen Sinn in der Freude, im »*Feiern* eines Festes«,[49] nicht in einer »künstlich erzwungenen Arbeitslosigkeit«.[50] Er bildet als Gabe, als Geschenk Gottes an den einzelnen Menschen keineswegs ein Tribut an den menschlichen Individualismus, sondern ist dem einzelnen Menschen »zusammen mit seinen *Mitmenschen*«[51] gegeben. Konkret dient der Feiertag der »Versammlung der Gemeinde«,[52] »der Gott aufgetragen hat, das Zeugnis von ihm zu hören und zu verkündigen«.[53]

Von daher kann Barth auch die im wahrsten Sinne des Wortes müßige Frage in den Blick nehmen: Müssen wir am Sonntag in die Kirche gehen? Die Frage nach dem Sonntag ist insofern müßig, als der Sonntag genau das bietet, was *nolens volens* erfragt wird, nämlich Muße, d. h. freie Zeit zum und »Raum«[54] für den Gottesdienst. Barth hält die Frage nach dem notwendigen Kirchgang zugleich für kurzschlüssig: »Schon weil der Gemeindegottesdienst schließlich auch ein sehr problematisches, sehr gebrechliches, jener Rückfrage unterworfenes Menschenwerk ist, würde es doch ein Kurzschluß sein«,[55] so zu fragen. Barths Antwort auf die Kirchgang-Frage lautet lapidar: »[D]aß es [das Feiertagsgebot; M. H.] allerdings auch dahin lautet, weil der entsagende Glaube, auf den es primär und eigentlich zielt und weil auch die Arbeitsruhe, die es in sich schließt, ohne Teilnahme am Gottesdienst gespensterhaft bleiben müßte. Man sollte aber hier nicht mehr sagen wollen.«[56] Anders gesagt:

> »Man kann also die Arbeitsruhe und den Gottesdienst nur insofern zum Inhalt des Feiertagsgebotes rechnen, als allerdings nicht abzusehen ist, wie es *ohne* Arbeitsruhe und *ohne* Gottesdienst praktisch zu jenem besonderen, feiertäglichen Akt entsagenden Glaubens kommen könnte. Man kann wohl sagen, daß es ohne Arbeitsruhe und Teilnahme am Gottesdienst keinen Gehorsam gegen das Feiertagsgebot gibt. Man kann aber nicht sagen, daß die Arbeitsruhe und die Teilnahme am Gottesdienst den Gehorsam gegen das Feiertagsgebot ausmache.«[57]

Die gottesdienstliche Ausrichtung des Lebens, um die es Barth in seiner Auslegung des Feiertaggebots geht, fällt nun einmal nicht einfach mit der empirischen Gestalt

---

[48] O. WEBER, Karl Barths Kirchliche Dogmatik. Ein einführender Bericht, Neukirchen-Vluyn ¹²2002, 158.
[49] BARTH, KD III/4, 73.
[50] A. a. O., 74.
[51] A. a. O., 75.
[52] A. a. O., 68.
[53] A. a. O., 77.
[54] A. a. O., 65.
[55] A. a. O., 68.
[56] Ebd.
[57] A. a. O., 65.

eines Gemeindegottesdienstes zusammen. Eine gehörige Portion Kritik an der faktischen Gestaltung von Gottesdienstfeiern, die eben nur allzu oft alles andere als »Feiern eines *Festes*«[58] sind, schwingt hier mit.

Eine gottesdienstliche Ausrichtung des gesamten Lebens meint indes etwas anderes als das empirisch vielfach Vorfindliche.[59] In ihr wird Freiheit erkennbar – Freiheit von und zu konkreten Gestalten des Gemeindegottesdienstes: Am Feiertag geht es darum, »vor Gott und für ihn und darum von sich selbst frei zu werden: von daher dann auch frei für sich selbst, frei von der Arbeit und frei zum Gottesdienst.«[60] Das freiheitliche-gottesdienstliche Handeln vollzieht sich im Modus des Gelten-Lassens der guten Gabe Gottes. Das Gebot ist eine solche Gabe und genau dies besagt das Feiertagsgebot: Du, Mensch, darfst es Dir gefallen lassen,[61] dass Gott selbst seine Sache »in seine eigene Hand genommen« und sie deiner, »also der Hand des Menschen[,] entnommen«[62] hat. Der Feiertag ist von daher der »von jedem Muß freie Tag«.[63]

6. Schöpfungs- ohne Befreiungstheologie? Oder: Bundes- und Heilsgeschichte in der Welt- und Naturgeschichte

Betrachtet man die biblische Tradition des Sabbatgebots,[64] so finden sich in den beiden Versionen des Dekalogs (Ex 20,2–17; Dtn 5,6–21) zwei Begründungen: eine schöpfungstheologische (Ex 20,11; 31,17; vgl. auch Gen 2,1–3) und eine »befreiungstheologische« (Ex 23,12; Dtn 5,14f.). Das Sabbatgebot beruft sich in seiner schöpfungstheologischen Begründung auf die »Krönung des Schöpfungswerkes«,[65] die dadurch erfolgt, dass auf Gottes Ruhen am siebten Tage rekurriert wird:[66] »Denn

---

58 A. a. O., 67.
59 Vgl. Brock, Christian Ethics, 299.
60 Barth, KD III/4, 69. »Insofern« – so A. Massmann (Bürgerrecht im Himmel und auf Erden, 210) treffend – »ist geradezu von einer gottesdienstlichen Dimension des gesamten Lebens zu sprechen.«
61 Vgl. K. Barth, Christliche Ethik. Ein Vortrag, München 1946, 13: »›Du kannst, denn du sollst!‹ sagt Immanuel Kant. ›Du kannst, denn du darfst!‹ sagt die christliche Ethik.«
62 Ders., KD III/4, 63.
63 A. a. O., 73.
64 Vgl. A. Grund, Die Entstehung des Sabbats. Seine Bedeutung für Israels Zeitkonzept und Erinnerungskultur, FAT 75, Tübingen 2011.
65 D. Schellong (Hinweise zum Verständnis von Barths Schöpfungslehre, ZDTh 3 [1987], [11–16] 13) bemerkt: »Barth [war] wohl vorwiegend geleitet von der Erkenntnis, daß das Siebentagewerk in der Ruhe Gottes (schabat) sein Ziel und seinen Ausklang findet.«
66 Seine Sabbat-Interpretation entfaltet Barth bereits seiner »Ethik der Schöpfungslehre« (KD III/4) vorausgehend, in: Barth, KD III/1, 240–258. Dazu: Ch. Link, Schöpfung. Schöpfungstheologie in reformatorischer Tradition, HST 7/1, Gütersloh 1991, 286f.; Brock,

in sechs Tagen hat der Herr Himmel und Erde gemacht und das Meer und alles, was darinnen ist, und ruhte am siebten Tage. Darum segnete der Herr den Sabbattag und heiligte ihn« (Ex 20,11; vgl. Gen 2,2f.; Ex 31,17). Wie Gott geruht hat, so soll nun auch der Mensch ruhen![67] Hier wird das die Struktur des Sabbatgebots charakterisierende Entsprechungsverhältnis angezeigt, welches sich im Modus des Nachbildens (der Mimesis)[68] konkretisieren soll: »Der Mensch darf und soll mit Gott, sein Tun nachbildend, ›ruhen‹, kein Werk tun, feiern, fröhlich und frei sein.«[69] Barth kann akzentuieren: »Gut im christlichen Sinne ist das Verhalten, das Tun des Menschen, welches dem Verhalten und Tun Gottes in dieser Geschichte entspricht.«[70]

Die zweite Begründung erfolgt über den Bezug des Sabbats auf den Exodus, die Befreiung von der Sklavenschaft (vgl. Dtn 5,15). Barths tschechischer Schüler Jan M. Lochman dazu:

> »[D]er Sabbat ist der *Gedenktag der Befreiung*. Der Gedenktag allerdings, der nicht bloß nach rückwärts blickt, sondern die Gegenwart betrifft, ist ein Gedenktag mit ›weltverändernden Konsequenzen.‹ Und das ist der andere Akzent dieser Begründung: sehr stark wird die ›soziale Dimension‹ dieses Tages in den Vordergrund gestellt. Die Freiheit will praktiziert werden. Das gerade Evangelische ist dabei, dass nicht nur an die ›Eigenen‹ gedacht wird, sondern an die näheren und ferneren Nächsten – wobei selbst die Kreatur, die Tiere, nicht ausgenommen werden, sondern an diesem Fest der Freiheit teilnehmen dürfen. Besonders auffallend ist jedoch die Zuspitzung des Gebots auf die gesellschaftlich Benachteiligten und Entrechteten; vor allem den Sklaven (und Sklavinnen) soll dieser Tag zugute kommen. Die Befreiten – selbst noch ehemalige Sklaven – sollen nicht vergessen, daß ihre Freiheit verpflichtet; die Freiheitsinitiative des Exodusgeschehens ›macht Kreise‹, will ›Kreise machen‹, darf nie ›punktuell‹, auf eigene Privilegien beschränkt, ›gehalten‹ werden.«[71]

Christian Ethics, 290–294.

[67] Treffend bemerkt J. L. MANGINA (Karl Barth. Theologian of Christian Witness, Burlington 2004, 149): »The creaturely ›correspondence‹ to this seventh day is the human observance of the Sabbath. Interrupting the rhythms of everyday life, the Sabbath sets this time apart – a concrete reminder that human life and action have their end only in God. This vertical reference is primary in Barth's account of the Sabbath.«

[68] Vgl. A. GRUND, Mimesis und Imitatio Dei. Gottes und Israels Sabbatruhe im Erzählzusammenhang von Gen 1 und Ex 16, in: J. KÜGLER u. a. (Hg.), Bibel und Praxis. Beiträge des Internationalen Bibel-Symposiums 2009 in Bamberg, bayreuther forum TRANSIT 11, Münster 2011, 85–104.

[69] BARTH, KD III/4, 57.

[70] DERS., Christliche Ethik, 9.

[71] J. M. LOCHMAN, Wegweisung der Freiheit. Die Zehn Gebote, Stuttgart 1995, 57. Ähnlich E. BUSCH, Verbindlich von Gott reden. Gemeindevorträge, Neukirchen-Vluyn / Wuppertal 2002, 223. Vgl. auch F. SEGBERS, »Erinnere dich daran, dass du selbst Sklave, eine Sklavin in Ägypten warst ...« (Dtn 5,15). Biblische Impulse zur Humanität in der Arbeit, in: J.

Es fällt indes auf, dass Barth auf diese zweite Gebotsversion im Deuteronomium, die diese »befreiungstheologische« Lesart stützt, nicht rekurriert. Warum nicht? Es hat keineswegs mit einer befreiungstheologischen Aversion Barths zu tun,[72] die zu konstatieren, an sich schon einem Anachronismus gleichkäme. Nein, vielmehr geht es um Barths Verhältnisbestimmung von Schöpfung und Bund bzw. sein Geschichtsverständnis, d. h. wiederum die Verhältnisbestimmung von Natur- und Weltgeschichte einerseits und Bundes- und Heilsgeschichte andererseits. Für Barth ist bekanntermaßen die Schöpfung der innere Grund des Bundes,[73] der Bund der innere Grund der Schöpfung.[74] Um des Bundes mit seinem Volk Israel willen stellt Gott die Schöpfung gleichsam als Schauplatz des »Dramas des Bundes« zur Verfügung.[75] Die Schöpfung ermöglicht so gewissermaßen *materialiter* den Bund als Ziel derselben. Barth liest mit anderen Worten die Schöpfungsgeschichte auf die Bundesgeschichte hin orientiert und diese teleologische Struktur der Zuordnung von Schöpfung und Bund spiegelt sich auch in Barths Geschichtsverständnis wider:

> »Der Sinn des besonderen Feiertages und der Grund, ihn besonders zu begehen, besteht darin, daß er der Verweis ist auf die in den Verlauf gebettete, in ihr verborgene, aber auch offenbare, die ihren Grund und ihr Ziel und heimlich doch auch ihren Gang entscheidend bestimmende besondere Bundes- und Heilsgeschichte.«[76]

Diese Verweisstruktur des Feiertages, die deiktische Beziehung auf die Bundes- und Heilsgeschichte hin ist für Barth entscheidend. Sie wird indes, wie wir sahen, als Freiheitsgeschichte verstanden. Auch die Befreiung ist Implikat derselben. Insofern hat Barth, wenn man so will, diese befreiungstheologische Dimension mitgedacht. Die Bundes- als Freiheitsgeschichte harrt indes noch ihrer »endzeitliche[n] Vollendung«.[77] Demnach hat das Feiertagsgebot in seiner deiktischen Funktion eschatologischen Sinn und Grund.[78]

REHM / H. G. ULRICH (Hg.), Menschenrecht auf Arbeit? Sozialethische Perspektiven, Stuttgart 2009, 11–37.

[72] Zu einer befreiungstheologischen Lektüre Barths vgl. etwa KLAPPERT, Versöhnung und Befreiung, 53–137.

[73] Vgl. BARTH, KD III/1, § 41.2, 44–103: »Die Schöpfung als äußerer Grund des Bundes«. Dazu: LINK, Schöpfung, 278–287; M. WEINRICH, Karl Barth. Leben – Werk – Wirkung, UTB 5093, Göttingen 2019, 303–308.

[74] BARTH, KD III/1, § 41.3, 258–377: »Der Bund als innerer Grund der Schöpfung«. Dazu: LINK, Schöpfung, 287–293; WEINRICH, Karl Barth, 308–310.

[75] Vgl. H.-W. PIETZ, Das Drama des Bundes. Die dramatische Denkform in Karl Barths Kirchlicher Dogmatik, NBST 12, Neukirchen-Vluyn 1998, 29.

[76] BARTH, KD III/4, 60.

[77] Ebd. Vgl. auch a. a. O., 62; 72.

[78] Vgl. a. a. O., 60.

»Der Feiertag ist ja wohl ein besonderer Tag, aber wir sahen: gerade in seiner Besonderheit ein Zeichen dessen, was der Sinn aller Tage ist. Sie sind alle von ihm begrenzt und so auch bestimmt: wie eben die Heilsgeschichte und Endgeschichte in ihrer besonderen Zeit das Geheimnis, die Grenze und Bestimmung aller Geschichte aller Zeiten ist.«[79]

Bei alldem teilt Barth nicht einfach mit den meisten seiner und unserer Zeitgenossen ein rein affirmatives Natur-, Welt- und Existenzverständnis, das oft über ein naiv-optimistisches Selbstverständnis vermittelt wird. Vielmehr sieht Barth ein solches Selbstverständnis durch das Feiertagsgebot infrage gestellt: »Denn in welchem möglichen menschlichen Selbstverständnis des Menschen wäre der Mensch nicht so oder so darin Mensch, daß er sich selbst setzt, bestätigt, wirkt, in den Grenzen seines Vermögens sich selbst darstellt, hilft und rechtfertigt?« Barth kann gar von einer »Preisgabe seiner [des Menschen; M. H.] Natur und Existenz«[80] sprechen und zwar zugunsten »eines dankbar zu vollziehenden Empfangs göttlicher Gnade«.[81] Was Barth hier zum Widerspruch provoziert und reizt ist wiederum das theologische Primat des Bundes gegenüber der Schöpfung, die Vorordnung der Bundes- und Heilsgeschichte vor die Welt- und Naturgeschichte.

Kornelis Heiko Miskotte, Barths niederländischer Freund, hat Barths schöpfungstheologische Grundentscheidung wie folgt auf seine Weise pointiert:

»Der Glaube weiß wohl, daß die Welt unendlich viel größer und mächtiger ist, als unser Geist fassen kann, aber er weiß noch viel bestimmter, daß der Bund ewiger und mächtiger ist als die Welt. Der Glaube ist dankbar für die Erde und für die Geschichte, die sich auf ihr entfaltet, aber das Licht, das die Erde bescheint, die Räume erfüllt, kommt zu uns durch das Wort; es ist ein gesprochenes Licht, so wie die Thora ein gesprochenes Licht ist. [...] Die Natur ist nicht ›größer‹ als die ›Geschichte‹; wer sich vor dieser ›Größe‹ niederwirft, hat vergessen, daß das Licht im Leben der Menschen primär, qualitativ und manifest durch das Wort mächtig ist.«[82]

7. Plädoyer für eine Ethik des Verzichts: Der Sonntag und die Entsagung

Besonders betont wird auch das Stichwort »Entsagung« in Barths schöpfungsethischem Adagio. Es bildet zwar nicht dessen cantus firmus oder basso continuo. Aber es fällt doch auf, wie nachdrücklich Barth von der Entsagung und dem entsagenden

---

[79] A. a. O., 78.
[80] A. a. O., 63.
[81] Ebd.
[82] K. H. MISKOTTE, Wenn die Götter schweigen. Vom Sinn des Alten Testaments, übers. von H. STOEVESANDT, München 1963, 472.

Glauben spricht, wenn er den mit dem Feiertagsgebot einhergehenden Anspruch Gottes formuliert:

> »Das Feiertagsgebot fordert den Glauben an Gott, der jene Entsagung des Menschen vollzieht: seine Entsagung sich selbst, seinem ganzen sonstigen Sinnen, Wollen, Wirken und Vollbringen gegenüber. Es fordert diesen entsagenden Glauben nicht nur als ein allgemeines Verhalten, sondern auch als ein besonderes, zeitausfüllendes Tun und Lassen an dem von den anderen Tagen zu unterscheidenden Feiertag.«[83]

Der entsagende Glauben an Gott bildet nach Barth den Endzweck des Gebots. Selbst der Gottesdienst ist jenem gegenüber sekundär: »Geht es in ihm [dem Gottesdienst; M. H.] um die Übung des entsagenden Glaubens, dann hat er Grund.«[84] Nochmals Barth: »Nostri non sumus sed Domini. Aber eben das will am Feiertag geübt sein.«[85] Der Gottesdienst ist, wie Barth – tugendethische Diktion aufnehmend – festhält, so etwas wie ein Übungsfeld, gewissermaßen eine Schule gelingenden Lebens. Hier wird die »Heiligung des Feiertages« und die ihr »entsprechende Haltung« eingeübt.[86] Dabei geht es aber nicht nur um konkrete Taten, sondern eben auch Unterlassungen, also etwa nicht um das »Exerzitium eines Sonntagsprogrammes«.[87] Barth spricht von der Entsagung gegenüber allem eigenmächtigen Wollen und Vollbringen: Das Gebot ist – negativ gewendet – zugleich Verbot, ja sogar Glaubensverbot und zwar im Blick auf den »Glauben an sein [des Menschen; M. H.] (eigenes) Planen und Wollen«[88] Dieses Verbot hat indes alles andere als arbiträren Charakter. Es fällt auch nicht dezisionistisch aus. Vielmehr geht es wieder um die Freiheit – diesmal hinsichtlich ihrer Abgrenzungsdimension, um Freiheit als Abstinenz von bestimmten Taten und Handlungen.

Anders gesagt: »Im Schabbat realisiert sich Freiheit als die Freiheit des Lassens.«[89] Gerade darin, dass er nicht tut, tut der Mensch hier das von ihm Geforderte.

---

83 BARTH, KD III/4, 64.
84 Vgl. a. a. O., 69.
85 A. a. O., 78. Barth zitiert hier J. CALVIN, Inst. (1559), III,7,1.
86 Vgl. dazu die Beiträge in M. HOFHEINZ in Verbindung mit K.-O. EBERHARDT (Hg.), Die Tradierung von Ethik im Gottesdienst. Symposiumsbeiträge zu Ehren von Hans G. Ulrich, EThD 26, Münster 2019; fernerhin: M. HOFHEINZ, Der Gottesdienst als Raum der Öffentlichkeit. Ethische Konturen einer etwas anderen Öffentlichen Theologie, in: TH. WABEL / J. WEIDER / T. STAMER (Hg.), Zwischen Diskurs und Affekt. Vergemeinschaftung und Urteilsbildung in der Perspektive Öffentlicher Theologie, Öffentliche Theologie 35, Leipzig 2018, 189–209.
87 BARTH, KD III/4, 73.
88 A. a. O., 58.
89 J. EBACH, Weil das, was ist, nicht alles ist! Theologische Reden 4, Frankfurt a. M. 1998, 25. Nach J. EBACH (Schöpfung in der Hebräischen Bibel, in: G. ALTNER [Hg.], Ökologische Theologie. Perspektiven zur Orientierung, Stuttgart 1989, [98–129] 124) kann vom

Im Nicht-Tun entspricht er Gott in dessen Nicht-Tun, ebenso wie der Mensch nach Jesu Weisung Gott in seinem Tun entsprechen soll: »Darum sollt ihr vollkommen sein, wie euer Vater im Himmel vollkommen ist« (Mt 5,48). Dabei betont Barth die Differenz zwischen Nicht-Tun und Nichtstun: »Das Tun des Menschen an diesem Tag soll zwar kein Nichtstun, wohl aber im Verhältnis zu dem, was er an den anderen Tagen tut, ein Nicht-tun sein.«[90] Es geht mit anderen Worten um den Verzicht, um ein Unterlassen von Werken, um den »entsagenden Glauben[], der dann auch die Arbeitsruhe und die Teilnahme am Gottesdienst in sich schließt.«[91] Zum Verzicht gehören nach Barth elementar Sorglosigkeit, Programmlosigkeit und Aufgeschlossenheit für den Mitmenschen.[92]

Im Anschluss an Barth betont Eberhard Busch, dass mit dem Sabbatgebot ein heilsamer Widerspruch Gottes gegen eine die Schöpfung verkehrende menschliche Arbeit erfolgt:

> »Er ergeht in Gestalt der Einsetzung des Sabbattages, mit dem die Schöpfung ihren krönenden Abschluss findet und der auch aus dem Paradies mit in die Welt der entfremdeten Arbeit geht. Der Sinn dieser Einsetzung ist die Begrenzung der Arbeit, und sie ist so das Zeichen wider ein unbegrenztes Produzieren. […] Wiederum ist der Sabbat nicht eine Arbeitsunterbrechung, deren Bedeutung von der Arbeit her bestimmt wird: als Erholung von ermüdender Arbeit, um sie dann umso ›besser‹ weiterverrichten zu können. Die Sabbatruhe dient nicht der Arbeit, sie vollendet sie zuerst, – so daß ohne sie die Arbeit verkehrt wird. Sie ist das Korrektiv gegenüber verkehrter Arbeit.«[93]

8. Der Sonntag als erster Tag der Woche: Wirtschaften vom Sonntag her

Nach dem »ethischen Sinn des Sonntags«[94] wird im Rahmen einer Wirtschaftsethik immer wieder gefragt.[95] Bei Barth ist der Referenzrahmen ein anderer, zumindest

---

Sabbatgebot her eine umfassende »Ethik des Unterlassens« entfaltet werden.

[90] BARTH, KD III/4, 54. So auch BUSCH, Verbindlich von Gott reden, 222.
[91] BARTH, KD III/4, 71.
[92] Zu einer Ethik des Verzichts vgl. auch R. ZIMMERMANN, Von der Schönheit des Verzichts. Eine Ethik der Freiwilligkeit und Flexibilität kann die Welt verändern, Zeitzeichen 19 (2018), 47–49; DERS., Die Logik der Liebe. Die »implizite Ethik« der Paulusbriefe am Beispiel des 1. Korintherbriefs, BThSt 162, Neukirchen-Vluyn 2016, 267–272.
[93] BUSCH, Verbindlich von Gott reden, 222.
[94] U. H. J. KÖRTNER, Evangelische Sozialethik. Grundlagen und Themenfelder, Göttingen ⁴2019, 235.
[95] Vgl. a. a. O., 235–244; O. BAYER, Von der Würde des Sonntags, in: DERS., Freiheit als Antwort. Zur theologischen Ethik, Tübingen 1995, 47–54; A. DIETZ, Wirtschaften vom Sonntag her, in: KIRCHLICHER HERAUSGEBERKREIS (Hg.), Jahrbuch Gerechtigkeit V – Menschen,

kein dezidiert wirtschaftsethischer. Am entfernten Horizont seiner Ausführungen zeichnen sich so etwas wie allererste zarte Konturen einer durchaus auch politischen Ethik des Sein-Lassens ab, wenn er feststellt:

> »Die Freiheit, die Sorglosigkeit und Programmlosigkeit, die seinen [des Feiertags; M. H.] Charakter ausmachen, müßten von ihm ausstrahlen auch auf den Werktag, an dem sie so nicht zur Geltung kommen können – und so auch seine Freude und so auch die Aufgeschlossenheit für den Mitmenschen, ohne die er eigentlich nicht denkbar ist.«[96]

Wie kann der Sonntag auf den Werktag ausstrahlen? Und wie sehen politische, vor allem auch wirtschaftspolitische Zusammenhänge aus, in denen sich dieses Ausstrahlen gleichsam reflektiert? So wird eine politische Ethik fragen müssen, die die Fragen nach dem Wirtschaftssystem und der -ordnung nicht ausklammert. Barth denkt hier erkennbar vom Feier- bzw. Sonntag aus: »Die Woche soll nach diesem Verständnis gerade nicht mit Arbeit beginnen (nach dem Motto: Erst die Arbeit, dann das Vergnügen), nicht mit Ausbeutung von Natur und Mensch, nicht mit Leistungsdruck, Machtansprüchen, Sorge oder Neid.«[97] Der angezeigte Richtungssinn erweist sich hier zunächst als eindeutig: Die Regel des Feiertages bildet auch die Regel des Werktages: lex celebrandi – lex laborandi.[98] Insofern ist der Feiertag gerade kein isolierter, in sich selbst verschlossener, sondern »offener« Tag, was indes keineswegs mit »verkaufsoffen« gleichzusetzen sein dürfte. Der Sonntag ist nach Barth nicht der letzte, sondern der erste Tag der Woche und als solcher »gerade in seiner Besonderheit ein Zeichen dessen, was der Sinn aller Tage ist«.[99]

Es dürfte für den dialektischen Theologen Karl Barth freilich bezeichnend sein, dass er das Verhältnis von Feiertag- und Werktag dialektisch wenden kann und nicht nur den Sonntag zum Kriterium des Werktages stilisiert, sondern auch umgekehrt fragt:

> »Wie soll man am Werktag entsagend glauben, wenn man es nicht einmal am Feiertag tun will? So ist der Werktag das Kriterium des Sonntags: das Kriterium auch hinsichtlich jener

---

Klima, Zukunft?, Glashütten 2012, 196–201; T. JÄHNICHEN, Wirtschaftsethik. Konstellationen – Verantwortungsebenen – Handlungsfelder, Ethik. Grundlagen und Handlungsfelder 3, Stuttgart 2008, 264; ULRICH, Wie Geschöpfe leben, 376–381. Vgl. auch M. VOLF, Zukunft der Arbeit – Arbeit der Zukunft. Der Arbeitsbegriff bei Karl Marx und seine theologische Wertung, FTh.S 14, München / Mainz 1988, 159–168; B. WANNENWETSCH, Arbeit als elementares Schöpfungsgut. Theologische Erwägungen zu Zweck und Zeitlichkeit einer Kategorie menschlicher Tätigkeit, in: W. WEBER / CH. BUTSCHER (Hg.), Wirtschaft, Demokratie und soziale Verantwortung. Kontinuitäten und Brüche, Göttingen 2004, 37–54.

[96] BARTH, KD III/4, 78.
[97] DIETZ, Wirtschaften vom Sonntag her, 200.
[98] Vgl. BARTH, KD III/4, 69.
[99] A. a. O., 78.

beiden besonderen Sonntagsprobleme der Arbeitsruhe und des Gottesdienstes. Wir haben in beiden Punkten kein Gesetz geltend gemacht. Aber wenn man in der Woche keine Ruhe hat, keinen Frieden, kein Aufatmen, keine Heiterkeit kennt, dann ist es wohl Zeit, zu fragen, ob man sich nicht täuscht, wenn man meint, auch am Sonntag so oder so arbeiten zu dürfen, sich nicht auch täuscht hinsichtlich dessen, was man für seine erlaubte Sonntagsvergnügung hält.«[100]

Hier wird im dialektischen Hin und Her eine Komplementarität zwischen Feier- und Werktag erkennbar, die die von Ruhe und Arbeit in sich schließt[101] und die Barth auf das Verhältnis von Evangelium und Gesetz hin transparent zu machen versteht. Der spannungsvoll-dialektische Rhythmus von Feiertag und Werktag, Feier und Werktätigkeit, Ruhe und Arbeit trägt gleichsam das Barth'sche Adagio der Gebotsauslegung: »Du sollst den Feiertag heiligen.« Es lebt, wie wir sahen, von der »Unterbrechung« – der Unterbrechung jener Permanenz des Alltags, die Unfreiheit bedeutet. Und es setzt so einen Kontrapunkt zur tätigen Unruhe, die nach Ralf Konersmann die Triebkraft der Moderne darstellt.[102]

Es mag erstaunen, aber Barth kann durchaus positiv von einer humanitären und auch positiv von einer religiösen Begründung des Feiertags reden: »Der Feiertag als Tag der Arbeitsruhe entspricht auch einem realen und berechtigten menschlichen Bedürfnis«.[103] Und auch die religiöse Begründung sei »ein ernster Grund, es [das Feiertagsgebot; M. H.] zu respektieren.«[104] Barth taugt gemäß dieser Affirmation keineswegs als Beispiel eines bornierten Ideologievertreters. Der Schweizer Theologe verwirft nach seinem theologischen Selbstverständnis gerade diejenigen Ideologien,[105] die nach der Gestaltung des Sonntags greifen: Wenn der Feiertag von dem

---

[100] A. a. O., 78f. Treffend beobachtet MANGINA (Karl Barth, 149): »Rather than lay down strict guidelines for how the Sabbath should be observed (the sort of legalism he abhorred), Barth is content to lay down certain broad guidelines, often suggesting a pratical mean between extremes. While Sunday is to be a day of rest, it must not be the kind of enforced rest that becomes a chore; while worship and community are central, these exist for God's sake and not for utilitarian ends. It is not the job of theological ethics to anticipate the exact mode in which an individual obeys the commandment – that is precisely a matter of his or her freedom before God. What it can do is to describe an overall pattern of life, and in a way that helps believers make well-formed judgments about what obedience entails.« Ähnlich LIENEMANN, Karl Barth, 53.

[101] Vgl. T. JÄHNICHEN, Wirtschaftsethik, in: W. HUBER u. a. (Hg.), Handbuch der Evangelischen Ethik, München 2015, (331–400) 359.

[102] R. KONERSMANN, Die Unruhe der Welt, Frankfurt a. M. 2015; DERS., Wörterbuch der Unruhe, Frankfurt a. M. 2017.

[103] BARTH, KD III/4, 65.

[104] A. a. O., 67.

[105] Vgl. A. DIETZ, Wirtschaftsethik als Ideologiekritik, in: A. MANZESCHKE (Hg.), Evangelische Wirtschaftsethik – wohin?, LLG 33, Berlin 2018, 83–166.

Glauben an den Schöpfer und jenem Gelten-Lassen der Gabe Gottes in der geschöpflichen Entsagung verstanden wird, dann ergeben sich Barth zufolge die humanitären und religiösen Gesichtspunkte gewissermaßen von selbst, aber eben nicht als primäre, sondern als sekundäre Gründe, die ihren »ersten und eigentlichen Grund«[106] im Gebot Gottes haben. Gerade aber weil es um das der menschlichen Verfügungsmacht entzogene Wort Gottes geht, kann, muss und darf kein ideologischer Druck aufgebaut werden, kann, muss und darf auch die Schlagzahl weltanschaulicher Indoktrination nicht erhöht, sondern muss unterlassen werden. Auch dieses Unterlassen ist elementarer Bestandteil einer Ethik des Verzichts und des Sein-Lassens.

Barths breite theologische Argumentationsgänge muten gleichwohl mancher/m »barock« an. Sie mögen langsam klingen, eben nach einem »Adagio«. Doch »bequem« sind sie keineswegs. Auch sie sind »rührend altmodisch«, indem sie anrühren, gleichsam im recht verstandenen Sinne, d. h. feiertagstheologisch »rührig« zu werden und vom Sonntag her zu wirtschaften. Barth avanciert mit seinen Überlegungen zum Vorläufer derjenigen Theologen, die in den letzten Jahren angesichts einer zunehmenden Ökonomisierung der Gesellschaft an die kritisch-wohltuenden Impulse des Sabbatgedenkens erinnert haben,[107] vor allem an die notwendige Begrenzung ökonomischer Verfügungs- und Verwerfungsansprüche.[108] Barth steht mithin in der Reihe derjenigen, die betonen:

»Die Arbeitswoche und das Wirtschaften insgesamt können (in erster Linie im Blick auf ihre Struktur) vom Sonntag her eine lebensdienliche Richtung erhalten: Gerne arbeiten, ohne in der Arbeit den Lebenssinn zu suchen, gemeinsam effizient die materiellen Lebensgrundlagen produzieren, ohne alle Lebensbereiche dem Maßstab der Effizienz unterzuordnen, bestmögliche Leistungen erbringen, ohne zu vergessen, dass wir unsere Leistungsfähigkeit nicht uns selber verdanken und dass wir zur Solidarität mit weniger Leistungsfähigen verpflichtet sind.«[109]

9. Und nochmals ... Zur Liberalisierung der Öffnungszeiten

Um nochmals abschließend auf die Sonntagsverkäufe zu sprechen zu kommen: Natürlich liegt es nicht im Interesse von Theologie und Kirche, dass der Handel stirbt

---

[106] BARTH, KD III/4, 66.
[107] Vgl. U. BECKER, Sabbat und Sonntag. Plädoyer für eine sabbattheologisch begründete kirchliche Zeitpolitik, Neukirchen-Vluyn 2006; A. DIETZ, Der homo oeconomicus. Theologische und wirtschaftsethische Perspektiven auf ein ökonomisches Modell, Gütersloh 2005, 278ff. Fernerhin: U. BECKER, Kirchliche Zeitpolitik, ZEE 54 (2010), 89–104.
[108] Vgl. DIETZ, Wirtschaften vom Sonntag her, 198.
[109] A. a. O., 200.

und mit ihm ganze Stadtzentren schließen müssen. Die immer wieder subkutan mitschwingende Wahrnehmung von Kirchen als »rückwärtsgewandten Nörglern«, »die durch Verbote ihre Gottesdienste füllen wollen«,[110] ist eine Unterstellung, die aber manches Mal vielleicht nicht ganz unberechtigt erscheint. Barth jedenfalls verkämpft sich an dieser Stelle keineswegs für den »Pyrrhussieg weniger katastrophaler Gottesdienstbesucherzahlen«, sondern warnt vor dem »im Gewand des Evangeliums [daherkommenden] Gesetz irgendwelcher religiös-moralischer Ideale, Programme und Werke.«[111] Funktionalisierte theologische Argumentationen, die mehr oder weniger durchsichtig auf die Steigerung statistischer Werte abzielen, sind seine Sache nicht, allenfalls als Gegenstand theologischer Religionskritik.

Auch bei Barth ist eine menschenfreundliche Kultur des Wirtschaftens durchaus im Blick,[112] wenngleich er deutlich macht, dass sie, theologisch geurteilt, nur das Prädikat einer auf das Gebot Gottes bezogenen Feiertagsheiligung sein kann. Das hat mit einer intentionalen Verletzung weltanschaulicher Neutralität des Staates wenig zu tun,[113] sondern vielmehr mit der Gewinnung theologischer Urteile (und the-

---

[110] A. a. O., 201.
[111] BARTH, KD III/4, 75.
[112] Im Blick auf eine solche menschenfreundliche Kultur hebt etwa JÄHNICHEN (Wirtschaftsethik, 264) hervor: »Die Sonn- und Feiertage als Unterbrechungen (vgl. Ex 29,8–11; Dtn 5,12–15) und gleichzeitig Taktgeber des gesellschaftlichen Lebens geben auch dem wirtschaftlichen Alltag ›Maß und Ordnung.‹ Anders als eine rein ökonomisch bestimmte Zeitverwendung eröffneten Sonn- und Feiertage Möglichkeiten gemeinsamer freier Zeit. Insbesondere motivierte Versuche der Relativierung oder gar Aufhebung dieser Zeitstruktur würden den familiären und kulturellen Lebensrhythmus von Arbeiten und Muße, von Werktag und Feiertag beeinträchtigen. Daher heben die Kirchen immer wieder den ›qualitativen Unterschied‹ des Sonntags im Vergleich zu den anderen Wochentagen hervor. Feiertage, die Zeiten des Innehaltens, aber auch der festlichen Verschwendung sind, konstituieren das gesellschaftliche Leben und geben damit auch dem ökonomischen Handeln Rhythmus und Maß. Indem die Kirchen die christliche Feiertags- und Festkultur durch Gottesdienste und kirchliche Feste lebendig halten, können sie eindrücklicher als durch entsprechende Stellungnahmen die Grenze des Sonn- und Feiertages gegen die fortschreitende Dynamisierung und ›Entleerung‹ der Zeit verteidigen und damit ›ein lebenswichtiges Grundelement der Kultur‹ sichern helfen. Ein Verlust dieser Zeitstruktur und der dadurch begründeten Möglichkeiten gemeinsamer freier Zeit würde nicht nur erhebliche psycho-soziale Fehlentwicklungen nach sich ziehen, sondern auch wirtschaftliches Handeln, insbesondere eine produktive Arbeitskultur, negativ beeinflussen.« Vgl. auch a. a. O., 359.
[113] DIETZ (Wirtschaften vom Sonntag her, 201) betont treffend: »[W]eltanschauliche Neutralität meint lediglich den Verzicht des Staates auf die Identifikation mit einer Religionsgemeinschaft, nicht jedoch die Leugnung der Tatsache, dass alle politischen Entscheidungen zur Gestaltung der Gesellschaft notwendig auf weltanschaulichen Voraussetzungen basieren.« Vgl. H. M. HEINIG, Verschärfung der oder Abschied von der Neutralität? Zwei verfehlte Al-

ologischer Urteilskraft), deren Geltungsbereich auf die Kirche beschränkt ist, wenngleich ihre Reichweite darüber hinausgeht.[114] Besonders gerne zitiert Barth das Diktum Calvins: »Wo Gott erkannt wird, da kommt auch die Humanität zu Ehren.«[115]

Dass zu einer menschenfreundlichen Kultur auch verlässliche Regeln im Blick auf Sonntagsöffnungen gehören, dürfte evident sein und die Umsetzung dieser Einsicht erweist sich auch theologisch in der Tat als wünschenswert und angezeigt. Insofern ist es nur zu begrüßen, wenn der HDE-Verbandspräsident betont, dass sich der Handel nicht gegen Vorgaben sperre. Dass die Vorgaben notwendigerweise mit einer weiteren Liberalisierung einhergehen müssen, ja dazu eigens eine entsprechende Grundgesetzänderung erfolgen muss, ist freilich keineswegs ausgemacht. Über den Freiheitszugewinn müsste auch mit dem Mut zum Widerspruch[116] gestritten werden. Insbesondere die Gebotsethik Karl Barths, die ausweislich seiner Auslegung des Sabbatgebots, eine Freiheitsethik darstellt, liefert hier theologisch höchst Nachdenkenswertes. Eine weitere Facette des »politischen Barth« wird hier erkennbar.

---

ternativen in der Debatte um den herkömmlichen Grundsatz religiös-weltanschaulicher Neutralität, JZ 2009, 1136–1140.

[114] Zur Differenzierung zwischen Reichweite und Geltungsbereich von theologischen Urteilen vgl. G. SAUTER, Zugänge zur Dogmatik. Elemente theologischer Urteilsbildung, UTB 2064, Göttingen 1998, 236–240.

[115] J. CALVIN, CO 38,388 (Komm. Jer 22,16): »Ubi [...] cognoscitur Deus, etiam colitur humanitas«.

[116] So ULRICH, Wie Geschöpfe leben, 381. Die Forderung nach einer Schöpfungstheologie, die als Widerstandstheologie entwickelt wird, hat vor einigen Jahren bereits F.-W. MARQUARDT (Was dürfen wir hoffen, wenn wir hoffen dürften? Eine Eschatologie, Bd. 3, Gütersloh 1996, 306) aufgestellt. Vgl. auch W. BRUEGGEMANN, Sabbath as Resistance. Saying No to the Culture of Now, Louisville 2014.

Der königliche Mensch als Armer unter Armen (KD IV/2, § 64,3)

Dimensionen einer christologisch profilierten, kritischen Advokation für Arme und Ausgegrenzte im Dialog zwischen Karl Barth und Marcella Althaus-Reid

Jan-Philip Tegtmeier

In einem im Januar 2020 im Magazin »bref« erschienenen Interview diskutiert Karl Barths letzter Assistent Eberhard Busch die politischen Dimensionen des Wirkens seines theologischen Lehrers. Dabei stellt Busch heraus, dass die Providenz Gottes nach Barths Auffassung besonders denen gelte, »die unter Ungerechtigkeit leiden.«[1] Von den Interviewenden gefragt, ob diese Festlegung Barths, ebenso wie das öffentliche Handeln von Kirchen, nicht »zu links, zu viel Gutmenschentum«[2] sei, konkretisiert Busch:

> »Jedenfalls muss die Kirche für das Gemeinwohl aller einstehen, und das bemisst sich am Ergehen der Bedrängten. Wann haben Christen jemals genug getan zugunsten der Zukurzgekommenen? Nach Hitlers Machtergreifung 1933 verstand Barth: Die evangelische Kirche verleugnet Gott, wenn sie nicht eintritt für die Schwachen.«[3]

An dieser Stelle eröffnet Busch, dass die Zuwendung zu den Armen und Schwachen, ein grundlegendes Motiv in Barths Ethik des Politischen und dessen theologischer Konzeption gewesen sei. Auch in dem Aufsatz »Christengemeinde und Bürgergemeinde« lässt sich dieses Motiv wiederfinden. Es seien nach Barths Verständnis »die nach ihrer gesellschaftlichen und wirtschaftlichen Stellung Schwachen und Bedrohten, […] die Armen«, für die sich die Christengemeinde »vorzugsweise und im besonderen einsetzen«[4] müsse. Gregor Etzelmüller zu Folge hat Barth das Verständnis

---

[1] O. DEMONT / P. PETERSEN, Herr Busch, wie war Karl Barth so? bref (2/2020), (4–13) 7.
[2] Ebd.
[3] Ebd.
[4] K. BARTH, Christengemeinde und Bürgergemeinde, in: DERS., Rechtfertigung und Recht. Christengemeinde und Bürgergemeinde. Evangelium und Gesetz, Zürich 1998, (47–80) 66.

von Gott als »Parteigänger der Armen«[5] besonders in der »Kirchlichen Dogmatik« differenziert entfaltet.[6] In ihr habe er eine der grundlegendsten Annahmen befreiungstheologischer Ansätze angedeutet, indem er »Gottes vorrangige Option für die Armen«[7] zur Darstellung gebracht habe. Besonders mit einer christologischen Perspektivierung dieses Themas in der Darstellung des königlichen Menschen Jesus von Nazareth in KD IV, 2 § 64,3 sei es Barth gelungen, eine differenzierte, weit über ökonomische Gesichtspunkte hinausgehende Betrachtung der Frage nach dem Verhältnis von Gott und den Armen zu leisten.[8] In Barths sachlichen Feststellungen zum Leben und Wirken Jesu von Nazareth rückt besonders spezifisch die eigene Armut Jesu in der Welt in den Fokus.[9] Das damit eingeleitete Reden Barths über Gottes Zuwendung zu armen Menschen erweist sich, wie im Folgenden zu entfalten sein wird, für die Diskussion über einen angemessenen Beistand für Arme und die damit verbundenen Probleme und Schwierigkeiten in der Gegenwart als konstruktiv.

Allzu leicht kann eine allgemeine, wohlmeinende Forderung nach einem Eintreten für die Armen und Schwachen problematisch werden. Das mag etwa dann geschehen, wenn Armut und Schwachheit durch eine privilegierte Mehrheit,[10] etwa in kirchlichen, gesellschaftlichen und politischen Kontexten, konstruiert wird und damit auch die wohlmeinende Repräsentation von und Zuwendung zu Armen letztlich eine unterkomplexe, die Lebensbedingungen Betroffener nicht ausreichend wahrnehmende Konstruktion von Schwäche und Armut bedeutet und zum paternalistischen, abgrenzenden Gestus wird. Darauf macht etwa Linn Tonstad aufmerksam, wenn sie zu bedenken gibt:

---

5   G. ETZELMÜLLER, Kirche der Armen. Christologische Begründung, differente Gestalten, zukünftige Lernaufgaben, in: J. EURICH / F. BARTH u. a. (Hg.), Kirchen aktiv gegen Armut und Ausgrenzung. Theologische Grundlagen und praktische Ansätze für Diakonie und Gemeinde, Stuttgart 2011, (175–193) 176.
6   Vgl. ebd.
7   Ebd.
8   Vgl. a. a. O., 176f.
9   Vgl. BARTH, KD IV/2, § 64,3, 186–188. Im Folgenden zitiert als: KD IV/2.
10 An dieser Stelle möchte der Verfasser dieses Textes darauf verweisen, dass er als weißer, westeuropäischer Mann selbst zu dieser privilegierten Mehrheit gehört. Die Reflexion dieses Sachverhalts und das Bewusstsein darum bilden für den Verfasser eine unbedingte Voraussetzung und durchgängige Aufgabe in der Textgenese. Aus diesem Grund ist die hier entwickelte Argumentation als tastende Problemanzeige und Gesprächsangebot angedacht, die unbedingt – wie jeder theologische Text – stets einer kritischen Brechung und Perspektivierung durch andere Stimmen bedarf. Die Gefahr, dass »wissenschaftliches Arbeiten im Namen der Marginalisierten« dazu führen kann, »den Betroffenen die Reflexionsfähigkeit ab-, und Wissenschaftler_innen […] diese zuzusprechen« (K. WINKLER, Kritik der Repräsentation. Postkoloniale Perspektiven für die theologische Sozialethik, in: e+g [2/2017], [1–23] 12), besteht grundlegend und sollte besonders an dieser Stelle mitgedacht werden. Damit ist dieser Text auch in vollem Umfang als Gegenstand der Kritik wahrzunehmen, die im Folgenden angezeigt wird.

»Meanwhile, those who seek to be for and on the side of the poor often don't recognize the complexity of people's lives. They want to be for the poor of their imagination, the abstract poor, not the poor of reality.«[11]

Ausgehend von dieser Problembeschreibung eröffnet sich nicht nur die Frage, wie eine Zuwendung zu den Armen theologisch begründet werden kann, sondern auch, wie diese gedacht werden kann, ohne paternalistisch und exkludierend zu werden und dabei Armut und Schwäche nicht vielmehr zu konstruieren, als ihnen adäquat zu begegnen. Zur Begegnung dieser Problemstellung wird der Vorschlag gemacht, eine christologisch profilierte Zuwendung zu den Armen in den Blick zu nehmen. Diese soll anhand von Barths Darstellung des königlichen Menschen Jesus von Nazareth, in der Jesus selbst als Armer unter den Armen verstanden wird, im Dialog mit Armut und Christologie reflektierenden Überlegungen Marcella Althaus-Reids (1952–2009) entfaltet werden.

Die in Argentinien geborene Theologin hat nach einem von befreiungstheologischen Ansätzen geprägten Studium am ISEDET in Buenos Aires und einer Dissertation zu Paul Ricœur und der Methodik befreiungstheologischer Ansätze an der Universität von St. Andrews den Großteil ihrer akademischen Laufbahn an der Universität von Edinburgh verbracht. Dort ist sie 2006 als erste Frau in der Geschichte der Einrichtung auf einen Lehrstuhl für kontextuelle Theologie berufen worden.[12] In ihrer von materialistischen Grundannahmen geprägten, theologischen Arbeit entwickelt Althaus-Reid feministisch-theologische und befreiungstheologische Ansätze weiter. Sie befragt dabei – ausgehend von konkreten, durch intersektionale Formen von Unterdrückung geprägte Lebenserfahrungen – heterosexuell bedingte, tradierte und fixierte theologische Narrative mittels Perspektiven einer queeren und – so der Titel einer ihrer Monografien – »indecent theology«.[13] Althaus-Reid macht darauf aufmerksam, dass das Postulat einer Zuwendung Gottes zu den Armen als problembehaftet verstanden werden könne. Besonders in der Zuwendung Jesu zu den Menschen müsse Gott als »marginaler Gott« verstanden werden. Dazu seien die Erfahrungen Armer und Marginalisierter als Ausgangspunkt eines christologischen

---

[11] L. M. TONSTAD, Queer Theology. Beyond Apologetics, Eugene 2018, 76.
[12] Vgl. H. HOFHEINZ, Implicate and Transgress. Marcella Althaus-Reid, Writing and a Transformation of Theological Knowledge, Harvard Divinity School Dissertation 2015, 5f.; 12, online verfügbar: https://dash.harvard.edu/bitstream/handle/1/15821954/HOFHEINZ-DISSERTATION-2015.pdf?sequence=6&isAllowed=y (12.01.2021); J. MCKAY, Marcella Althaus-Reid, www.heraldscotland.com/news/12382592.marcella-althaus-reid/ (14.05.2020).
[13] M. ALTHAUS-REID, Indecent Theology. Theological Perversions in sex, gender and politics, London / New York 2000. Einen Überblick über grundlegende Fragestellungen und Aspekte der Theologie Althaus-Reids im Kontext der Einführung in eine Queer Theology bietet TONSTAD, Queer Theology, 78–103.

Dialogs zu beachten.[14] Die sich andeutende Differenz der zu diskutierenden Positionen soll im Verlauf der Diskussion nicht aufgelöst werden. Vielmehr liegt in ihr das kritische Potenzial, mit dem Barths Annahmen in ihrer Bedeutung für die Gegenwart kontrastiert werden können und mit dem über sie hinaus weitergedacht werden kann.

Um damit einer kritischen Position in der Gegenwart nachzudenken, werden im Folgenden zunächst (1.) die Schwierigkeiten einer Repräsentation von »Armen« anhand einer von Katja Winkler vorgenommenen Kritik der Repräsentation eruiert und die von ihr vorgeschlagenen Dimensionen einer kritischen Advokation für Arme vorgestellt. Weitergehend werden dann (2.) die sachlichen Feststellungen Barths zur Armut Jesu in der Welt in KD IV/2 analysiert, die sich als entscheidendes Merkmal für eine christologische Perspektive auf einen angemessenen Beistand für Arme erweisen. Daran anschließend werden (3.) die christologisch profilierten Reflexionen der Zuwendung Gottes zu den Armen bei Marcella Althaus-Reid vorgestellt. Durch die Annahme Althaus-Reids, dass in der kritischen Auseinandersetzung mit den biblischen Darstellungen des Wirkens Jesu die spezifischen Erfahrungen Marginalisierter entscheidend seien, lässt sich eine von Armutserfahrungen perspektivierte Christologie nachvollziehen. Auf Basis dessen können dann (4.) die Erträge hinsichtlich der Bedingungen einer gegenwärtigen Bezugnahme auf Barths Überlegungen im Gespräch mit Althaus-Reid evaluiert werden. Ziel ist es dabei, zu eröffnen, anhand welcher Gesichtspunkte einer christologisch profilierten Advokation für Arme nachgedacht werden kann, mit der das Leben als arm geltender und ausgeschlossener Menschen in seiner Komplexität erfasst wird und die sich als Kritik an Ausgrenzung und Benachteiligung bedingenden Systemen erweist.

1. Zu den Dimensionen einer kritischen Advokation für Arme und Ausgegrenzte

In ihrem 2014 veröffentlichten Aufsatz »Armut und Paternalismus« macht die katholische Theologin und Sozialethikerin Katja Winkler auf die in der Einleitung skizzierten Schwierigkeiten in der gesellschaftlichen, politischen und theologischen Diskussion von Armutsphänomenen aufmerksam. Sie geht dabei davon aus, dass Definitionen und Theorien von Gerechtigkeit grundlegend von paternalistischen Argumentationsfiguren geprägt seien. Schließlich werde in Armutsdefinitionen ein »Normalzustand konstruiert […], von dem ›die Armen‹ abweichen«.[15] Damit zusam-

---

[14] Vgl. M. ALTHAUS-REID, Der göttliche Exodus Gottes. Unfreiwillig an den Rand gedrängt, für die Marginalisierten Partei ergreifend oder wirklich marginal, Concilium 37 (1/2001), 18–25.

[15] K. WINKLER, Armut und Paternalismus, in: J. BLANC / M. BRINKSCHMIDT u. a. (Hg.),

menhängend werden vielfältige Lebensbedingungen von Menschen nicht ausreichend erfasst, sodass von Armutsphänomenen Betroffene gar nicht als solche wahrgenommen werden. Für Winkler ist deutlich, dass das Verständnis von Armut und von Menschen, die als Arme verstanden werden, besonders durch Armutsnarrative geprägt wird.[16] Das verdeutliche sich besonders dann, wenn Armut als Exklusionsphänomen ins Auge gefasst wird. Armut lässt sich in dieser Hinsicht als die mangelnde Möglichkeit der Teilhabe an gesellschaftlich festgelegter Normalität verstehen. Exklusion meine somit die Zugehörigkeit zur Gesellschaft in Form von Ausgrenzung.[17] Damit gehe auch einher, dass als »arm« Markierte und damit Ausgegrenzte die ihnen widerfahrenden Ungerechtigkeiten oftmals nicht ausreichend artikulieren können.

Unter diesen Voraussetzungen rückt für Winkler die Schwierigkeit in den Blick, wie von Armut betroffene Menschen adäquat repräsentiert werden können, ohne dabei von den Repräsentierenden bevormundet zu werden.[18] Eben jene Problematik fokussiert sie auch in ihrem Aufsatz »Kritik der Repräsentation«, in welchem sie insbesondere postkoloniale Perspektiven für eine christliche Sozialethik bedenkt. Sie stellt heraus, dass auch Prozesse der Repräsentation zugleich »ein hohes Exklusionspotential«[19] bergen. Winkler argumentiert, dass die oftmals emanzipatorisch verstandene Absicht, Marginalisierte zu repräsentieren, »in der Gefahr [stehe] paternalistisch und exkludierend zu wirken, weil die Betroffenen nicht unmittelbar für sich sprechen«.[20] Auf diese Weise werde die unmittelbare Teilhabe von Benachteiligten nicht zwingend gefördert, da diese allenfalls vermittelt präsent gemacht werden. Dieses Phänomen bezeichnet Winkler als »semantische Exklusion«.[21]

Mit Blick darauf ergebe sich die spannungsreiche Frage, wie eine politisch und sozialethisch durchaus notwendige Form der Repräsentation so wenig exkludierend wie möglich gestaltet werden kann. Dabei verweist Winkler auf die postkoloniale Kritik an inkludierend gemeinter, aber exkludierend wirkender Repräsentation. Diese verdeutliche sich etwa in der Diskussion um das Verfahren des *Othering*, des Differentmachens. Winkler bezieht sich in ihrer Darstellung dieses Verfahrens u. a. auf Darstellungen von Edward Said sowie Gayatri Spivak[22] und stellt zunächst her-

---

Armgemacht – ausgebeutet – ausgegrenzt? Die »Option für die Armen« und ihre Bedeutung für die Christliche Sozialethik, Forum Sozialethik 14, Münster 2014, 89–106.
[16] Vgl. a. a. O., 90f.
[17] Vgl. a. a. O., 92f.
[18] Vgl. a. a. O., 99.
[19] WINKLER, Kritik der Repräsentation, 1.
[20] A. a. O., 2.
[21] A. a. O., 3.
[22] Einen differenzierten Einblick in die Überlegungen Saids und Spivaks bieten u. a. M. DO MAR CASTRO VARELA / N. DHAWAN, Postkoloniale Kritik. Eine kritische Einführung, Cultural Studies 36, Bielefeld ²2015.

aus, dass ein Aspekt des Othering die Identifikation des Selbst oder einer Eigengruppe mittels des Differentmachens vermeintlich »Anderer« umschließt. Othering zeige sich so auch in Formen der Repräsentation, in denen durch eine Stellvertretung »Anderer«, die sich vermeintlich nicht selbst repräsentieren können, die »Anderen« machtasymmetrisch konstruiert werden. Dieser Prozess vertiefe sich insbesondere im *Self-Othering*. Durch Othering als »fremd« oder »anders« markierte Menschen oder Gruppen übernehmen und inkorporieren dabei die Fremdzuschreibungen vermeintlich Repräsentierender für sich selbst.[23] Um diese von ihr beschriebenen Phänomene in wohlmeinenden Verfahren von Repräsentation aufzudecken und sinnvoll zu transformieren, schlägt Winkler das Vorgehen einer »kritischen Advokation« vor.

Dazu gehöre *erstens*, Formen der Ausgrenzung von Menschen(-gruppen) mittels des Postulats einer vermeintlichen Normalität, etwa in Form semantischer Exklusion, zu analysieren und zu problematisieren. *Zweitens* müssten damit einhergehend auch diejenigen, die für von Ausgrenzung Betroffene Partei ergreifen, Gegenstand der Kritik werden. Dabei stehe etwa die Frage im Fokus, ob diejenigen, die sich als Fürsprecher von Benachteiligten verstehen, mit ihrer Parteinahme ebendiese Benachteiligten nicht vielmehr erzeugen. Besonderes Augenmerk müsse dabei auf Intersektionalität im Kontext der Verwobenheit von Unterdrückungsprozessen gelegt werden. Erst durch die Beachtung der Verwicklung gleichzeitig wirksamer Faktoren von Unterdrückung, etwa im Hinblick auf soziale Kategorien, wie Gender, Ethnizität, oder Nation, könne Exklusionsphänomenen adäquat begegnet werden. Zuletzt sei *drittens* eine »reflexive Repräsentation«[24] anzustreben. Das Urteilsvermögen Repräsentierter möge hierbei permanent in die Umsetzung der Repräsentation einbezogen werden und diese solle durchgehend reflexiv befragt werden. Damit werde auch die Konstruktion von Gruppenidentitäten geprüft. Zuletzt sei es für eine reflexive Repräsentation auch unbedingt notwendig, die Perspektive der Repräsentierten und ihre eigenen Artikulationsformen zu priorisieren.[25] Winkler plädiert dafür, dass »das Universalisierungskriterium als Gerechtigkeitskriterium aufgegeben« und »[s]emantische Exklusion und diskursive Ungleichheiten […] verstärkt Thema der theologisch-sozialethischen Theoriebildung werden«[26] müssen. Die Rede von der Zuwendung zu den Armen erweist sich so als notwendig und zugleich stets einer umfassenden Kritik bedürftig. Wie sich ein christologisch profilierter Zugang zu dieser Problemstellung als sinnvoll erweisen kann, darüber wird im Folgenden nachzudenken sein.

---

[23] Vgl. WINKLER, Kritik der Repräsentation, 10–12.
[24] A. a. O., 16.
[25] Vgl. a. a. O., 14–17.
[26] A. a. O., 17.

2. Zu einer christologischen Perspektivierung der Zuwendung zu Armen bei Karl Barth

2.1 Jesus als königlicher Mensch in Barths Versöhnungslehre (KD IV/2)

Barths Beschäftigung mit Jesus als dem königlichen Menschen ist Gegenstand des zweiten Teilbands seiner Versöhnungslehre in der »Kirchlichen Dogmatik«. Die Versöhnungslehre versteht er als die Mitte der frohen Botschaft und damit auch als Mitte der »Kirchlichen Dogmatik«.[27] Hier rückt für ihn die Geschichte Jesu Christi als Geschichte des wahren Menschen und wahren Gottes in den Fokus, die nur als Versöhnungsgeschichte zu verstehen sei.[28] Diese Annahme begründe sich dadurch, dass sich in der Geschichte Jesu Christi zugleich »die höchst besondere Geschichte Gottes mit dem Menschen« und die »höchst besondere Geschichte des Menschen mit Gott«[29] offenbare. Zur Darstellung dieser Geschichte greift Barth auf die Zwei-Naturen-Lehre, die Lehre vom dreifachen Amt Christi und die Zwei-Stände-Lehre zurück. Er modifiziert sie jedoch und verschränkt sie in- und miteinander, sodass es, wie Hartmut Ruddies meint, zu einer »geschichtliche[n] Dynamisierung des ganzen traditionellen Lehrstoffs«[30] kommt. Zugleich nimmt Barth mit dieser Entfaltung, wie Michael Weinrich detailliert belegt, die Bewegung des Philipperhymnus auf.[31]

In KD IV/1 wird die Bewegung Gottes zum Menschen dargelegt, in der Jesus Christus, der wahre Gott und Herr als Knecht, im *status exinanitionis* das priesterliche Amt vollzieht. In KD IV/2 fokussiert Barth Jesus Christus als wahren Menschen und Knecht als Herrn, der das königliche Amt im *status exaltationis* ausübt. Zuletzt in KD IV/3 geht es ihm dann um die Vermittlung der beiden zuvor entfalteten Bewegungen in Jesus Christus als wahrhaftigem Zeugen, der das prophetische Amt vollzieht.[32] Im zweiten Band rücken also das wahre Menschsein Jesu Christi und die Erhöhung der Menschen durch dessen königliches Amt in den Fokus von Barths Überlegungen. Im dritten Abschnitt von § 64 fragt Barth im Zuge seiner »Entfaltung

---

[27] Vgl. BARTH, KD IV/1, § 57,1, 1.
[28] Vgl. BARTH, KD IV/1, § 59,1, 171; Zur Bedeutung der Narration in der Entfaltung der Versöhnungslehre vgl. H. RUDDIES, Christologie und Versöhnungslehre bei Karl Barth, ZDTh 18 (2/2002), (174–189) 175; E. JÜNGEL, Die Leidenschaft, Gott zu denken. Ein Gespräch über Denk- und Lebenserfahrungen, Zürich 2009, 56; R. J. MEYER ZU HÖRSTE-BÜHRER, Gott und Menschen in Beziehungen. Impulse Karl Barths für relationale Ansätze zum Verständnis christlichen Glaubens, Forschungen zur Reformierten Theologie 6, Neukirchen-Vluyn 2016, 151.
[29] BARTH, KD IV/1, § 59,1, 171.
[30] RUDDIES, Christologie und Versöhnungslehre, 178.
[31] Vgl. M. WEINRICH, Architektur der Versöhnungslehre, in: M. BEINTKER (Hg.), Barth Handbuch, Tübingen 2016, (347–354) 351f.
[32] Vgl. hierzu die ausführliche Grafik von WEINRICH, Architektur der Versöhnungslehre, 351.

der Erkenntnis Jesu Christi«[33] konkret nach dem Leben und Wirken des Menschen Jesus von Nazareth.[34] Dieser Mensch Jesus von Nazareth sei, wie Barth meint, im Kontext der Lehre vom königlichen Amt Jesu Christi und als Zusammenfassung der alt- und neutestamentlichen Überlieferung zum Menschensohn als »königlicher Mensch« zu verstehen.[35] Für Barth sind die Geschichte und Existenz dieses königlichen Menschen ausschließlich durch die Zeugnisse des Neuen Testament und damit auch nur aus einer nachösterlichen Perspektive zugänglich. Die Versöhnungsgeschichte Jesu sei das Faktum, von dem aus jedes christologische Nachdenken – als Ausgangspunkt – ausgehen und auf das jedes christologische Nachdenken – als Ziel – hinauslaufen müsse.[36] Ernstpeter Maurer merkt in diesem Zusammenhang an, dass es gerade für das Verständnis des königlichen Menschen bei Barth entscheidend sei, dass dieser das Leben Jesu von Nazareth als Geschichte verstehe, deren grundlegender Konflikt nur erzählt werden könne.[37]

Hinsichtlich seines methodischen Vorgehens, ist es für Barth das selbsterklärte Ziel mit seiner Darstellung des königlichen Menschen »die evangelische Jesus-Überlieferung […] in einigen Diagonalen zu überblicken«.[38] Von den vier Diagonalen, die Barth im Verlauf seiner Darstellung skizziert, ist im Kontext dieser Untersuchung die zweite entscheidend.[39] Hier formuliert Barth nach eigenem Bekunden die »sach-

---

[33] BARTH, KD IV/2, § 64,3, 173.

[34] Vgl. zu Barths Darstellung des königlichen Menschen in KD IV/2: E. MAURER, Der königliche Mensch. Das Leben Jesu in Barths Christologie, ZDTh 31 (2/2015), (5–30) 5; R. REELING BROUWER, Jesus Christ, in: P. D. JONES / P. NIMMO (Hg.), The Oxford Handbook of Karl Barth, Oxford 2019, (277–293) 289; M. BÖGER, Dionysos gegen den Gekreuzigten. Karl Barths Nietzsche-Rezeption in der Auseinandersetzung um das Sein und die Bestimmung des Menschen, Göttingen 2019, 310f.

[35] Vgl. BARTH, KD IV/2, § 64,3, 173.

[36] Vgl. a. a. O., 173f.

[37] Vgl. MAURER, Der königliche Mensch, 5f. Vermehrt wird darauf hingewiesen, dass es Barth bei der nach seinem Verständnis durchaus historischen Auseinandersetzung mit der Geschichte und Existenz Jesu, jedoch nicht um das Herausarbeiten vermeintlich objektiver Fakten, gar eines »historischen Jesus«, hinter den neutestamentlichen Zeugnissen gegangen sei. Stattdessen habe er eine Begegnung und Auseinandersetzung mit den Bezeugungen des Lebens und Wirkens Jesu im neutestamentlichen Kanon mit größtmöglicher Unbefangenheit und Offenheit für die Texte und die darin bezeugte Selbstkundgebung Jesu durchführen wollen. Vgl. dazu auch TH. GOEBEL, Die wiederkehrende Frage nach Jesus von Nazareth. Neuere Jesus Bücher und Karl Barths Darstellung des »königlichen Menschen« (KD IV/2, § 64, 3), ZDTh 61 (1/2015), (32–59) 49; R. REELING BROUWER, Jesus Christ, 289.

[38] BARTH, KD IV/2, § 64,3, 175.

[39] Eine knappe Zusammenstellung der Diagonalen und ihren Kernthesen bietet GOEBEL, Die wiederkehrende Frage, 51f.

lichen Feststellungen« zum wahren Menschen Jesus von Nazareth. Diesen Feststellungen liege die entscheidende Einsicht zugrunde, dass die Existenzweise des Menschen Jesus von Nazareth in Analogie mit der Existenz Gottes zu verstehen sei.[40]

Die Begründung dieser Existenz entfaltet Barth anhand von vier Punkten. Es sei notwendig, Jesus den Schilderungen der Evangelien folgend (1.) als Armen, (2.) als Parteigänger der Armen und (3.) als Revolutionär zu verstehen.[41] Die dabei erhobenen Feststellungen seien schließlich (4.) dadurch bestimmt, dass »der königliche Mensch Jesus das göttliche Ja zum Menschen und seinem Kosmos widerspiegelt und abbildet.«[42] Wie sich diese Zuwendung Gottes zu den Armen in Jesus nach Barths Ansicht unter diesen Gesichtspunkten konkret ausgestaltet, ist im Folgenden vertiefend zu zeigen.

2.2 Jesus als Armer

Für Barth ist die Feststellung grundlegend, dass Jesus als königlicher Mensch nicht »auf der Sonnenseite des Lebens«[43] stehe. Er habe sein Menschsein vielmehr als der »von den Menschen Übersehene, Vergessene, Geringgeschätzte, Verachtete«[44] vollzogen. Damit entwickelt Barth eine inkarnationschristologische Perspektive, die voraussetzt, dass Jesus als erhöhter Menschensohn die Erniedrigung des Sohnes Gottes in seiner Zuwendung zur Welt abbilde.[45] Darin begründet, zeige sich die Macht Jesu »vor den Menschen in seiner Ohnmacht, seine Herrlichkeit vor ihnen in seiner Geringfügigkeit, sein Sieg vor ihnen in seiner Niederlage« und werde schlussendlich »in seinem Leiden und Sterben als ausgestoßener Verbrecher verborgen«.[46] Mit dieser Darstellung vermittelt Barth dialektisch, dass sich die Erhöhung des königlichen Menschen gerade in dessen Erniedrigung in der Welt verberge und zugleich erweise. Barth zeigt hiermit im Kern die Bewegung an, die die Architektur seiner Versöhnungslehre bestimmt. In der Phil 2 folgenden Gleichzeitigkeit von *kenosis* und *plerosis*, in Jesu Herrsein als Knecht werde die Analogie des Lebens und Wirkens Jesu mit

---

[40] Vgl. BARTH, KD IV/2, § 64,3, 185f.: »[E]r [scil. Jesus; JPT] existiert als Mensch analog zur Existenzweise Gottes. Sein Denken und Wollen, sein Tun und seine Haltung geschieht in Entsprechung, bildet eine Parallele zum Plan und zur Absicht, zum Werk und zum Verhalten Gottes.«

[41] Vgl. a. a. O., 200: »Der kennte eben auch Jesus (jedenfalls den Jesus des Neuen Testaments) nicht, der ihn nicht als jenen Armen, jenen – wagen wir das gefährliche Wort – Parteigänger der Armen und schließlich als jenen Revolutionär erkennte.«

[42] Ebd.

[43] A. a. O., 186.

[44] Ebd.

[45] Vgl. MAURER, Der königliche Mensch, 7, der hierzu prägnant formuliert: »Das Gefälle des Lebens Jesu konvergiert letztlich mit der Erniedrigung des Sohnes Gottes, seinem Weg in die Fremde.«

[46] BARTH, KD IV/2, § 64,3, 186.

der Existenzweise Gottes offenbar.⁴⁷ Nur durch Jesu Partizipation an der irdischen Geschichte als armer Mensch werde »das Alleinsein Gottes in der Welt«⁴⁸ repräsentiert. Die königliche Freiheit des Reiches Gottes in Jesus erweist sich also gerade in Schwäche und Armut. Damit sei das Erkennen der paradoxen, dialektischen Hoheit des königlichen Menschen, wie Barth betont, auch nicht durch eigenständige Bemühungen möglich, sondern »nur im Menschen von Gott her«⁴⁹ nachzuvollziehen. Die Analogie des Lebens Jesu zur Existenzweise Gottes werde allein durch Jesu Selbstbekundung in Kreuz und Auferstehung und durch das darin begründete Zeugnis des Heiligen Geistes universal und letztgültig offenbar. Zuvor komme es, den Schilderungen der Evangelien folgend, allenfalls zu partikularen Anzeigen dieses Verhältnisses. Aufgrund dieser Voraussetzung erscheine es auch nicht sinnvoll, Jesu Person und Tat mittels historisierender Erhebungen vollumfänglich erfassen zu wollen.⁵⁰

Barth selbst resümiert zu diesen Erkenntnisbedingungen, die die Armut Jesu als Analogie zur Existenzweise Gottes voraussetzen, dass dies »Alles [...] oft festgestellt, aber in seiner Notwendigkeit nicht immer begriffen worden«⁵¹ sei.⁵² Maurer gibt zu diesem ersten Abschnitt insgesamt zu bedenken, dass Barths königlicher Mensch der Welt nicht völlig unvermittelt gegenüberstehe. Die zu Gott analoge Existenz Jesu werde unmittelbar mit dem irdisch-geschichtlichen, menschlichen Leben verwickelt, was in der inkarnationschristologischen Perspektive der Darstellung Barths gerade angezeigt werde.⁵³

---

⁴⁷ Vgl. a. a. O., 187: »Denn sein Herrsein konnte ja durch das Alles nicht in Frage gestellt, sondern nur bestätigt werden«. Vgl. auch M. HOFHEINZ, »Er ist unser Friede«. Karl Barths christologische Grundlegung der Friedensethik im Gespräch mit John Howard Yoder, FSÖTh 144, Göttingen 2014, 262f.
⁴⁸ BARTH, KD IV/2, § 64,3, 187.
⁴⁹ Ebd.
⁵⁰ Vgl. a. a. O., 187f.
⁵¹ A. a. O., 186.
⁵² Bereits in seinem 1949 veröffentlichten Aufsatz »Armut«, auf den mich Dr. K.-O. Eberhardt dankenswerterweise hingewiesen hat, deutet Barth den Hinweis auf die Bedeutung der Armut Christi an, wenn er betont, dass das Reich Gottes durch Christus »in Armut gekommen« (K. BARTH, Armut, Unterwegs 3 [6/1949], [322–324] 324) sei. Dies zeige sich gerade darin, dass Christus »in der Armut des Stalles von Bethlehem geboren und [...] in der äußersten Armut gestorben« (ebd.) sei, wodurch Christus »jetzt und hier immer bei den Hungernden, den Heimatlosen, den Nackten, den Kranken, den Gefangenen zu finden« (ebd.) sei. So sei Christus letztlich immer »der arme Christus für uns arme« (ebd.) Menschen. Folglich müssten die Menschen sich selbst als Arme bekennen, »um in ihm reich zu werden.« (Ebd.).
⁵³ Vgl. MAURER, Der königliche Mensch, 7.

2.3 Jesus als Parteigänger der Armen

Die angezeigte Verwicklung von menschlichem und göttlichem Leben in Jesus als königlichem Menschen vertieft Barth weitergehend, wenn er feststellt, dass Jesus nicht nur zu den in der Welt Armen gehörte, sondern auch Partei für diese ergriffen habe. In der Darstellung der Evangelien wende sich Jesus, analog zur Zuwendung Gottes, denjenigen Menschen zu, die nach geltenden Maßstäben ihrer Umwelt nicht als reich, erfolgreich oder glücklich gelten könnten. Jesus begebe sich »an den Rand des ›Establishments‹«,[54] wie Maurer es beschreibt. Barth betont, dass diese Zuwendung vor allem durch Jesu Solidarität mit dem Gott begründet sei, »der in den Augen der Welt […] realiter auch so ein Armer ist«.[55] Gerade durch diese Solidarität werde Jesus selbst zum Armen, womit er eine »Umwertung aller Werte«[56] vollziehe. Die dadurch wechselseitig bedingte Solidarität Jesu mit den Armen, die analog zu der Bewegung des Reiches Gottes zu den Menschen zu verstehen sei, ziele jedoch nicht auf eine Nivellierung facettenreich verflochtener Ungerechtigkeitsphänomene ab.

Barth macht deutlich, dass er den Begriff der Armut nicht verengt wissen will und betont, dass dieser auch nicht allein auf eine ökonomische Perspektive beschränkt werden dürfe. Weitergehend stellt er heraus, dass Armut ferner auch nicht idealisiert werden könne.[57] An dieser Stelle arbeitet Barth, wie auch Etzelmüller aufzeigt, Armut deutlich als »Exklusionsphänomen« heraus.[58] Ist Jesu Solidarität mit den Armen, die Marco Hofheinz als »Parteinahme für die ökonomisch Armen […] die geistlich Armen (Zöllner und Sünder) und […] für die heilsgeschichtlich Armen«[59] typologisiert, in diesem Kontext verstanden, wird ersichtlich, dass die Umwertung aller Werte in Jesus vor allem darauf abzielt, Zentren gesellschaftlicher Normativität und Normalität zu relativieren. Die Deutungshoheit vorherrschender Gruppen über Maßstäbe und Voraussetzungen von gesellschaftlicher Teilhabe wird radikal infrage gestellt. Das bedeutet auch, dass den Instanzen, die Armut definieren und auch mitbedingen, ihre Letztgültigkeit und die Einflussnahme auf das menschliche Leben nicht vollends zugestanden werden kann. Barth unterstreicht die in Jesus begründete Umwertung tradierter Werte, indem er behauptet, dass es sich mit der Hinwendung des armen Menschen Jesus von Nazareth zu den armen Menschen seiner Umgebung »um eine höchst befremdliche Entscheidung Jesu im Verhältnis zum Ganzen jeglicher menschlichen Größe und Geringfügigkeit, Stärke und Schwäche«[60] gehandelt habe. Als Kulminationspunkt der »befremdlichen Entscheidung« Jesu sei

---

54 Ebd.
55 BARTH, KD IV/2, § 64,3, 188.
56 Ebd.
57 Vgl. ebd.
58 Vgl. ETZELMÜLLER, Kirche der Armen, 177.
59 HOFHEINZ, Friede, 262.
60 BARTH, KD IV/2, § 64,3, 189.

dessen Kreuzestod anzusehen. Jesu Passion sei analog zu dem »von Gott selbst gegangenen Weg von denen, die Alles, zu denen, die nichts haben«,[61] zu verstehen. Die Bewegung dieser Wege käme paradigmatisch im Magnifikat der Maria (Lk 1,51f.) zum Ausdruck, in dem eine Umkehrung des Bestehenden angezeigt wird.[62]

2.4 Jesus als Revolutionär

Als aktive Seite der Existenzweise Jesu stellt Barth den »ausgesprochen revolutionären Charakter seines Verhältnisses zu den in seiner Umgebung gültigen Wertordnungen und Lebensordnungen«[63] heraus. Der königliche Mensch Jesus von Nazareth sei im Gegenüber zu den irdisch-geschichtlichen Ordnungen und Systemen vordergründig jedoch nicht als Reformer zu verstehen. Obwohl mit Jesu Person alle vertrauten Programme und Prinzipien infrage gestellt worden seien, habe dieser sich nicht für eine »Abschaffung oder Verbesserung« bestehender Ordnungen bemüht und kein spezifisch revolutionäres Programm vertreten, da er »in diesen Ordnungen leben«[64] konnte. Anstatt den Systemen und Ordnungen der Welt eine andere, neue Ordnung gegenüberzustellen, habe Jesus in seiner königlichen Freiheit die Grenze aller irdisch-geschichtlichen Systeme aufgezeigt.[65] Ebendiese Grenze sei gleichbedeutend mit der Freiheit des Reiches Gottes. Sie zeige auf, dass irdisch-geschichtliche Ordnungen nicht letztgültig und ohne Brüche verstanden werden könnten und somit in der menschlichen Bedingtheit aller Systeme auch deren Relativität hervorzuheben sei. Begründet ist dies Barth zufolge gerade durch das in Jesus verkörperte und in Gott begründete Zugleich von Hoheit und Niedrigkeit, das alle menschlichen Definitionen von Hoheit, Würde und Erfolg radikal infrage stellt.[66]

In der Auseinandersetzung mit dem biblischen Zeugnis, lasse sich dies anhand des »gelassenen Konservativismus Jesu«[67] verdeutlichen. Hierzu zeigt Barth auf, dass in den Darstellungen des Verhältnisses Jesu zu seiner Umwelt auffällig sei, dass Bestehendes durch Jesus nicht unmittelbar hinterfragt werde und dieser sich damit vordergründig vielmehr arrangiere. Dazu sei jedoch festzuhalten, dass es sich hierbei bloß um einen »vorläufigen und beschränkten Respekt gegenüber den bestehenden und gültigen Ordnungen«[68] handle und nicht um ein grundlegendes Einverständnis

---

[61] A. a. O., 191.
[62] Vgl. D. SÖLLE, Gott denken. Einführung in die Theologie, Stuttgart ³1990, 96, die den Lobgesang der Maria als einen »Grundtext der Befreiungstheologie« (ebd.) bezeichnet.
[63] BARTH, KD IV/2, § 64,3, 191.
[64] Ebd.
[65] Vgl. MAURER, Der königliche Mensch, 8, der meint, dass damit in Jesu Wirken nicht nur eine Umkehrung der Werte angezeigt sei, sondern eine grundsätzliche Aufhebung der Bedeutung aller, in der irdischen Geschichte geltenden Werte.
[66] Vgl. BARTH, KD IV/2, § 64,3, 192.
[67] A. a. O., 193.
[68] A. a. O., 195.

mit diesen. Als Delegitimierung des Bestehenden seien in der biblischen Überlieferung nämlich auch die schlaglichtartigen Durchbrüche der Freiheit des Reiches Gottes in Jesu Leben und Wirken zu beachten. Diese würden eine sich bereits vollziehende Umwälzung der geltenden Ordnungen des menschlichen Lebens anzeigen. In ihnen verdeutliche sich das wirklich Neue der Zuwendung Gottes zur Welt.[69] Barths königlicher Mensch bringe damit, wie Wessel ten Boom meint, »[a]ls das Inkommensurable des Reich [sic] Gottes, das wirklich Neue, [...] Fortschrittsglaube und Konservativismus prinzipiell aus ihrer Balance«.[70] In Jesus von Nazareth ist so, mit den Worten Etzelmüllers, die »radikale Krisis der ganzen menschlichen Ordnungswelt«[71] begründet. Das Neue, das nach Barth in Jesus zur Welt kommt, kann nicht aus dem Bestehenden abgeleitet oder durch Veränderungen des Bestehenden erwirkt werden. Auf diese Weise würde dem Bestehenden eine mit dem Neuen des Reiches Gottes vergleichbare Würde zugeschrieben werden.[72] Das Infragestellen und die Umwälzung der bestehenden Ordnungen und Systeme zeigten sich gerade darin, dass Jesus diesen weder durch Zustimmung noch mittels Ablehnung Bedeutung beimesse. Stattdessen könne er in seiner königlichen Freiheit unabhängig von ihnen existieren.[73] Dies gelte für alle vertrauten Lebensbereiche der Umwelt Jesu, was Barth u. a. anhand des Tempels, der Familie und insbesondere der ökonomischen Bedingungen menschlichen Lebens verdeutlicht.

An diesem letztgenannten Aspekt vertieft Barth das unvergleichliche, revolutionäre Potenzial des in den Evangelien geschilderten Wirkens Jesu. Hierzu fokussiert er die Bezeugung der von Jesus geforderten Erwerbs- und Besitzlosigkeit als Voraussetzung zur Partizipation am Weg Jesu. Zu dieser sei festzustellen, dass sich eine radikale Ablehnung des Erwirtschaftens von Besitz in der Realisierung gelingenden menschlichen (Zusammen-)Lebens in der Geschichte praktisch nicht verwirklichen lassen könne. Dies zeige an, dass es »doch offenbar die Grundpfeiler aller normalen menschlichen Aktivität im Blick auf die menschlichen Lebensnotwendigkeiten« gewesen seien, an denen Jesus als königlicher Mensch »– aufregenderweise gerade nicht in Form der Proklamation einer besseren Sozialordnung, sondern in Form des einfachen freien Aufrufs zur Freiheit – gerüttelt«[74] habe. Die Freiheit des in Jesus verkörperten Reiches Gottes lässt sich nicht allein durch Negation oder Transformation des Bestehenden erreichen. Die Inkommensurabilität des Reiches Gottes offenbart

---

69 Vgl. a. a. O., 193–197.
70 W. TEN BOOM, Ecce Homo Agens. Der königliche Mensch bei Karl Barth, ZDTh 61 (1/2015), (85–102) 92f.
71 ETZELMÜLLER, Kirche der Armen, 177.
72 Vgl. BARTH, KD IV/2, § 64,3, 197: »Aller eigentliche, ernsthafte Konservatismus und aller eigentliche, ernstliche Fortschrittsglaube setzt voraus, daß das Neue und das Alte in irgend einer Kommensurabilität und dann doch auch in irgend einer gegenseitigen Neutralität zusammen bestehen können.«
73 Vgl. ebd.
74 BARTH, KD IV/2, § 64,3, 198f.

die Vorläufigkeit und Relativität aller geltenden Systeme. Damit ermöglicht sie einen Ausblick auf die Befreiung von normativen Ordnungen. Vom königlichen Menschen und der Gemeinde, die sich in und um ihn bildet, gehe damit eine permanente Unruhe in der Welt aus, die diese mit der königlichen Freiheit des Reiches Gottes konfrontiere.[75]

2.5 Jesus als das göttliche Ja zum Menschen

Um die Erträge der bis zu diesem Punkt entfalteten, sachlichen Feststellungen zusammenzufassen, hält Barth als entscheidendes Kriterium der Betrachtung fest, dass, »wie Gott selbst, so der Mensch Jesus nicht gegen, sondern für die Menschen ist.«[76] Dieses »göttliche Ja zum Menschen«[77] kann nach Barths Verständnis als Summe seiner Ausführungen erfasst werden, wenn es nicht simplifiziert und einseitig betrachtet wird. Damit begründet Barth das didaktische Vorgehen seiner Argumentation. Mit den hier unter 2.2 bis 2.4 dargestellten Feststellungen zu Jesus als königlichem Menschen geht es Barth darum, Gott und den Gott entsprechenden Menschen Jesus zunächst als Gegensatz und negative Abgrenzung zu den Menschen und ihrem Kosmos zu erfassen. Auf diese Weise werde vermieden, die Zuwendung Gottes zu den Menschen in Jesus als etwas dem Menschen und dessen Erkenntnis unmittelbar Zugängliches, gar Verfügbares zu verstehen.

Die Armut Jesu, seine Zuwendung zu den Armen und der revolutionäre Charakter seines Handelns sind für Barth didaktische Zugänge, die es ermöglichen, Jesu Wirken in der Welt in Analogie zum Wirken Gottes in der Welt als etwas von dieser grundlegend Verschiedenes und allein durch Jesus vermitteltes wahrzunehmen. Das von Barth skizzierte Nein Gottes zur Welt schafft den Raum für das Verständnis der immer schon bestehenden und vorausgehenden, gnadenvollen Zuwendung Gottes zur Welt in dem Menschen Jesus von Nazareth. So gelte es zu beachten, wie sehr die Evangelien die Mitmenschlichkeit Jesu betonen und wie dadurch herausgestellt sei, dass in dem Menschen Jesus von Nazareth »das Heil und die Herrlichkeit Gottes in der konkreten Gestalt einer geschichtlichen Beziehung von Mensch zu Mensch zugewendet ist.«[78] Durch diese konkrete Beziehung werde die Opposition Gottes gegen das Leiden der Menschen offensichtlich, die sich als Offenbarung der Versöhnung in Jesus manifestiere.[79]

Dem denkt Barth entlang des neutestamentlichen Zeugnisses nach und kommt u. a. zu der Erkenntnis, dass in den Evangelien zum Ausdruck gebracht werde, dass den Menschen in und durch Jesus schlaglichtartig verdeutlicht wird, dass dieser als

---

75 Vgl. ebd.
76 A. a. O., 200.
77 Ebd.
78 A. a. O., 201.
79 Vgl. ebd.

»der schlechthin vollmächtige Zeuge des rettenden Erbarmens Gottes«[80] gegenwärtig sei. In seiner vollen Hingabe an das Leben und Leiden der Menschen ist Jesus zugleich Zeuge des Erbarmens Gottes und auch selbst die Offenbarung der göttlichen Hingabe des Reiches Gottes an die Menschen.[81] Barth schließt seine sachlichen Feststellungen mit einem Verweis auf die Makarismen Jesu ab. Diese seien Jesus in den Evangelien »in den Mund gelegt«[82] worden, um in ihnen die grundlegende Linie der Verkündigung Jesu vom Reich Gottes abzubilden. Die Seligpreisungen drücken nach Barths Verständnis aus, was das in Jesus nahe herbeigekommene Reich Gottes für die Menschen bedeute. In ihnen gehe es »um die Beziehung des Reiches Gottes zu ihrem [scil. der Menschen; JPT] menschlichen Sein«.[83] Das in Jesus wirklich Neue, das zur Welt gekommen ist, werde in den Seligpreisungen, als ein nicht aus Erfahrungen begründbares, synthetisches Urteil,[84] konkret zugesprochen. Durch diesen Zuspruch würde den Menschen ein neues Verständnis über sich selbst erschlossen, indem ihnen eine neue Anschauung erfüllten Lebens entgegengebracht wird, anders als die, die sie im Austausch mit ihrer Umwelt inkorporiert haben. Auf diese grundsätzlichen Beobachtungen aufbauend deutet Barth anhand der partikularen Überlieferungen der Seligpreisungen an, dass diese nicht beziehungslos stattfinden. Die artikulierten Beziehungen seien als konkrete Beziehung Jesu zu den Elenden zu verstehen. Das Neue Gottes trete in den Makarismen gerade dort zu Tage, wo das Leben des Menschen brüchig und unvollständig erscheine.[85]

Zuletzt stellt Barth dazu heraus, dass die Seliggepriesenen »direkt im Schatten des Kreuzes«[86] Jesu existieren. Das bedeute, dass die durch die Seligpreisungen in der königlichen Freiheit des Reiches Gottes lebenden Menschen eine gegensätzliche Position zur Welt einnehmen und damit die um Jesu Namen willen Verfolgten, Geschmähten und Ausgeschlossenen seien. In diesen Kontexten der Seligpreisungen sei grundsätzlich jedoch immer die »wirklich frohe Botschaft«[87] zu hören. In dem durch Jesus zugesprochenen Erbarmen Gottes sei also auch der Zuspruch des Reiches Gottes und die »gegenwärtige, wenn auch verborgene Mitteilung des vollen Heils, des ganzen Lebens, der vollkommenen Freude«[88] vermittelt. Mit diesem Blick auf die partikulare Zuwendung Jesu zu den Menschen in den Evangelien zeigt Barth *in nuce* noch einmal das an, was er auf der Makroebene in dem hier besprochenen Abschnitt entfaltet hat: Die Zuwendung Gottes in der bedingungslosen Solidarität

---

80 A. a. O., 204.
81 Vgl. a. a. O., 205f.
82 A. a. O., 209.
83 A. a. O., 210.
84 Vgl. KANT, KrV, B11/A7–B14/A10.
85 Vgl. BARTH, KD IV/2, § 64,3, 211f.
86 A. a. O., 212.
87 A. a. O., 213.
88 Ebd.

des königlichen Menschen Jesus mit den leidenden und armen Menschen, die zugleich Kritik an allen exkludierenden und leidverursachenden Systemen der Welt ist. Wie diese Zuwendung im Gegenüber zu den komplexen Bedingungen menschlichen Lebens ihre befreiende und kritische Wirkung weitergehend entfalten kann, lässt sich im Gespräch mit Marcella Althaus-Reid profilieren.

3. Zu einer von Armutserfahrungen perspektivierten Christologie bei Marcella Althaus-Reid

Der methodistische Theologe Jörg Rieger beschreibt in seiner Monografie »God and the Excluded« die Zuwendung der Theologie zu marginalisierten Menschen, die in gesellschaftlichen, politischen und theologischen Diskussionen und Entscheidungen allenfalls am Rand wahrgenommen werden, als den Paradigmenwechsel in der Theologie der Gegenwart. Dieser »turn to the others«,[89] der unter anderem in befreiungstheologischen Ansätzen oder feministischen Theologien grundlegend sei, stellt sich für Rieger nicht als Aufgabe einer Bereichstheologie dar, durch die lediglich spezielle Interessen thematisiert werden. Vielmehr werden theologische Grundentscheidungen und Traditionen mit dem Perspektivwechsel auf die im theologischen Diskurs Marginalisierten und deren eigene Stimmen infrage gestellt, neu wahrgenommen und vielseitig transformiert. Theologie müsse sich so zunehmend an den Rändern des im Zentrum stehenden, dominierenden, theologischen Diskurses, am Rande der *mainline theology* verorten und neue Lesarten ins Gespräch bringen.[90]

Um die von Rieger in den Fokus gerückten »Ränder« geht es auch Marcella Althaus-Reid in ihrem Aufsatz »Der göttliche Exodus Gottes«.[91] Hier entwickelt sie eine differenzierte Kritik der Rede vom »Gott der Ränder«. Althaus-Reid formuliert dabei die Aufgabe, die ideologiekritische und »subversive Kraft des Evangeliums«[92] im Kontext der theologischen Reflexion von Armutsphänomenen herauszuarbeiten und gegen eine theologische Legitimation von Armut bzw. Vertröstung von Armen zu positionieren. Dabei nimmt sie kritisch Stellung zu oftmals befreiungstheologisch ausgerichteten Bezugnahmen auf Gott, die Marginalisierten nicht nur ihr Leid erklä-

---

[89] J. RIEGER, God and the Excluded. Visions and Blindspots in Contemporary Theology, Minneapolis 2001, 100.
[90] Vgl. a. a. O., 99–102.
[91] Aus dem Englischen übersetzt von B. KERN und original erschienen als: M. ALTHAUS-REID, The Divine Exodus of God. Involuntarily marginalized, taking an option for the margins, or truly marginal?, in: W. G. JEANROND / CH. THEOBALD (Hg.), God. Experience and Mystery, Concilium 289, London 2001, 27–33.
[92] ALTHAUS-REID, Der göttliche Exodus Gottes, 19.

ren wollen, sondern Gott auch als Begleitung im Leid verstehen. In derartigen Ansätzen werde mittels der »Verortung Gottes unter den Notleidenden«[93] die Frage aufgeworfen, warum die Ränder von politischen, gesellschaftlichen und theologischen Diskursen, an denen Gott lokalisiert wird, überhaupt bestehen. Diese Perspektive könne zwar ein kritisches Potenzial und eine subversive Praxis begründen, es bestehe jedoch die Schwierigkeit, dass Gott auch hier lediglich im Dualismus von Zentrum und Rand verortet werde. Auf diese Weise werde Gott letztlich wieder vom Zentrum des theologischen Diskurses auf dem Weg zurück in dieses Zentrum gedacht. Der Dualismus von Zentrum und Rand bleibe aufrechterhalten, auch dann, wenn durch Gott an den Rändern ein neues Zentrum entstehe, weil dies letztlich »von einem ererbten Standpunkt aus«[94] geschehe.[95] Ein Gott an den Rändern dezentriere zwar »Macht, stellt sie jedoch nicht radikal infrage, denn das Zentrum ist die Basis seiner Erkenntnistheorie.«[96]

In ihrem 2004 veröffentlichten Aufsatz »Queer I Stand« schreibt Althaus-Reid zu theologischen Modellen, die Gott als den Gott verstehen, der sich den Marginalisierten an den Rändern zuwendet, radikal und pointiert: »It is precisely that movement of coming towards the marginalized which betrays God.«[97] Althaus-Reid plädiert dafür, von »einem in radikalerem Sinne ›marginalen Gott‹«[98] zu sprechen. Darin sieht sie eine der Kernaufgaben postkolonialer Theologie. Hierzu müsse der Dualismus von Zentrum und Rand vernachlässigt werden und vielmehr »Begriffe wie auf Gegenseitigkeit beruhende nachhaltige Gemeinschaft, Interdependenz und Besinnung auf die eigenen Ressourcen (self-reliance)«[99] fokussiert werden. Theologie müsse dann unmittelbar aus den Lebensbedingungen marginalisierter Menschen und Gruppen hervorgehen und Gott gerade in diesen Lebensbedingungen und in einem gleichberechtigten Dialog entdecken. Diese geforderte Praxis des reziproken Austauschs mit einem »marginalen Gott« sieht Althaus-Reid gerade in der Zuwendung Jesu zu den Menschen begründet, weil diese auf der Verwicklung mit den konkreten Lebensbedingungen der Menschen seiner Umgebung beruhe.[100]

Einem kritischen Dialog zwischen den Darstellungen von Jesus in der Bibel und der dogmatischen Tradition im Gegenüber zu den Erfahrungen und Körpern armer, marginalisierter Menschen in ihren konkreten Lebensbedingungen denkt Althaus-Reid in ihrem gesamten theologischen Arbeiten nach. Hierbei kann ihr Weg als ein

---

[93] A. a. O., 21.
[94] A. a. O., 22.
[95] Vgl. a. a. O., 21f.
[96] A. a. O., 23.
[97] M. ALTHAUS-REID, Queer I Stand. Lifting the Skirts of God, in: DIES. / L. ISHERWOOD, The sexual theologian. Essays on sex, God and politics, Queering Theology Series, (99–109) 105f.
[98] ALTHAUS-REID, Der göttliche Exodus Gottes, 22.
[99] A. a. O., 24.
[100] Vgl. a. a. O., 24f.

Weg von einer feministisch und befreiungstheologisch geprägten Theologie zu einer unanständigen (»*indecent*«) Theologie wahrgenommen werden, wie auch der Titel einer Sammlung ihrer Aufsätze impliziert.[101] Auf diesem Weg sei es ihre Absicht gewesen, wie etwa Lisa Isherwood darstellt, fest tradierte, als anständig verstandene und damit vorherrschende theologische Narrative infrage zu stellen, sie ihrer Relativität zu überführen und einer radikalen Kritik zu unterziehen.[102] Dabei werden Formen der Unterdrückung herausgefordert, die durch ein von bestehenden Lebensbedingungen abstrahierendes Postulat lebenswirklicher Normalität und Anständigkeit in gesellschaftlichen Diskursen entstehen und als »unanständig« markierte, benachteiligte und marginalisierte Menschen ausschließen. Mit einem Perspektivwechsel auf die Lebensbedingungen armer, benachteiligter und unanständiger Menschen werde der Komplexität des Lebens Rechnung getragen, indem konkrete Lebenserfahrungen nicht an einem Idealbild anständigen Lebens und anständiger Theologie gemessen werden.[103] Dies geschehe auch, indem sich theologische Reflexionen als kontextuell und dialogisch in der Verwicklung mit konkreten Lebensbedingungen entstanden verstehen. Althaus-Reid versteht so gemäß ihrer materialistisch geprägten Theologie beispielsweise die Erfahrungen von Zitronen-Verkäuferinnen auf den Straßen Buenos Aires' als Ausgangspunkt, mit dem, von den Rändern der Gesellschaft, der Kirchen und der Systematischen Theologie aus, Ideologien, Theologien und Sexualitäten neu bearbeitet und gedacht werden müssen.[104] Diese Grundannahme verdeutlicht sich gerade in christologischer Perspektive.

An dieser Stelle nur exemplarisch und ausschnitthaft lässt sich das anhand ausgewählter Aspekte aus Althaus-Reids Aufsätzen »Do not stop the flow of my blood« und »On Wearing Skirts without Underwear« anzeigen. In ihnen entwickelt sie Ansätze einer »Critical Christology of Hope among Latin American Women« bzw. einer

---

[101] M. ALTHAUS-REID, From Feminist Theology to Indecent Theology. Readings on Poverty, Sexuality and God, London 2004. Der Band versammelt eine Reihe von zum Teil überarbeiteten Aufsätzen Althaus-Reids. Ausgewählte Aufsätze des Bandes werden hier im Folgenden besprochen und aus Gründen der Übersichtlichkeit jeweils einzeln angegeben.

[102] Vgl. L. ISHERWOOD, Feminist Theologies, in: C. RODKEY / J. MILLER (Hg.), The Palgrave Handbook of Radical Theology, Radical Philosophies and Theologies, Cham 2018, (567–578) 572; Vgl. auch HOFHEINZ, Implicate and Transgress, iii, die ebenso einen vollständigen Überblick über Althaus-Reids akademische Veröffentlichungen bietet, vgl. a. a. O., 253–257.

[103] Vgl. M. ALTHAUS-REID, ¿Bien Sonados? The Future of Mystical Connections in Liberation Theology, in: DIES., From Feminist Theology to Indecent Theology. Readings on Poverty, Sexuality and God, London 2004, (65–82) 72–74; Vgl. HOFHEINZ, Implicate and Transgress, 151.

[104] Vgl. ALTHAUS-REID, Indecent Theology, 2–4; insb. 4: »A materialist-based theology finds in them [scil. den Zitronen-Verkäuferinnen; JPT] a starting point from which ideology, theology and sexuality can be rewritten from the margins of society, the church and systematic theology.«

»Indecent Christology«. Sie rekurriert dabei konsequent auf die kontextuellen, von Gewalt und Unterdrückung geprägten Erfahrungen bestimmter lateinamerikanischer Frauen, die gerade aufgrund ihrer Erfahrungen als arm gelten und arm gemacht werden.[105] Die christologischen Reflexionen dieser Erfahrungen entwickeln ihre Bedeutung innerhalb einer Theologie der Differenz zu einer von männlichen Darstellungen geprägten, heterosexuell und patriarchal fixierten Tradition von Christusnarrativen. Diese Traditionen der Darstellung Jesu Christi bieten für die oftmals erschütternden Erfahrungen und die unanständigen Lebensbedingungen armer Frauen keine Anknüpfungspunkte. Vielmehr marginalisierten die durch Sexualität geprägten – diesen Aspekt aber oftmals verschleiernden – Diskurse die Lebensbedingungen und Erfahrungen armer, lateinamerikanischer Frauen.[106] Setzt eine Christologie nach Althaus-Reid demgegenüber also gerade bei den Erfahrungen und Körpern lateinamerikanischer Frauen an,[107] müsse diese grundsätzlich als offen und prozesshaft verstanden werden. An Jesu Frage an seine Jünger »Für wen haltet ihr mich?« (Mk 8,29 Zürcher Bibel) anknüpfend, müssten tradierte Jesusbilder in ihrer Bedeutung immer wieder kritisch befragt und problematisiert werden. In diesem Prozess, in dem die Frage »Für wen hältst du uns?« (»Who do you think we are?«[108]) an Jesus zurückgewendet wird, werden statische und idealisierende Christusdarstellungen aus dem Zentrum theologischer Deutungshoheit aufgelöst. Jesus wird als »communitarian messiah«[109] und »messiah in process«[110] an den Rändern des theologischen Diskurses dialogisch

---

[105] Vgl. M. ALTHAUS-REID, Do not stop the flow of my blood. A Criticial Christology of Hope among Latin American women, in: DIES., From Feminist Theology to Indecent Theology. Readings on Poverty, Sexuality and God, London 2004, 44–59. Vgl. auch ALTHAUS-REID, On Wearing Skirts Without Underwear: ›Indecent Theology Challenging the Liberation Theology of the Pueblo‹. Poor Women Contesting Christ, Feminist Theology (7/1999), (39–51) 39, die anmerkt, dass sie selbst in Armutsverhältnissen in Buenos Aires aufgewachsen sei, sich dadurch aber nicht automatisch als Repräsentantin armer, lateinamerikanischer Frauen verstehe. Diesen Aspekt macht Althaus-Reid in einer späteren Version des Textes, welcher im Folgenden zitiert wird, nicht mehr geltend.

[106] Vgl. ALTHAUS-REID, Do not stop the flow of my blood, 45f. Hier beschreibt Althaus-Reid die Körper lateinamerikanischer Frauen etwa als »malnourished, exposed to continuous pregnancies, violence and hunger«, wodurch diese auf die Gemeinde verwiesen, »which Christ came to save and for which he died, tortured and thirsty.« (Ebd.) Damit werde aber zugleich ersichtlich, dass Christologie als sexualisierter Diskurs verstanden werden müsse, wenn dieser »from the body of a young man like Jesus [...] and also of his ignorance of the feminine beyond the cultural construction of gender of his time and society« (ebd.) ausgehe. Vgl. auch ALTHAUS-REID, On Wearing Skirts Without Underwear. Poor Women Contesting Christ, in: DIES., From Feminist Theology to Indecent Theology. Readings on Poverty, Sexuality and God, London 2004, (83–94) 85; Vgl. ISHERWOOD, Feminist Theologies, 572.

[107] Vgl. ALTHAUS-REID, Do not stop the flow of my blood, 46f.
[108] A. a. O., 47.
[109] A. a. O., 48.
[110] Ebd.

und unfixiert erschlossen.¹¹¹ Auf diese Weise werde angezeigt, »what it means to be God in the midst of the poor.«¹¹² Althaus-Reid verdeutlicht diesen hermeneutischen Prozess in »Do not stop the flow of my blood« beispielhaft anhand einer Diskussion über Jesu Handeln in der Darstellung bei Mk 5,25–34, indem sie die Darstellung des heilsamen Handelns Jesu auch kritisch im Hinblick auf die Lesart seines Handelns als einer kolonialen und unterdrückenden Geste befragt. Sie problematisiert dabei im Kontext spezifischer Erfahrungen lateinamerikanischer Frauen die in den Evangelien dargestellte, vermeintliche Akzeptanz Jesu bestimmter Strukturen seiner Umwelt.¹¹³

Am Beispiel der Erfahrungen armer, lateinamerikanischer Frauen zeigt Althaus-Reid auf, dass ihrer Ansicht nach die Kämpfe und Frustrationen von armen Frauen Christus in derselben Weise schaffen würden, in der die Frauen in den Schilderungen des Neuen Testaments ihn herausgefordert haben.¹¹⁴ In diesem Prozess würden auch dualistische, heteronormativ geprägte Gottes- und Menschenbilder hinterfragt werden.¹¹⁵ Der kritische Dialog von tradierten Christusnarrativen mit den kontextuellen Lebenserfahrungen armer und marginalisierter Menschen schaffe in dieser Entwicklung eine »christ-community«.¹¹⁶ Einen vergleichbaren Aspekt unterstreicht etwa schon Elisabeth Moltmann-Wendel, wenn sie die Dimension der Beziehung als Zentrum der Christologie wahrnimmt und das wechselseitige Verhältnis zwischen Jesus und Frauen seiner Umgebung als Voraussetzung für eine sich wandelnde Betrachtung des Wirkens Jesu und seiner Bedeutung in der Gegenwart darlegt.¹¹⁷

---

111 Vgl. a. a. O., 47f. In ähnlicher Weise bezieht sich auch KWOK P.-L., Postcolonial Imagination and Feminist Theology, Louisville 2005, 170–174, auf Mk 8,29 und behauptet, dass Christinnen und Christen dadurch eingeladen seien, eigene Fragen und Imaginationen an Jesus heranzutragen. Aus diesem Grund sei die Bedeutung der Jesus-Bilder von »theologians from marginalized communities« (KWOK, Postcolonial Imagination, 174) besonders zu beachten. Die dabei entstehenden Christologien zeigten plurale Bilder und Deutungen des Lebens und Wirkens Jesu Christi und machten damit kenntlich, dass Darstellungen Jesu Christi, auch und gerade dann, wenn sie als möglichst objektiv erhoben verstanden werden, immer einer spezifischen Perspektive entstammen. Unter diesem Gesichtspunkt können derartige, postkolonial entwickelte Christologien als Rückfrage an solche tradierten christologischen Darstellungen verstanden werden, die im Zentrum theologischer Deutungshoheit stehen.
112 ALTHAUS-REID, Do not stop the flow of my blood, 48.
113 Vgl. a. a. O., 48–53. Die Impulse und exegetischen Implikationen, aber auch die kritischen Anfragen, die sich aus der Interpretation Althaus-Reids von Mk 5,25–34 entwickeln, können im Umfang dieses Aufsatzes nicht weitergehend besprochen werden, stellen jedoch eine wichtige Forschungsaufgabe für die Zukunft dar.
114 Vgl. a. a. O., 56.
115 Vgl. ALTHAUS-REID, On wearing skirts without underwear, 87f.
116 Vgl. ALTHAUS-REID, Do not stop the flow of my blood, 52.
117 Vgl. E. MOLTMANN-WENDEL, Beziehung – die vergessene Dimension der Christologie. Neutestamentliche Ansatzpunkte feministischer Christologie, in: D. STRAHM / R. STROBEL (Hg.), Vom Verlangen nach Heilwerden. Christologie in feministisch-theologischer Sicht,

Ich verstehe diesen kritischen Dialog bei Althaus-Reid insofern als erweitert, als sich der im dialogischen Prozess erschlossene *Christus praesens* als offener Raum darstellt, in dem eine kritische Auseinandersetzung mit den Ordnungen und Systemen der Welt sowie den eigenen Perspektiven initiiert wird. Tradiertes und gesellschaftlich Festgeschriebenes wird damit ebenso herausgefordert, wie Jesus durch die Leiden der ihn umgebenden Menschen herausgefordert wird und in seinem Wirken wiederum seine Umwelt herausfordert. In der *Christ-Community*, der Gemeinschaft im dialogisch erschlossenen, gegenwärtigen Christus, wird so auch das gegenwärtige Leiden in der Gesellschaft wahr- und aufgenommen und nach den Möglichkeiten und Bedingungen der Verwirklichung von Gerechtigkeit gefragt, sodass eine permanente Subversion und Destabilisierung des Bestehenden angeregt wird.[118] Der in Christus stattfindende Dialog könne in diesem Zusammenhang nicht zu normativen Antworten und Richtlinien für die Lebensbedingungen von Menschen führen, sondern müsse stattdessen eine »new aesthetic of rupture with an authoritarian discourse«[119] eröffnen.

In ihrer Monografie »Indecent Theology« stellt Althaus-Reid in einem ähnlichen Zusammenhang heraus, dass der Fokus auf einen »Christ of the poor«[120] nicht bedeute, dass als reich und privilegiert Geltende ausgeschlossen würden. Vielmehr würden in Christus, den Althaus-Reid an dieser Stelle als »Bi/Christ«[121] konzipiert,[122] durch heterosexuelle Konstruktionen bedingte, gesellschaftlich fixierte Dichotomien transzendiert und dabei die Strukturen radikal infrage gestellt, die sowohl Unterdrückende als auch Unterdrückte produzieren.[123] Dass die von Althaus-Reid entwickelten Überlegungen so zu einer christologischen Perspektive auf die Frage nach der Zuwendung zu und der Repräsentation von Armen in der Theologie beitragen und damit auch die Darlegungen bei Barth herausfordern, ist abschließend zu bedenken.

Fribourg ²1993, 103–105; 108.

[118] Vgl. ALTHAUS-REID, Do not stop the flow of my blood, 57.

[119] A. a. O., 59.

[120] ALTHAUS-REID, Indecent Theology, 115.

[121] Vgl. ISHERWOOD, Feminist Theologies, 573, die Althaus-Reids »Bi/Christ« beschreibt als »a figure who is not bi in the sense of sexual preference but rather in terms of thought and life, one who is fluid and full of contradictions and therefore enables the destabilization of politics and theology which she [scil. Althaus-Reid; JPT] saw as crucial.«

[122] Vgl. hierzu die kritische Einordnung dieser Konzeption Althaus-Reids, die KWOK, Postcolonial Imagination, 181f.; T. BOHACHE, Christology from the Margins, London 2008, 222f., bieten.

[123] Vgl. ALTHAUS-REID, Indecent Theology, 114–116.

4. Zu einer kritischen Advokation für Arme und Ausgegrenzte in Christus

Ziel dieser Untersuchung kann es nun an ihrem Ende nicht sein, Karl Barth als den Vorbereiter postkolonialer und befreiungstheologischer Perspektiven in der Theologie zu stilisieren. Es erscheint stattdessen sinnvoll, das gegenwärtige Potenzial seiner hier besprochenen Überlegungen im kritischen Austausch mit Althaus-Reid und mit Blick auf die Problemanzeige von Katja Winkler wahrzunehmen. Die Bedeutung der christologisch entwickelten Perspektiven auf Armut bei Barth und Althaus-Reid lässt sich anhand der Forderungen einer kritischen Advokation bei Winkler entwickeln. In diesem Zusammenhang kann zunächst festgestellt werden, dass Armut sowohl bei Barth als auch bei Althaus-Reid als Exklusionsphänomen verstanden wird. Dieses tritt immer dann zu Tage, wenn die Teilhabe an gesellschaftlichen, politischen oder auch theologischen Diskursen durch das Postulat eines Normalzustands festgelegt ist und solchen verwehrt wird, die diesen nicht erreichen können. Eine Zuwendung zu den Armen kann nicht bedeuten, diese in normative Vorstellungen gelingenden Lebens einbinden zu wollen. Hiermit werden Betroffene vielmehr als »anders« markiert, ausgeschlossen und arm gemacht. Konzeptionen von Normalität und die Bedingungen die zu diesen Konzepten führen, sollten aus diesem Grund Gegenstand einer kritischen Befragung werden.

Für Barth ist – zumindest in der hier besprochenen, spezifischen Perspektive von KD IV/2, § 64,3 – gerade die konkret in der Geschichte verwirklichte Verwicklung Jesu in die Lebensbedingungen der in der Welt als arm Geltenden, die Gottes Alleinsein in der Welt repräsentiert, unbedingte Voraussetzung für die Offenbarung der Zuwendung Gottes zu den armgemachten Menschen. Nur in und mit dieser fleischgewordenen, versöhnenden Solidarität des in seiner Armut königlichen Menschen Jesus von Nazareth können ein zuwendendes Handeln und ein kritisches Infragestellen der ausgrenzenden und arm machenden Ordnungen in der Welt erwachsen. Mit dem Fokus auf Jesu Armut erscheint eine qualitativ andere, solidarische Zuwendung begründet, als die bloß wohlmeinende Zuwendung eines überlegenen, paternalistisch agierenden Gottes. In dieser Hinsicht kann Jesu Leben als Analogie eines in der Welt wirklich marginalen und sich gerade darin der Welt zuwendenden Gottes gelten.[124] Ein solcher christologisch begründeter Ausgangspunkt, der eine hilfreiche Reflexionskategorie im Umgang mit Armuts- und Ausgrenzungsphänomenen erscheint, kann auf diese Weise nicht bei einer Vorbildchristologie stehen bleiben, die Jesus als Freund der Armen stilisiert, der den Schwachen liebevoll und zugleich doch auch paternalistisch die Hände reicht.

Es erscheint stattdessen sinnvoll, die in Jesu Zuwendung begründete Grenze und Kritik am Bestehenden in Christus dialogisch fortdauernd zu erschließen und auch

---

[124] Ob diese Marginalität Gottes für die gesamte Konstruktion von KD IV behauptet werden kann, ist damit nicht begründet.

Der königliche Mensch 199

auf tradierte, zuweilen unterdrückende Jesusdarstellungen und Christusnarrative anzuwenden.[125] Damit kann in der im gegenwärtigen Christus beschlossenen Gemeinschaft eine kontinuierliche Unruhe in der Welt begründet sein. Von dieser Unruhe ausgehend kann eine, diese Unruhe wiederum auch begründende Freiheit gegenüber ausgrenzenden, unterdrückenden und arm machenden Systemen artikuliert werden. Auch die Vorläufigkeit und Brüchigkeit sowie das Exklusions- und Unterdrückungspotenzial eben jener Systeme würde damit angezeigt werden.

Von diesem Standpunkt aus ist dann auch der von Barth behauptete, gelassene Konservatismus Jesu zu befragen. Althaus-Reid folgend wäre nach meinem Verständnis gerade hier, in den nach den Darstellungen der Evangelien angezeigten Verwicklungen Jesu in die Ordnungen seiner Umwelt und in dessen scheinbarer Akzeptanz ihnen gegenüber eine Problematik auszumachen. Das von Barth artikulierte Privileg des königlichen Menschen Jesus von Nazareth, in seiner Freiheit die Ordnungen und Systeme der Welt vorläufig gelten lassen zu können, mag unter exkludierenden Lebensbedingungen leidenden Menschen zynisch und allenfalls vertröstend erscheinen.

Gleichsam macht Barth mit der Behauptung der königlichen Freiheit Jesu gegenüber den Ordnungen der Welt deutlich, dass das revolutionäre Geschehen der Zuwendung Gottes in Jesus nicht in einer Transformation des Bestehenden *bestehen* kann. Das würde den Ordnungen der Welt eine letztgültige Dignität zuschreiben und letztlich von einem ererbten Standpunkt aus das Unterdrückungs- und Exklusionspotenzial dieser Ordnungen mit- und weitertragen.

Das Neue, das mit Jesus in die Welt gekommen ist, kann sich nur in der Differenz zum Bestehenden entfalten. In ihm ist die Möglichkeit und Notwendigkeit der Befreiung von unterdrückenden Ordnungen und das ganz andere, in der Freiheit des Reiches Gottes begründete Leben angezeigt. Es bleibt dennoch im Blick auf Althaus-Reids Annahmen weiterhin die Frage gegenüber Barth bestehen, ob dieser die komplexen und durch intersektionale Formen der Unterdrückung geprägten, spezifischen Lebensbedingungen als arm geltender, ausgegrenzter Menschen angemessen zur Sprache bringen kann. Zuweilen erscheint es notwendig, Althaus-Reids Forderung nach einer Kritik an tradierten Christusnarrativen auch auf Barths Jesusdarstellung zu beziehen. Zumindest insoweit, als dessen Nachvollzug der biblischen Darstellungen der in Jesus angezeigten, königlichen Freiheit gegenüber der Welt stellenweise zu universal erscheint, als dass sie mit den konkreten Erfahrungen in der Gegenwart und Unterdrückung und Armut Leidender vermittelbar wäre.

---

[125] Die Notwendigkeit und die Dimensionen einer (selbst-)kritischen Reflexion und Transformation aller christologischen Traditionen und Begriffe aus der Perspektive postkolonialen Theologisierens zeigt im deutschsprachigen Raum zuletzt besonders M. Ernst-Habib, Salvator Mundi – Heiland der Welt? Christologische Motive und Anfragen für (postkoloniales) Theologisieren, in: M. Hofheinz / K.-O. Eberhardt unter Mitarbeit von J.-P. Tegtmeier (Hg.), Gegenwartsbezogene Christologie. Denkformen und Brennpunkte angesichts neuer Herausforderungen, Tübingen 2020, 209–242.

Althaus-Reids Fokus auf konkrete, kontextuelle Lebenserfahrungen armer Menschen ermöglicht es, die Komplexität menschlichen Lebens und die Intersektionaltität im Kontext von Unterdrückungsbedingungen umfassend geltend zu machen. Mit dem kritischen Potenzial des auf christologische Traditionen und Jesusdarstellungen zurückbezogenen Dialogs wird Christologie als Kritik am Bestehenden in Solidarität mit den Armen in der Gegenwart profiliert. Mit der Repräsentation und Zuwendung zu den Armen in Christus können damit auch eine Kritik und ein Verweis auf die Vorläufigkeit und die Probleme von universalistischen Christusnarrativen einhergehen. Aus diesem Grund erscheint es hilfreich, den prozesshaften Charakter einer dialogisch erschlossenen Christologie in den Blick zu nehmen.

Der diesen Prozess aufhebende *Christus praesens* kann sich dabei als ein Raum der Freiheit erweisen. Dieser Raum ließe sich dialektisch verstehen, indem er als offen und in irdisch-geschichtlicher Perspektive vorläufig und unvollständig, zugleich aber Befreiung anzeigend und sich auf diese hinbewegend, charakterisiert wird. In diesem Kontext zeigt sich dann auch die Diskussion von Althaus-Reid und Barth auf formaler Ebene als geeignete Gesprächskonstellation. Die materialistisch, prozessorientierte Christologie Althaus-Reids und die Christologie in Barths Versöhnungslehre erscheinen gerade im Hinblick auf ihre dialogische Anlage ertragreich. Das auf der Makroebene der Architektur von KD IV angelegte Verständnis eines Dienens Jesu Christi an den Menschen und der Menschen an Jesus Christus kann als gemeinschaftlicher Prozess des in Christus begründeten Dialogs verstanden werden. Hier wird deutlich, dass sich darin die Versöhnungslehre bei Barth als Geschichte erweist. Auch auf der Mikroebene ist das im Blick auf den hier dargelegten Abschnitt aus KD IV/2 nachvollziehbar, wenn Barth anzeigt, dass sich Gottes Ja (2.5) zur Welt gerade in der Verwicklung der Geschichte Jesu in die Geschichte der Welt als Nein zur Welt (2.2–2.4) erweist, sich im Zugleich der Zu- und Absage Jesu seiner Umwelt gegenüber anzeigt. Gottes versöhnendes Zuwenden zur Welt bedeutet so einen prozesshaften Wechsel zwischen Nein und Ja zur Welt, der ein grundlegendes und befreiendes, dabei aber immer vorläufiges und unvollständiges Ja anzeigen kann. Aus diesem Verständnis kann eine grundlegende, offene Kritik am Bestehenden resultieren, die wiederum eine kritische Reflexion in sich einschließt. In diese müssten die spezifischen, zeitgebundenen Lebensbedingungen Benachteiligter, Ausgegrenzter und Armer in und mit Christus eingeschlossen sein.

In ähnlicher Weise spricht auch Jürgen Moltmann in »Der gekreuzigte Gott« (1972) von einem »in Christus eröffneten Lebensraum Gottes«,[126] welcher sich gerade in der von Phil 2 beschriebenen Selbsterniedrigung Gottes eröffne. Hier werde nicht nur ein Eingehen Gottes in die Menschheit beschrieben, sondern ebenso eine

---

[126] J. MOLTMANN, Der gekreuzigte Gott. Das Kreuz Christi als Grund und Kritik christlicher Theologie, München ³1976, 264.

Aufnahme des ganzen menschlichen Lebens in das Sein Gottes.[127] Daran anknüpfend lässt sich ein weiterer Gedanke Moltmanns einspielen, der die Bewegung anzeigt, in der meines Erachtens auch die Anliegen Barths und Althaus-Reids stehen, wenn dieser davon spricht, dass die »Sache der Befreiung gerade nicht fest, sondern im Prozeß« begriffen sei und »nur durch beteiligtes, dialektisches Denken erfaßt«[128] werden könne. Die Relativität von Ordnungen und Systemen in der Welt, die in und durch Christus angezeigt wird, muss dann auch für christologische und damit natürlich auch theologische Ordnungen und Systeme gelten und diese als unvollständig, brüchig und zuweilen unterdrückend thematisieren.[129]

Erwächst daraus ein vorzugsweiser Einsatz der Christen- und Christinnengemeinde für die Armen, bedarf es folglich auch eines Verständnisses dafür, dass dieser Einsatz Probleme birgt und immer nur vorläufig und unvollständig dazu beiträgt, Gerechtigkeit zu verwirklichen. Eine christologische Perspektivierung der Zuwendung zu Armen und eine von Armutserfahrungen perspektivierte Christologie tragen so in der Frage nach der Umsetzung eines angemessenen Beistands für Arme vielgestaltige Impulse aus. Gerade mit Barths Blick auf den im armen Menschen Jesus in der Welt armen Gott, der sich gerade darin der Welt und den Armen zuwendet, und mit dem insbesondere von Althaus-Reid im kritischen Dialog hervorgehobenen Blick der Armen und Unterdrückten in der Welt auf Christus, wird die christologisch profilierte Kritik am Bestehenden und die kritische Advokation für Arme als bleibend wichtige Aufgabe der Theologie bzw. einer theologischen Ethik des Politischen wahrgenommen. Sodann ließe sich das eingangs diskutierte, auf Barth bezogene Votum Eberhard Buschs dergestalt ergänzen, dass die evangelische Kirche Gott auch dann verleugnet, wenn sie Gott in Jesus Christus nicht bei den Armen weiß, die Armen mit ihren spezifischen Erfahrungen nicht zu Wort kommen lässt und diese nicht als permanente in Christus und dessen Geist präsente Kritik am Bestehenden sowie an ihrer eigenen Konstitution und ihrem Handeln für die Armen versteht.

---

[127] Vgl. a. a. O., 264f.
[128] A. a. O., 314.
[129] Dies gilt etwa auch im Hinblick auf die bestehende Kritik an Barths hierarchisch verstandener Darstellung einer Geschlechterbinarität in KD III/2. Vgl. dazu KOWK, Postcolonial Imagination, 147; TONSTAD, Queer Theology, 76f.; R. HESS, Die »›A‹ und ›B‹ discussion« – und darüber hinaus! Grundlinien genderperspektivierter Barth-Rezeption/en, in: M. LEINER / M. TROWITZSCH (Hg.), Karl Barths Theologie als europäisches Ereignis, Göttingen 2008, 348–366.

Karl Barths Theologie für ein Europa in der Krise
Die politische und die pneumatologische Dimension der christlichen Verkündigung

Kai-Ole Eberhardt

1. Eine »Solidarität der Tat« als Antwort auf Europas Polykrise?

Vor 70 Jahren hat der französische Außenminister Robert Schuman (1886–1963)[1] in seiner Erklärung vom 9. Mai 1950 die Gründung der Europäischen Gemeinschaft für Kohle und Stahl (EGKS) angekündigt, die das Fundament der Europäischen Union wurde.[2] Das Ziel der wirtschaftlichen Kooperation der europäischen Nationen bestand vor allem darin, durch die Bildung einer europäischen Solidargemeinschaft nach 1945 den so hart errungenen Frieden zu sichern. Europa ist im Schuman-Plan zuvorderst die Idee einer Friedensgemeinschaft, die die in den Weltkriegen verlorengegangene Zivilisation wieder herstellen soll.[3] Allerdings, so Schuman, könnte Europa nicht Wirklichkeit werden, wenn es nur eine Idee bliebe: »L'Europe ne se fera pas d'un coup, ni dans une construction d'ensemble: elle se fera par des réalisations concrètes, créant d'abord une solidarité de fait.«[4]

Damit ruht die Europäische Union auf einem gegen die Barbarei des Nationalsozialismus gegossenen Fundament, in dem sich die Idee eines vereinigten, Kultur und Frieden sichernden Europas mit konkreten wirtschaftspolitischen Maßnahmen und einer Politik der gegenseitigen Solidarität verbunden hat.

---

[1] Vgl. zu Schumann, seiner Amtszeit als französischer Außenminister (1948–1952) und seiner Bedeutung für die Gestaltung Europas H.-J. BENNING, Robert Schuman. Leben und Vermächtnis, München 2013.

[2] Die »Schuman-Erklärung« findet sich im französischen Original unter www.robert-schuman.eu/fr/declaration-du-9-mai-1950 (06.2020) und in deutscher Übersetzung unter www.europa.eu/european-union/about-eu/symbols/europe-day/schuman-declaration_de (06.2020).

[3] Vgl. den Beginn der »Schuman-Erklärung«: »Der Friede der Welt kann nicht gewahrt werden ohne schöpferische Anstrengungen, die der Größe der Bedrohung entsprechen. Der Beitrag, den ein organisiertes und lebendiges Europa für die Zivilisation leisten kann, ist unerlässlich für die Aufrechterhaltung friedlicher Beziehungen.«

[4] Ebd.: »Europa lässt sich nicht mit einem Schlage herstellen und auch nicht durch eine einfache Zusammenfassung: Es wird durch konkrete Tatsachen entstehen, die zunächst eine Solidarität der Tat schaffen.«

Wie steht es um die Idee der Europäischen Union und ihre Konkretisierung heute? Sie muss sich nach der von Schuman beschworenen »solidarité de fait«, dem Frieden und der Einheit befragen lassen. Und zuvorderst ist sie an dem Anspruch zu messen, der hinter dem Schuman-Plan und den europäischen Einigungsbemühungen in grundlegender Weise und über eine Reaktion auf die Drohkulisse des Kalten Krieges hinaus von Anfang an gestanden hat, nämlich ein Bollwerk gegen nationalsozialistisches Gedankengut zu sein und die nach 1945 verloren geglaubte Kultur aufrechtzuerhalten, mit der ein antifaschistisches, demokratisches und solidarisches Klima in Politik und Gesellschaft über die Grenzen der Nationalstaaten hinweg untrennbar verbunden ist.

Die zahlreichen Krisen, die Europa in der letzten Dekade erschüttert haben und die gegenwärtige Forschung von der Polykrise der EU sprechen lassen, gewinnen gemessen an diesen Zielen und Idealen des Nachkriegseuropas und der damit verbundenen Frage nach Zweck und Identität der EU noch an Gewicht.[5] Die Spannungen zwischen dem Anspruch der EU, Wirtschafts- und Wertegemeinschaft zu sein, zu wachsen, zugleich ihre Mitgliedsstaaten gerecht, gleichberechtigt und solidarisch zu behandeln und zu repräsentieren, haben sich seit Beginn des neuen Jahrtausends durch eine Reihe von Ereignissen verschärft und zur Stärkung rechtspopulistischer und EU-kritischer Bewegungen geführt. Ich verweise hier nur schlaglichtartig auf die wichtigsten Krisenherde:

1. Die wachsende Bedrohung durch den Terrorismus seit dem 11. September 2001, in deren Folge Themen wie Grenzsicherung und Islamophobie in der europäischen Gesellschaft in den Vordergrund gerückt sind,
2. die spätestens seit 2010 die wirtschaftliche Zusammenarbeit, den Euro und die politischen, sozialen und wirtschaftlichen Verhältnisse einzelner Mitgliedsstaaten gefährdende »Eurokrise«,
3. die Europäische Flüchtlingskrise, die 2015/2016 einen Höhepunkt erreicht hatte und Europa durch eine bis heute andauernde unrühmliche Politik der ungleichen Lastenverteilung und Abschottung mit einem unübersehbaren Makel versehen hat, der die Verleihung des Friedensnobelpreises von 2012 an die EU geradezu karikiert und derzeit besonders in der »Schande Europas«,[6] dem Geflüchtetenlager Moria, konkret ist,

---

[5] Stellvertretend für eine Reihe von Publikationen und Tagungen der letzten Jahre sei hier nur verwiesen auf den juristisch akzentuierten Sammelband von M. LUDWIGS / ST. SCHMAHL (Hg.), Die EU zwischen Niedergang und Neugründung. Wege aus der Polykrise, IUS EUROPAEUM 66, Baden-Baden 2020, und darin bes. die »Einführung in die Themen« durch die Herausgebenden, 9–19, in der die Krisen um die EU als Wertegemeinschaft, die Migration, den Brexit und die Banken- und Finanzkrise besonders herausgestellt werden.

[6] Vgl. J. ZIEGLER, Die Schande Europas. Von Flüchtlingen und Menschenrechten, München 2020.

4. der mit dem Brexit 2020 konkret gewordene Anfang des Auseinanderbrechens der EU infolge divergierender Europaideen, wirtschaftlicher Interessen, sozialer Ungleichheit und eines erstarkenden Nationalismus,
5. die mit der Corona-Pandemie 2020 erfolgten nationalen Abschottungen zur Sicherung der Eigeninteressen der einzelnen europäischen Staaten in Bezug auf Gesundheitswesen und Wirtschaft über die zur Eindämmung der Pandemie notwendigen Grenzschließungen hinaus (»Corona-Nationalismus«).

Gegenüber den Herausforderungen der Polykrise wurde nun zu ihrem Jubiläum wieder auf die solidarische Europakonzeption der Schuman-Erklärung verwiesen.[7] An dieses Europa der Solidarität appellieren auch die evangelischen Kirchen immer wieder, wenn sie zu den aktuellen Krisen Stellung beziehen. Schumans »solidarité de fait« und die von Evangelium und Liebesgebot geforderte christliche Solidarität entsprechen sich.[8] Dies zeigen mit Blick auf die sogenannte Flüchtlingskrise z. B. die kirchliche Beteiligung an der Seenotrettung schiffbrüchiger Geflüchteter im Mittelmeer,[9] mit Blick auf den Brexit die intensivierte Zusammenarbeit mit der Anglikani-

---

[7] Vgl. mit einem Schwerpunkt auf die Corona-Krise z. B. das Statement zum Europatag am 9. Mai 2020 von der Präsidentin der Europäischen Kommission Ursula von der Leyen auf der Homepage der Europäischen Kommission (www.ec.europa.eu/commission/presscorner/detail/en/AC_20_844 [06.2020]) und von Verteidigungsministerin Annegret Kramp-Karrenbauer auf der Homepage des Verteidigungsministeriums (www.bmvg.de/de/aktuelles/akk-europa-braucht-die-solidaritaet-der-tat-255356 [06.2020]).

An die Frage der Solidarität gegenüber den von der Corona-Pandemie schwer getroffenen Mitgliedstaaten der EU knüpfen SPD-Spitzenpolitiker um den Bundeskanzler a. D. Gerhard Schröder das Weiterbestehen der EU: www.faz.net/aktuell/politik/inland/eu-in-der-coronakrise-schroeder-warnt-vor-zerfall-europas-16736322.html (06.2020).

[8] Überhaupt erscheint die »Schuman-Erklärung« bewusst offen für eine christliche Deutung. Die katholische Identität Schumans, dessen Seligsprechung dem Vatikan vorgeschlagen wurde, hat sich auf sein Verständnis von Politik und Demokratie stark ausgewirkt. Vgl. dazu K. H. DEBUS, Robert Schuman. Lothringer – Europäer – Christ, Speyer 1995.

[9] Verwiesen sei hier exemplarisch auf den Spendenaufruf zur Finanzierung der »Seawatch 4 – powered by United4Rescue« für die Seenotrettungsorganisation Seawatch durch die EKD unter dem Motto »Wir schicken ein Schiff«. Es ließen sich zahlreiche Stellungnahmen zur Fluchtthematik, Einsatz über das Kirchenasyl usw. anfügen.

schen Kirche zugunsten einer die Separation relativierenden christlichen Geschlossenheit,[10] und schließlich die Appelle zu tatkräftiger grenzüberschreitender Nachbarschaftshilfe angesichts der Corona-Pandemie.[11]

Zu den theologischen Impulsgebern für eine christliche Ethik im Raum der Europapolitik, die sich einer »Solidarität der Tat« und einem vereinten Europa verpflichtet weiß, gehört immer wieder auch Karl Barth. Zugleich scheint das Potenzial, das Barths Theologie, die völlig zu Recht als ein »europäisches Ereignis«[12] gewürdigt wird und in der »europäische[n] Existenz«[13] Barths ihr Fundament hat, für eine politische Ethik im Europa der Gegenwart bietet, bei weitem nicht erschöpfend behandelt worden zu sein.

---

[10] Das Bestreben, nach dem britischen Referendum von 2016 die ökumenische Zusammenarbeit zu intensivieren, führte u. a. zu einem Kolloquium der Church of England und der EKD im Londoner Lambeth Palace am 16. November 2018, das nicht nur symbolischen Charakter hatte, sondern von einem intensiven theologischen Austausch begleitet war, dessen Dokumentation vorliegt bei M. GREBE / J. WORTHEN (Hg.), After Brexit? European Unity and the Unity of European Churches, Leipzig 2019. Zum endgültigen Austritt Großbritanniens aus der EU am 31. Januar 2020 hat die EKD in einem Schreiben an Erzbischof Justin Welby und Bischof Jonathan Gibbs die gemeinsame Berufung der Kirchen und den Wunsch zu einer engeren Zusammenarbeit, insbesondere in der Verkündigung des Evangeliums und im Einsatz für ein solidarisches Zusammenleben, bekräftigt. Vgl. die Presseerklärung von EKD und VELKD, »Unsere Kirchen werden Teil Europas bleiben« vom 30. Januar 2020 unter www.ekd.de/unsere-kirchen-werden-teil-europas-bleiben-52980.htm (06.2020). Für die Arbeit der GEKE an einer kirchlichen Einheit ist der Dialog mit der Anglikanischen Kirche laut dem aktuellen Projektplan »Gemeinsam Kirche sein. Ziele für 2020–2024« (www.leuenberg.eu/documents/ [06.2020]) eine wichtige Säule.

[11] Verwiesen sei exemplarisch auf das ökumenisch formulierte »Gemeinsame Wort« anlässlich der Interkulturellen Woche von 2020, das sich auf eine »solidarische Grundhaltung« als lebensnotwendig für unsere Gesellschaft angesichts der Pandemie verpflichtet und des Weiteren zu einem solidarischen Kurs in der Geflüchteten- und Migrationspolitik der EU appelliert: www.ekd.de/ekd_de/ds_doc/Gemeinsames_Wort_zur_Interkulturellen_Woche_2020.pdf (06.2020).

[12] Vgl. den Band zu der gleichnamigen Tagung in Jena 2006: M. LEINER / M. TROWITZSCH (Hg.), Karl Barths Theologie als europäisches Ereignis, Göttingen 2008.

[13] Vgl. G. ETZELMÜLLER, Karl Barth als Europäer und europäischer Theologe, in: I. DINGEL / H. DUCHHARDT, Die europäische Integration und die Kirchen II. Denker und Querdenker, VIEG 93, Göttingen 2012, (51–77) 51. Etzelmüller erweist sich geradezu als Kartograf der Impulse von Barths Theologie für die europäischen Fragestellungen, indem er chronologisch zunächst ausgewählte Predigten Barths unter dem Eindruck des ersten Weltkriegs als »Krise Europas im Denken Barths« betrachtet, sodann »Europa im theologischpolitischen Denken Barths nach 1938« mit dem Fokus auf Barths Wahrnehmung der Sudetenkrise, sein Engagement im Widerstand gegen den NS und seine Hoffnung auf eine europäische Nachkriegsordnung bespricht und schließlich die Position Barths zu Europa in der Nachkriegszeit anhand einer Auslegung von Barths Vortrag »Die Kirche zwischen Ost und West« (1949) und seinem politischen Verständnis von Gottes Gebot in der Auslegung von

Obwohl Barth sich in der Nachkriegszeit europapolitisch stark auf den Ost-West-Konflikt konzentriert und kaum die Entstehungsprozesse der Europäischen Union kommentiert, ebnet er mit seinen kritischen Betrachtungen des Nationalismus, der Betonung der Wichtigkeit eines freien Europas und der Verortung von Nationalstaaten im Spannungsfeld ihrer biblischen Ätiologie infolge des gescheiterten Turmbaus zu Babel (Gen 11,1–9) und der geistlichen Relativierung aller Grenzen durch das Pfingstereignis (Apg 2,1–13)[14] den Weg für eine christliche Ethik des Politischen, die für das von der in die Krise geratenen EU geprägte Europa der Gegenwart Entscheidendes zu sagen hat.

Exemplarisch zeigen lässt sich das anhand eines von der Forschung insgesamt relativ wenig beachteten Vortrags, den Barth während seiner Bonner Gastsemesters verfasst hat und der neben der wirkmächtigen Programmschrift »Christengemeinde und Bürgergemeinde«[15] zum Repertoire von Redebeiträgen gehört, in denen Barth von Bonn aus in ganz Deutschland vor großem Publikum das Verhältnis von Kirche,

---

Barths Schöpfungslehre in BARTH, KD III/4 analysiert. Vgl. auch M. BEINTKER / CH. LINK / M. TROWITZSCH (Hg.), Karl Barth im europäischen Zeitgeschehen (1935–1950). Widerstand – Bewahrung – Orientierung, Beiträge zum Internationalen Symposion vom 1. bis 4. Mai 2008 in der Johannes a Lasco Bibliothek Emden, Zürich 2010.

[14] Abgesehen von seinen Thesen zur Rolle der BRD z. B. in Bezug auf die Wiederbewaffnung oder dem Einfluss von den USA und der UdSSR auf Europa spielt vor allem das Motiv vom »Dritten Weg« eine besondere Rolle für Barths Europabild, mit dem er eine Alternative der Freiheit für Europa einer Ost- oder Westorientierung entgegensetzt. Vgl. dazu K. BARTH, Die Kirche zwischen Ost und West (1949), in: DERS., »Der Götze wackelt«. Zeitkritische Aufsätze, Reden und Briefe von 1930 bis 1960, hg. von K. KUPISCH, Nachdruck Waltrop 1993, (124–143) 141–143. Vgl. dazu auch ETZELMÜLLER, Barth als Europäer, 76.

Vgl. zum Nationenverständnis vor allem BARTH, KD III/4, 320–366 (§ 54 Nr. 3: »Die Nahen und die Fernen«; zu Gen 10,1–11,9 gegenüber Apg 2 bes. 352–366) und die für das Thema Nationalismus bei Barth unverzichtbare Arbeit von C. MOSELEY, Nations and Nationalism in the Theology of Karl Barth, Oxford 2013. MOSELEY, a. a. O., 16f., verweist auf die Nähe von Barth zum Projekt eines vereinigten Europas.

[15] K. BARTH, Christengemeinde und Bürgergemeinde, in: DERS., Rechtfertigung und Recht. Christengemeinde und Bürgergemeinde. Evangelium und Gesetz, Zürich 1998, 47–80.

Staat und Gesellschaft diskutiert hat.[16] Es handelt sich um den 1946 gleich mehrfach publizierten Vortrag »Die christliche Verkündigung im heutigen Europa«.[17]

Im Folgenden soll der Vortrag ausführlich analysiert und auf seine Relevanz für eine theologische Antwort auf Problemstellungen der Polykrise Europas hin ausgelegt werden. Dazu muss einleitend ein Blick auf die bisherigen Zugänge zu Barths Vortrag in Theologie und Kirche geworfen werden, der zugleich methodologisch

---

[16] Vgl. zu Barths Aufenthalten in Bonn in den Sommersemestern 1946 und 1947 und besonders zu den damit verbundenen Vortragsreisen E. BUSCH, Karl Barths Lebenslauf. Nach seinen Briefen und autobiografischen Texten (1975), Zürich 2005, 352–354. Busch verweist darauf, dass die rund 20 Vorträge, von denen Barth angibt, sie in der Zeit seiner beiden Bonner Gastsemester 1946/47 vor großen Auditorien gehalten zu haben, frei und nur nach Stichworten entfaltet wurden und im Kern aus vier Vorträgen bestanden haben, die in Variationen vorgetragen wurden. Busch, der auch einen groben Überblick über die zahlreichen Vortragsorte und einige Anekdoten im Rahmen von Barths »Deutschlandtour« gibt, nennt neben »Die christliche Verkündigung im heutigen Europa« und »Christengemeinde und Bürgergemeinde« die Vorträge »Römer 13« und »Christliche Ethik«. Abgesehen von »Römer 13« wurden alle im selben Jahr noch im Kaiser Verlag publiziert. Zu Barths Ausführungen von Römer 13, vorgetragen am 17. Juli 1946 an der Kirchlichen Hochschule Berlin, scheint nur eine freie Nachschrift zu existieren, auf die mich Peter Zocher als Archivleiter des Karl Barth-Archivs dankenswerter Weise hingewiesen hat. Sie ist einem Gespräch mit Barth zum Widerstand des 20. Juli vorgeschaltet, umfasst zu Röm 13,1–7 verweise kurze Kommentare und ist nachweisbar im KBA, Ordner »Gespräche« 1920–1946.

Vgl. zu Barths Vortragsreisen von 1946 auch M. GOCKEL / M. LEINER, Kritik und Versöhnung – Karl Barth und die DDR, in: M. LEINER / M. TROWITZSCH (Hg.), Karl Barths Theologie als europäisches Ereignis, Göttingen 2008, (79–119) 90–94 und Ch. TIETZ, Karl Barth. Ein Leben im Widerspruch, München 2018, 329–333 (mit Fokus auf »Christengemeinde und Bürgergemeinde«).

[17] Gleich zweimal erschien der Vortrag im Chr. Kaiser Verlag, zuerst einzeln als K. BARTH, Die christliche Verkündigung im heutigen Europa. Ein Vortrag, München 1946; sodann im Rahmen von »Theologische Existenz heute«: K. BARTH, Zwei Vorträge. Christliche Ethik. – Die christliche Verkündigung im heutigen Europa, TEH.NF 3, München 1946, 11–24.

Daneben findet sich der Vortrag auch in der NSR.NF, 14. Jahrgang, Heft 6 (Oktober 1946), 323–336. Hier wird er mit einer editorischen Notiz eingeleitet, die Aufschluss darüber gibt, dass Barth den Vortrag »im vergangenen Sommer in Düsseldorf, Köln, Bonn und einigen andern deutschen Städten gehalten« (323, Anm. 1) hatte. Diese Publikation ist digitalisiert und einsehbar unter www.e-periodica.ch/digbib/view?pid=alp-004:1946:14#328 (05.2020).

Eine englische Übersetzung ist in der Ausgabe K. BARTH, Against the Stream. Shorter Post-War-Writings 1946–1952, hg. von R. G. SMITH, übers. von E. M. DELACOUR, London 1954, 165–180, enthalten. Aufgrund der Aufnahme des Vortrags in diesen für die internationale Barth-Forschung nicht unwichtigen Band finden sich auch in englischsprachigen Arbeiten diverse Auseinandersetzungen mit ihm, die aber ähnlich einseitig und oberflächlich bleiben wie im deutschen Sprachraum und hier nicht im Einzelnen bibliografiert werden müssen.

Schließlich ist auch eine schwedische Übersetzung von 1947 nachweisbar: K. BARTH, Kyrkans röst i dagens Europa, Übersetzung von I. M. STRÖM, Stockholm 1947.

klärt, inwiefern die in ihm enthaltenen Impulse aus ihrem historischen Kontext herausgelöst und auf die Gegenwart bezogen werden können (Abschnitt 2). Daran schließt sich eine Skizze des Vortrags in seinem historischen Kontext und der europäischen Krisenlage von 1946 an (Abschnitt 3). Sein Aktualisierungspotenzial gewinnt der Vortrag vor allem durch die im Folgenden ausführlich kommentierte inhaltliche Bestimmung der christlichen Verkündigung Barths, die gerade durch ihre Freiheit von jedweder zeit- und interessengebundenen Vereinnahmung zu einer Orientierung für Gesellschaft und Politik werden soll (Abschnitt 4). Für eine Konkretisierung ihrer Wirkung ist sodann dem (*cum grano salis*) tugendethischen Ausblick nachzugehen, mit dem Barth seine Ausführungen beschließt (Abschnitt 5). Ihre beständige Aktualisierung erfährt die christliche Verkündigung nach Barth letztlich im Gebet um den Beistand des Heiligen Geistes, so dass über die Pneumatologie der Ring um Barths Vortrag zurück zu der gegenwärtigen Krisensituation Europas geschlagen werden kann (Abschnitt 6).

2. Barths »Die christliche Verkündigung im heutigen Europa«: Wirkungsgeschichte und Aktualisierungspotenziale

Barths Auseinandersetzung mit der christlichen Verkündigung in Europa lässt nicht nur über ihre heutige Bedeutung nachdenken, sondern lädt auch zu einer Aktualisierung der damit verbundenen Barth'schen Ethik des Politischen ein. In der wissenschaftlichen Rezeptionsgeschichte seines Vortrags werden beide Aspekte wenig gewürdigt. Während der Vortrag zu seiner Zeit mitunter regelrecht verrissen und als Ausdruck einer »Diktatur der Offenbarungstheologie« missverstanden werden konnte, die die christliche Verkündigung auf die »Christologie und Heilslehre zu verengen« bestrebt sei, so dass sie »in der Natur, der Geschichte, der Kultur, dem Gewissen« unverstanden, »nicht mitverantwortlich« und letztlich unpolitisch und irrelevant bleiben müsste,[18] hat die Barth-Forschung ihn insgesamt wenig, und dann zumeist in historischer Perspektive mit Blick auf Barths Wahrnehmung des Ost-West-Konfliktes betrachtet. Dabei lag der Fokus bisher auf dem von Barth entwickelten Bild, dass das kriegszerrüttete, seiner kulturellen Prägekraft und Identität be-

---

[18] W. MARTI, Christliche Verkündigung und europäische Kultur, Neue Zürcher Zeitung und schweizerisches Handelsblatt 167/2262 (8. Dezember 1946), 7. Deutlich positiver, aber in der Auseinandersetzung oberflächlicher urteilt der Rezensent E. WENIGER, Christliche Verkündigung heute, Rheinische Zeitung. Tageszeitung für die Schaffenden am Rhein, 98. Jg., Nr. 38 (10. Juli 1946). Anders als Marti hat Weniger einen Blick für den Akzent Barths auf die Verkündigung im Kontext der mit der Deszendenz der Europaidee verbundenen Kulturkritik und erkennt ihre politische Dimension.

raubte Europa durch die Einflüsse von USA und UdSSR »zwischen zwei Mühlsteine«[19] geraten sei.[20] Bei aller Diskussionswürdigkeit und historischer Relevanz bereiten diese im ersten Teil des Vortrags[21] verhandelten Themen lediglich Barths Hauptanliegen vor, nämlich Wesen und gesellschaftliche Bedeutung einer christlichen Verkündigung herauszustellen, die durch den Zusammenbruch einer den Glauben als Säule des Abendlandes vereinnahmenden Europakonzeption emanzipiert und zu sich selbst gekommen ist.

[19] BARTH, Verkündigung, 11.
[20] In den wichtigen Publikationen zu Barth und Europa kommt der Vortrag kaum vor. ETZELMÜLLER, Barth als Europäer, 68 erwähnt ihn in seinem Überblick nur in einer Fußnote mit Verweis auf die dort verhandelte These vom Niedergang Europas (Anm. 65). Eine historische Auswertung des Vortrags mit bes. Bezug auf Barths Haltung zum Ost-West-Konflikt findet sich z. B. bei M. GOCKEL / M. LEINER, Kritik und Versöhnung – Karl Barth und die DDR, in: M. LEINER / M. TROWITZSCH (Hg.), Karl Barths Theologie als europäisches Ereignis, Göttingen 2008, (79–119) 90; M. GRESCHAT, Karl Barth und die kirchliche Reorganisation in Deutschland nach dem Zweiten Weltkrieg, in: M. BEINTKER / CH. LINK / M. TROWITZSCH (Hg.), Karl Barth im europäischen Zeitgeschehen (1935–1950). Widerstand – Bewahrung – Orientierung, Beiträge zum Internationalen Symposion vom 1. bis 4. Mai 2008 in der Johannes a Lasco Bibliothek Emden, Zürich 2010, (243–265) 254; 262f. und D. FICKER STÄHELIN, Karl Barth und Markus Feldmann im Berner Kirchenstreit 1949–1951, Zürich 2006, 75f. sowie E. BUSCH, Karl Barth und der zwischenkirchliche, karitative und theologische Beitrag der evangelischen Kirchen der Schweiz am deutschen Wiederaufbau, in: A. FLEURY / H. MÖLLER / H.-P. SCHWARZ (Hg.), Die Schweiz und Deutschland 1945–1961, Schriftenreihe der Vierteljahrshefte für Zeitgeschichte, München 2004, (229–248) 246. Eine etwas umfassendere Darstellung bietet in einem Vortrag auf der Europäischen Evangelischen Versammlung in Budapest 1992 E. JÜNGEL, Das Evangelium und die evangelischen Kirchen Europas (1997), in: DERS. Indikative der Gnade – Imperative der Freiheit. Theologische Erörterungen IV, Tübingen 2000, (279–295) 283. Auch hier steht Barths Motiv des Niedergangs Europas mit Ausblick auf die Fremdbestimmung zwischen den »Mühlsteinen« Amerika und Russland im Vordergrund, aber Jüngel nimmt implizit auch Leitmotive aus dem restlichen Vortrag auf. Hans Jürgen Luibl hat mehrfach zum Verhältnis von Europa und den Kirchen publiziert und bezieht sich auf Barths Vortrag als Markierung für das Ende der Abendlandidee. Vgl. H. J. LUIBL, Art. Europa und die Kirchen, ESL (⁹2016), (404–411) 410 und DERS., Protestantismus im Übergang. 25 Jahre Leuenberger Konkordie, Orientierung 62/9 (1998), (98–102) 99.
[21] Die Aufarbeitung von Barths Entfaltung des Niedergangs Europas bleibt in der Forschung viel zu oberflächlich. Das Verhältnis von BARTH, Verkündigung, 5f.; 11, zur Abendlandidee müsste entfaltet werden. Diskussionswürdig sind bes. die Thesen von BARTH, a. a. O., 7f., zur Frage nach der Verantwortung Deutschlands auf der einen und Europas auf der anderen Seite für den NS. Nicht unproblematisch ist auch seine undifferenzierte Würdigung der christlichen Kirchen als einheitliche Quelle des Widerstands gegen den NS a. a. O., 12f. Vgl. dazu bereits die zeitgenössische Kritik in der Rezension von MARTI, Verkündigung und europäische Kultur, 7. Vgl. auch die Problemanzeige von M. SCHOENEN, Kirche in der Euregio. Das deutsch-niederländisch-belgische Dreiländereck als Praxisfeld kirchlichen Handelns, Diss. Wuppertal 2016, Baden-Baden 2018, 73.

Eberhard Jüngel hat allerdings in einem Vortrag auf der Europäischen Evangelischen Versammlung 1992 diese sonst weitgehend vernachlässigte Linie des Vortrags konstruktiv aufgenommen und so den Weg zu dessen Aktualisierung geebnet.[22] Die politische Gegenwartsrelevanz von Barths »Die christliche Verkündigung im heutigen Europa« hat von Jüngel zuerst Hermann Barth (1945–2017)[23] gelernt: Mit einer Zitatcollage aus Barths Vortrag eröffnet der damalige Vizepräsident des EKD-Kirchenamtes 1997 seine unter dem Titel »The Christians and Europe« erschienene Stellungnahme zu »Herausforderungen und Aufgaben für Christen im heutigen Europa«.[24] Er stellt darin zentrale Aussagen Barths zum Niedergang Europas und dem daraus folgenden Zerbrechen der Einheit von Politik, Kultur und Glauben einer freien, nicht instrumentalisierbaren Verkündigung gegenüber, die ganz auf das Evangelium ausgerichtet sei und so zur rechten Verkündigung für das Europa der Gegenwart werden könne.[25] Hermann Barth leitet mit diesen Zitaten, die er als

---

[22] JÜNGEL, Evangelium, 283, zitiert zwar nur aus dem ersten Teil des Vortrags, aber der weitere Verlauf seiner Ausführungen steht ohne explizite Bezugnahmen ganz in der Linie von Barths Hauptanliegen, aus der christlichen Verkündigung die freie Bezeugung Jesu Christi in Wort und Tat als Aufgabe der Christenheit mit ihren emanzipatorischen und politischen Implikationen abzuleiten.

Konkret nimmt JÜNGEL, Evangelium, 283, bereits dadurch eine Aktualisierung Barths vor, dass er aus der Perspektive von 1992 das von Barth, Verkündigung, 5–11 entfaltete Motiv vom selbstverschuldeten Niedergang Europas nachzeichnet und dem Europa seiner Gegenwart antithetisch gegenüberstellt. Die weitaus zentraleren Aspekte des Vortrags in Bezug auf die Freiheit der Verkündigung sind bei Jüngel im Folgenden präsent.

[23] Hermann Martin Barth, der zu Amtszeiten gerne als »Cheftheologe der EKD« bezeichnet wurde, hatte das Amt des Vizepräsidenten seit 1993 inne und wurde 2006 Präsident des Kirchenamtes der EKD. Vgl. zu ihm den Nachruf der EKD vom 16. März 2017 unter: R. CLOS / W. RANNENBERG, Prägend für Ethik und Ökumene. Zum Tod des ehemaligen EKD-Kirchenamtspräsidenten Hermann Barth (www.web.archive.org/web/20170317143431/http://www.ekd.de/aktuell/edi_2017_03_16_hermann_barth_kirchenamtpraesident.html [05.2020]).

[24] H. BARTH, The Christians and Europe. Vicepresident of EKD Church Office on challenges and tasks for Christians in today's Europe, 19. Juni 1997, publiziert auf www.ekd.de/the-christians-and-europe-45357.htm. Eine deutsche Übersetzung ist ebenfalls auf der Homepage der EKD verfügbar: Vgl. DERS., Die Christen und Europa. Der Vizepräsident des EKD-Kirchenamtes zu Herausforderungen und Aufgaben für Christen im heutigen Europa, 1997, www.ekd.de/europa_barth_1997.html (06.2020).

Anlass der Erklärung dürfte der am 18. Juni 1997 beschlossene Vertrag von Amsterdam gewesen sein, der im Oktober desselben Jahres für die Ermöglichung der geplanten Osterweiterung der EU unterzeichnet wurde. So bekommt die von H. Barth aufgegriffene Emanzipation der Verkündigung von der Frage »Osten oder Westen?« bei BARTH, Verkündigung, 17, einen neuen Sinn.

[25] H. BARTH, The Christians and Europe, greift besonders auf den Einleitungsabschnitt von K. BARTH, Verkündigung, 5 und 9, zurück und kombiniert diesen mit Barths vom Seewandel des Petrus her entfalteter Darstellung der freien christlichen Verkündigung, die ohne

»topical«²⁶ empfindet, zehn Fragen ein, anhand derer er über Karl Barth hinaus zentrale Herausforderungen und Aufgaben für Christinnen und Christen im Europa seiner Zeit behandelt. Hermann Barth konkretisiert und aktualisiert so anhand einzelner europapolitischer Themen den theologischen Kurs, den ihm Karl Barths Verständnis der christlichen Verkündigung vorgegeben hat. Behandelt werden Grundsatzfragen nach der Idee von Europa als einer pluralen Gemeinschaft, seinen Strukturen und sozialen Standards und dem Verhältnis von Kirche und Christentum zu Europa. Konkrete Problemfelder wie insbesondere die Migrations- und Fluchtthematik werden dabei mitverhandelt. Bei der Beantwortung der zehnten Frage, die lautet: »What message do the Christians have to offer?«, wiederholt Hermann Barth in seiner Antwort noch einmal Teile aus dem Schluss der einleitenden Zitatcollage:

> »Karl Barth hatte vor fünfzig Jahren formuliert: Die christliche Verkündigung im heutigen Europa muß, sein und wieder werden ein freies, ein unabhängiges Wort – unabhängig von allen herrschenden Winden ... Die christliche Verkündigung kann ein solches freies Wort darum sprechen, weil ihr Anfang und Ausgangspunkt Gottes freie Gnade ist.'«²⁷

In dieser Aussage sieht er wiederum die Essenz von Jüngels Vortrag von 1992, den er damit als Entfaltung der Barth'schen Position versteht und mit dessen konziser Paraphrase er seine Ausführungen abschließt.²⁸

Von demselben Barthzitat aus hat nun noch einmal gut 20 Jahre später der Ökumenische Rat der Kirchen Österreichs (ÖRKÖ) seinen »Ökumenischen Aufruf für ein solidarisches Europa« anlässlich der Wahlen zum Europäischen Parlament 2019 und gegen den nationalen und europakritischen Kurs der österreichischen Regierung entfaltet.²⁹ Die Aktualisierung und politische Konkretisierung des Barth'schen Verkündigungsverständnisses erfolgen hier vor dem Hintergrund der Polykrise in vier

---

das kulturprotestantische Korsett nun eine unbedingte Ausrichtung auf Christus wieder lernen müsse, um von Kultur und Zeitgeist unabhängig sein zu können. Vgl. a. a. O., 17.

26 H. BARTH, The Christians and Europe.
27 Ich zitiere die Übersetzung H. BARTH, Die Christen und Europa, mit Bezug auf K. BARTH, Verkündigung, 17. Die Zeichensetzung folgt der Zitation von Hermann Barth.
28 Vgl. H. BARTH, The Christians and Europe, der hier schlicht die vier Unterkapitel des zweiten Hauptteils von JÜNGEL, Evangelium, 287–295, benennt und kurz erläutert. Die Bedeutung der christlichen Verkündigung für Europa besteht nach JÜNGEL, a. a. O., 287, in einer »Aufklärung im Lichte des Evangeliums«, die sich als »Befreiung von der Lebenslüge, sich selber produzieren zu müssen« (a. a. O., 287–290), »Befreiung von der Lebenslüge, sich selbst erneuern zu können (a. a. O., 290f.), »Evangelische Wahrheitsliebe mit politischen Folgen« (a. a. O., 292f.) und »Evangelische Gewissensbildung statt moralischer Schuldfixierung« (a. a. O., 293–295) entfalten lässt.
29 Vgl. ÖRKÖ, Ökumenischer Aufruf für ein solidarisches Europa, www.oekumene.at/site/erklaerungen/article/1907.html (06.2020). Im Anschluss an das Zitat aus

Abschnitten, auf ein soziales, schützendes, demokratisches und versöhnendes Europa hin.[30]

Beide Erklärungen dürfen als von Barths Vortrag her entfaltete theologische Voten für eine Nationalismen aufhebende »Solidarität der Tat« verstanden werden.[31] Diese Aktualisierungsversuche der politischen Impulse Barths gelingen zum einen über die Analogie der Krisensituation,[32] in die hinein Barth – auch in seiner politischen Ethik ein »Theologe der Krise« – schreibt. Mit Gregor Etzelmüller gesprochen: »Europa wird im Moment seiner Bedrohung für Barth zum Thema.«[33] Zum anderen ist Barth dadurch aktualisierbar, dass er sich für die ethisch-politische Bearbeitung dieser Krisen auf die freie, und damit auch von der jeweiligen Problemkonstellation unbeeinflusste Verkündigung und auf ihr Zentrum Jesus Christus stützt. Der Kern seines ethischen Nachdenkens beinhaltet damit eine biblisch fundierte, vom Zeitgeist möglichst freie Ebene, ein Element der Stetigkeit, das in verschiedene Situationen je neu übertragen werden und in neue Bezüge gesetzt werden kann. So

---

BARTH, Verkündigung, 17, das ausgehend vom Seewandel des Petrus die Freiheit der Verkündigung als Lernauftrag an die Kirche entfaltet, lautet die Erklärung: »In diesem Sinn ruft der ÖRKÖ die Christinnen und Christen auf, die Europäische Union im Geist der Solidarität, der Geschwisterlichkeit und der Freiheit aktiv mitzugestalten.« Auf Barths Darstellung der europäischen Krise 1946 geht die Erklärung anders als Hermann Barths Text nicht ein, nimmt aber in dem Zitat die daraus resultierende Barth'sche Erkenntnis implizit auf, dass die christliche Verkündigung sich von einer sie tragenden Kultur und Gesellschaft hat lösen müssen. Wie Petrus auf dem See müsse sie selbst, ohne diese Hilfen, laufen lernen, die sich zudem als tatsächliche Verengung erweisen.

[30] Vgl. dazu auch Abschnitt 6.

[31] Während die ÖRKÖ-Erklärung bereits im Titel zur Solidarität aufruft, verweist H. BARTH, The Christians and Europe, immer wieder im Rahmen seiner Leitfragen auf ihre Notwendigkeit.

[32] Damit seien nicht die offensichtlichen Unterschiede zwischen dem Europa nach 1945 und der heutigen Polykrise geleugnet. Wenn z. B. Bundeskanzlerin Angela Merkel in ihrer Fernsehansprache vom 18. März 2020 zur Coronapandemie formuliert: »Seit der Deutschen Einheit, nein, seit dem Zweiten Weltkrieg gab es keine Herausforderung an unser Land mehr, bei der es so sehr auf unser gemeinsames solidarisches Handeln ankommt.« (www.bundesregierung.de/breg-de/themen/coronavirus/ansprache-der-kanzlerin-1732108 [06.2020]), kann daraus keine Gleichsetzung der Corona- oder der Polykrise mit dem Zweiten Weltkrieg abgeleitet werden. Sie verbietet sich kategorisch. Mit Blick auf Barths Vortrag wäre aber zu diskutieren, ob nicht die Destruktion einer Europaidee ein *tertium comparationis* zwischen 1946 und heute sein könnte. So darf die schuman'sche Idee der Solidarität als Kernelement der EU durchaus als infrage gestellt gelten, wenn man auf das Geflüchtetenlager in Moria oder die plötzliche Dominanz nationaler Interessen und den Ruf nach einer Politik der Abschottung in der Coronakrise blickt, auch wenn nach wie vor starke Gegenbewegungen beobachtet werden können.

[33] ETZELMÜLLER, Barth als Europäer, 55.

lebt die Ethik Barths geradezu von der Spannung zwischen der Stetigkeit von Evangelium und Gebot Gottes auf der einen Seite und ihrer lebendigen Aktualisierung in immer neuen Situationen durch ihre Auslegerinnen und Ausleger auf der anderen Seite. Sie ist damit ein Ringen der geschichtlichen Existenz des Menschen mit dem Wort Gottes.[34] Über Barths letztlich christologische Konstante der Ethik bleibt sie auch in neuen Kontexten anwendbar, nicht im Sinne einer bloßen Wiederholung, die den dynamischen Aspekt ihres Fundaments verkennen würde, sondern durch eine konstruktive Aufnahme ihrer Impulse für die Verhältnisbestimmung von Evangelium und geschichtlicher Existenz.

Barths Ethik im Allgemeinen und sein Vortrag im Besonderen können damit als ein Brennglas auf das Evangelium dienen und auch heute noch inspirieren.[35] So gibt Barth sozusagen einen hermeneutischen Kurs für die theoretische Erschließung und praktische Konkretisierung des Evangeliums als Zentrum der christlichen Verkündigung vor, in den sich Hermann Barth und der ÖRKÖ mit ihren Erklärungen eingeordnet haben und von dem her ihre Antworten auf die europapolitischen Fragen ihrer Zeit je verstanden werden können. Die Grundzüge dieser Hermeneutik und ihrer ethischen Folgen lassen sich aus Barths Vortrag mustergültig rekonstruieren.

3. Verkündigung in der Krise – Historischer Kontext und Europabild von Barths Vortrag

In »Die christliche Verkündigung im heutigen Europa« widmet sich Barth der Bedeutung und den Bedingungen der Verkündigung der christlichen Kirchen in einem weltkriegszerrütteten und zwischen den Einflüssen von USA und Sowjetunion aufgeriebenen Europa. Dabei zielt der Vortrag – wie überhaupt Barths Vortragsreisen von 1946, denen ein einheitliches theologisches Programm zugrunde liegt, das am prominentesten in »Christengemeinde und Bürgergemeinde (1946)« Ausdruck gefunden hat – insbesondere auf die kirchliche Reorganisation in Deutschland.[36]

---

[34] Wie ETZELMÜLLER, Barth als Europäer, 73f., zeigt, entwickelt Barth 1951 in KD III/4 die spezielle christliche Ethik unter dem Anspruch, die Konkretheit und die Stetigkeit von Gottes Gebot zum Ausdruck zu bringen. Auf der einen Seite ergehe Gottes Gebot jeweils neu in jeder gegebenen Situation, auf der anderen Seite ergehe es in einer Konstanz, die biblisch vermittelt sei. Vgl. dazu BARTH, KD III/4, 3–20. ETZELMÜLLER, Barth als Europäer, 74 zeigt dann mit explizitem Verweis auf das Programm der Vortragsreise von 1946, dass Barth aus Gottes Gebot das Abzielen »auf eine Ordnung, die durch Freiheit, Recht und Gerechtigkeit charakterisiert ist« als stetiges Charakteristikum ableiten kann.

[35] Das eigentliche Element der Stetigkeit ist freilich das Evangelium. Barths Schriften können aber als Deutung und Methodenanleitung zu dessen Konkretisierung verstanden werden. Vgl. mit ähnlicher Argumentation ETZELMÜLLER, Barth als Europäer, 75.

[36] Vgl. zum gesamten historischen Kontext die Aufarbeitung von GRESCHAT, Kirchliche Reorganisation. Den roten Faden der vier Kernvorträge von 1946 zu rekonstruieren und in

Europa in der Krise 215

Die titelgebenden Bausteine des Vortrags geben seine Gliederung vor: Zunächst skizziert Barth im ersten Abschnitt seine Perspektive auf Europa nach dem erst vor wenigen Monaten beendeten Zweiten Weltkrieg.[37] Der historische Blickwinkel dominiert auch die Eröffnung des zweiten, der christlichen Verkündigung gewidmeten Abschnitts,[38] bevor er eine Analyse der Verkündigung aus christlicher Perspektive[39] und ihre ethischen Implikationen anschließt.[40] Der Vortrag schließt sodann mit einem pneumatologischen Ausblick, in dem die Realisierung des Verkündigungsauftrages und der damit verbundenen christlichen Ethik an das Wirken des Heiligen Geistes gebunden werden.[41]

Skizzenhaft sei auf die Krise Europas verwiesen, in die Barth die christliche Verkündigung stellt, denn er kann daraus allgemeingültige Konsequenzen ableiten, die auch für eine Aktualisierung seines Vortrags zentral sind.[42]

Einleitend zeigt Barth auf, wie sich durch den NS das europäische Abendland, das wirkmächtige, seine Weltbedeutung ausmachende Erbe Europas, nämlich das Ideal einer Synthese aus Kultur und christlichem Glauben, selbst destruiert hat.[43]

---

diesem Kontext zu entfalten wäre ein lohnendes Unterfangen. Sie setzen die von der »Barmer Theologischen Erklärung« (1934) ausgehende Linie einer politischen Ethik, die sich über »Evangelium und Gesetz« (1935) und »Rechtfertigung und Recht« (1938) entwickelt hat, weiter fort.

[37] Diese im Folgenden zusammengefasste Analyse Europas im Schatten des NS (vgl. Barth, Verkündigung, 5–11) gliedert sich in eine Darstellung davon, wie Europa seine Strahlkraft als Welt- und Kulturmacht verloren hat (vgl. a. a. O., 5f.), eine Ursachenanalyse (vgl. a. a. O., 6–8) und eine Gegenwartsdiagnose unter den Vorzeichen des Kalten Krieges (vgl. a. a. O., 8–11).

[38] Innerhalb des zweiten Hauptteils, der Analyse der christlichen Verkündigung in Europa nach 1945 (vgl. a. a. O., 11–23), bildet diese historisierende Außenperspektive (vgl. a. a. O., 11–15) die Überleitung.

[39] Vgl. a. a. O., 15–19: Die christliche Verkündigung aus der Perspektive des Glaubens als die Verkündigung von freier Gnade und Reich Gottes in Jesus Christus. Vgl. dazu Abschnitt 4.

[40] Vgl. a. a. O., 20–23: Die tugendethische Dimension des Evangeliums: Sieben Arbeits- und Lebensfragen der christlichen Verkündigung im heutigen Europa. Vgl. dazu Abschnitt 5.

[41] Vgl. das Fazit BARTHs a. a. O., 23f.: Der Heilige Geist als Hoffnung Europas. Vgl. dazu Abschnitt 6.

[42] Vgl. auch SCHOENEN, Kirche in der Euregio, 73f.

[43] BARTH, Verkündigung, 5, zeichnet diese Idee zuerst nach. Der Begriff »Abendland« taucht erst am Ende der Darstellung auf, und zwar zum einen in der Bündelung des Europagedankens als »abendländischer Geist« und dann in Anspielung auf das wirkmächtige Buch von O. SPENGLER, Der Untergang des Abendlandes – Umrisse einer Morphologie der Weltgeschichte (zuerst 1918 und 1922), Ungekürzte Ausgabe in einem Band, München 2006, bei BARTH, Verkündigung, 11. Aber der mit dem Abendlandnarrativ verbundene Gedanke einer auf den Säulen von Antike und Christentum ruhenden »große[n] lebenskräftige[n] leuchtende[n] Einheit der Politik, der Kultur und des Glaubens« (a. a. O., 5) bestimmt die gesamte

Seine Deszendenz spiegelt in gewisser Weise geistesgeschichtlich den »Horizont von Ruinen«[44], auf den Barth im zerbombten Bonn wie andernorts 1946 blicken muss, und bildet den Rahmen, in dem die christliche Verkündigung entfaltet werden muss. Verlorengegangen erscheinen damit zugleich die transnationale »Gemeinschaft und Familie«[45], die Zentralstellung Europas in der Welt und damit letztlich die europäische Identität: »[...] in diesen unseren Tagen hat, so scheint es, Europa aufgehört zu sein, was es einst gewesen ist.«[46]

In seiner folgenden Ursachenanalyse des Niedergangs von Europa beschreibt Barth das Aufkommen des NS als die »Revolution des Nihilismus«, die »Revolution der Barbarei« und schließlich die »Revolution gegen Israel und damit gegen das Geheimnis der Fleischwerdung des göttlichen Wortes«.[47] Diese Revolution gegen das abendländische Europa ist damit von Barth als zutiefst antichristlich entlarvt, so dass sich nach Antisemitismus und Schoah eine europäische Synthese von Kultur und Glaube nicht mehr behaupten lässt.[48]

Jedweden Widerstand, den Europa gegen den NS aufgebracht hatte, beurteilt Barth als Einsatz für die Sache »des alten und echten Europa«,[49] der aber habe scheitern müssen, weil die im millionenfachen Hitlergruß symbolisierte freiwillige und begeisterte Unterwerfung des Landes der Dichter und Denker vor einem Mann, der die »Verneinung alles Rechtes, alles Glaubens und aller Kultur«[50] darstellt und damit als Antagonist der europäischen Idee gedeutet werden muss, ein unwiderrufliches und nicht wiedergutzumachendes Ereignis in der europäischen Geschichte gewesen sei. In der Machtergreifung Hitlers in der Mitte Europas hat sich Barths Urteil zufolge Europa selbst *ad absurdum* geführt und seine Identität so nachhaltig verleugnet, dass die Strahlkraft der europäischen Idee erloschen sei.[51] Anhand weniger markanter Punkte verbindet Barth die deutsche Schuld mit einer gesamteuropäischen Verantwortung. Der vielleicht zu spät und in zu schwacher Form erfolgte Widerstand,

---

Darstellung von Anfang an. Es findet sich in diesem Vortrag nur eine indirekte, über die notwendige Freiheit der Verkündigung angedeutete theologische Kritik an der Abendlandskonzeption, die Barth an anderer Stelle aber durchaus entfaltet. Vgl. dazu ausführlich M. HÜTTENHOFF, Ideologisierung des Christentums? Die Idee des »christlichen Abendlandes« in der evangelischen Theologie nach dem Zweiten Weltkrieg, in: DERS. (Hg.), Christliches Europa? Studien zu einem umstrittenen Konzept, Leipzig 2014, (49–76) 60–65.

[44] K. BARTH, Brief an die Familie vom 17. Mai 1946, KBA9246.174, zitiert nach TIETZ, Barth, 327.
[45] BARTH, Verkündigung, 5.
[46] A. a. O., 6.
[47] Ebd.
[48] BARTH, a. a. O., 6f., spricht daher auch von einem »Aufruhr gegen alles, was in Europa bis dahin Recht und Ordnung und Glaube geheißen hat«.
[49] A. a. O., 7.
[50] Ebd.
[51] Vgl. a. a. O., 7f.

die Olympischen Spiele in Berlin 1936, die Reaktionen auf die beginnende deutsche Expansion 1938, Sympathisanten und Kollaborateure in den europäischen Ländern, all das seien

> »Anzeichen dafür, daß der große deutsche Irrtum zutiefst ein europäischer Irrtum gewesen ist. Und nun kann es sein, daß mit dem großen deutschen Irrtum nicht nur Deutschland, sondern Europa sein gutes Gewissen und damit seine Glaubwürdigkeit und damit seine Stellung und Bedeutung in der Welt für immer verloren hat.«[52]

Die notwendige historische Diskussion der These Barths kann an dieser Stelle nicht erfolgen. Diese These verschärft jedenfalls in der Argumentation des Vortrags die Identitätskrise Europas, die Barth durch die Beobachtung zuspitzt, dass Europa sich vom NS nicht selbst zu befreien vermocht habe, sondern auf USA und UdSSR als äußere Mächte angewiesen gewesen sei.[53] Barth blickt damit zugleich auf die Entstehung des Kalten Krieges, wenn er das Ringen der beiden Großmächte um das geistesgeschichtlich-ideologische Vakuum, das die Abendlandidee hinterlassen hat, aber auch um die politische Hoheit im zwischen diese beiden »Mühlsteine«[54] geratenen Europa, bespricht, um die europäische Krise seiner Zeit zusammenzufassen.

Es folgt der zweite, der christlichen Verkündigung gewidmete Teil des Vortrags, den Barth mit einem Blick von außen »auf gewisse historische Tatsachen«,[55] unter denen die Verkündigung erfolge und die er in vier Punkten entfaltet.[56]

Erstens könne man feststellen, dass die christlichen Kirchen den Irrtum des NS und den Niedergang Europas überstanden hätten und nach wie vor ihrem Verkündigungsauftrag folgten.[57]

Zweitens bewertet Barth die Kirchen als eines der wichtigsten Elemente des Widerstands gegen den NS.[58] Ihre Verwicklungen in das faschistische Regime, unter der

---

52 A. a. O., 8.
53 A. a. O., 8f.
54 A. a. O., 11.
55 Ebd. Vgl. auch a. a. O., 15.
56 Vgl. zu den in Punkt drei und vier enthaltenen kirchenkritischen Elementen auch SCHOENEN, Kirche in der Euregio, 73f.
57 Vgl. BARTH, Verkündigung, 12: Insbesondere verweist Barth auf eine Bedrohung und Verfolgung der Kirchen unter dem NS und attestiert, dass sie in besserer Verfassung seien als viele andere Institutionen. Insofern der christliche Glaube von Barth hier konstant zu einer tragenden Säule der europäisch-abendländischen Idee erklärt wird, ist das Überstehen von der Kirche und »dem Angebot, das der europäischen Menschheit durch die Existenz der christlichen Kirche seit so vielen hundert Jahren gemacht ist«, auch im Rückblick auf den ersten Teil von Barths Vortrag bedeutsam. Die Kirchen vermitteln sozusagen ein Gut der verlorenen Abendlandidee in die Nachkriegszeit.
58 Vgl. a. a. O., 12f.

Barth selbst zu leiden hatte, werden auffälliger Weise hier überhaupt nicht benannt.[59] Barth erklärt die Widerstandskraft der Kirchen dadurch, dass der christliche Glaube eine Säule der Europaidee darstelle, deren Wert von den Kirchen in die Gegenwart gerettet worden zu sein scheint:

> »Es kann keine Frage sein, daß das, was heute noch in Europa an Sinn für Recht und Kultur lebendig ist, letztlich in dem durch die Kirche vertretenen, die die europäische Menschheit direkt oder indirekt noch immer mitbestimmenden christlichen Glauben begründet ist.«[60]

Die Kirchen hätten infolge der Krise zudem eine zweifache Stärkung erfahren: Sie seien – man mag hier an den Geist von Barmen denken – »zu einem ganz neuen Selbstbewußtsein im Blick auf ihren Auftrag und ihre Aufgabe erwacht«[61] und hätten sich der Ökumene geöffnet.[62]

Drittens stellt Barth fest, dass es den verschiedenen konfessionellen Kirchen nicht gelungen sei, »den Ruin und Niedergang Europas«[63] aufzuhalten.[64] Diese ganz nüchtern gehaltene Beobachtung verweist bereits überleitend auf die folgende inhaltliche Bestimmung der Verkündigung. Die Kirchen hätten es nämlich nicht leisten können, »zur rechten Zeit ein prophetisches, ein führendes, ein wegweisendes, ein zur Ordnung rufendes Wort […], das wirksam gewesen wäre, das die Kraft gehabt hätte, das Unheil aufzuhalten«,[65] zu vermitteln.

Barth schließt seinen historischen »Faktencheck« viertens mit der Erkenntnis, dass Europas Geschichte zwar einen geradezu apokalyptischen Verlauf genommen habe, es aber dadurch keineswegs »zu einer irgendwie bemerkenswerten christlichen Erweckung gekommen«[66] sei.[67] Bemerkenswerterweise wendet er seine These zu-

---

[59] Auf die Notwendigkeit einer kritischen Analyse von Barths Ausführungen hat bereits SCHOENEN, Kirche in der Euregio, 73, verwiesen. Man muss bedenken, dass Barth, Verkündigung, 12, noch mit wenig historischer Distanz und zu einem stark involvierten Publikum spricht, zumal er das pauschale Urteil leicht relativiert: Die Kirchen »gehörten mindestens zu den Elementen, welche dieser Drohung [scil. der revolutionären Gefahr des NS] gegenüber mehr oder weniger beharrt haben.« Wenn Barth am Ende seiner Ausführungen auf die Tugend der Aufrichtigkeit verweist, relativiert sich diese möglicherweise nur rhetorische Beschönigung allerdings. Vgl. a. a. O., 21f. und Abschnitt 5.
[60] A. a. O., 12.
[61] A. a. O., 13.
[62] Vgl. ebd.
[63] Ebd.
[64] Vgl. a. a. O., 13f.
[65] A. a. O., 13.
[66] A. a. O., 14.
[67] Vgl. a. a. O., 14f.

Europa in der Krise 219

nächst auf die Christenheit selbst an und bereitet damit die Entfaltung seines Verkündigungsverständnisses weiter vor: Es laufe alles weiter wie bisher, man strebe nach Restauration, bewege sich »in einer zu allen Zeiten gleich billig zu habenden neutralen Christlichkeit«[68] und zeige kein Interesse »an einer neuen Reformation christlichen Wesens«.[69] Der »Schrei nach Umkehr und Neuaufbau«,[70] den Barth hier bereits mit dem Evangelium und den christlichen Tugenden des Glaubens, der Liebe und der Hoffnung verbindet, sei nicht in der kirchlichen Verkündigung dominant und könne so auch im weltlichen Europa nicht wirkmächtig sein.[71]

Hier sind die beiden Schwerpunkte, die Barth im letzten Vortragsdrittel setzt, bereits benannt und in ihrer politischen Dimension vorgestellt. Wenn im Folgenden auf die christliche Verkündigung nicht mehr von außen, sondern von innen, und das heißt von ihrem Wesen her, geschaut wird, geschieht dies erstens mit einer kritischen Stoßrichtung gegen die restaurative, gegenwärtige Verkündigung, die das Christentum als Kulturfaktor und ohne lebenspraktische Konsequenzen vermittelt. Zweitens müssen diese der eigentlichen Verkündigung entsprechenden Konsequenzen entfaltet werden, und zwar, wie Barth hier bereits andeutet, tugendethisch vom »ABC des Glaubens, der Liebe und der Hoffnung her«.[72] Die kritische und erneuernde Kraft des Evangeliums, die in diesen beiden Aspekten wirksam wird, ist auch eine politische Größe. Sie soll nach Barths Auffassung in die Welt ausstrahlen und die europäische Gesellschaft wiederherstellen.[73]

4. Die Freiheit der Verkündigung und ihre gesellschaftliche Bedeutung

Barth widmet sich im Folgenden der Verkündigung aus der Sicht der Glaubenden. Ihre Binnenperspektive setzt eine innere Beteiligung voraus: Christinnen und Christen glaubten an die Verkündigung und stünden zugleich in der Verantwortung, sie in der Kirchengemeinschaft richtig auszurichten. Barth fragt daher, was die Verkündigung von der sie vermittelnden Kirche zu erwarten habe und was von ihr, insbesondere aufgrund ihres Bezuges zum Wort Gottes, erwartet werden dürfe.[74] Die

---

[68] A. a. O., 14.
[69] Ebd.
[70] Ebd.
[71] A. a. O., 14f.
[72] A. a. O., 14.
[73] Vgl. auch BARTH, Christengemeinde und Bürgergemeinde, 78 zu dem »entscheidende[n] Beitrag der Christengemeinde im Aufbau der Bürgergemeinde« als einer »Quelle der Erneuerung«. Hier ist die Kirche in ihrer exemplarischen Existenz selbst als Verkündigung gedacht.
[74] Vgl. BARTH, Verkündigung, 15f. Auch wenn Barth zuvor von den christlichen Kir-

erste Frage beantwortet er im ethischen Schlussteil des Vortrags, die zweite führt zu einer Wesensbestimmung der christlichen Verkündigung.

Sein Auftakt zur Bestimmung christlicher Verkündigung bietet den von Hermann Barth und dem ÖRKÖ zitierten Abschnitt zu ihrer Freiheit von Zeitgeist und kulturellem Korsett: Vor dem Hintergrund des verlorenen Abendlandgedankens hält Barth einleitend fest, dass »die christliche Verkündigung sich heute nicht mehr darauf verlassen kann und darf, wie bisher umgeben und getragen zu sein von der Herrlichkeit und dem Pathos der Kultur und der Politik eines aufsteigenden und herrschenden Europas.«[75] In diesem Gedanken ist Barths große Skepsis gegen jedwede Verbindung des Glaubens mit ihm fremden Faktoren angedeutet.[76] Was zuerst wie ein Verlust klingt, erweist sich aber eigentlich als Chance auf Befreiung. Barth beschreibt diese Emanzipation der Verkündigung als eine Rückkehr zu der Bescheidenheit einer Zeit, in der Krone und Altar, Kultur und Christentum noch keine Synthese eingegangen waren und deutet damit eine Grundsatzkritik am Abendlandgedanken an. Zur Veranschaulichung der neuen Freiheit verweist er auf den Seewandel des Petrus (Mt 14,22–31): Statt auf geebnetem und prunkvoll verziertem Pfad der europäischen Kultur müsse die Kirche es wieder lernen, »ihren [sic] Herrn [...] auf den Wellen entgegenzugehen.«[77] Die damit verbundene Freiheit führe die Verkündigung zu sich selbst zurück. Denn als Anfangs- und Zielpunkt, und damit als ihren wesentlichen Inhalt, bestimmt Barth zuvorderst »Gottes freie Gnade«.[78]

Nun setze dieser Befreiungsschlag der Verkündigung aber auch erst ihr eigentliches politisches Potenzial frei. Nur in Freiheit könne sie überhaupt eine wertvolle Rolle für die europäische Gesellschaft spielen, weil sie sich damit von den Ansprüchen und Erwartungen des modernen europäischen Menschen ebenso emanzipiert habe wie vom Zeitgeist.[79] Eine solche Verkündigung rede der Gesellschaft nicht nach dem Munde und unterscheide sich gerade dadurch von all den Kräften, die um

---

chen gesprochen hat, beschränkt er sich nun konsequent auf sein eigenes, evangelisches Bekenntnis.

[75] A. a. O., 16. Auch JÜNGEL, Das Evangelium und die evangelischen Kirchen, 283, knüpft an dieses Motiv an, wenn er das wieder erstarkte Europa am Ausgang des 20. Jahrhunderts für die Kirche als Versuchung beschreibt, das Christentum der europäischen Gesellschaft wieder als »Zivilreligion« anzuempfehlen. Für die Gegenwart gilt trotz der Polykrise weiterhin diese Warnung Jüngels, auch wenn die Kirchen bemüht sind, ihren grundsätzlichen Schulterschluss mit Europa mit konkreter Kritik, z. B. in Bezug auf die Geflüchtetenpolitik, zu verbinden.

[76] Vgl. die Kritik an »Bindestrichtheologien« bereits im Tambacher Vortrag bei K. BARTH, Der Christ in der Gesellschaft (1919), in: DERS., Vorträge und kleinere Arbeiten 1914–1921, hg. von H.-A. DREWES in Verbindung mit F.-W. MARQUARDT, Karl Barth GA III/48, Zürich 2012, (556–598) 559.

[77] BARTH, Verkündigung, 16.

[78] A. a. O., 17.

[79] Vgl. a. a. O., 16f.

Europa in der Krise

die europäischen Menschen buhlten, sie für die Frage nach Ost- oder Westorientierung gewinnen oder für Revolution oder Tradition vereinnahmen wollten. Eine freie christliche Verkündigung könne dem Menschen mehr sagen, als er sich in Reproduktion des Zeitgeistes auch selbst zu sagen vermöchte, denn sie sei nicht darauf angewiesen, sich opportunistisch an die Befürchtungen und Hoffnungen des Menschen Europas anzupassen oder in ein Werben um sein Interesse zu verfallen. Ein derartiger Modus des Sprechens prassele von überall sonst auf den Menschen ein und sei genau das, was seinem eigentlichen Bedürfnis widerspreche.[80]

> »Was er braucht und was er im Grunde auch sucht, ist ein Wort aus der Höhe, so gewiß er selbst heute in der Tiefe lebt. Die christliche Verkündigung im heutigen Europa muß also sein und wieder werden ein freies, ein unabhängiges Wort [...].«[81]

In ihrer Freiheit trifft die Verkündigung als ein orientierendes und korrigierendes Wort von außen auf die Gesellschaft. Barth verbindet diese Freiheit zugleich mit ihrer Aktualität: »Sie ist Verkündigung eines ewigen Wortes und eben als solche das rechte Wort für jede Zeit [...].«[82]

Weil der Niedergang der Abendlandidee als ideologischer Befreiungsschlag die Unabhängigkeit der Verkündigung forciert, nimmt Barth die Kirche nun umso mehr in die Pflicht, ihre Verkündigung in der ihr wesenseigenen Freiheit auch wirklich zu entfalten. Wie das geschehen kann, wird im Folgenden in zweifacher Hinsicht präzisiert.

Zum einen wird das Reich Gottes als weiteres, der freien Gnade entsprechendes Ziel der Verkündigung bestimmt. Die Verheißung des Reiches Gottes transzendiert weltliche politische Vorstellungen, bleibt aber als ein politisches Bild in einer engen Beziehung zu ihnen. In dieser Spannung entbindet die Verkündigung von jedweder Abhängigkeit der historischen Wechselfälle Europas, denen die Gewissheit des Gottesreiches relativierend gegenübersteht.[83] Weil sich die Verkündigung auf die Zukunft des Reiches Gottes ausrichte und somit nicht an die Zukunft eines europäischen Reiches gebunden sei, erweise sie sich als beständiger Trost und als Mahnung, die »die Menschheit von heute mit ihrem bangen Fragen und angesichts ihrer verhüllten Zukunft in neuer Dringlichkeit, aber auch in neuer Ruhe zu beten [lehrt]: Dein Reich komme!«[84] Zum anderen bündelt Barth die beiden herausgearbeiteten Inhalte der christlichen Verkündigung – freie Gnade und Reich Gottes – in Jesus

---

80 Vgl. ebd.
81 A. a. O., 17.
82 A. a. O., 18.
83 Vgl. a. a. O., 18f.: Barth beschreibt das Reich Gottes in der eschatologischen Dichotomie von geoffenbarter Zukunft und bereits in unserer Mitte verborgener, aber wirkmächtiges Ereignis gewordener Gegenwart.
84 A. a. O., 19.

Christus, den er mit beiden Elementen identifiziert und ihn so zum eigentlichen Inhalt der christlichen Verkündigung erklärt. Dadurch ist sie nicht abstrakt, sondern Anrede durch die Person Jesu Christi. Die Aufgabe der Kirche für die europäische Gesellschaft ist es, seine Anrede in der Gegenwart wieder hörbar zu machen: »Das heutige Europa wartet darauf, daß er ihm als die alte befreiende Wahrheit in neuen Zungen angezeigt werde.«[85]

Wir halten fest: Freie Gnade, Reich Gottes und Jesus Christus machen den Inhalt der christlichen Verkündigung aus. An diesen Elementen hängt auch ihre politische Bedeutsamkeit. Die hier entfaltete Bestimmung der Verkündigung in der freien und – auch zu politischem Handeln – befreienden Gnade, im Reich Gottes und in Jesus Christus kann als eine Präzisierung der Programme der »Barmer Theologischen Erklärung« und von »Christengemeinde und Bürgergemeinde« verstanden werden, in denen der hier in den europäischen Kontext gestellten Verkündigung eine besondere Bedeutung zugesprochen wird.

Die Barmer Theologische Erklärung kann dazu als Brennglas dienen.[86] In ihr ist die dreifache Bestimmung der christlichen Verkündigung bereits enthalten. So beginnt die Erklärung mit der Bestimmung Jesu Christi zur einzigen Quelle der Verkündigung[87] und als »frohe Befreiung aus den gottlosen Bindungen dieser Welt zu freiem, dankbarem Dienst an seinen Geschöpfen«[88] und endet mit dem Verweis auf die kirchliche Freiheit, die in ihrem Auftrag der Verkündigung der freien Gnade begründet sei.[89] In ihrer fünften These ist die Verhältnisbestimmung von Kirche und Staat zusammengefasst. Auf die staatliche Aufrechterhaltung von Recht und Frieden, die sicheren Raum für die Verkündigung schaffen, antwortet die Kirche mit Dank und erinnert an das Reich Gottes.[90]

In seinem Programm von 1946 führt Barth weiter aus, dass in der Reich-Gottes-Verheißung letztlich auch die Legitimation des Staates als einer göttlichen Setzung grundgelegt sei.[91] Denn dass die Verkündigung der freien Gnade tatsächlich frei entfaltet werden kann, hänge an ihrem Schutz durch den Staat, der darin seine wahre

---

[85] Ebd.
[86] Im Folgenden zitiert nach G. PLASGER / M. FREUDENBERG (Hg.), Reformierte Bekenntnisschriften. Eine Auswahl von den Anfängen bis zur Gegenwart, Göttingen 2005, 239–245.
[87] Vgl. die erste These von BARMEN, 242f.
[88] BARMEN II, 243.
[89] Vgl. BARMEN VI, 244f.
[90] Vgl. BARMEN V, 244.
[91] Vgl. dazu BARTH, Christengemeinde und Bürgergemeinde, 51. Nur die Kirche wisse darum und diene dem Staat dadurch in besonderer Weise. Das Reich und die Gnade Gottes ermöglichen eine adäquate Einschätzung der Welt und des Menschen, von der her politische Strukturen und Rechtsordnungen ihre diesseitige Bedeutung erhalten und zugleich mit ihrer eschatologischen Vollendung in Bezug gebracht werden. In gewisser Weise kann damit die christliche Verkündigung den Anspruch erheben, dem Staat die Voraussetzung zu vermitteln, aus der er leben muss, ohne dass er sie selbst setzen könnte – um mit dem Diktum von Ernst-

Bestimmung erhalte.⁹² In der Ausrichtung auf das Reich Gottes, das *qua* Reich eine politische und gerade keine kirchliche Größe ist, wird aber die Bedeutsamkeit der gegenwärtigen politischen Verhältnisse mittels seiner eschatologischen Dimension zugleich relativiert und transzendiert.⁹³ Dadurch wird ein besonnenes Agieren mit Übersicht und in Souveränität möglich. Die Freiheit der Verkündigung zwingt also zur Distanznahme gegenüber den gesellschaftlichen und politischen Verhältnissen und aus der gewonnenen Unabhängigkeit wird eine gestalterische Partizipation an Politik und Gesellschaft möglich. Mit Rebekka Klein lässt sich die gewonnene Unabhängigkeit vom Zeitgeist als Ideologiekritik deuten.⁹⁴ Auch die Politik wird also frei, wenn sie in der Verkündigung Orientierung sucht. Dabei hat auch die Kirche selbst Verweischarakter auf das Reich Gottes, insofern sie selbst in der Welt in ökumenischer Vielfalt und Verbundenheit ohne Grenzen existiert. Auch das Leben der Christinnen und Christen, das im Ethikabschnitt des Vortrags breit entfaltet ist, wird zur Verkündigung. Von ihr her legt sich die politische Gestaltung eines Europas nahe, das transnational und solidarisch gestaltet wird.⁹⁵

Wolfgang Böckenförde (1930–2019) zu sprechen. Umgekehrt bietet der Staat aber mit der Etablierung von Recht und Frieden eine der Kirche unverfügbare, aber notwendige Voraussetzung für die Verkündigung. Vgl. dazu auch H. ASSEL, Grundlose Souveränität und göttliche Freiheit. Karl Barths Rechtsethik im Konflikt mit Emanuel Hirschs Souveränitätslehre, in: M. BEINTKER / CHR. LINK u. a. (Hg.), Karl Barth in Deutschland (1921–1935). Aufbruch – Klärung – Widerstand, Internationales Symposion in Emden 2003, Zürich 2005, (205–222) 220 und R. A. KLEIN, Depotenzierung der Souveränität. Religion und politische Ideologie bei Claude Lefort, Slavoj Zizek und Karl Barth, Religion in Philosophy and Theology 85, Tübingen 2016, 251f.

Auch H. BARTH, The Christians and Europe, verweist darauf, dass das Christentum im europäischen Raum diese Funktion für den Staat haben kann: »A political unit lives culturally from provisions which it cannot create via political and legal structures alone.«

⁹² Vgl. z. B. K. BARTH, Rechtfertigung und Recht, in: DERS., Rechtfertigung und Recht. Christengemeinde und Bürgergemeinde. Evangelium und Gesetz, Zürich 1998, (5–45) 36–38, in Auslegung der gebotenen Respektierung der Staatsgewalt in Röm 13,1 und BARTH, Christengemeinde und Bürgergemeinde, 48; 51–53. Vgl. auch die fünfte These der Barmer Theologischen Erklärung. Vgl. die konzise Darstellung der Bedeutung der Rechtsstaatlichkeit nach Barth bei M. HOFHEINZ, »Er ist unser Friede«. Karl Barths christologische Grundlegung der Friedensethik im Gespräch mit John Howard Yoder, FSÖTh 144, Göttingen 2014, 454–459, mit weiteren Belegen.

⁹³ Nach BARTH, Christengemeinde und Bürgergemeinde, 51, verweist das Reich Gottes auf das Eschaton, das gerade nicht als Kirche, sondern in politischen Kategorien vorgestellt wird.

⁹⁴ Vgl. bes. KLEIN, Depotenzierung, 188f.; 223. Auch JÜNGEL, Evangelium, 292f., entfaltet ausgehend von Barmen V und im Nachgang des Barth'schen Vortrags von 1946 die befreiende Dimension des Evangeliums ideologiekritisch.

⁹⁵ Das Reich Gottes verweist im Kontext von BARTH, Christengemeinde und Bürgergemeinde, 48f., auf ein wesentliches Defizit, das die europäischen Staaten als Bürgergemeinden

Die Freiheit der Verkündigung und der Kirche, die in der freien Gnade Gottes begründet ist, ist mit Barth als Chance und Auftrag für Europa zu deuten. In seinem Vortrag »Die Kirche zwischen Ost und West« (1949) formuliert er weiterführend mit Blick auf einen »Dritten Weg« für Europa zwischen Ost- oder Westorientierung:

> »Die Kirche kann gerade nur dann Kirche sein, wenn sie dazu frei bleibt. Sie kann nur für Europa sein. Nicht für ein östlich, nicht für ein westlich bestimmtes und orientiertes, sondern für ein freies, einen dritten, seinen eigenen Weg gehendes Europa. Eine freie Kirche ist vielleicht heute die letzte Chance für ein solches Europa.«[96]

5. Die tugendethische Dimension der Verkündigung: Sieben »Arbeits- und Lebensfragen« für das heutige Europa

Am Ende seines Vortrags zeigt Barth, wie die Kirche durch die Erfüllung ihres Verkündigungsauftrags ganz konkret in Gesellschaft und Politik hineinwirkt. Denn von der Verkündigung aus blickt er nun auf die Christinnen und Christen, die selbst verkünden wollen und sollen. Nicht ohne paränetischen Unterton betont er die spirituelle Verantwortung der Personen, die die Verkündigung tragen, und leitet aus ihr ethische, in der Gesellschaft sichtbare Konsequenzen ab.

In den Glaubenden zeigt sich nun die Wirkung einer Verkündigung, die sich als Anrede durch Christus verstehen darf. Sie gewinnt die Dimension einer existentiellen Konfrontation, so dass die Glaubenden »alle unnützen Fragen« beiseiteschöben, weil sie »bedrängt, bewegt und beschäftigt, aber auch beseligt [sind] durch ganz bestimmte, nun wirklich ernsthafte *Arbeits- und Lebensfragen*«,[97] die sich von der Begegnung mit Christus her ergäben. Diese kreisen vordergründig überhaupt nicht mehr um die Frage nach Europa und dem Zeitgeist der europäischen Menschen, sondern um die Konsequenzen des Glaubens. Diese Perspektivverschiebung ist charakteristisch für Barths Programm der kirchlichen Reorganisation und christlichen Neubesinnung nach 1945. Horst Zilleßen beobachtet, »daß er seine Hörerschaft ermahnte, ihr Christentum nicht, wie es bisher vielfach üblich war, auf den engen Bereich ›sonntäglicher Kulturarbeit‹ zu beschränken.«[98]

---

gegenüber der ökumenischen Kirche haben: »Die polis hat Mauern.« Der begrenzten Nationalstaatlichkeit steht immer eine ökumenische, mit allen anderen Christengemeinden solidarisch verbundene Kirche gegenüber. Die Solidarität und Verbundenheit der Kirche dient den Staaten als Korrektiv gegenüber einer Politik der Isolation, Konkurrenz und Relativierung oder Verabsolutierung der eigenen Rechtsordnung.

[96] BARTH, Kirche zwischen Ost und West, 142.
[97] BARTH, Verkündigung, 20.
[98] Vgl. H. ZILLEßEN, Dialektische Theologie und Politik. Eine Studie zur politischen Ethik Karl Barths, Kölner Schriften zur Politischen Wissenschaft, NF 3, Berlin 1970, 104 mit

Indem die Glaubenden aufgerufen sind, ihre Verkündigung zuvorderst auf sich wirken zu lassen und sie ethisch zu konkretisieren, gewinnt sie zugleich ihre Relevanz für Politik und Gesellschaft.[99] Indem Barth nicht von der Kirche als Trägerin der Verkündigung spricht, sondern statt der Institution die Menschen in den Blick nimmt, folgt er dem Kurs, den er bereits bei der Titelwahl der Programmschrift »Christengemeinde und Bürgergemeinde« eingeschlagen hat: »Beide sind nicht zuerst Institutionen, sondern bestehen aus Menschen, die wegen gemeinsamer Aufgaben ein Gemeinwesen bilden.«[100] Es sind die aus der Verkündigung entwickelten konkreten Tugenden, die aus der christlichen Solidarität zu Welt, Gesellschaft und Menschen eine »Solidarität der Tat« werden lassen.

Von den »Arbeits- und Lebensfragen der christlichen Verkündigung im heutigen Europa«, die sich durch die Christusbegegnung stellen, arbeitet Barth »für diesmal«[101] also ohne Anspruch auf Vollständigkeit oder eine abschließende Systematik, sieben heraus.[102] Diese Fragen thematisieren in ihrer losen Gruppierung um die sie strukturierende Trias von Glaube, Liebe und Hoffnung[103] christliche Tugenden und

einem Zitat aus K. BARTH, Die geistigen Voraussetzungen für den Neuaufbau in der Nachkriegszeit (1945), in: DERS., Eine Schweizer Stimme, 1938–1945, Zürich ³1985, (414–432), 418 und einem Verweis auf die sechste der Lebensfragen (zur Treue) in BARTH, Verkündigung, 22. GRESCHAT, Kirchliche Reorganisation, 254, verortet den Ansatz Barths, den Glauben der einzelnen Kirchenmitglieder auf diese Weise anzusprechen, im Programm kirchlicher Reorganisation nach 1945. Dabei ist Barth bestrebt »die Gemeinde in den Mittelpunkt des Nachdenkens über die Neugestaltung der Kirche zu rücken« (mit Verweis auf BARTH, Verkündigung, 24).

[99] Insofern sind die Arbeits- und Lebensfragen weit mehr als ein »Präzisieren« der Aufgabe der Verkündigung, wie SCHOENEN, Kirche in der Euregio, 74, meint.

[100] TIETZ, Barth, 329.

[101] Vgl. BARTH, Verkündigung, 20.

[102] Vgl. a. a. O., 20–23. So bietet bereits der ebenfalls 1946 für die Vortragsreisen im Bonner Gastsemester verfasste Vortrag »Christliche Ethik« einen eigenen Tugendkatalog, mit einigen Überschneidungen, aber einem insgesamt durchaus eigenständigen Charakter. Vgl. die von BARTH, Christliche Ethik, 7–9, skizzierten Hauptlinien einer Ethik, die als Antwort auf die Anrede des Menschen durch Gottes Wort und eine Entsprechung menschlichen Handelns zur Geschichte zwischen Gott und Mensch (Vgl. a. a. O., 7) verstanden werden soll und damit ebenfalls aus der Verkündigung entwickelt wird: Menschlichkeit, Nüchternheit, Vertrauen, Verantwortung, Barmherzigkeit, Knechtschaft, Ganzheit sind als Konkretionen des Rufes in die Nachfolge vorgestellt. Es ließen sich viele Beispiele für variierende Tugendkataloge aus Barths Schriften anfügen.

[103] Vgl. den Rückbezug auf das Tugend-»ABC« bei BARTH, Verkündigung, 14. Es wäre zu prüfen, ob nicht Glaube, Liebe und Hoffnung, selbst dann, wenn sie wie im Beispiel des Ethikvortrags von 1946 nicht vorrangig genannt werden, den Ausgangspunkt von Barths tugendethischen Variationen bilden. Dafür spräche die Bedeutung der Trias von 1Kor 13,13 in programmatischen Schriften Barths. So stellt das Leben der Glaubenden als »Glieder des Leibes, dessen Haupt Jesus Christus ist« nach BARTH, Christengemeinde und Bürgergemeinde 48,

nötigen zur Selbstreflexion der Glaubenden in Bezug auf ihr Gott, Welt- und Selbstverhältnis. Noch darüber hinaus beanspruchen sie, eine geradezu tugendethisch anmutende Explikation des christlichen Lebens zu sein.

Auch wenn Barth nicht eigentlich eine Tugendethik vertritt, konnte Marco Hofheinz in Anknüpfung an die englischsprachige Barthforschung überzeugend aufzeigen, dass er klassische Tugendkonzeptionen aufnimmt und reinterpretiert.[104] Allerdings versteht Barth die Tugenden nicht als eine durch ethische Urteilsbildung zu vermittelnde charakterliche Disposition, sondern als eine Gabe des Heiligen Geistes. Als solche sind die Tugenden unverfügbar. Schon in seiner Münsteraner Ethikvorlesung (1928) zeigt er anhand der Entfaltung von Glaube, Liebe und Hoffnung als Leitlinien der Erfüllung des göttlichen Gebotes unter der Heiligung, dass diese drei Tugenden

> »ein wirkliches Verhalten und Tun des Menschen bezeichnen und nun doch ein solches, das in keinem Sinn eine Leistung des Menschen, sondern – so gewiß der Mensch damit steht und fällt, daß er glaubt, liebt und hofft, so gewiß er aufgerufen wird, dies zu tun – im strengsten Sinn ein Werk, ja das Werk Gottes am Menschen ist.«[105]

»sich innerlich [...] als der eine Glaube, die eine Liebe, die eine Hoffnung, von denen alle ihre Glieder bewegt und getragen sind« dar. Zu den äußeren Darstellungsformen gehört dann neben Bekenntnis sowie Anbetung und Danksagung »ihre gemeinsam anerkannte und ausgeübte Verantwortlichkeit für die Verkündigung des Namens Jesu Christi an alle Menschen«. Hier sind die christlichen Tugenden und die Verkündigung also ebenso über die Wirkung der Verkündigung nach innen und außen ins Verhältnis gesetzt. Eine viel ausführlichere und ebenfalls auf ihre tugendethische Dimension hin zu befragende Darstellung der christlichen Existenz entfaltet Barth anhand von Glaube, Liebe und Hoffnung in seiner Versöhnungslehre. Vgl. BARTH, KD IV/1, 98–133.

[104] Vgl. HOFHEINZ, »Er ist unser Friede«, 96; 361–364 (am Beispiel des Vortrags »Politische Entscheidung in der Einheit des Glaubens« [1952], in dem die Tugendpaare Nüchternheit und Einsicht, Mut und Demut sowie Freudigkeit und Strenge einander gegenüberstehen und von Hofheinz mittels der aristotelischen Mesoteslehre gedeutet werden). Vgl. auch DERS., Urteilsbildung und Entscheidungsfindung im (Bekenntnis-)Konflikt. Karl Barths Beitrag zur Rationalisierung des innerkirchlichen Streits, in: T. K. KUHN / H.-G. ULRICHS (Hg.), Bekenntnis im Konflikt. Streitgeschichten im reformierten Protestantismus, Vorträge der 12. Internationalen Emder Tagung zur Geschichte des reformierten Protestantismus, Emder Beiträge zum reformierten Protestantismus Bd. 18, Göttingen 2020, 211–226. Hofheinz stützt sich kritisch auf W. WERPEHOWSKI, Narrative and Ethics in Barth, ThTo 43 (1986), (334–353) 348, dessen Ansatz, Barth insgesamt als Tugendethiker zu deuten, er allerdings für überzogen hält, und auf N. BIGGAR, The Hastening that Waits. Karl Barth's Ethics, Oxford Studies in Theological Ethics, Oxford 1993, bes. 131–133.

[105] K. BARTH, Ethik I. Vorlesung Münster Sommersemester 1928, wiederholt in Bonn, Sommersemester 1930, hg. von D. BRAUN, Karl Barth GA II/2, Zürich 1973, 98f. Vgl. dazu a. a. O., 98–101, sowie HOFHEINZ, »Er ist unser Friede«, 362f. und BIGGAR, The Hastening

Glaube, Liebe und Hoffnung als theologische Antwort auf die ethische Frage ist für Barth »cum grano salis [...] das, was einer ›Tugendlehre‹ entsprechen würde.«[106] In »Die christliche Verkündigung im heutigen Europa« umfasst Barths »Tugendkatalog« die Bausteine Erkenntnis, Glaube, Gehorsam, Aufrichtigkeit, Liebe, Treue und Hoffnung:

Die Erkenntnis verweise auf die Schule der Bibel, in der die Inhalte der Verkündigung kennengelernt werden dürften. Der Glaube wird als eine von Gott gegebene Gewissheit bestimmt, die die Verkündigung sinn- und kraftvoll mache, die aber lebenslang immer wieder erbeten werden müsse. Im Gehorsam wird die Verkündigung zur Forderung einer Entscheidung für Christus, der mit Wort, Tat und sichtbarem Zeichen zu entsprechen sei. Aus der Aufrichtigkeit leitet Barth Nüchternheit in der Beurteilung der gegenwärtigen Situation, insbesondere im Blick auf die Verstrickungen in Schuld und Sünde sowie die Verpflichtung zur Wahrheit in der christlichen Verkündigung ab. Die Liebe lasse die Glaubenden alle Mitmenschen unterschiedslos als diejenigen ansehen, für die Christus gestorben ist und von denen darum zuerst das Gute gedacht werden müsse. Mit der Treue verpflichte die Verkündigung die Glaubenden sowohl auf Gott als auch auf die Menschen. Sie mache zu Zugehörigen zu Kirche und Welt gleichermaßen. Die sich in Christus erschließende Hoffnung schließlich verweise in der Ambivalenz des Lebens auf das leichte Übergewicht von Gottes Ja im Nein und damit auf Freude, Dank und Zuversicht als Vorzeichen christlichen Lebens.[107]

Jeder Abschnitt ist nach demselben Schema eingeleitet: Durchnummerierte Überschriften stellen »Die Frage nach [...]« der jeweiligen Tugend,[108] und leiten über zu einer präzisierenden Fragestellung paränetischen Charakters, die in verschiedenen Variationen das Publikum dazu einlädt, darüber nachzudenken, inwieweit ihre Relevanz verstanden und im eigenen Leben präsent ist.[109] Wesentlich ist ihnen, dass sie vom Inhalt der christlichen Verkündigung her christozentrisch entfaltet werden.

---

that Waits, 131f.; 136; 138.

[106] BARTH, Ethik I, 101.

[107] Vgl. BARTH, Verkündigung, 20–23. Vgl. für eine Paraphrase auch SCHOENEN, Kirche in der Euregio, 74f. Der Tugendkatalog lässt sich dadurch gliedern, dass die ersten beiden Tugenden auf die Gottesbeziehung, die Tugenden drei bis fünf auf die ethische Konkretisierung der Verkündigung im christlichen Leben in der Welt ausgerichtet sind und in den letzten beiden Tugenden die beiden Ebenen verbunden werden. Glaube, Liebe und Hoffnung sind dabei jeweils die zum Abschluss und zur Überleitung gesetzten Tugenden und erweisen sich so als Fixpunkte des Katalogs.

[108] Die jeweilige Tugend steht immer im Kursivdruck; z. B.: »1. Die Frage nach der *Erkenntnis.*« A. a. O., 20.

[109] BARTH, Verkündigung, 20–23 schließt sich dabei jeweils mit ein, indem er konsequent die 1. Person Plural verwendet. Die paränetischen Fragen lauten z. B.: »Ist es uns klar, daß [...]? [...] Steht uns vor Augen, daß [...]? [...] Sind wir uns einig, daß [...]?« usw. Vgl. auch

Mit den Arbeits- und Lebensfragen ist der Mensch sowohl in Bezug auf sein Gottesverhältnis als auch in Bezug auf sein Weltverhältnis in Anspruch genommen. Die gesellschaftliche und politische Deutung konkretisiert sich gerade dadurch, dass die Glaubenden von Gott her immer auch an die Menschen verwiesen sind und damit zwischen Kirche und Welt, Himmel und Erde, treten, wie Barth anhand der Treue zeigt. Die Verkündigung spricht uns als Christen und als Menschen gleichermaßen an: »Christen-Menschen, d. h. zwischen Gott und die Menschen hineinzutreten mit unserer Fürbitte, mit unserem Denken, […] mit den rechten Worten, den rechten Taten und in der rechten Haltung«.[110] Mit der Betonung der Zugehörigkeit der Glaubenden zur Welt[111] sind ihre Fürbitte[112] sowie ihr Denken, Reden und Handeln aus einer auf die Verkündigung Christi ausgerichteten Haltung heraus als zentrale Elemente des Nutzens benannt, den Barth auch in seinen Programmschriften zur politischen Ethik der Kirche für Politik und Gesellschaft zuspricht. Die aus Gehorsam, Aufrichtigkeit und Liebe resultierenden Taten der Glaubenden, »sichtbare Zeichen«[113] der Verkündigung, die eine verantwortungsvolle Selbstkritik und Wahrheitspflicht in Denken, Sagen und Sein ebenso beinhaltet,[114] wie eine unbedingte Nächstenliebe,[115] spitzen sie weiter zu und machen Barths Ethik besonders anschlussfähig für die schuman'sche »Solidarität der Tat«.

Mit der Abschlussfrage nach der Hoffnung wird die christliche Existenz in der Welt unter ein optimistisches Vorzeichen gestellt, das auch die Mitwirkung der Glaubenden an Politik und Gesellschaft bestimmen soll. Sie ermöglicht »trotz allem immer ein wenig mehr im Ja zu leben als im Nein«.[116] Die dialektische Spannung des

---

das Schlusswort a. a. O., 24, zur Bedeutung der Arbeits- und Lebensfragen für die Verkündigenden: »Wir – wir, die es angeht – haben sie zu beantworten.«

[110] A. a. O., 23.

[111] Vgl. auch BARTH, Christengemeinde und Bürgergemeinde, 49: »[…] es gibt unter den Staat bedrückenden Problemen keines, welches nicht irgendwie auch die Kirche berührte.«

[112] Dass die Fürbitte für alle Menschen, insbesondere auch für die Trägerinnen und Träger des Staates, eine zentrale Leistung der Kirche für den Staat ist, entfaltet BARTH, Rechtfertigung und Recht, 28 und 34 (in Auslegung von 1Tim 2,1). Vgl. zu der daraus abzuleitenden Pflicht zur politischen Partizipation BARTH, a. a. O., 41f. und BARTH, Christengemeinde und Bürgergemeinde, 51, wo die politische Existenz der Christengemeinde unmittelbar aus dem Gebet für die Verantwortungstragenden im staatlichen Bereich abgeleitet wird. Vgl. dazu umfassend die Dissertation von CH. TJADEN, Politik im Gebet. Erträge Dietrich Bonhoeffers und Karl Barths für eine Theologie der Fürbitte für den Staat, Studien zur systematischen Theologie und Ethik 68, Münster 2017, bes. 223–248.

[113] BARTH, Verkündigung, 21: Das Sichtbarwerden in Worten, Taten, Verhalten, Entscheidungen ist die ethische Konsequenz des Gehorsams. Barth betont die ekklesiologische Dimension dieser Tugend, indem er die Gemeinschaft der Christenheit in der Kirche mit dem Ziel dieser Sichtbarkeit verbindet.

[114] Vgl. a. a. O., 21f., zur Aufrichtigkeit.

[115] Vgl. a. a. O., 22, zur Liebe.

[116] A. a. O., 23: Ein Ringen mit dem Ja oder Nein Gottes bestimmt bereits Barths frühe

Europa in der Krise 229

christlichen Lebens – zwischen Freude und Trauer, Geduld und Ungeduld, Dank und Seufzen, Zuversicht und Verzweiflung gerade auch angesichts des Niedergangs von Europa[117] – löst sich immer tendenziell »ein wenig mehr«[118] in positiver Richtung auf.[119]

6. Der Heilige Geist in Europa: die »Solidarität der Tat« im Licht evangelischer Tugendethik und Verkündigung

Im Schlusswort seines Vortrags erklärt Barth die existenzielle Auseinandersetzung der Glaubenden mit diesen Arbeits- und Lebensfragen zur alles entscheidenden Frage für die Bedeutung der Verkündigung in Europa.[120] Er verpflichtet sich und sein Publikum zu ihrer Beantwortung:

> »Christen sind niemals, Christen sind auch heute nicht Menschen, die selber Fragen zu stellen haben, sondern Menschen, denen es aufgegeben ist, schlecht und recht Antworten zu geben. Ob wir das tun, ob wir also wirkliche Christen sind, davon hängt es wohl ab, ob es im heutigen Europa, sei es im endgültig niedergehenden oder im aufsteigenden, sei es im amerikanischen oder im russischen oder in einem anderen Europa, jedenfalls *einen* ganz klaren, ganz sicheren, ganz tröstlichen Faktor geben wird, *einen* ›ruhenden Pol in der Erscheinungen Flucht‹«.[121]

Die christliche Verkündigung bietet vom Glauben ihrer Trägerinnen und Träger aus also Klarheit, Sicherheit und Trost, kurz Orientierung in der Krise.[122] Während ihr Inhalt frei ist vom Zeitgeist und den Ansprüchen der Welt, sind diejenigen, die sich durch sie ansprechen lassen, in gegenwärtige Politik und Gesellschaft durchaus involviert. Sie vermitteln also. Indem sie auf die Anfragen der Verkündigung in Wort und Tat antworten, entfalten sie ihre gesellschaftliche Bedeutung.[123]

---

politische Ethik. Im Tambacher Vortrag dominiert noch das »Nein« Barths Überlegungen. Vgl. BARTH, Christ in der Gesellschaft, bes. 557; 587.

[117] Vgl. BARTH, Verkündigung, 23.
[118] Ebd.
[119] Vgl. ebd. Vgl. zur Grundstimmung von Freude und Dankbarkeit auch die im Gehorsam Jesu Christi zu erbringenden »sichtbaren Zeichen«, a. a. O., 21.
[120] Vgl. a. a. O., 23f.
[121] A. a. O., 24. Vgl. das Zitat aus F. SCHILLER, Der Spaziergang, V. 134, in: DERS., Werke und Briefe in zwölf Bänden [Frankfurter Ausgabe], herausgegeben O. DANN u. a., Bd. 1, Gedichte, hg. von G. KURSCHEIDT, Frankfurt a. M. 1992, 34–42.
[122] Im Kontext des Vortrags zeichnet sich das z. B. durch die immer wieder aufkommende Thematisierung der Schuldfrage in Bezug auf den NS ab. Vgl. auch das Fazit von SCHOENEN, Kirche in der Euregio, 74.
[123] Die Verpflichtung zur Antwort auf Gottes Anrede in der Verkündigung spielt bei

Dass es der Inhalt der Verkündigung, dass es also Jesus Christus selbst ist, der die Christinnen und Christen mit diesen Fragen konfrontiert, liegt auf der Hand. Er führt sie letztlich in eine Anfechtungssituation. Der Tugendkatalog zwingt zur Prüfung des eigenen Glaubens anhand seiner Wirkungen. Barths Ansatz wäre aber verkannt, wenn man seine Fragereihe auf einen Lackmustest der Gemeindefrömmigkeit reduzieren oder als Anleitung zum Christsein missverstehen wollte. Denn dass es Christinnen und Christen gibt, die von den Arbeits- und Lebensfragen bewegt sind, die damit antwortfähig werden, sich überhaupt für die Verkündigung verantwortlich fühlen und die damit verbundenen Tugenden ausprägen und in die Gesellschaft einbringen, lässt sich *de facto* gar nicht herstellen, sondern steht unter pfingstlichem Vorbehalt.

Die »Ausgießung des Heiligen Geistes als die Erhörung der Bitte, die uns auf die Lippen gelegt ist: Veni creator spiritus! Komm, Schöpfer Geist!«[124] konkretisiert sich nach Barth gerade darin, dass Gott »ein paar Menschen erweckt, welche sich durch diese Arbeits- und Lebensfragen bedrängen und bewegen und beseligen lassen [...].«[125] So erweisen sich die Tugenden vollumfänglich als geistliche Gabe des Glaubens und sind in den Prozess der Heiligung eingebunden. Es ist die Verkündigung, die den Glaubenden die Bitte um den Geist »auf die Lippen gelegt« hat. Bereits in der Münsteraner Ethikvorlesung bindet Barth die Erfüllung des göttlichen Gebots in Glaube, Liebe und Hoffnung an Geist und Gebet.[126] Seine »Tugendlehre cum grano salis« steht damit unter dem Vorzeichen reformatorischer Theologie.[127] Das

---

Barth immer wieder eine zentrale Rolle. Vgl. z. B. BARTH, Christliche Ethik, 3f., wo die Verbindung zwischen Ethik und Verkündigung hergestellt wird, indem das Hören auf Gottes Wort zum Ausgangspunkt der Ethik wird und sie als Antwort auf den Ruf Gottes bestimmt wird. Vgl. auch das Motiv der Nachfolge als Antwortversuch auf das Wort, das Gott in der Heilsgeschichte zu den Menschen spricht, a. a. O., 7. Vgl. zu der Situation des Antwortgebens bereits die Beschreibung der Pfarrperson in der Verantwortung der christlichen Verkündigung, der in der lediglich verheißenen Idealsituation exponiert zwischen Bibel und der sonntäglichen Kirchengemeinde stünde, von eben dieser ebenso befragt wäre wie von Gott und aus dieser Situation heraus Gottes Wort reden könnte, K. BARTH, Not und Verheißung der christlichen Verkündigung (1922), in: DERS., Vorträge und kleinere Arbeiten 1922–1925, hg. von H. FINZE, Karl Barth GA III/19, Zürich 1990, (65–97) 88f. und zum Anfechtungscharakter dieser Situation die kreuzestheologische Entfaltung 92f. Auch hier folgt übrigens ein kleiner Tugendkatalog für Pfarrer, der Ernsthaftigkeit, Tüchtigkeit und Frömmigkeit beinhaltet.

[124] BARTH, Verkündigung, 24.

[125] Ebd. Vgl. die Parallelen zum Schlusswort von BARTH, Not und Verheißung, 97. Auch bei BARTH, KD IV/1, 99 ist die Wirkung des Heiligen Geistes explizite Voraussetzung für die Entfaltung von Glaube, Liebe und Hoffnung.

[126] Vgl. BARTH, Ethik I, 100f. mit Bezug auf die Hoffnung.

[127] Insbesondere Johannes Calvin (1509–1564) bietet sich dafür als Referenz an, da dieser ebenfalls auf tugendethische Elemente zur Entfaltung der Heiligung im Glauben und in Abhängigkeit vom Heiligen Geist zurückgreift. Vgl. dazu ausführlich M. HOFHEINZ, »Nicht den Pflug vor die Ochsen spannen«. Tugendethische Ansätze bei Johannes Calvin. Ein Beitrag zur

Europa in der Krise 231

konsequente Verständnis der Tugenden als dem Menschen unverfügbare Gaben des Geistes im Glauben und ihre Bindung an das Hören der Verkündigung, gerade auch in ihre eschatologische Dimension, durch die sie auf das regelmäßige Bittgebet verweist,[128] geben Auskunft darüber, »was ein tugendhaftes Leben allererst ermöglicht.«[129] Zur Betonung ihres Gabecharakters verzichtet Barth in seinem Vortrag auf den Begriff »Tugenden«.[130] Stattdessen betont er mit ihrer Einkleidung in echte, herausfordernde Fragen,[131] die sich von der Verkündigung aus stellen, ihre Bindung an Glauben, Gebet und Geistgabe sowie ihre prozesshafte Entfaltung in der Christusbeziehung. Mit einer Hervorhebung der Wirkung der Fragen auf die Glaubenden vor und nach dem Katalog unterstreicht er ihre Verortung innerhalb der Heiligung: sie bedrängen, bewegen und beseligen.[132]

Damit lässt sich nach Barths Vorstellung aus der Fokussierung auf die christliche Verkündigung und davon ausgehend auf das eigene Christsein die eigentliche Bedeutung des christlichen Glaubens für die europäische Gesellschaft entfalten: Unabhängig von dem Auseinanderdriften der Synthese europäischer Kultur und christlichem Glauben bleibt die Verkündigung eine Konstante in Europa, allerdings mit

---

ethischen Grundlagendiskussion, in: DERS., Ethik – reformiert! Studien zur reformierten Reformation und ihrer Rezeption im 20. Jahrhundert, FRTH 8, Neukirchen-Vluyn 2017, 64–113, bes. 104–106.

[128] Vgl. neben der Geistbitte bes. BARTH, Verkündigung, 21: Die tägliche Bitte um Glaubensgewissheit wird zur Voraussetzung dieser Tugend erklärt. Vgl. zur eschatologischen Dimension auch BIGGAR, The Hastening that Waits, 136; 138 und HOFHEINZ, »Er ist unser Friede«, 362f.

[129] W. LIENEMANN, Grundinformation Theologische Ethik, Göttingen 2008, 144 kritisiert mit dieser Frage ein sonst häufig vernachlässigtes Moment tugendethischer Entwürfe. Auch die relative Offenheit des Katalogs des Vortrags und die Variation der Tugenden um Glaube, Liebe und Hoffnung in den diversen anderen Schriften Barths relativiert einen problematischen Zug üblicher Tugendethiken. LIENEMANN, a. a. O., 143, beobachtet nämlich oftmals eine Skepsis gegen Neuerungen, einen »latente[n] Konservativismus« und eine Immunisierung gegen Kritik, während Barth, der die Tugenden von der lebendigen Christusverkündigung her in den von ganz spezifischen Situationen in Anspruch genommenen Glaubenden frei bestimmen kann, davon nicht getroffen wird. HOFHEINZ, Tugendethische Ansätze bei Calvin, 76–80, zeigt, dass auch Calvin bewusst keinen starren Tugendkatalog aufstellt.

[130] Er nähert sich ihm mitunter an, z. B. durch die Rede von der »Verhaltungsweise«, BARTH, Verkündigung, 21, oder »der rechten Haltung«, a. a. O., 23, aber vermeidet mit dem Tugendbegriff das Missverständnis, als ziele seine Ethik auf die Etablierung einer dem Menschen verfügbaren Charakterdisposition (Habitus/Hexis) aristotelischer (oder katholischer) Tradition nach ARISTOTELES, Nikomachische Ethik II/5, 1106a. Vgl. auch HOFHEINZ, »Er ist unser Friede«, 362.

[131] Vgl. bes. die letzte Frage zur Hoffnung: »Wird es uns gegeben sein […]?« bei BARTH, Verkündigung, 23.

[132] Vgl. die ringkompositorische Rahmung a. a. O., 20 und 24.

Betonung auf ihre Selbstwirksamkeit und Autonomie von Kultur und Zeitgeist. Gerade dadurch kann die christliche Verkündigung eine beständige tröstende und orientierende Wirkung entfalten, die im Europa von 1946 ebenso wie in der Gegenwart einen gesellschaftlichen und politischen Nutzen in sich trägt. Ihre Kontextualisierung erfährt sie durch die Kirche bildenden Christinnen und Christen, die sich in die Konfrontation mit dem eigenen Glauben begeben und von der Bearbeitung der daraus resultierenden »Arbeits- und Lebensfragen« aus gleichsam selbst zu einem Teil der Verkündigung werden – diese ist eben nicht nur als Wortverkündigung zu bestimmen, sondern manifestiert sich gerade auch in Taten und Habitus ihrer Trägerinnen und Träger. Von ihrem christologischen Zentrum aus wirkt sie gerade auch in und mit der Welt, Gesellschaft und Politik. Allerdings ist diese Reihenfolge von der Verkündigung zur Welt für Barth nicht umkehrbar. Ein Eintragen des Zeitgeistes in das Evangelium wird ausgeschlossen. Stattdessen muss das Evangelium von Menschen aus jeder Zeit immer neu übersetzt und zur Wirkung gebracht werden. Europa lässt sich dadurch, dass Christus in seiner Mitte verkündet wird und auf den europäischen Menschen wirkt, vom Heiligen Geist bewegt denken. Die schöpferische Dimension des Geistes in dem Zitat aus dem klassischen Pfingsthymnos, mit dem Barth die Geistbitte am Schluss seines Vortrags füllt, verweist subtil auf seine gestalterische Wirkung in Europa und überall dort in der Welt, wo sich Kirche ereignet.[133]

Von diesem Verkündigungsverständnis wissen sich also in den 1990er Jahren Eberhard Jüngel und Hermann Barth sowie jüngst der ÖRKÖ – im wahrsten Sinne des Wortes – inspiriert, die kirchliche Verantwortung für Europa zu entfalten.[134] Ihre Erklärungen müssen, nimmt man das gewählte Vorzeichen des Barth'schen Vortrags ernst, aus Antworten auf die Arbeits- und Lebensfragen hervorgegangen sein. Aus dem Vortrag über die christliche Verkündigung haben Hermann Barth und ÖRKÖ vor allem deren Bestimmung als »ein freies, ein unabhängiges Wort«[135] betont und ihren in die jeweilige Zeit gesprochenen Überlegungen vorangestellt. In

---

[133] Unter dasselbe pfingstliche Motto hatte Barth bereits seine viel gelesene frühe Predigtsammlung gestellt, in der sich bereits in der ersten Predigt (zu Ps 24) ganz ähnliche Motive der Verhältnisbestimmung von Verkündigung und europäischer Gesellschaft wiederfinden. Vgl. K. BARTH / E. THURNEYSEN, Komm Schöpfer Geist! Predigten, München ⁴1932 (zuerst 1924), 3–13.

[134] Besonders bei Jüngel spürt man die nicht eigens ausgewiesenen Referenzen auf den Vortrag Barths, wenn er die evangelische Identität konsequent mit der Ausrichtung auf Gott beschreibt und dabei auch den geistlichen Rahmen und Gabecharakter der Verkündigung betont (vgl. bes. JÜNGEL, Evangelium, 283–286), und wenn er einen starken Fokus auf die individuelle Wirkung des Evangeliums legt (vgl. den zweifachen befreienden Aspekt a. a. O., 287–291) und daraus die politischen Folgen christlicher Verkündigung über die Tugend der Wahrheitsliebe ableitet (vgl. a. a. O., 292f.). Dafür werden Hermann Barth, der Jüngels Lesart des Barthvortrags maßgeblich rezipiert, und ÖRKÖ in Bezug auf die politischen Konsequenzen konkreter.

[135] BARTH, Verkündigung, 18.

ihnen zeigt sich, dass sich Barths Ansatz, gerade in einer vom Zeitgeist emanzipierten Verkündigung politische Sprengkraft zu verorten, bewährt und auch heute als wegweisend für Europa erfahren werden kann.

Blickt man exemplarisch auf den aktuellen unter das Barth'sche Vorzeichen gestellten »Ökumenischen Aufruf für ein solidarisches Europa« des ÖRKÖ, zeigt sich die Anschlussfähigkeit und Verwandtschaft einer christlichen Agenda mit der »Solidarität der Tat« und der Europaidee Schumans eindrücklich. So wird die Forderung nach einem sozialen Europa in der Überwindung von Armut, Ausgrenzung und Wohlstandsunterschieden mit der Menschenwürde gestützt und durch die Einrichtung eines Sozialkonvents konkretisiert, die Forderung nach einem schützenden Europa, das sich nicht als »Festung« konzipieren dürfe, sondern als »Hafen« zur Aufnahme und Unterstützung der Menschen, die »Schutz vor Verfolgung suchen«[136] mit Verweis auf die tägliche Praxis christlicher Gemeinden untermauert, die Forderung nach einem demokratischen Europa als konsequenter Kampf gegen Nationalismus und für demokratische Grundwerte interpretiert und schließlich die Forderung nach einem versöhnenden, Frieden stiftenden und Brücken bauenden Europa mit dem christlichen Versöhnungsgedanken verbunden.[137] Die EU wird in diesen vier Punkten von der christlichen Verkündigung aus in die politische Pflicht genommen. Auch für den ÖRKÖ steht die freie Verkündigung dem heutigen Europa als einem »Kontinent in der Krise«[138] gegenüber, der auf »neue zukunftsfähige Ideen und deren Verwirklichung«[139] angewiesen sei, für die sich die Verkündigung als richtungsweisend erweist. Die tugendethische Dimension kommt, dem Charakter des Aufrufs entsprechend, gegenüber der Polykrise Europas nur indirekt zur Sprache, insofern christliches Handeln z. B. in der Geflüchtetenarbeit als politisch wegweisend angedeutet wird. Der skizzierte Handlungsrahmen für die Europapolitik setzt sie aber voraus: Die demokratische Partizipation an der Europawahl, auf die der Aufruf abzielt, gewinnt ebenfalls Tugendcharakter im Sinne Barths.

Ausgehend von der theologischen Ausrichtung des Aufrufs von Barths Vortrag her darf dann, wenn »die Christinnen und Christen auf[gerufen werden], die Europäische Union im Geist der Solidarität, der Geschwisterlichkeit und der Freiheit aktiv mitzugestalten«,[140] dieses Tun auch unter die Bitte des »Veni creator spiritus« als Fürbitte für die EU und Europa gestellt werden.[141]

---

136 ÖRKÖ, Ökumenischer Aufruf für ein solidarisches Europa.
137 Vgl. a. a. O.
138 A. a. O.
139 A. a. O.
140 A. a. O.
141 BARTH, Christengemeinde und Bürgergemeinde, 55 bestimmt die Solidarität der Christengemeinde mit der Welt und im Raum der Bürgergemeinde zuvorderst in der Fürbitte als Vorzeichen politischer Partizipation und Mitverantwortung im Geist von Röm 13.

So erweist sich die EU von einer barthianisch akzentuierten politischen Ethik her als ein geradezu pfingstliches Projekt.[142] Die Bitte um den Heiligen Geist bündelt alle theologischen Antwortversuche auf die Polykrise Europas und verweist auf die in freier Gnade, Reich Gottes und Christis subsummierten Ideale von Frieden und Einheit, die Transzendierung von Grenzen, aber auch die Verpflichtung und Ermächtigung zu einer tätigen Solidarität zu den »nahen« und den »fernen« Mitmenschen.[143] Derselbe Geist, von dessen Ausgießung die Apostelgeschichte in Überwindung der die Völker trennenden Sprachverwirrung der Turmbauerzählung berichtet, verweist uns also in der Rezeption der politischen Ethik Barths auf die Wahl eines sozialen, schützenden, demokratischen und versöhnenden Europa.

---

[142] Vgl. auch H. BARTH, The Christians and Europa, zum Pluralismus in Europa, den er »als Ausdruck des schöpferischen Wirkens des Geistes Gottes« verstanden wissen will. Die deutsche Übersetzung verweist hier expliziter als die englische Fassung, die von »an expression of God's creativity« spricht, auf den »creator spiritus«.

[143] Vgl. BARTH, KD III/4, 320–366 (§ 54 Nr. 3: »Die Nahen und die Fernen«).

»Freiheit ist nicht frei«

Karl Barth und die amerikanische Politik

W. Travis McMaken

(Übersetzung von Marco Hofheinz)[1]

Freiheit ist ein zentrales Motiv im aktuellen politischen Diskurs der USA. Wenn die Bürger ihre Nationalhymne singen, werfen sie liturgisch die rhetorische Frage auf, ob »das Land der Freien und die Heimat der Tapferen« Bestand hat, und widmen sich implizit dem Projekt, dies auch weiterhin sicherzustellen. Im Laufe der Zeit, als sich der nationbezogene Wechsel von einer zivilen Miliz zu einem ständigen Berufsmilitär und eine sukzessive Militarisierung durch die Umgestaltung der innerstaatlichen Strafverfolgungsbehörden vollzog, interpretierte nationalistischer Überschwang die Logik dieses Liedes dahingehend, dass Amerika »das Land der Freien wegen der Tapferen« sei. Freiheit (*freedom*) (oder Unabhängigkeit [*liberty*]) sei verletzlich und umkämpft, erfordere den Einsatz von Gewalt, um sie vor »allen Feinden im In- und Ausland«[2] zu verteidigen. In der Tat sei Freiheit ein seltenes Gut, das die Gesellschaft durch Leid und Gewaltanwendung erkaufen müsse. Es sei angeblich sogar möglich, auf diese Weise Freiheit als »Geschenk« für andere Nationen zu erwerben. Wie George W. Bush argumentierte, besäßen die USA »eine Verpflichtung, die Verbreitung der Freiheit zu forcieren«, eine Verpflichtung, die »an und für sich eine angemessene Rechtfertigung für […] Krieg«[3] sei. Dies bedeutet, wie es ein anderer weit verbreiteter nationalistischer Slogan ausdrückt: »Freiheit ist nicht frei.«

---

[1] Anmerkung des Übersetzers: Für Hilfestellung bei der Übersetzung danke ich herzlich meinen studentischen Hilfskräften Patrick Franz, Benjamin Teichrib und Franziska Weise sowie insbesondere meinem wissenschaftlichen Mitarbeiter Jan-Philip Tegtmeier. Anmerkungen des Übersetzers werden hier wie im Folgenden in eckige Klammern gesetzt.]

[2] Diese Wendung ist dem Eid entnommen, den US-Beamte und Angehörige der Streitkräfte leisten müssen. Siehe dazu U.S. Code Title 5, § 3331: www.law.cornell.edu/uscode/text/5/3331 (13.11.2019). Es ist möglich, subtil zwischen den Begriffen »Unabhängigkeit« und »Freiheit« zu unterscheiden, wobei sich letzterer hauptsächlich auf einen abstrakten Mangel an Zwang bezieht und ersterer ein größeres Konzept meint, das sowohl einen abstrakten Mangel an Zwang als auch die Fähigkeit umfasst, ein bestimmtes Ziel zu verfolgen. Diese Unterscheidung ist jedoch im politischen Diskurs der USA im Allgemeinen nicht wirksam.

[3] G. W. BUSH, President Addresses the Nation in Prime Time Press Conference, 13.04.2004, in: www.georgewbush-whitehouse.archives.gov/news/releases/2004/04/20040413-20.html (13.11.2019). D. HARVEY, A Brief History of Neoliberalism, Oxford 2007, 6.

Wenn dies aber das ist, was Freiheit im heutigen Amerika bedeutet, was sollen wir dann mit Karl Barths Behauptung anfangen, was Amerika brauche, sei eine »Theologie der Freiheit«?[4] Ruft uns Barth dazu auf, eine theologische Legitimation der durch Gewalt erkauften Freiheit, eine »Hoftheologie« für das einzige Imperium, das derzeit noch besteht, zu liefern? Glücklicherweise lautet die Antwort auf diese Frage, wie wir es vielleicht auch von Barth erwarten, klar *Nein*!

Einige Strömungen gehen im gegenwärtigen politischen Diskurs in den USA auch davon aus, dass die teure Freiheit, die Amerika durch Gewalt erlangt habe, eine willkürliche Freiheit sei. Es sei eine Freiheit im Sinne eines Mangels an Zwang, eine Freiheit des »Sie können mir nicht sagen, was ich tun soll!« oder des »Tritt nicht auf mich!«[5]

Von öffentlichen Kommentatoren oder privaten Gesprächspartnern hört man oft, dass »dies ein freies Land ist«, womit jede Einschränkung individueller Aktivität delegitimiert wird, die über das hinausgeht, was sie selbst für das notwendige Minimum erachten. Freiheit aber, die einfach eine launische Verwirklichung des individuellen Willens meint, abgetrennt und isoliert von jeglicher Verantwortung oder Verpflichtung gegenüber dem Nächsten, beinhaltet immer einen kompetitiven – und daher gewalttätigen – Aspekt.

Wie Marco Hofheinz gekonnt gezeigt hat, wusste die reformierte theologische Tradition seit Ulrich Zwinglis Zeiten zwei Arten von Freiheit zu unterscheiden: eine negative »Freiheit *von*«, wie oben dargestellt, und eine positive »Freiheit *für*«.[6] Barth steht genau in letzterer Tradition und bietet als solcher eine Alternative zur zeitgenössischen politischen Freiheitsrhetorik in den USA. Im Folgenden werde ich zunächst einen allzu kurzen historischen Überblick über die »Freiheit *von*« in der amerikanischen Politik geben, und zwar unter besonderer Berücksichtigung der Überschneidung von Christentum und Kapitalismus im Rahmen des Liberalismus der Aufklärung. Ich werde mich dann der »Freiheit *für*« in Barths Theologie zuwenden, um eine alternative Vision menschlicher Gemeinschaft zur Sprache zu bringen. Während Freiheit in der amerikanischen Politik als rhetorisches Mittel zur Exklusion des Anderen dient, bildet sie in Barths Theologie den Dreh- und Angelpunkt für eine Vision von Gesellschaft als einer Gemeinschaft der Liebe, die andere Menschen gerade in ihrer besonderen Andersartigkeit willkommen heißt und einbezieht.

---

[4] K. BARTH, Evangelical Theology. An Introduction, übers. von G. Foley, Grand Rapids 1963, xii. Für einen allgemeineren Überblick über Barths andauernde politische Relevanz siehe P. SCHMID, The Significance of Karl Barth's Theology for Contemporary Issues in the 21st Century, PSB 23 (3/2002), 328–332.

[[5] Anmerkung des Übersetzers: Es handelt sich hierbei um eine Referenz auf die sogenannte Gadsden-Flagge aus der Zeit der Amerikanischen Revolution. Auf ihr ist neben einer Klapperschlange der Wahlspruch abgebildet: »Don't tread on me« (»Tritt nicht auf mich«).]

[6] M. HOFHEINZ, Ethik – reformiert! Studien zur reformierten Reformation und ihrer Rezeption im 20. Jahrhundert, FRTH 8, Göttingen 2017, 138–140.

1. »Freiheit *von*« in der amerikanischen Politik

Das folgende historische Narrativ ist weder umfassend noch erschöpfend. Mein Ziel ist es einfach, wichtige Momente in der amerikanischen Geschichte herauszustellen, in denen ein Freiheitskonzept im Sinn der »Freiheit *von*« dazu beigetragen hat, den Anderen zu marginalisieren. Dementsprechend folgt nun eine politisch-theologische Genealogie, wie Adam Kotsko sie vorstellt, nämlich eines »kreativen [Versuchs], unsere Beziehung zu Vergangenheit und Gegenwart neu zu ordnen, um neue Möglichkeiten für die Zukunft zu erschließen.«[7] Diese »story« beginnt mit der Geburt des Liberalismus.

1.1 Liberalismus und Freiheit

Der Liberalismus ist von Grund auf instabil. Er steht, wie J. R. R. Tolkien es ausdrücken könnte, »auf Messers Schneide. Der kleinste Fehltritt kann es«, das Projekt des Liberalismus, »scheitern lassen, zu unser aller Verderben. Doch bleibt Hoffnung, solange alle Gefährten treu sind.«[8] Diejenigen, die dieses Buch kennen, wissen, dass natürlich nicht alle Gefährten treu bleiben und dass vor dem endgültigen Triumph des Guten große Schmerzen, Leiden und Gewalt auftreten. Wenn es um den Liberalismus geht, bleibt ein solches Happy End – wie Tolkiens Geschichte – eine Fantasie. Der Liberalismus ist auf der einen Seite von der Barbarei bedroht und auf der anderen Seite von dem Versprechen des Sozialismus,[9] und das gesamte Unternehmen scheint sich mit jedem Tag mehr zur Barbarei hin zu neigen.

Diese grundlegende Instabilität entsteht aus dem Zusammenspiel der drei großen Schlagworte des Liberalismus, die im Kontext der Französischen Revolution formuliert wurden: *Liberté, égalité* und *fraternité* oder Solidarität. Jürgen Moltmann erfasst zutreffend das hier verkörperte Ideal: »Freiheit gibt es in Beziehungen [...]. Ich bin frei und fühle mich frei, wenn ich von anderen geachtet und anerkannt werde und wenn ich meinerseits andere achte und anerkenne.«[10] Diese Beschreibung der Freiheit versteht die Freiheit zur Gleichheit und Solidarität als Freiheit *zur* Beziehung mit anderen und nicht als Freiheit *von* den Forderungen des Anderen. Moltmann ist sich

---

[7] A. KOTSKO, Neoliberalism's Demons. On the Political Theology of Late Capital, Stanford 2018, 9. Kotskos Genealogie konzentriert sich auf die Überschneidung des Problems des Bösen mit der Frage nach der politischen Legitimität.

[8] J. R. R. TOLKIEN, Der Herr der Ringe. Erster Teil, Die Gefährten, übers. von W. KREGE, Stuttgart 2001, 462.

[9] Zur liberalen kapitalistischen Welt zwischen Sozialismus und Barbarei siehe H. GOLLWITZER, Warum bin ich als Christ Sozialist? Thesen (1980), in: DERS., Umkehr und Revolution. Aufsätze zu christlichem Glauben und Marxismus Bd. 2, AW 7, hg. von CHR. KELLER, München 1988, (39–47) 39f.

[10] J. MOLTMANN, Der lebendige Gott und die Fülle des Lebens. Auch ein Beitrag zur Atheismusdebatte unserer Zeit, Gütersloh 2014, 115f.

jedoch auch darüber im Klaren, dass diese Vision der Freiheit nicht aus dem Liberalismus – oder, wie er sagt, der »bürgerlichen Revolution« – hervorgegangen ist. Diese Bewegung »hat den fürstlichen Absolutismus und die Feudalherrschaft überwunden. Ihr Freiheitsverständnis blieb aber an der Freiheit der Fürsten und Feudalherren orientiert: Freiheit ist autonome Selbstbestimmung jedes Individuums über sein Leben und seine Fähigkeiten.«[11] Mit anderen Worten: Die Freiheit trennt sich in der Praxis von der Gleichheit und Solidarität und diese uneingeschränkte, willkürliche »Freiheit *von*« erzeugt eine grundlegende Instabilität innerhalb des liberalen Projekts. Wie Mike O'Connor es ausdrückt, der vermutlich unbewusst Gleichheit und Solidarität auslässt, »stehen die Werte im Herzen des Liberalismus, nämlich Freiheit und Gleichheit, selbst in Konflikt.«[12]

Dieser Konflikt zwischen Freiheit und Gleichheit ergibt sich sowohl aus den materiellen als auch aus den intellektuellen Voraussetzungen, die den Liberalismus hervorgebracht haben. Dominico Losurdo beschreibt diese Entwicklung. Er merkt an, dass der Liberalismus in den Lehrbüchern zwar als jene »Tradition des Denkens« dargestellt werde, deren zentrales Anliegen die Freiheit des Einzelnen sei, die tatsächliche Geschichte des Liberalismus jedoch ein Interesse daran zeige, den vollen Sinn dieser Freiheit auf kleine Gruppen von Eliten zu beschränken und sie dabei gleichzeitig solchen Gruppen zu verweigern, die als minderwertig oder unreif angesehen werden.[13] Mit anderen Worten übertrifft die Freiheit einiger weniger die Freiheit aller, welche indes die Gleichheit verlangen. Diese Freiheitsverweigerung trat am deutlichsten im Zusammenhang mit der Rassensklaverei in Erscheinung, war aber auch im kolonialistischen Projekt vorhanden und zwar in der Regel unter Bezugnahme auf indigene Völker. Darüber hinaus setzte der reaktionäre Teil innerhalb der liberalen Tradition routinemäßig bestimmte Spielarten davon gegen revolutionäre Bewegungen ein.[14] Keiner dieser Zusammenhänge dürfte für das Aufkommen des Liberalismus so unbedeutsam sein, als wäre er gleichsam ein zufälliges Nebenpro-

---

[11] A. a. O., 115.

[12] M. O'Connor, A Commercial Republic. America's Enduring Debate over Democratic Capitalism, American Political Thought, Lawrence 2014, 244.

[13] D. Losurdo, Liberalism. A Counter-History, translated by G. Elliott, London 2011, 1. Christine Helmer bemerkt: »Freiheit hat in der Realität immer in der ihr eigenen Dialektik existiert. Nur einige wenige Auserwählte können heute frei wählen, während Millionen im Rahmen der globalen Produktion ausgebeutet werden. Frauen waren schon immer weniger frei als Männer. […] In den USA werden Afroamerikaner überwacht und verunglimpft. […] Die Übel von Klassismus, Sexismus und Rassismus repräsentieren nicht nur einen ›Teil der Geschichte der Moderne‹, sondern sind ›integraler Bestandteil derselben‹.« Ch. Helmer, How Luther Became the Reformer, Louisville 2019, 121.

[14] D. Losurdo, War and Revolution. Rethinking the Twentieth Century, translated by G. Elliott, London 2015, 55–64.

dukt. Wir können sie vielmehr in der Diktion einiger Schlüsselarchitekten des Liberalismus wiederfinden. Losurdo befragt daraufhin etwa verdachtsmomentartig John Locke, Adam Smith, John Stuart Mill und andere.[15]

J. Kameron Carter liefert eine ergänzende Darstellung des liberalen Aufklärungsprojekts, wie es insbesondere von Immanuel Kant verstanden wurde. Kant verortet sich historisch in einer adoleszenten westlichen Zivilisation, die die Abhängigkeit von Aberglauben und Autorität zugunsten des vernünftig und verantwortungsvoll zu gestaltenden moralischen und politischen Lebens hinter sich ließ. Darüber hinaus verstand er diesen Prozess in einer durchaus rassistischen Weise: Dieses Erwachsenwerden sei der weißen Rasse allein vorbehalten, und alle nicht-weißen Rassen würden vermutlich früher oder später aufhören zu existieren. Infolgedessen war Kant besorgt hinsichtlich der Einführung vermeintlicher »Rassenunreinheit«[16] durch den Kolonialismus.[17] Noch ärgerlicher sei das Unreinheitspotenzial, das von jüdischen Menschen im Herzen der westlichen Zivilisation ausgehe: »Kant lässt [die Juden] für alles nichtweiße Fleisch eintreten und zwar als ›fremdbestimmendes Volk‹, das den weiteren Fortschritt der weißen Kultur bedroht.«[18] Die Lösung sei »die Entjudaisierung‹ des Christentums selbst«,[19] sodass »Christus aufhört, jüdisch zu sein«,[20] mit dem Ergebnis, dass Juden auch aufhören würden, jüdisch zu sein, indem sie »sich selbst den Realitäten des Westens anpassen«[21] und dadurch weiß würden.[22]

Neben dieser offenkundig vorsätzlichen Ignoranz ermöglichte es diese Einbeziehung des Christentums als Legitimationsstrategie den vom Liberalismus Privilegierten dessen dunkle Seite zu ignorieren, die Forscher wie Losurdo und Carter ans helle Licht gezerrt haben. Paul Kahn argumentiert, dass der Konflikt innerhalb des Liberalismus zwischen Freiheit und Gleichheit den wichtigen Baustein enthüllt, der im liberalen Gebäude fehlt. Kurz gesagt: »Der Liberalismus kann die normativen Bedingungen des Politischen nicht erklären.«[23] Das politische Leben beruht auf der Voraussetzung grundlegender sozialer Bindungen, die die Menschen miteinander vereinen. Während der Liberalismus zumindest ein Lippenbekenntnis zur Solidarität abzugeben vermag, kann er keine echte Solidarität erzeugen, weil deren Bande »nicht

---

15 LOSURDO, Liberalism, 3; 6f. u. ö.

[16 Anmerkung des Übersetzers: Vgl. R. EISLER, Kant-Lexikon. Nachschlagewerk zu Immanuel Kant (1930), Art. Rasse, www.textlog.de/33161.html (25.08.2020).]

17 J. K. CARTER, Race. A Theological Account, New York 2008, 93–95.

18 A. a. O., 104f.

19 A. a. O., 106.

20 A. a. O., 117.

21 A. a. O., 119.

[22 Anmerkung des Übersetzers: Vgl. R. EISLER, Kant-Lexikon. Nachschlagewerk zu Immanuel Kant (1930), Art. Judentum, www.textlog.de/32428.html (25.08.2020).]

23 P. W. KAHN, Putting Liberalism in Its Place, Princeton, 2005, 227.

die Vernunft, sondern die Liebe knüpft«.[24] Die christlich soziale Vorherrschaft lieferte die Liebesbindungen, die für das Funktionieren des Liberalismus notwendig waren, solange diese Vorherrschaft unangefochten bestehen blieb. Der Liberalismus perpetuierte und konservierte eine Form des Christentums, die ihre formelle politische Abschaffung zu überleben vermochte.

Zum Beispiel hat dieses Kulturchristentum die Entspannung zwischen Kapital und Arbeit in der westlichen Welt bis zur Mitte des 20. Jahrhunderts forciert und einen »eingehegten Liberalismus« hervorgebracht, in dem »Marktprozesse sowie unternehmerische und gemeinschaftliche Aktivitäten von einem Netz sozialer und politischer Begrenzungen sowie einem regulatorischen Umfeld umgeben waren.«[25]

Das Christentum lieferte den sozialen Kitt, nämlich die Solidarität, die notwendig war, um die faktische Antinomie zwischen Freiheit und Gleichheit innerhalb des Liberalismus nicht sichtbar werden zu lassen. Dies geschah im Interesse derjenigen, die von diesem System profitierten. Der faustische Pakt des Liberalismus mit dem Kapitalismus, der die bürgerliche Überwindung der politischen Dominanz der Aristokratie ermöglichte, verschärfte diese Antinomie. Der Kapitalismus erfordert das Commitment zu einem Grundwert, nämlich dass nur wenige Menschen die Mittel besitzen, um Güter und Wohlstand auf eine Weise zu produzieren, die die Mehrheit ausschließt. Kathryn Tanner identifiziert zutreffend eine Verbindung zwischen diesem Gefühl exklusiver Eigentümerschaft und einem Persönlichkeitsverständnis, das von Theoretikern des Liberalismus wie Locke artikuliert wurde. Das Resultat bildet ein Freiheitsverständnis, das auf ordnungsgemäße Eigentümerschaft hin ausgerichtet ist, eine ausschließliche Eigentümerschaft, die jegliche Inanspruchnahme dieses Eigentums durch den Anderen kategorisch ablehnt.

Dies ist jene Freiheit, die »in erster Linie negativ, fast unsozial, als Freiheit von anderen verstanden wird, und deren potenziell ungerechte Inbesitznahme oder Gebrauch des Eigenen.«[26] Das kapitalistische Bekenntnis zur Freiheit des Exklusiveigentums produziert zwangsläufig kompetitive soziale Beziehungen, die die Solidarität untergraben und Ungleichheit erzeugen und zwar mit der Folge, dass der eingehegte Liberalismus dem heftigen Ansturm durch diese Werte ausgesetzt ist. An seine Stelle tritt nun ein Neoliberalismus, der das regulatorische Umfeld, das zuvor zumindest eine Fassade von Gleichheit aufrechterhielt, weitgehend demontiert. Dies geschieht alles im Namen der Freiheit.

---

[24] Ebd. Siehe auch das Argument von PAUL TILLICH (Die sozialistische Entscheidung, in: DERS., Christentum und soziale Gestaltung. Frühe Schriften zum Religiösen Sozialismus. Gesammelte Werke Bd. II, hg. von R. ALBRECHT, Stuttgart 1962, 219–365, 265), dass der Liberalismus »die Eigenmächte des Daseins« entmächtigt, indem er sie rational analysiert und so demythologisiert. Der Liberalismus ist folglich »Korrektiv, nicht Normativ« (a. a. O., 271; dort z. T. kursiv), ein »Prinzip, [das] allein das Dasein nicht tragen kann« (ebd.).
[25] HARVEY, A Brief History of Neoliberalism, 11.
[26] K. TANNER, Economy of Grace, Minneapolis 2005, 36.

1.2 Amerikanischer Liberalismus: die Sklaverei, das Kapital und die Religionsfreiheit

Die USA sind ein Testfall für diese Darstellung von Liberalismus und Freiheit. Über die Antinomie zwischen Freiheit und Gleichheit einerseits und dem Liberalismus andererseits schreibt O'Connor beispielsweise, dass »sowohl Demokratie als auch Kapitalismus wichtige Prüfsteine in den USA bilden«.[27] Dies »macht die Wahl zwischen ihnen schwierig.«[28] Er verbindet Kapitalismus ausdrücklich mit dem liberalen Verständnis von Freiheit sowie Demokratie mit dem von Gleichheit. Die Gründungsdokumente der USA zeugen von der Antinomie zwischen diesen beiden Werten.

In der Unabhängigkeitserklärung der USA, am 4. Juli 1776 vom Zweiten Kontinentalkongress verabschiedet, heißt es: »Wir halten diese Wahrheiten für selbstevident, dass alle Menschen gleich geschaffen sind, dass sie von ihrem Schöpfer mit bestimmten unveräußerlichen Rechten ausgestattet wurden, worunter Leben, Freiheit und das Streben nach Glück zu fassen sind.«[29] Das hört sich vielversprechend an. Gleichheit ist universal ausgerichtet, und Freiheit ist Teil dessen, was diese universale Gleichheit bedeutet. Eine genauere Prüfung zeigt jedoch ein weniger optimistisches Bild. Berücksichtigt man die auf staatlicher Ebene erlassenen Wahlbeschränkungen gegen das Wahlrecht von Frauen, von indigenen und versklavten Menschen sowie Männern europäischer Abstammung mit unzureichendem Vermögen, so waren schätzungsweise nur etwa sechs Prozent der Bevölkerung des Landes bei der ersten Präsidentschaftswahl wahlberechtigt.[30] Statt einer universalen Gleichheit, die eine universale Freiheit schuf und sicherte, entsprach die tatsächliche Situation eher einer Regierung der Privilegierten, gewählt durch die Privilegierten und für

---

[27] O'CONNOR, A Commercial Republic, 243.
[28] A. a. O., 244. Harvey verknüpft auch die vom neoliberalen Staat befürwortete »Freiheit« mit dem Kapital: »Die darin verkörperten Freiheiten spiegeln die Interessen von Privateigentümern, Unternehmen, multinationalen Konzernen und Finanzkapital wider.« HARVEY, A Brief History of Neoliberalism, 7. Kotsko argumentiert, dass Harveys Analyse des Neoliberalismus zu marxistisch sei, was sich nachteilig auf andere Analysemodi auswirke. Siehe KOTSKO, Neoliberalism's Demons, 14f.; 40. Während Kotsko weitere hilfreiche Analysemodi einbringt, schenkt seine Kritik an Harvey dem in der Planung ungehemmten Charakter eines Aufstiegs des Neoliberalismus möglicherweise nicht genügend Aufmerksamkeit. Siehe zum Beispiel N. MACLEAN, Democracy in Chains. The Deep History of the Radical Right's Stealth Plan for America, New York 2017; K. PHILLIPS-FEIN, Invisible Hands. The Making of the Conservative Movement from the New Deal to Reagan, New York 2009.
[29] Declaration of Independence. A Transcription, National Archives, in: www.archives.gov/founding-docs/declaration-transcript (13.11.2019).
[30] Expansion of Rights and Liberties. The Right of Suffrage, National Archives, in: www.web.archive.org/web/20160706144856/http://www.archives.gov/exhibits/charters/charters_of_freedom_13.html (13.11.2019).

die Privilegierten und keineswegs einer »Regierung des Volkes durch das Volk für das Volk«,[31] die Abraham Lincoln in seiner Rede von Gettysburg beschwor.

Losurdo analysiert auf instruktive Weise die Unterscheidung zwischen der Sicherheit von Eigentumsrechten und individueller Freiheit. Seine Analyse bezieht sich auf alle Kontexte der Ungleichheit, ist jedoch in Bezug auf die Bedingungen der Sklaverei, die in der frühen Geschichte der USA vorherrschte, besonders einnehmend:

> »Die Sicherheit von Eigentumsrechten ist nicht gleichbedeutend mit der Achtung der individuellen Freiheit. Weit davon entfernt, ein Ort zu sein, an dem sich Einzelpersonen als Verkäufer und Käufer von Waren frei trafen, war der liberale Markt jahrhundertelang ein Ort der Ausgrenzung und Entmenschlichung. In der Vergangenheit waren die Vorfahren der heutigen schwarzen Bürger Waren und keine autonomen Käufer und Verkäufer. Und jahrhundertelang fungierte der Markt sogar als Terrorinstrument.«[32]

Freiheit war ein begrenztes Gut der wenigen Privilegierten, und eine Regierung, die angeblich auf der Prämisse der Gleichheit beruhte, kontrollierte rigoros die Grenzen der Freiheit. Dies ist eine Freiheit *von* anderen – in der Tat eine Freiheit, die frei davon ist, sich um andere kümmern zu müssen. Aufeinanderfolgende Freiheits- und Gleichstellungsbewegungen wie der amerikanische Bürgerkrieg, der (anschließende) Wiederaufbau, die Frauenwahlrechts- und die Bürgerrechtsbewegung haben diese Grenzen im Laufe der Zeit gesprengt und verkörpern zunehmend die in der Unabhängigkeitserklärung dargelegte Vision von Freiheit und Gleichheit. Diese Bewegungen bildeten weitere Revolutionen oder weitere »Etappen der amerikanischen Revolution«.[33]

Die Revolution bleibt jedoch unvollständig, wenn sie so verstanden wird. Einige der offensichtlicheren und offenkundig gewalttätigen Formen von Unterdrückung und Ungleichheit sind auch heute noch in der Geschichte verankert – und manche hoffen, dass dies dauerhaft so bleibt. Aber auch der Markt hat als Instrument des Terrors fungiert und funktioniert auch weiterhin so für viele, ganz zu schweigen von denen, die formal versklavt sind. In der Tat erweist sich die gesetzlich sanktionierte Sklaverei als das beste Beispiel für die kapitalistische Grundlogik von Privateigentum und exklusiver Nutzung. Statt des privaten Besitzes von Mitteln und Strukturen zur Generierung von Wohlstand und Privilegien und statt des sich *ad hoc* und vorübergehend vollziehenden Erwerbs der notwendigen Arbeitskraft, meint Sklaverei den

---

[31] A. LINCOLN, The Gettysburg Address: Transcript of Cornell University's Copy, Cornell University, Division of Rare & Manuscript Collections, in: www.rmc.library.cornell.edu/gettysburg/good_cause/transcript.htm (19.11.2019).

[32] LOSURDO, War and Revolution, 259. Siehe auch F. LAMBERT, Religion in American Politics. A Short History, Princeton 2008, 178.

[33] LOSURDO, War and Revolution, 39. Siehe auch a. a. O., 52; 54.

systematischen und dauerhaften Erwerb von Arbeitskraft durch den Erwerb des Arbeiters. Marx stellte ausdrücklich diesen Zusammenhang her: »Überhaupt bedurfte die verhüllte Sklaverei der Lohnarbeiter in Europa« und, wie wir hinzufügen sollten, die USA »zum Piedestal die Sklaverei sans phrase in der neuen Welt.«[34]

Die Lohnsklaverei scheint der Leibeigenschaft weit überlegen zu sein, aber erstere stellt nur eine mildere Applikation des kapitalistischen Prinzips dar als letztere. Es ist natürlich bedeutsam, dass diese Applikation milder ist, aber wir müssen auch die Kontinuität erkennen, um andere stärkere und mildere Applikationen zu identifizieren.

Die kapitalistische Nachfrage nach billigen und verfügbaren Arbeitskräften in den USA endete nicht mit der Abschaffung der Sklaverei. Die Gesellschaft der USA stellte sicher, dass ehemalige Sklaven und ihre Nachkommen zu den wirtschaftlich am stärksten benachteiligten und ausgebeuteten Bevölkerungsgruppen des Landes gehören. Dies geschah in früheren Unions- und früheren Konföderationsstaaten auf unterschiedliche Weise, wobei sich erstere *de facto* auf ein System der Rassentrennung stützten und letztere *de jure* eine »Jim Crow«[35]-Gesellschaft aufbauten. Sowohl gerichtliche als auch außergerichtliche Formen von Gewalt und Terror verstärkten im ganzen Land diese beiden Erscheinungsweisen von Ausbeutung.

Die Bürgerrechtsbewegung in der Mitte des zwanzigsten Jahrhunderts beendete zwar *de jure* die Segregation, ließ aber die Aufgabe unvollendet, die wirtschaftliche Ungleichheit zwischen den Rassen zu beenden. Martin Luther King Jr. und Malcolm X waren sich in diesem Punkt einig. Wie James Cone schreibt, »hat die formale Gleichstellung [...] die *materiellen* Bedingungen der Schwarzen nicht verändert«, weil »Armut kein Zufall war, sondern die Folge einer kalkulierten Entscheidung der Machthaber in der Wirtschaft.«[36] In jüngerer Zeit hat die Masseneinkerkerung von schwarzen und braunen Körpern (»black and brown bodies«) zu einem Gefängnis-Industriekomplex geführt, der der Wirtschaftselite unglaublichen Profit einbringt, während er gleichzeitig rassisch-ethnische Minderheitengemeinschaften destabilisiert und dabei Versuche unterbindet, über Generationen erworbenes Vermögen anzusparen. Die rassistische Komponente dieses sogenannten Strafjustizsystems ist so

---

[34] K. MARX, Das Kapital. Kritik der politischen Ökonomie. Erster Band, Buch 1: Der Produktionsprozeß des Kapitals, MEW 23, hg. vom Institut für Marxismus-Leninismus beim ZK der SED, Berlin (Ost) 1962, 787. Der Zusammenhang zwischen dem Erhalt des Entgelts für die Ausübung von Arbeit und der Sklaverei reicht zumindest bis zu Cicero zurück, der schrieb, dass es wirklich »die Löhne sind, die der Arbeiter erhält, welche ein Zeichen der Sklaverei darstellen«. M. HADAS (Hg.), The Basic Works of Cicero, The Modern Library, New York 1951, 56.

[35 Anmerkung des Übersetzers: Jim Crow ist eine Bühnenfigur der Minstrel Shows des 19. Jahrhunderts und steht für den auf die Erheiterung eines weißen Publikums reduzierten Schwarzen.]

[36] J. H. CONE, Martin & Malcolm & America. A Dream or a Nightmare, Maryknoll 2012, 223.

stark, dass Michelle Alexander vom »Neuen Jim Crow«[37] sprach. Dieser Zustand untergräbt natürlich unmittelbar die Freiheit derjenigen, die in seinem System gefangen sind, aber der eigentliche Punkt ist grundlegend wirtschaftlicher Natur. Wie US-Präsident Franklin Delano Roosevelt 1944 in seiner Rede vor dem Kongress über die Lage der Nation urteilte: »Verarmte Männer sind keine freien Männer.«[38]

All diese Ungleichheitsstrukturen, die die Freiheit der Wenigen, der Elite gewährleisten und die Freiheit der Vielen einschränken, erfordern wirksame Druckentlastungsventile, um die politische Stabilität aufrechtzuerhalten. Das wichtigste unter diesen Ventilen war die Expansion der USA nach Westen, die das im Herzen der nationalen Ursprünge angesiedelte kolonialistische Projekt zum Ausdruck brachte und erweiterte. Dieses kolonialistische Projekt verschaffte den USA den Vorteil einer Gestalt imperialer Expansion, die keinem direkten Wettbewerb mit anderen europäischen Mächten ausgesetzt war. Es bot auch weißen, die wirtschaftlich weniger privilegiert waren, die Möglichkeit, Eigentum anzusammeln und Wohlstand zu mehren, ohne dabei das Eigentum und den Wohlstand, den bereits die Elite erworben hatte, direkt infrage zu stellen. Die Freiheit, die eigene wirtschaftliche Lage durch harte Arbeit und Entschlossenheit zu verbessern und gleichzeitig neue Grenzen zu »öffnen«, ging natürlich zu Lasten der indigenen Völker. Es handelte sich weniger um »offenkundiges Schicksal« als vielmehr »offenkundigen Diebstahl«.[39] Aber ähnlich wie bei der Sklaverei hält sich die moralische Empörung immer in Grenzen, wenn eine Gesellschaft eine Bevölkerungsgruppe ausbeutet, die bereits als »anders« definiert wurde, insbesondere wenn es sich dabei um eine facettenreiche Andersartigkeit handelt, die Kultur, Rasse und Religion umfasst.

---

[37] M. ALEXANDER, The New Jim Crow. Mass Incarceration in the Age of Colorblindness, New York 2012. In Kapitel 1, »Die Wiedergeburt der Kaste«, befindet sich ein Überblick über die Rekonstruktions- und Jim-Crow-Zeit sowie über die jüngsten Entwicklungen bei der Masseneinkerkerung. Das Gefängnis stach nicht nur in Malcolm X' eigener Erfahrung, sondern auch in seinen Reden über die Erfahrung der Schwarzen in den USA allgemein hervor. Er behauptete, dass »alle schwarzen Amerikaner [...] tatsächlich nur Gefangene eines rassistischen Systems waren.« M. MARABLE, Malcolm X. A Life of Reinvention, New York 2011, 241. Weitere Informationen zu Generationenreichtum und zur schwarzen amerikanischen Gemeinschaft finden sich bei J. HOLLAND, The Average Black Family Would Need 228 Years to Build the Wealth of a White Family Today, The Nation vom 08.08.2016, in: www.thenation.com/article/the-average-black-family-would-need-228-years-to-build-the-wealth-of-a-white-family-today/ (19.11.2019).

[38] F. D. ROOSEVELT, State of the Union Message to Congress, January 11, 1944, Franklin D. Roosevelt Presidential Library and Museum, in: www.fdrlibrary.marist.edu/archives/address_text.html (13.11.2019). Siehe auch die Diskussion in HARVEY, Brief History, 183–185.

[39] N. FERGUSON, Civilization. The West and the Rest, London 2011, 114f., wie zitiert in LOSURDO, War and Revolution, 236f., siehe auch a. a. O., 252.

Religion – und insbesondere die Idee der Religionsfreiheit – ist ein weiteres wichtiges Druckventil für politische Stabilität in einer von eklatanter Ungleichheit geprägten Gesellschaft. Frank Lambert hebt zu Recht den Einfluss des »protestantischen Christentums«, des »kommerziellen Libertarismus« und des »liberalen Republikanismus« hervor, die im Zentrum der amerikanischen Geschichte stehen und zu einem ausgeprägten religiösen Pluralismus führten.[40] Die Gründungsdokumente der Nation stellten sicher, dass es keine föderale Einrichtung der Religion geben würde, obwohl die Einrichtung auf staatlicher Ebene noch viele Jahrzehnte andauerte. Selbst im Zentrum der gegenwärtigen politischen Debatte in den USA hält sich beharrlich der Sinn für deren vor allem weiße christlich-religiöse Formung, die einige gerne durch die Gesetzgebung verstärkt sehen möchten. Ungeachtet dessen entstand in den USA ein zumindest relativ »freier und wettbewerbsorientierter religiöser Markt«,[41] der erfolgreiche religiöse Innovationen sowohl kulturell als auch kommerziell belohnte. Dieser Zustand diente dazu, jene Energien zu kanalisieren, die anstatt in den religiösen Markt in politischen Missmut hätten münden können. Wie Randall Balmer argumentiert, lenkte der religiöse Markt »die soziale Unzufriedenheit von der politischen in die religiöse Sphäre um. Die Religion in Amerika dient als solche als konservative politische Kraft – das heißt, ihre Existenz als Sicherheitsventil für soziale Unzufriedenheit schützt den Staat tendenziell vor radikalen Eiferern und den Paroxysmen der Revolution«.[42]

Balmers Urteil betrifft den Platz, den Religion in der amerikanischen Gesellschaft und auf dem religiösen Markt insgesamt einnimmt. Es bildet kein Urteil über jede religiöse Besonderheit. Seine Analyse des amerikanischen Evangelikalismus in der Mitte des 19. Jahrhunderts liefert Beispiele für alle Beteiligten an diesem Prozess. Charles Finney, einer der bekanntesten Evangelisten und Vertreter der zweiten großen Erweckungsbewegung, glaubte, dass die Bekehrung »die Verantwortung für die Verbesserung der Gesellschaft und insbesondere die Interessenwahrnehmung zugunsten der am stärksten Hilfsbedürftigen«[43] mit sich bringt. Infolgedessen entwickelte sich der Evangelikalismus in den nördlichen Nicht-Sklavenstaaten in einer stark abolitionistischen Richtung. In den südlichen Sklavenstaaten jedoch »wendete sich evangelikale Frömmigkeit […] gleichsam nach innen.«[44] Diese regionale Divergenz war jedoch keine ausschließliche Besonderheit des Evangelikalismus. Praktisch jede größere Konfession im amerikanischen Christentum spaltete sich über der Sklavereifrage und dem Bürgerkrieg, und einige dieser Konfessionen haben bis heute keine (Wieder-)Vereinigung vollzogen. Dieser besondere Fall veranschaulicht, wie stark die Freiheitswahrnehmung durch die Religionsfreiheit geprägt ist. Handelt es

---

[40] LAMBERT, Religion in American Politics, 16.
[41] A. a. O., 42.
[42] R. BALMER, Evangelicalism in America, Waco 2016, 8.
[43] A. a. O., 43.
[44] A. a. O., 58.

sich um eine Religionsfreiheit *zur* Aufnahme und Einbeziehung des Anderen oder um eine Religionsfreiheit *von* den Forderungen des Anderen? Diese Frage dürfte von heuristischem Wert für neuere politische Debatten zur Religionsfreiheit in den USA sein, die vielleicht nicht zufällig auch den amerikanischen Evangelikalismus betreffen. Nach der Bürgerrechtsbewegung und nachdem der Oberste Gerichtshof im Fall »Brown versus Bildungsausschuss« im Jahr 1954 entschieden hatte, dass alle staatlichen Gesetze zur Errichtung rassentrennender öffentlicher Schulen verfassungswidrig seien, gründeten Evangelikale aus dem Süden private »Akademien nur für Weiße«, um die Rassentrennung auf diese Weise *de facto* fortzusetzen.[45] Im Fall »Green versus Kennedy« aus dem Jahr 1970 entschied das Bundesbezirksgericht für den District of Columbia jedoch gegen diese Akademien, und die Bundessteuerbehörde verweigerte ihnen die Steuerbefreiung. Als diese Behörde 1976 den Steuerbefreiungsstatus der Bob Jones University, einer evangelikalen Bibelschule, aufhob, bildete dies das auslösende Moment für den Aufstieg der religiösen Rechten und die politische Einflussnahme seitens der Evangelikalen auf die amerikanische Politik des späten 20. und frühen 21. Jahrhunderts. Konservative politische Aktivisten fügten ihrer segregationistischen Agenda später die Gegnerschaft im Blick auf legalisierte Abtreibungen hinzu, um ihre Anhänger an der Basis zu mobilisieren.[46]

Wenngleich Balmer diesen Referenzrahmen in seiner Analyse nicht verwendet, so hing der Aufstieg der religiösen Rechten doch von der Idee der Religionsfreiheit ab. Evangelikale verteidigten die Religionsfreiheit ihrer Institutionen vor dem »Angriff der Bundesregierung auf die Integrität und die Heiligkeit der evangelikalen Subkultur«,[47] d. h. die Segregation unter einem anderen Namen. Sie verteidigten ihre angebliche Religionsfreiheit *gegen* die gesetzlichen Rechte nicht-weißer Bürger. Der Steuerbefreiungsstatus bedeutet jedoch tatsächlich ein Privileg, und die Aufhebung des Privilegs einer Gruppe ist keineswegs gleichbedeutend mit einer Verfolgung oder einem Angriff auf ihre Freiheit. Dieses Deutungsmuster ist auch heute noch sehr verbreitet in den USA. Religionsfreiheit gleicht dort einem »rhetorischen Schweizer Taschenmesser – einem vielseitigen Gebrauchsgegenstand, halb Werkzeug und halb Waffe, dem sich kein vernünftiger Mensch entziehen kann.«[48] Wie bereits in grauen

---

[45] A. a. O., 111. Siehe Kapitel 8: »Re-Create the Nation: The Religious Right and the Abortion Myth«. A. a. O., 109–121.

[46] A. a. O., 110; 119. Wir sehen hier eine Konvergenz des konservativen weißen Widerstands sowohl gegen die Bürgerrechtsbewegung als auch gegen die sexuelle Revolution. Wie bei der Bürgerrechtsbewegung »handelte es sich bei den Konflikten um die sexuelle Revolution zum Teil um die Frage, wer der amerikanischen Zivilgesellschaft angehört und wessen Stimme gehört werden soll.« B. BAILEY, Sex in the Heartland, Cambridge 2002, 216.

[47] BALMER, Evangelicalism in America, 115.

[48] M. SCHWARTZ, The ›Religious Freedom‹ Agenda, The Atlantic vom 16.07.2019, in: www.theatlantic.com/politics/archive/2019/07/trump-administration-religious-freedom/594040/ (19.11.2019). Dieser flexible Begriff der Religionsfreiheit wird durch eine »story« zur Moderne unterstützt und begünstigt, die mit Martin Luthers Biografie zusammenhängt. Wie

Vorzeiten so bildete die Religionsfreiheit auch noch in jüngster Vergangenheit das Rückgrat einer Reihe von Versuchen, die Freiheit des weißen christlichen Amerikas vor dem Anderen zu schützen – egal, ob dies bedeutete, Ausnahmen für solche religiösen Einrichtungen zuzulassen, die ihren weiblichen Beschäftigten keinen Verhütungsschutz im Rahmen ihrer Krankenversicherungsleistungen gewähren wollten, oder ob dies bedeutete, dass Beschäftigten des Gesundheitswesens – oder sogar ganzen religiös angegliederten Gesundheitseinrichtungen – gestattet wurde, bestimmte medizinische Leistungen zu quittieren, die ihre religiösen Gefühle verletzen würden usw.[49]

1.3 Kapital, Religionsfreiheit und das weiße christliche Amerika

Diese rhetorische Identifikation der Religionsfreiheit mit der Verteidigung der Privilegien eines weißen christlichen Amerikas, diese Übersteigerung der Freiheit der Wenigen zu Ungunsten der Gleichheit von vielen fasst die Antinomie zusammen, die den Liberalismus in seinem Kern ausmacht. Es gibt jedoch noch viel mehr zu erzählen, und amerikanische Evangelikale liefern auch weiterhin eine hilfreiche Erschließungsmöglichkeit dazu, zumal die Geschichte des Evangelikalismus zeigt, wie religiöse, nationale und wirtschaftliche Identität(en) in den USA tief miteinander verwoben sind.

Rufen wir nun nochmals die frühere Unterscheidung zwischen einem sozialaktivistischen und abolitionistischen Evangelikalismus im Norden und einem spirituell-quietistischen Evangelikalismus im Süden in Erinnerung. Der Evangelikalismus spielte in der amerikanischen Gesellschaft auch nach dem Bürgerkrieg im Blick auf Fragen der Freiheit und Gleichheit weiterhin eine wichtige gesellschaftspolitische

---

Helmer feststellt, definiert diese »story« Religion als ein grundsätzlich nicht-rationales und daher in ethischer, institutioneller und politischer Hinsicht freigestelltes Phänomen, das »der naiven und sozial gefährlichen Ansicht zugrunde liegt, dass alles Gemeinschaftsleben ein Eingriff in die individuelle Freiheit sei«. HELMER, How Luther Became the Reformer, 117.

[49] Siehe M. BANKER, The Trump Administration and a Federal Judge Have Allowed Wheaton College to Withhold Birth Control Coverage – With No Regard for the Women and Families Impacted, National Women's Law Center, 05.03.2018, in: www.nwlc.org/blog/the-trump-administration-and-a-federal-judge-have-allowed-wheaton-college-to-withhold-birth-control-coverage-from-students-and-staff-with-no-regard-for-the-women-and-families-impacted/ (19.11.2019); E. GREEN, Why Notre Dame Reversed Course on Contraception, The Atlantic vom 08.11.2017, in: www.theatlantic.com/politics/archive/2017/11/notre-dame-birth-control-obamacare-reversal/545282/ (19.11.2019); A. KODJAK, New Trump Rule Protects Health Care Workers Who Refuse Care For Religious Reasons, National Public Radio, 02.03.2019, in: www.npr.org/sections/health-shots/2019/05/02/688260025/new-trump-rule-protects-health-care-workers-who-refuse-care-for-religious-reason (19.11.2019); M. R. ULRICH / J. R. RAIFMAN, How Religious Refusal Laws Are Harming Sexual Minorities, Health Affairs vom 11.06.2018, in: www.healthaffairs.org/do/10.1377/hblog20180607.856152/full/ (19.11.2019).

Rolle und bewegte sich – leider – im Allgemeinen in jene Richtung, die der südliche Zweig eingeschlagen hatte. Dies traf sogar auf eine nördliche Zitadelle wie Chicago zu. Heath Carter hat die Rolle untersucht, die die Religion im wirtschaftlichen Kampf zwischen Kapital und Arbeit in Chicago in der zweiten Hälfte des 19. Jahrhunderts spielte. Diese »story« handelt davon, wie das religiöse Establishment, ausgerichtet auf das Kapital, beharrlich versuchte, Formen des linken und sogar sozialistischen Christentums, die durchaus unter Arbeitern verbreitet waren, zu marginalisieren. Carter schreibt: »Chicagos vielfältige Arbeitergemeinschaften [...] wurden zu Brutstätten alternativer Christentümer«, die »eine wachsende Tradition des sozialen Christentums der Arbeiterklasse aufrechterhielten und ausarbeiteten«.[50] Timothy Gloege berichtet, wie Dwight L. Moody, ein außergewöhnlicher evangelikaler Evangelist und Gründer solcher Institutionen, die unter Evangelikalen bis heute Einfluss haben, die Ausrichtung auf das Kapital selbstbewusst umwarb, indem er entschieden geschäftsorientierte visuelle und organisatorische Strategien verfolgte. Die Institutionen, die einst seinen Namen trugen, setzten diese Strategie fort, sich ein geschäftsähnliches Image zu verpassen, um ihre bürgerliche Seriosität zu stärken.[51]

Während das religiöse Establishment in Carters »story« die Rechte des Kapitals gegenüber der Arbeit(erseite) legitimierte, handelt Gloeges »story« von Moodys Verwendung des Kapitals zur Legitimation des Evangelikalismus. Jede dieser »stories« beinhaltet eine Hochzeit zwischen christlichen und kapitalistischen Werten, wobei auch die Vertragstheorie seine wichtige Rolle spielt. Die Vertragstheorie sieht vor, dass die Vertragsbedingungen nur dann gelten, wenn beide Parteien vor dem Gesetz frei und gleich sind, damit sie freiwillig den Vertrag abschließen können. Verträge liefern den Mechanismus, durch den Kapital Arbeit kaufen kann. Innovationen im amerikanischen Protestantismus des 19. Jahrhunderts, angeführt von Persönlichkeiten wie Finney und Moody, gingen mit der Betonung des freien Willens des Einzelnen einher, um die Bedeutung der Bekehrung zu unterstreichen, die dem Funktionieren einer vertraglichen Beziehung mit Gott stark ähnelte. Sich von allgemeinen augustinischen Vorstellungen von Erwählung und Prädestination entfernend, lehrte dieser »Revivalism«, »dass alle vor Gott gleich seien« und kombinierte somit einander ähnelnde Versatzstücke republikanischer Ideologie und arminianischer Theologie«.[52]

Die Bewegung des Social Gospels störte diese Ehe zwischen amerikanischem Christentum und Kapitalismus. Mit Walter Rauschenbusch als führendem Theoretiker, der auch einflussreich unter den wichtigsten protestantischen Konfessionen wirkte, betonte das Social Gospel die christliche Verantwortung für die Verbesse-

---

[50] H. W. CARTER, Union Made. Working People and the Rise of Social Christianity in Chicago, Oxford 2015, 75.
[51] Siehe T. E. W. GLOEGE, Guaranteed Pure. The Moody Bible Institute, Business, and the Making of Modern Evangelicalism, Chapel Hill 2015, 34f.; 139.
[52] BALMER, Evangelicalism in America, 97. Zu wichtigen Diskussionen rund um die Vertragstheorie siehe CARTER, Union Made, 109–111; GLOEGE, Guaranteed Pure, 67; 77.

rung der gesellschaftlichen Zustände, indem es deren Krankheiten wie Armut, Ungleichheit und Kinderarbeit bekämpfte. Franklin D. Roosevelts New Deal verkörperte viele Werte des Social Gospels. Diese Bewegung führte zu einem bürgerlichen, karitativen Christentum, das die Regulierung des Kapitals und den Schutz der Arbeit(erschaft) unterstützte, aber die Legitimität des Kapitalismus nicht grundlegend infrage stellte. Infolgedessen verstärkte es letztendlich die Antinomie zwischen Freiheit und Gleichheit im Liberalismus, während gleichzeitig daran gearbeitet wurde, einige der auffälligsten Ungleichheiten abzumildern.

Zugleich erregte es auch den Zorn des Kapitals. Kevin Kruse erklärt, wie Persönlichkeiten wie Walt Disney und Cecil B. DeMille die New Deal-Unterstützung der Bundesregierung für Gewerkschaften ablehnten und dies als Angriff auf ihre Geschäftsfreiheit interpretierten. Sie organisierten sich um Lev 25,10 (»Proklamiert die Freiheit im ganzen Land unter allen Einwohnern desselben«; King James Version) und verwandelten ihre Kampagne für die Freiheit des Kapitals von Regulierung und Beschränkung erfolgreich in einen heiligen Kreuzzug für die Religionsfreiheit gegen das, was der amerikanische politische Diskurs immer noch als »große Regierung« (*big government*) bezeichnet.[53] Mit dem Wandel der 1940er zu den 1950er Jahren bot der Konflikt des Kalten Krieges zwischen dem angeblich gottlosen Kommunismus der Sowjetunion und dem angeblich christlichen oder zumindest religiös charakterisierten kapitalistischen Amerika die Möglichkeit, die Religionsfreiheit noch stärker rhetorisch zu befeuern und zwar im Sinne eines Ablenkungsmanövers, das im Dienste der kapitalistischen Hegemonie stand. Anstatt sich der Bundesregierung und dem New Deal zu widersetzen, setzte sich das christlich-amerikanische Kapital an der Seite seiner Regierung gegen die Sowjetunion ein.

Es hat ihm sicherlich geholfen, ein Mitglied der Republikanischen Partei im Weißen Haus zu haben. Auch wenn Dwight D. Eisenhower wenig Interesse an der Demontage des New Deal-Netzes für soziale Sicherheit zeigte, befürwortete er einen Abbau bundesstaatlicher Wirtschaftsregulierung. So fügte die Gesetzgebung 1954 dem Treueschwur der USA den Ausdruck »unter Gott« hinzu, gefolgt 1956 von der Zufügung der Wendung »In God We Trust« auf alle Geldscheine und Münzen. Die Allen-Bradley Company veröffentlichte, Fred Schwarzs Aussage vor dem »House of Un-American Activities Committee« folgend, im Jahr 1957 wirkungsvolle Propaganda in einer Reihe bedeutender Zeitungen. Es enthielt einen Großteil von Schwarzs Aussagen, die so aufbereitet wurden, dass sie die Nutzung von Religionsfreiheit zur Förderung der Interessen amerikanischen Kapitals wirkungsvoll inszenierten:

---

53 K. M. KRUSE, One Nation under God. How Corporate America Invented Christian America, New York 2015. Vgl. insbes. a. a. O., 128; 140 zu Disney und DeMille und a. a. O., 27; 144 zur Bedeutung von Lev 25,10.

»WERDEN SIE DAZU FREI SEIN, WEIHNACHTEN AUCH IN ZUKUNFT FEIERN ZU KÖNNEN? [...] Nein, solange Sie und andere freie Amerikaner nicht zu verstehen beginnen und zu schätzen wissen, welche enormen Vorteile das von Gott zur Verfügung gestellte amerikanische System freier Unternehmerschaft bietet.«[54]

Diese Dynamiken, die den Kapitalismus und das amerikanische Christentum miteinander verbanden, setzten sich auch im späten 20. und frühen 21. Jahrhundert fort. Die Konvergenz religiöser und wirtschaftlicher Privilegien ist Teil der »story«, die Robert Jones in seinem Buch »The End of White Christian America« erzählt. Jones blickt durch das Prisma von Robert Schuller und der »Crystal Cathedral« in Orange County, Kalifornien, und verfolgt anhand derselben die Spur des weißen Evangelikalismus mit seinem christlichen »Aufruf an die Vereinigten Staaten, eine ausdrücklich christliche Nation mit einer gottgewollten Mission in die Welt zu werden.«[55] Bei der Förderung dieser Vision »verband Schuller die christliche Anbetung ausdrücklich mit der Konsumkultur«,[56] so wie es bereits Dwight L. Moody und seine Nachfolger in früheren Zeiten getan hatten. Das Ergebnis war, dass Schuller und die Megakirchenbewegung, die seinem Beispiel folgten, »eine starke Trifecta aus materiellem Erfolg, persönlichem Wachstum und (Selbst-)Verwirklichung sowie politischem Konservatismus«[57] förderten.

Jones bezeichnet mit dem Begriff »weißes christliches Amerika« die soziokulturelle, politische und wirtschaftliche Hegemonie rassistischer weißer Protestanten in Amerika. Er zielt mit anderen Worten auf die Konvergenz von religiöser und wirtschaftlicher Privilegierung ab.[58] Es handelt sich zugegebenermaßen um eine »Großkategorie« mit vielen wesentlichen Binnendifferenzen. Sie bildet jedoch ein hilfreiches analytisches Instrumentarium, um verstehen zu lernen, wie sich Amerikaner in der Vergangenheit selbst wahrgenommen haben, sich gegenwärtig selbst wahrnehmen und in Zukunft wahrnehmen werden. Es geht mit anderen Worten um den Inbegriff dessen, was »amerikanisch« meint.

Jones hebt den umstrittenen Charakter dieser Frage hervor, sowohl innerhalb des weißen christlichen Amerika als auch innerhalb der vielen »kleinen Amerikas«, zumal sich die Bevölkerungsstruktur der Nation rapide verändert. Der implizite – und allzu oft explizite – Kampf des weißen christlichen Amerika um Bedeutungszugewinn besteht darin, die beträchtlichen Ressourcen, die ihm noch zur Verfügung stehen, zu nutzen, um seine Macht zu stärken und zu erhalten, solange dies noch möglich ist. Jones identifiziert in hilfreicher Weise die Freiheitsrhetorik, insbesondere die Religionsfreiheit betreffend, als einen wichtigen Bestandteil dieser Strategie.

---

[54] A. a. O., 150. Siehe bes. a. a. O., 86f. zu Eisenhower und Kapitel 4 – »Pledging Allegiance« (a. a. O., 95–125) – zu den beiden Teilen der Gesetzgebung.
[55] R. P. JONES, The End of White Christian America, New York 2016, 22.
[56] A. a. O., 23.
[57] A. a. O., 26.
[58] A. a. O., 30f.

Er zeigt zum Beispiel, dass es in der Tea-Party-Bewegung Anfang der 2000er-Jahre weniger um eine libertäre politische Vision ging, als vielmehr um eine lediglich neu erscheinende Rekonfiguration der christlichen Rechten, die ihre sozialkonservative Agenda unter dem Banner der Freiheit vorantrieb. Jones spricht allgemein über die Rolle der Religionsfreiheit in der zeitgenössischen amerikanischen Politik und bezeichnet die »neue Doktrin der Religionsfreiheit« als »den Aufstand der Nachhut, der speziell darauf abzielt, in isolierten Hochburgen das zu sichern, was das weiße christliche Amerika ansonsten an Boden verloren hat.«[59] Das weiße christliche Amerika verfolge mit anderen Worten auch weiterhin die Strategie, die es zur Verteidigung seiner auf Erziehung abzielenden Segregationspraktiken entwickelt habe.

Diese angeblichen Verfechter der Religionsfreiheit würden das reinszenieren, »was der Soziologe Nathan Glazer als ›defensive Offensive‹ bezeichnet hat, mittels derer sich eine ehemals mächtige Mehrheit als bedrängte Minderheit neu formiere, um ihre besonderen sozialen Werte zu bewahren.«[60] Aus diesem Grund lehnten weiße Evangelikale und insbesondere ihre Führer die Präsidentschaft von Barack Obama unter Aufbietung massiv apokalyptischer Begrifflichkeit ab, indem sie etwa behaupteten, er sei ein Muslim und zwar trotz seines gut dokumentierten christlichen Selbstverständnisses. Sie leugneten sogar seine amerikanische Staatsbürgerschaft in Komplizenschaft mit jener Verschwörungstheorie, die als »birtherism«[61] bekannt wurde.[62] Die Logik ist klar: Er ist nicht weiß, also kann er auch kein Christ und kein Amerikaner sein. Es ist wichtig, sich daran zu erinnern, dass Donald Trump, wie Jim Acosta es ausdrückte, »the birther-in-chief« war.[63] Obwohl sein persönliches Leben im Widerspruch zu erklärten evangelikalen Werten hinsichtlich persönlicher Moralität steht, repräsentiert er dennoch das Ja zum weißen christlichen Amerika. Die Verbindung von Trump mit Mike Pence hat diese Position gestärkt, zumal Pence als politisch radikaler und persönlich engagierter weißer Evangelikaler einwandfreie Referenzen besitzt. Dies kennzeichnet die Schlüsseldynamik, die Trump vereinte politische Unterstützung einbrachte und sie weiterhin sichert.

Neben individuellem und systemischem Rassismus, männlichem Chauvinismus und jingoistischem Nationalismus hängt das Wiederaufleben des hier skizzierten Bil-

---

59 A. a. O., 144f.; siehe bes. a. a. O., 96f. zur Tea Party.
60 A. a. O., 44.
61 A. a. O., 80f.
[62 Anmerkung des Übersetzers: Als »birtherism« bezeichnet man eine Bewegung in den USA, die bezweifelt oder leugnet, dass deren 44. Präsident, Barack Obama, ein in den USA geborener Staatsbürger ist, was bedeuten würde, dass er illegitimer- bzw. illegalerweise Präsident war.]
63 J. Acosta, CNN-Chefkorrespondent des Weißen Hauses, machte diese Aussage während einer Podiumsdiskussion im CNN-Fernsehen. Das Video wurde bei CNN.com am 22. Oktober 2018 veröffentlicht: www.cnn.com/videos/politics/2018/10/22/jim-acosta-trump-birther-lie-citizen-by-cnn-vpx.cnn (19.11.2019).

des vom weiß-christlichen Amerikaner auch mit dem verbreiteten Gefühl wirtschaftlicher Verwundbarkeit zusammen, das sich an der Basis der Bewegung regte. Diejenigen, die sich in der weiß-christlichen amerikanischen Vision wiederentdecken, sind der Meinung, dass das gesellschaftspolitische System sie materiell privilegieren sollte, und sie müssen eine große Menge kognitiver Dissonanzen steuern, wenn dies nicht der Fall ist. Wie Kotsko bemerkt, »liebt es der Neoliberalismus, sich zu verstecken«, und im heutigen Amerika hat er sich ziemlich effektiv hinter rassischen und religiösen Identitäten und der Freiheitsrhetorik versteckt.[64] Weiße christliche Amerikaner haben noch nicht realisiert, dass die politische Freiheitsrhetorik sowohl im Liberalismus als auch im Neoliberalismus »die ganze Zeit über als eine Maske für Praktiken fungiert hat, hinter der sich die Aufrechterhaltung, Rekonstituierung und Restauration der Macht der Eliteklasse verbirgt.«[65] Die Frustration, die unter vielen Befürwortern des weißen christlichen Amerikas durch ihre Erfahrung zunehmender wirtschaftlicher Ungleichheit hervorgerufen wurde, hat sich bisher in der Ablehnung von Andersartigem niedergeschlagen. Sie glauben, dass es letztendlich die Anwesenheit unerwünschter anderer in der amerikanischen Gesellschaft sei, die zu wirtschaftlicher Ungleichheit geführt habe, und deren Lösung darin bestehe, Mauern zu errichten, Nicht-Bürger abzuschieben und immer mehr Bürger mit schwarzer und brauner Hautfarbe ins Gefängnis zu bringen.

Jones sah den Erfolg dieser Koalition jedoch nicht voraus, als er sein Buch Mitte 2016 zur Veröffentlichung fertigstellte. Mit Blick auf die demografische Entwicklung der Wählerschaft prognostizierte er, dass die Republikanische Partei das Vertrauen in den weißen, christlich-amerikanischen Wahlblock verlieren und diversifizieren müsse, um 2016 und darüber hinaus erfolgreich sein zu können. Er ahnte nicht, wie erfolgreich die Trump-Kampagne die wiederauflebende weiße Überlegenheit, die Intervention ausländischer Akteure und umfassende effektive Bemühungen zur Wählermanipulation fördern und nutzen würde.[66] Jones unterstrich jedoch die zentrale Bedeutung der Freiheitsrhetorik in der amerikanischen Politik und die vielfältigen Möglichkeiten, anhand derer man sich ihrer zur Sicherstellung der Privilegien von wenigen gegenüber der Gleichheit von vielen bediente. Obwohl inzwischen zwei Jahrhunderte vergangen sind und es mehrere Minderheitenberichte gegeben hat, die gegen diesen Freiheitsbegriff votieren, wird unter amerikanischer Freiheit in erster

---

[64] Kotsko, Neoliberalism's Demons, 11. Eine moderatere kritische Auseinandersetzung mit dem Neoliberalismus und seinen religiösen Verstrickungen entfaltet K. Day, Religious Resistance to Neoliberalism: Womanist and Black Feminist Perspectives, New York 2016. Sie behauptet gleichwohl, dass »das Marktprinzip des Wettbewerbs nicht das Organisationsprinzip allen gesellschaftlichen Lebens sein darf, da es die Visionen eines menschlichen Gedeihens behindere.« A. a. O., 13.
[65] Harvey, A Brief History of Neoliberalism, 188.
[66] Zu Jones Analyse vgl. vor allem Jones, White Christian America, 105–110. Einen Überblick zu den Faktoren, die die Wahl Trumps ermöglichten, liefert C. Anderson, White Rage. The Unspoken Truth of Our Racial Divide, New York 2017, 143–154; 161–173.

Linie immer noch eine Freiheit *vom* Anderen und keine Freiheit *für* den Anderen verstanden.

Karl Polanyi reflektierte 1944 das Verhältnis zwischen Freiheit und liberalen kapitalistischen Gesellschaften. Er argumentierte, dass es zwei Arten von Freiheit gibt, die gute und die schlechte. Gute Freiheiten würden Dinge wie Gewissensfreiheit, Redefreiheit usw. umfassen, während schlechte Freiheiten die Freiheit beinhalten, andere auszunutzen und sich selbst Vorteile zu verschaffen. Das Problem besteht nach Polanyis Analyse darin, dass die liberale Gesellschaft immer die Freiheit derjenigen privilegiert, die Eigentum besitzen und damit die Zügel der Macht in den Händen halten. Folglich besteht der einzige Weg, eine Gesellschaft aufrechtzuerhalten, die auf dem Privileg der Wenigen und der Ungleichheit der Vielen basiert und die zugleich unter dem Banner der Freiheit existiert, im Gebrauch von Macht. »Der liberale oder neoliberale Utopismus erwies sich nach Polanyis Ansicht mit dem Scheitern des Autoritarismus oder sogar des regelrechten Faschismus als todgeweiht. Die guten Freiheiten gingen verloren, die schlechten siegten«[67] Es handelt sich um eine Freiheit, die groß geschrieben wird, und zwar als Freiheit vom Anderen und von jeglicher Problematisierung des *status quo*.

Karl Barths Theologie bietet einen theoretischen Strukturrahmen, um eine ganz andere gesellschaftliche Vision zu generieren. Gemäß dieser Vision ist Freiheit als weitreichend und inklusiv und nicht einschränkend und exklusiv zu verstehen. Bei ihr handelt es sich nicht etwa um eine begrenzte Ware, sondern ein frei gegebenes Geschenk. Sie meint nicht etwa die Freiheit *vom* Anderen, sondern die Freiheit *für* den Anderen und für das Leben in einer Gemeinschaft der Liebe, die den Anderen willkommen heißt. Es handelt sich um eine soziale Vision, die das Anderssein begrüßt und die Verschiedenheit willkommen heißt, weil sie auf einem soliden theologischen Konzept von der Freiheit Gottes beruht; der Freiheit, der zu sein, der Gott ist, der zu sein, dessen Sein in der Tat schlicht die liebevolle Aufnahme des Anderen in eine nicht-kompetitive Gemeinschaft meint.

---

[67] HARVEY, A Brief History of Neoliberalism, 37; siehe auch Harveys Diskussion zum Misstrauen des Neoliberalismus auch gegenüber den Untergrabungen durch die Demokratie als Strategie zur Begrenzung der individuellen Wahlmöglichkeiten, die er angeblich so hoch schätzt, sowie zur Tendenz des Kapitalismus zum Autoritarismus a. a. O., 66; 69; 79; 120. Vgl. ebenfalls W. T. MCMAKEN, Evangelicalism, Authoritarianism, and Socialism. Dialectical Theology in 21st Century America, in: Theology and the Political. Theo-political Reflections on Contemporary Politics in Ecumenical Conversation, Theology and Mission in World Christianity, Bd. 16 , hg. von A. BODROV / S. M. GARRETT, Leiden 2021, 258–285.

2. »Freiheit *für*« in Barths Theologie

Diese Überlegungen zum Konzept der Freiheit in der amerikanischen Politik in Vergangenheit und Gegenwart verdeutlichen die Aussagekraft und die anhaltende Bedeutung von Barths Behauptung, dass Amerika eine »Theologie der Freiheit« brauche.[68] Barth glaubte sicherlich nicht daran, dass die Christen in den USA einfach seine Theologie im großen Stil übernehmen würden. Er war sich seiner besonderen Situation als deutschsprachiger Schweizer viel zu bewusst, um diese Schlussfolgerung zu ziehen. Dies bedeutet jedoch nicht, dass amerikanische Christen auf dem Weg zur Entwicklung einer solchen Theologie nichts von Barth lernen können. Timothy Gorringe führt aus: »Barth wurde zu Recht [von Clifford Green; W. T. MM] als ›Theologe der Freiheit‹ bezeichnet. Unter nur einem Gesichtspunkt betrachtet, repräsentiert die ›Kirchliche Dogmatik‹ das Unternehmen einer gigantischen Erforschung der Bedeutung, Voraussetzungen und Verwirklichung menschlicher Freiheit.«[69]

Was ich im Folgenden entwickle, stellt nichts anderes als die Entfaltung dieses »Gesichtspunktes« dar, um zu demonstrieren, dass Barths Theologie tatsächlich eine Theologie der Freiheit ist. Noch wichtiger ist jedoch, dass es ihm keineswegs um eine abstrakte oder lediglich formale Freiheit geht. Sie weist einen spezifischen materiellen Inhalt auf, der sich aus Barths Darstellung der Begegnung mit Gott ergibt, den er seiner Konzeptualisierung Gottes und des menschlichen Lebens in Bundespartnerschaft mit Gott herausarbeitet. Wie ein roter Faden zieht sich die Freiheit durch diese Theologie, eine expansive und integrative Freiheit, die nicht primär als Freiheit *von* der Verpflichtung gegenüber dem Anderen, sondern als Freiheit *für* den Anderen konzipiert und fest in Gottes Sein in der Tat einer den Anderen willkommen heißenden Liebe verwurzelt ist. Es dürfte besonders treffend sein, dieses Freiheitsmotiv als den »roten« Faden in Barths Theologie zu bezeichnen, zumal alles mit dem Sozialismus begann.

2.1 Sozialismus und der Ursprung der Dialektischen Theologie

Die Rezeption von Barths Theologie verlief in der englischsprachigen Theologie und insbesondere in den USA alles andere als geradlinig. In der protestantischen Theologie gab es zwei vorherrschende Rezeptionsstränge. Gemäß dem ersten war Barth ein Verfechter der Neoorthodoxie, der eine Repristination (alt)protestantischer Theologie in einer aktualisierten Sprache betrieb. Er bietet demzufolge eine intellektuelle Orientierung für all diejenigen, die in ihren akademischen Kreisen herkömmliche

---

[68] BARTH, Evangelical Theology, xii.
[69] T. J. GORRINGE, Karl Barth. Against Hegemony, Oxford 1999, 3. Die Verweise beziehen sich auf C. GREEN, Karl Barth. Theologian of Freedom, Making of Modern Theology, London 1989 und K. BARTH, Die Kirchliche Dogmatik, 13 Teile in 4 Bänden, München / Zürich 1932–1965. Ich werde dieses Werk im Folgenden als KD abkürzen.

Theologie betreiben, welche als relativ seriös gilt. Ohne dass ich hier ein Urteil über einen besonderen Autor oder ein besonderes Projekt platzieren möchte, so lässt doch der stetige Strom an Monografien, die zu den traditionellen dogmatischen Loci in Barths »Kirchlicher Dogmatik« verfasst werden, den anhaltenden Einfluss dieser neoorthodoxen Herangehensweise an Barth erkennen. Bei seinem Besuch in den USA lehnte Barth selbst indes den Begriff »neo-orthodox« als inadäquate Beschreibung seines Anliegens ab.[70]

Der zweite Rezeptionsstrang entdeckt in Barth einen Verfechter des Postliberalismus, einer Bewegung jenseits der radikalen Historisierung des Offenbarungsgeschehens durch die liberale Theologie und zugunsten einer historischen Verkörperung des christlichen Glaubens in Kultur und Praxis der Kirche. Dieser Ansatz, der auf Persönlichkeiten wie Hans Frei und George Lindbeck zurückgeht, ist ökumenisch ausgerichtet und entspricht den zentralen Aspekten der vorherrschenden Communio-Ekklesiologie im römischen Katholizismus nach dem zweiten Vatikanum.

Der gemeinsame Fehler dieser beiden Herangehensweisen an Barth ist die Wiedereinführung von etwas, das Barths dialektische Theologie von vornherein ausschließt, nämlich eine gegebene Voraussetzung des christlichen Glaubens und der christlichen Praxis – die Berufung auf die angeblich biblische Lehre auf der neoorthodoxen Seite sowie auf die Tradition und Kultur, ja sogar die Liturgie, auf der postliberalen Seite. Barths dialektische Theologie lehnt jedoch jedwede Voraussetzung ab. Wie es David Congdon genau erkannt hat, umschreibt »dialektische Theologie ein durch und durch destabilisierendes Verständnis des Evangeliums«,[71] das sie diesen und jenen Versuchen entgegenstellt, den christlichen Glauben und die christ-

---

[70] Vgl. K. BARTH, Gespräche 1959–1962, hg. von E. BUSCH, Karl Barth GA IV/25, Zürich 1995, 450. Später, im Oktober 1968, antwortete Barth auf die Frage, ob er die Bezeichnung »neo-orthodox« akzeptiere: »Wenn ich dieses Wort höre, kann ich nur lachen. […] Ich kenne die sogenannte Orthodoxie. […] Aber ›neo-orthodox‹? Ich finde es nur komisch, wenn mir das jemand sagt.« K. BARTH, Gespräche 1964–1968, hg. von E. BUSCH, Karl Barth GA IV/28, Zürich 1996, 544.

McCormacks Einschätzung von Barth erweist sich leider auch ein Vierteljahrhundert später noch als zutreffend: »Der Barth, der in der anglo-amerikanischen Welt rezipiert wurde, war also ein Barth ohne seine dialektischen Ursprünge.« B. L. MCCORMACK, Theologische Dialektik und kritischer Realismus. Entstehung und Entwicklung von Karl Barths Theologie 1909–1936, übers. von M. GOCKEL, Zürich 2006, 45.

[71] D. W. CONGDON, Afterword. The Future of Conversing with Barth, in: Karl Barth in Conversation, hg. von W. T. MCMAKEN / D. W. CONGDON, Eugene 2014, 262, siehe a. a. O., bes. 261–267 zu Congdons Diskussion der Hindernisse für ein Gespräch mit Barth in den USA. Congdon diskutiert ausführlich die Neoorthodoxie, vgl. darüber hinaus zum Postliberalismus MCMAKEN, Our God Loves Justice, 151–155.

liche Praxis auf objektivierbare Überlieferungen von Vernunft oder Geschichte aufzubauen. Dies sei schlicht und ergreifend natürliche Theologie, die unter einem anderen Namen firmiere.

Die Diskussion über Barths Rezeption hebt die Distanz zwischen dem zeitgenössischen amerikanischen Interesse an Barths Theologie und dem Impetus hervor, unter dem Barth selbst seine Theologie ursprünglich entwickelte. Weit davon entfernt, eine Übung zur Rückgewinnung des kirchlichen Erbes zu veranstalten, sei sie auf die Lehre oder auf die Kultur bezogen, entwickelte Barth seine dialektische Theologie als eine direkte Antwort auf sein soziopolitisches Umfeld und als direktes Ergebnis seiner sozialistischen Praxis. Barths Verbindung zur Bewegung des religiösen Sozialismus kam durch Hermann Kutter und insbesondere Leonhard Ragaz zustande. Zufälligerweise gehörten beide derselben Studentengemeinschaft an wie Barth – der Zofingia.[72] Die »soziale Frage« war Gegenstand eines Vortrags, den Barth 1906 vor der Gemeinschaft hielt, in dem er seine Kollegen aufforderte, sich über die zunehmende Kluft zwischen arm und reich Gedanken zu machen. Später, als Barth 1909–1911 als Vikar in Genf arbeitete, verbrachte er einen beträchtlichen Teil seiner Zeit damit, die Armen zu besuchen und Sozialarbeit zu leisten. Er kritisierte sogar seine religiös-sozialistischen Genossen dafür, dass sie es an konkreter Solidarität mit den Armen fehlen ließen.

Als Barth 1911 sein Pfarramt in Safenwil antrat, stellte er fest, dass in seiner Gemeinde sowohl eine große Anzahl von Textilarbeitern als auch Textilfabrikanten ansässig war. Barth stand den Arbeitern in gesellschaftspolitischen Fragen vorbehaltlos zur Seite. Es ist von größter Bedeutung, dass Barth bereits im Dezember 1911 feststellen konnte, dass »[d]er rechte Sozialismus […] das rechte Christentum in unserer Zeit«[73] sei. Er unterstützte den örtlichen Arbeitnehmerverband, hielt Vorträge zur Sensibilisierung für Politik und Bildung und bot Volksschulkurse für die Gemeinde zu Themen wie private Finanzen und persönliche Hygiene an. Die Sozialdemokratische Partei wollte ihn 1913 als Kandidaten für ein politisches Amt aufstellen, er lehnte dies jedoch ab. Friedrich-Wilhelm Marquardt hat zu Recht behauptet, dass »[d]er Ursprung der Barthschen Theologie […] seine Safenwiler theologische Existenz« ist, »die als solche Safenwiler sozialistische Praxis ist.«[74]

---

[72] Ich beziehe mich frei auf die folgenden Quellen für Barths frühe gesellschaftspolitische Entwicklung: E. BUSCH, Karl Barths Lebenslauf. Nach seinen Briefen und autobiographischen Texten, München ⁴1986; F. JEHLE, Lieber unangenehm laut als angenehm leise. Der Theologe Karl Barth und die Politik 1906–1968, Zürich 2002.

[73] K. BARTH, Jesus Christus und die soziale Bewegung, in: DERS., Vorträge und kleinere Arbeiten 1909–1914, hg. von H.-A. DREWES / H. STOEVESANDT, Karl Barth GA III/22, Zürich 1993, (380–417) 408.

[74] F.-W. MARQUARDT, Sozialismus bei Karl Barth, in: I. JACOBSEN (Hg.), War Barth Sozialist? Ein Streitgespräch um Theologie und Sozialismus bei Karl Barth, Radikale Mitte 13, Neumünster 1975, (11–29) 20.

Die entscheidende Rolle, die dieser Teil von Barths Biografie für die Entstehung und Entwicklung seines Denkens spielte, wird in der englischsprachigen Theologie nur unzureichend berücksichtigt.[75] Anstelle von Barths sozialistischer Organisationsarbeit zur Unterstützung der Arbeiter in seiner Gemeinde, die ihm den Spitznamen »Der rote Pfarrer von Safenwil« einbrachte, wird die Bedeutung des offenkundig »biblischen« Predigens und Studierens und »Der neuen Welt in der Bibel« hervorgehoben, die Barth in dieser Zeit entdeckte. Aber was genau fand Barth in dieser seltsamen »neuen Welt«? In dem Vortrag, der diesen Titel trug und 1917 gehalten wurde, spricht Barth beredt über die entscheidende Distanz zwischen dem im biblischen Text bezeugten Gott und jeder Dynamik in Gesellschaft, Geschichte und Religion, die die Vorherrschaft über das menschliche Leben beansprucht. Die Bibel offenbart Gottes Souveränität, Transzendenz und rettende Kraft. Diese sind jedoch nur vorübergehende Haltepunkte, denn die fremde neue Welt in der Bibel offenbart letztendlich »einen neuen Himmel und eine neue Erde«: die radikale Ablehnung jedes menschlichen *status quo*, aller »alten Gewohnheiten«, »alten Feierlichkeiten« und »alten Mächte« zugunsten einer Welt, die von »neuen Menschen, neuen Familien, neuen Beziehungen« und kritisch von »neuer Politik« geprägt ist.[76]

Barths Beharren auf eine neue Politik spiegelt die tiefe Enttäuschung wider, die er 1914 als ein »doppeltes Irrewerden« erlebte.[77] Der erste Irrsinn war theologischer und der zweite politischer Natur. Zunächst unterzeichneten 29 deutsche Kirchenführer ein Dokument, das die deutschen Kriegsanstrengungen unterstützte. In diesem Dokument wurde argumentiert, dass die Verbreitung des christlichen Evangeliums mit der Verbreitung der deutschen Kultur und insbesondere im Kolonialkontext einherging.[78] Barths sozialistische Praxis der Solidarität mit denjenigen, die sich auf der Schattenseite des *status quo* befinden, bereitete ihn darauf vor, sozusagen den »unendlichen qualitativen Unterschied« zwischen Deutschlands imperialer

---

[75] Zwei wichtige Ausnahmen von dieser Regel bilden MCCORMACK, Theologische Dialektik und kritischer Realismus, 87–123; G. HUNSINGER, Toward a Radical Barth, in: Karl Barth und Radical Politics. Second Edition, ed. and transl. by G. HUNSINGER, Eugene 2017, 135–180. Hunsinger veröffentlichte diesen Aufsatz erstmals im Jahr 1976. Obwohl er als datierte Darstellung von Barths theologischer Entwicklung konzipiert ist, so ist er auch im Blick auf Barths politische Entwicklung aufschlussreich.

[76] K. BARTH, Die neue Welt der Bibel (1917), in: DERS., Vorträge und kleinere Arbeiten 1914–1921, hg. von H.-A. DREWES in Verbindung mit F.-W. MARQUARDT, Karl Barth GA III/48, Zürich 2012, (317–343) 342.

[77] JEHLE, Lieber unangenehm laut als angenehm leise, 49.

[78] Man beachte, dass 1914 zwei »Aufrufe« deutscher Intellektueller veröffentlicht wurden. Die Barth-Forschung konzentrierte sich hauptsächlich auf den »Aufruf der dreiundneunzig Intellektuellen«. Ich folge hingegen dem Urteil David Congdons, dass die frühere »Berufung der neunundzwanzig« von entscheidenerer Bedeutung für Barth war. D. W. CONGDON, The Mission of Demythologizing. Rudolf Bultmann's Dialectical Theology, Minneapolis 2015, 241. Vgl. auch a. a. O., 240–246.

Expansion und dem Evangelium zu erkennen, unabhängig davon, was diese Kirchenführer dazu sagen würden. Zweitens hat die Sozialdemokratische Partei Deutschlands (SPD) einen ähnlichen Verrat begangen. Als Reaktion auf die Forderung nach patriotischer Unterstützung der Kriegsanstrengungen erklärte sich die SPD bereit, die Debatte zwischen den politischen Parteien und gegen Regierungsinitiativen freiwillig auszusetzen. Dies setzte die traditionelle Haltung der Partei gegenüber Verhandlungslösungen außer Kraft und gewährte der Regierung gleichzeitig umfassende Kriegsvollmachten.[79] Die Parteisolidarität der SPD brach schnell zusammen, als Gegenstimmen laut wurden.

Barth wusste sich einer echten Krise gegenübergestellt. Er sah den religiösen Sozialismus zwischen allen Stühlen sitzen, d. h. zwischen einem Lager, das sich politisch ruhig, wenn auch theologisch kritisch verhielt, und einem Aktivistenlager, das sich wenig Zeit für theologische Selbstkritik nahm.[80]

Barth war damals sowohl theologisch als auch politisch ohne Zuhause, deshalb entwickelte er eine neue Theologie, die wiederum eine neue Politik forderte. Es brauchte natürlich seine Zeit, bis Barth diese konsequent ausgearbeitet hatte. Und auch weitere welthistorische Ereignisse prägten sein Denken nachdrücklich.[81] Zum Beispiel schrieb er die erste Ausgabe seines Römerbriefs in einer Zeit großer revolutionärer Hoffnung. Die bolschewistische Revolution war in Russland im Gange, die deutsche Novemberrevolution brachte die Weimarer Republik hervor und die Schweiz erlebte einen Nationalstreik. Obwohl Barth bereits skeptisch gegenüber dem Staat eingestellt war, ist es keine Überraschung, dass seine Theologie unter diesen Bedingungen einen revolutionären Optimismus annahm, der an eine allzu starke Identifizierung von Gottes Revolution mit irdisch-historischen Revolutionen grenzte. Als Barth 1920 beschloss, seinen Römerbrief in einer zweiten Ausgabe gründlich zu überarbeiten, hatte sich die bolschewistische Revolution bereits zu einem Polizeistaat entwickelt und die Weimarer Republik befand sich auf dem Weg zum parlamentarischen Stillstand. Darüber hinaus machte die Novemberrevolution der Januarrevolution mit ihren brutalen Unterdrückungen Platz, einschließlich der Morde an Rosa Luxemburg und Karl Liebknecht.

Wenn die Ereignisse von 1914 zuvor Barths Theologie und Politik ernüchterten, so drosselten diese Ereignisse der 1920er Jahre seine revolutionäre Leidenschaft. Infolgedessen arbeitete Barth daran, seine Theologie und Politik auf der fundamentalen Einsicht aufzubauen, dass es ein schrecklicher Fehler ist, Gott mit einem Objekt, Konzept, einer Praxis oder einem politischen Faktor in der geschöpflichen Welt zu identifizieren. Stattdessen ist Gott »ganz anders« als die Welt, die er geschaffen hat,

---

[79] C. E. SCHORSKE, German Social Democracy, 1905–1917. The Development of the Great Schism, Harvard Historical Studies, Cambridge 1983, 292.

[80] MCCORMACK, Theologische Dialektik und kritischer Realismus, 117–123.

[81] Zum Folgenden siehe F.-W. MARQUARDT, Theologie und Sozialismus. Das Beispiel Karl Barths, GT.S 7, München / Mainz 1972, 159–168; HUNSINGER, Toward a Radical Barth, 163–165.

und es wird von Barth ein »unendlich qualitativer Unterschied« zwischen dem Göttlichen und dem Geschöpflichen wahrgenommen.[82]

So wie Barths Theologie auf einer Begegnung mit diesem radikal transzendenten Gott beruhte, beruhte seine Politik auf der Praxis einer Solidarität mit den Unterdrückten, die durch das Beispiel der Solidarität Gottes mit dem Menschen in Jesus Christus motiviert und angeleitet werden. Wie George Hunsinger erklärt, verhält sich für Barth »die menschliche Praxis des Gehorsams regelrecht analog zu Gottes Praxis in Jesus Christus.«[83] Wir können den unendlich qualitativen Unterschied nicht von unserer Seite überschreiten, aber Gott kann das. Er hat das getan und fährt auch fort, sie von seiner Seite aus zu überschreiten. Diese Dialektik der radikalen Gegenwart Gottes inmitten der radikalen Transzendenz Gottes liegt dem unwiderruflich kritischen Charakter von Barths Theologie und Politik zugrunde. Sie ist nicht die Theologie und Politik einer bestimmten Revolution; vielmehr handelt es sich um eine Theologie und Politik der »permanenten Revolution«, die immer neu »mit dem Anfang anfangen« muss.[84] Wie Barth es in der zweiten Ausgabe seines Römerbriefs ausdrückt, ist das Verhältnis zwischen Gott und Mensch weder eine Frage von Ideen noch eine Frage der historischen Kausalität, da Gott »kein Grund unter anderen Gründen ist«. Vielmehr gilt, dass diese Beziehung »nur geschieht, ewig geschieht«.[85]

---

[82] K. BARTH, Die Menschlichkeit Gottes, ThSt 48, Zollikon-Zürich 1956, 7. In dieser Reflexion über seine theologische Entwicklung gibt Barth zu, dass er von diesen Schwerpunkten ausgehen musste, aber er verwarf sie niemals, so dass sie die Grundlage auch für seine ausgereifte Theologie blieben.

[83] HUNSINGER, Toward a Radical Barth, 177.

[84] Vgl. P. L. LEHMANN, Karl Barth, Theologe der permanenten Revolution, USQR 28 (1/1972), 67–81. Siehe auch Barths Schüler H. GOLLWITZER, Der Wille Gottes und die gesellschaftliche Wirklichkeit, in: DERS., Mensch, du bist gehört. Reflexionen zur Gotteslehre, Ausgewählte Werke Bd. 3, hg. von P. WINZELER, München 1988, (274–279) 277 (These 3.3.c); BARTH, KD I/1, 97. Raymond Carr bemerkt den Zusammenhang zwischen Barths Verständnis von Gottes Freiheit, seiner Betonung der Transzendenz Gottes und seiner radikalen Politik: »Barths Beschreibung der Freiheit Gottes kann so interpretiert werden, dass sie radikalen politischen Dimensionen von Gott im Verhältnis zur Welt Platz macht, da der freie Gott die Grenzen der Menschheit überschreitet.« R. CARR, Merton and Barth in Dialogue on Faith and Understanding. A Hermeneutics of Freedom and Ambiguity, The Merton Annual 26 (2013), (181–194) 192.

[85] K. BARTH, Der Römerbrief 1922, hg. von C. VAN DER KOOI / K. TOLSTAJA, Karl Barth GA II/47, Zürich 2010, 110. In seinen etwa zur gleichen Zeit produzierten Vorlesungen über den Epheserbrief argumentiert Barth, dass der »Glaube […] ein ewiges, allem zeitlichen Vorgang überlegenes, wesentliches Geschehen« ist und dass Ideen wie Gnade und Frieden in den paulinischen Schriften des Neuen Testaments ebenfalls »eben ein Geschehen« sei, weil »Gott Gott ist. Gott ist frei. Gott handelt. Gott offenbart sich,« eher in der Begegnung als im historischen Prozess. K. BARTH, Erklärung des Epheser- und des Jakobusbriefs 1919–1929, hg. von J.-M. BOHNET, Karl Barth GA II/46, Zürich 2009, 62; 75.

Als Barth sein Pfarramt in Safenwil verließ, um 1921 außerordentlicher Professor für Reformierte Theologie an der Universität Göttingen zu werden, war es seine Absicht, sich zumindest ansatzweise eine theologische Position zu erarbeiten, die als theoretische Grundlage dienen könnte und zwar für die konkrete politische Praxis der Solidarität mit den Unterdrückten, die im Zentrum einer allgemein sozialistischen Vision für die Welt stand. Ob er diese Aufgabe konsequent gemeistert hat, ist umstritten. Zum Beispiel argumentiert Dieter Schellong, dass Barths theologische Kritik zwar dazu beigetragen habe, die Theologie von ihren bürgerlich-kulturellen Fesseln zu befreien, er jedoch keine wirklich proletarische Theologie durchgesetzt habe.[86] In ähnlicher Weise stellt Helmut Gollwitzer fest, dass »das akademisch-bürgerliche Milieu einen Sog hat«[87] und dass Barth nicht immun gegen seine Anziehungskraft war. Sowohl Schellong als auch Gollwitzer behaupten also mit anderen Worten, dass es eine radikalere Theologie brauche, die in einer radikaleren Praxis verwurzelt sei, als Barth sie liefern konnte. Was Barth leistet, ist gleichwohl für uns im politischen Kontext Amerikas äußerst wichtig, nicht zuletzt aufgrund der Auswirkungen, die sein dialektisches Umdenken in Theologie und Politik auf seine Freiheitskonzeption hatte.

Schon in diesen frühen Stadien erkannte Barth, dass die christliche Theologie Freiheit nicht getrennt von Liebe denken sollte. Dies traf bereits 1914 zu, wie Marquardt erklärt, als Barth »Liebe in Freiheit« als »Inhalt der die Ethik leitenden ›Idee einer Totalität guten Handelns‹« ausarbeitete.[88] Barths Konzept von Gott war bereits eng mit seinem Verständnis vom Sein und der Aufgabe des Menschen verbunden, und diese Verbindung wurde mit zunehmender Entwicklung seiner Theologie nur

---

[86] Vgl. D. SCHELLONG, Barth von links gelesen – ein Beitrag zum Thema: Theologie und Sozialismus, ZEE 17 (1973), (238–250) 241. Schellongs Kritik an Barth unterscheidet sich stark von der kürzlich von Paul Silas Peterson erneuerten Kritik, nämlich dass Barth »zu den toxischen Kräften beigetragen hat, die zum Untergang der Weimarer Republik in den späten 1910er, 1920er und frühen 1930er Jahren geführt haben.« P. S. PETERSON, The Early Barth: Historical Contexts and Intellectual Formation, 1905–1935, BHTh 184, Tübingen 2018, 426. Peterson achtet zu Recht darauf, nicht den Einfluss zu überschätzen, den Barth auf die Situation hatte (vgl. a. a. O., 430), und es ist sicherlich wahr, dass Barth den Liberalismus sowohl in seiner theologischen als auch seiner politisch-philosophischen Spielart ablehnte. Ein Problem an Petersons Kritik besteht freilich darin, dass sie eine Präferenz für die politisch-liberale Ordnung voraussetzt, eine Präferenz, die auch in Petersons früheren Arbeiten zur Reformation deutlich wird. Vgl. P. S. PETERSON, Reformation in the Western World: An Introduction, Waco 2017. Dieses Fehlen [einer Zustimmung zum Liberalismus; M. H.] ist ein Beleg dafür, dass die grundlegende Antinomie zwischen Freiheit und Gleichheit den Liberalismus destabilisiert und den Aufstieg des Liberalismus in den Sozialismus notwendig macht, damit er nicht in die Barbarei abgleitet. Es ist wohl kaum fair, denjenigen, die auf diesen Aufstieg hinarbeiten, die Schuld dafür zu geben, wenn ein Niedergang erfolgt.

[87] H. GOLLWITZER, Reich Gottes und Sozialismus bei Karl Barth, TEH 169, hg. von K. G. STECK, München 1972, 47.

[88] MARQUARDT, Sozialismus bei Karl Barth, 28.

noch stärker, so dass er sie immer ausgefeilter konzeptionell ausarbeitete. In den frühen 1920er Jahren verband Barth die Idee der »Liebe in Freiheit« mit der Abschaffung jeglicher Ausbeutung und Unterdrückung durch Bevormundung, ein Denken in Klassen und durch Gewalt im Gemeinschaftsleben.[89] Barths Verständnis von Freiheit war, mit anderen Worten, von Anfang an nicht das einer Freiheit *von* Gleichheit, Solidarität und den Bedürfnissen des Anderen. Vielmehr war es das einer Freiheit, die materiell beschrieben und in der Tat als Freiheit *zur* und *als* Liebe definiert wurde – eine Liebe, die den Anderen willkommen heißt, indem sie jede unterdrückende Struktur und Dynamik im gemeinsamen Leben der Menschen infrage stellt.

Die Fehlentwicklungen von Barths Rezeption in der englischsprachigen Theologie und in den USA, die ich bereits hervorgehoben habe, sind als Folge des scharfen Kontrasts zwischen der Vision einer expansiven »Freiheit *für*« im sozialistischen Herzen von Barths Theologie einerseits und der willkürlichen »Freiheit *von*« im Herzen der radikal-kapitalistischen Umsetzung des Liberalismus in den USA zu verstehen. Oder, wie Joseph Bettis es ausdrückte, diese Fehlentwicklungen treten in der Barth-Rezeption auf, da »Barths Theologie unabdingbarerweise eine radikale sozialistische und humanistische Ethik impliziert, die eine direkte Bedrohung für die liberale kapitalistische Ethik darstellt, die die amerikanische Mentalität dominiert.«[90] 1959 traf sich Barth mit den Mitgliedern der Zofingia, seiner Studentenverbindung, zu einem Gesprächsabend zum Thema »Christentum und Politik«. Bereits zu diesem Zeitpunkt vor sechzig Jahren konnte es einer von Barths Fragestellern als evident ansehen, dass der Liberalismus als politische Leitphilosophie sicherlich gescheitert sei. Barth antwortete: »Er hat versagt, weil er einen formalen Begriff von Freiheit hatte.«[91]

Wenn wir heute inmitten einer sich verschärfenden Krise des Liberalismus stehen, müssen wir darauf hören, was Barth uns über die Freiheit zu sagen hat.

2.2 Der in Freiheit liebende Gott

Barths substanziellste Abhandlung über die Freiheit findet sich in seiner Lehre von Gott in KD II/1. Er lokalisiert sie dort als dritten und letzten Unterpunkt in § 28, der sich mit dem Sein Gottes befasst. Man kann auch sagen, dass es sich hier um die *eigentliche* Theologie handelt, die versucht, das zu tun, was sie nur als Empfängerin der Gnade Gottes im Falle der Offenbarung tun kann – nämlich von Gottes Sein zu sprechen. Dieser Abschnitt ist der Dreh- und Angelpunkt in Barths Lehre von Gott

---

[89] MARQUARDT, Theologie und Sozialismus, 238. Schellong äußert sich anerkennend zu Marquardts Analyse an diesem Punkt. Siehe SCHELLONG, Barth von links gelesen, 241.

[90] J. BETTIS, Political Theology and Social Ethics. The Socialist Humanism of Karl Barth, in: Karl Barth and Radical Politics. Second Edition, ed. and transl. by G. HUNSINGER, Eugene 2017, (117–134) 118.

[91] BARTH, Gespräche 1959–1962, 49.

und – in vielerlei Hinsicht – der gesamten »Kirchlichen Dogmatik«, zumal Barths Theologie hier beginnt, inhaltlich eine kritische Masse materialer Konkretheit zu gewinnen. Zuvor war Barth mit erkenntnistheoretischen und methodologischen Fragen und allen direkt damit zusammenhängenden materialen Überlegungen beschäftigt und legte damit sorgfältig die Grundlagen, um wahre theologische Aussagen treffen zu können. Jetzt wagte er gleich zu Beginn von § 28 solch eine Aussage wie: »Gott ist«.[92] Barth widmet den Rest dieses Abschnitts und der gesamten »Kirchlichen Dogmatik« der ebenso sorgfältigen Elaboration und Präzisierung dessen, wer genau dieser Gott ist. Diese Ausarbeitung schließt seine Erörterung der Freiheit Gottes ein. Dazu gehört auch seine Erwählungslehre in der ersten Hälfte von KD II/2, in der er einen Weg aufzeigt, darüber nachzudenken, wie die Freiheit Gottes in seinem menschlichen Bundespartner ein Echo findet. Dies wiederum treibt seine Behandlung der Ethik in der zweiten Hälfte dieses Teilvolumens voran. Es erklärt, mit anderen Worten, wer Gott ist, wie dieser Gott sich auf den Menschen bezieht und was dies alles für das menschliche Leben bedeutet.

Hier in § 28 legt Barth die Logik fest, die ihn durch diese fortlaufende Elaboration leiten wird. Seine zentrale Einsicht verleiht diesem Gott materiale Spezifität, nämlich dass dieser Gott derjenige ist, der in Freiheit liebt. Freiheit kennzeichnet also Gottes Leben, ist aber *nicht* der grundlegendste Aspekt der Realität Gottes. Gott ist derjenige, der liebt, und Freiheit ist das Hauptmerkmal dieser besonderen Liebe. Gott liebt und Gott liebt frei. Barths Lehre von Gott hält also Liebe und Freiheit als untrennbar verbundenes dialektisches Paar zusammen, wobei die Liebe als Primärbegriff gebraucht wird. Ein genauerer Blick auf § 28 soll der weiteren Erläuterung dieses Gesichtspunktes dienen.

a) Das Sein Gottes in der Tat (§ 28.1)
»Gott ist«, wagt Barth zu sagen, und er wagt es, solches auf der Grundlage der theologischen Erkenntnistheorie zu sagen, die er in den §§ 25–27 ausarbeitet. Der Mensch ist nur bereit, Gott zu kennen, weil Gott bereit ist, bekannt zu sein und sich selbst bekannt zu machen (§ 26). Gott bleibt jedoch Gegenstand der Erkenntnis Gottes, trotz aller menschlichen Versuche, Gott durch die Identifikation mit irgendeinem Aspekt der geschaffenen Ordnung zu objektivieren. Infolgedessen bleibt Gott auch und gerade in der Selbstoffenbarung Gottes verborgen, und die menschliche Erkenntnis Gottes ist nur insofern wahre Erkenntnis, als Gott sich selbst unter den Bedingungen der menschlichen Existenz kenntlich macht (§ 27). All dies hängt natürlich nicht von einer objektiven Gewissheit in Bezug auf die Erkenntnis Gottes ab, sondern von einem Bekenntnis des Glaubens, dass Menschen Gott kennen können, weil Menschen Gott tatsächlich auch kennen: »Wo Gott erkannt wird, da ist er so

---

92 BARTH, KD II/1, 288.

oder so auch erkennbar. Wo die Wirklichkeit ist, da ist auch die entsprechende Möglichkeit« (§ 25).[93] Kenntnis von Gott meint immer Kenntnis dieses bestimmten Gottes und nicht der Göttlichkeit im Allgemeinen. Wenn Barth in § 28 behauptet, dass »Gott ist«, dauert es nicht lange, bis er klarstellt: »Gott ist, der er ist, in seinen Werken«.[94] Gottes Werke bieten die Wirklichkeit, die bestimmten Menschen die Möglichkeit gibt, diesen besonderen Gott zu erkennen. Der materiale Gehalt von Gottes Werken bestimmt und begrenzt, begründet und provoziert aber auch die Reflexion über das Sein dieses Gottes, der ist.

Jede Rede vom Sein Gottes ist unmöglich und daher unangemessen, wenn sie nicht aus Gottes Taten abgeleitet wird. Barth nimmt dann eine Zuspitzung zu der Aussage vor, dass »Gott ist, der er ist, in der Tat seiner Offenbarung.«[95] Die gesamte Sprache Barths über das Ereignis der Begegnung mit Gott in Gottes Offenbarung geht nun entscheidend in Barths Definition von Gottes Sein ein. Er beruft sich auf die Trinitätslehre, die er in KD I/1 entwickelt hat, um die theoretische Bedingung der Möglichkeit von Offenbarung zu artikulieren.[96] Der dreieinige Gott ist der Offenbarer (Vater), die Offenbarung (Sohn) und das Offenbarte (Heiliger Geist) – oder, wie Barth es in seinem früheren Werk ausdrückt, das Offenbarsein.[97] Offenbarung ist für Barth ein fortwährendes Ereignis, kein statischer Zustand. Das Leben und sogar das *Sein* des dreieinigen Gottes ist also ein andauerndes Ereignis. Barths Sprache könnte kaum stärker sein: »Gottes Gottheit besteht bis in ihre tiefsten Tiefen hinein jedenfalls auch darin, daß sie Ereignis ist: nicht irgend ein Ereignis, nicht Ereignis im Allgemeinen, sondern eben das Ereignis seines Handelns, an welchem wir in Gottes Offenbarung beteiligt werden.«[98] Folglich ist, wenn »[e]s um das *Sein*

---

[93] A. a. O., 3.
[94] BARTH, KD II/1, 291.
[95] A. a. O., 293.
[96] Eine relevante Darstellung von Barths Aneignung neokantianischer Formen zur Begründung eines transzendentalen Arguments, das insbesondere mit Barths Behandlung von Offenbarung und religiöser Erfahrung in KD I/1 zusammenhängt, findet sich in C. B. ANDERSON, A Theology of Experience? Karl Barth and the Transcendental Argument, in: Karl Barth and American Evangelicalism, hg. von B. L. MCCORMACK / C. B. ANDERSON, Grand Rapids 2011, 91–111. Anderson stellt mit Blick auf die zweite Hälfte dieses Teilbandes [KD I/2] keine Verbindung zu Barths Trinitätslehre her, aber Barths Logik folgt dem gleichen Grundmuster der Beachtung der »Bedingungen der Möglichkeit« der Offenbarung und damit der Verkündigung. Dies ergibt sich aus § 9.4: »Erkenntnis der Offenbarung, wie sie am Zeugnis der Schrift aufgehen kann, heißt im Sinn der Trinitätslehre in allen Momenten des Ereignisses, auf das uns dieses Zeugnis hinweist: Erkenntnis des Herrn als dessen, der uns begegnet und sich uns verbindet. Und dieser Herr kann *unser* Gott sein, er kann uns begegnen und sich uns verbinden, weil er Gott ist in diesen drei Seinsweisen als Vater, Sohn und Geist«. BARTH, KD I/1, 403.
[97] BARTH, KD II/1, 294; DERS. KD I/1, 311.
[98] BARTH, KD II/1, 294.

Gottes« geht, das »Wort ›Ereignis‹ oder ›Akt‹ jedenfalls auch ein *letztes* [...] Wort.«[99] Für Barth fasst die biblische Sprache, die Gott als »den lebendigen Gott« beschreibt, all dies gut zusammen.[100]

Nachdem Barth das Sein des lebendigen Gottes als Ereignis oder Akt beschrieben hat, muss er genau angeben, dass Gottes Sein weder unkritisch noch im Allgemeinen mit beidem gleichzusetzen ist. Das Sein Gottes besteht vielmehr in einem bestimmten Ereignis und einem bestimmten Akt. Als solches ist Gottes Sein nicht nur *actus purus*, der in seinem Charakter als Ereignis vollständig aktualisiert wurde, sondern auch *actus purus et singularis* – Gottes Sein als Ereignis wird in der Besonderheit des Seins in der Tat, das Gott ist, vollständig aktualisiert. Dies ist, wie Barth sagt, »die Besonderheit, [...] das freie Ereignis, der freie Akt, das freie Leben des göttlichen Seins.«[101] Mit anderen Worten ist das Ereignis des Seins Gottes primär und konstitutiv das Ereignis der Selbstoffenbarung Gottes in Jesus Christus und dann nur sekundär und abgeleitet jedes Ereignis des Offenbarwerdens, wenn bestimmte Menschen, vermittelt durch das Werk des Heiligen Geistes, Gott in Christus begegnen. Die Singularität von Gottes Sein in der Tat besteht also in der Inkarnation. Dort zeigt Gott seine ausgedehnte und umfassende Liebe zum Anderen. Und Gottes Freiheit ist die Fähigkeit, dies zu sein und zwar genau dies zu tun.

b) Das Sein Gottes als derjenige, der liebt (§ 28.2)
Der materiale Inhalt und die Besonderheit, die Gottes Sein in der Tat als *Gottes* einzigartiges Sein in der Tat beschreiben, bestehen darin, dass Gott liebt. Gott ist einfach derjenige, der »die Gemeinschaft zwischen Gott und uns sucht und schafft«.[102] Barth identifiziert kurz die Schöpfung und alle ihr nachfolgenden Ereignisse der Offenbarung, die in der Inkarnation gipfeln, als die Geschichte dieser Gemeinschaft und betont noch einmal, dass Gott eben dieser Gott sei: »Eben das, was Gott in dem Allen tut, das ist er. Und er ist kein Anderer als eben der, der Alles das tut.«[103] Barth greift hier noch einmal auf seine Trinitätslehre zurück. Gott liebt ewig in seiner Selbstunterscheidung als Vater, Sohn und Heiliger Geist. Es gibt eine Offenheit für und Einbeziehung von Anderssein, eine Liebe für das Anderssein, ja sogar innerhalb des dreieinigen Seins Gottes. Zu Gottes Sein in der Tat gehört auch die Liebe zum Anderssein des Menschen, da Gott als dreieiner immer schon ein selbstdifferenziertes Sein in der Tat der Liebe zum Anderen ist: »Indem und bevor Gott Gemeinschaft mit uns sucht und schafft, will und vollbringt er sie ja in sich selber.«[104] Auch hier liefert Barths Trinitätslehre die theoretische Bedingung der Möglichkeit von Offenbarung. Erkenntnistheoretisch gesprochen, wissen wir, dass Gott sich selbst auf

---

[99] Ebd.
[100] Vgl. a. a. O., 295.
[101] A. a. O., 297. Dort z. T. kursiv.
[102] BARTH, KD II/1, 307.
[103] Ebd.
[104] A. a. O., 308.

diese Weise von anderen unterscheidet – dass Gott ein dreieiniger Gott der Liebe ist, die andere willkommen heißt –, weil die Menschen im Ereignis der Offenbarung einem Gott begegnen, der ihr Anderssein liebevoll begrüßt. Diese umfassende Liebe des Andersseins, die im Herzen des Seins in Tat des dreieinigen Gottes wohnt, bildet den Dreh- und Angelpunkt sowohl der Methode als auch des Inhalts von Barths dialektischer Theologie. Es gibt keine »Barth'sche« Theologie ohne dieses Konzept eines Gottes, dessen Sein nichts als ein ewiger Akt der Liebe zum Anderen ist. »Er ist darin Gott, […] daß er liebt und das ist sein Lieben: daß er Gemeinschaft mit uns sucht und schafft.«[105]

Im Rest dieses Abschnitts bringt Barth als Formalstruktur vier Punkte über Gottes Liebe zur Sprache, die gleichsam den materialen Inhalt dieser Liebe organisieren. Der erste Punkt besagt, dass Gottes Sein in der Tat der Liebe Gemeinschaft mit den Menschen stiftet, schlicht um dieser Gemeinschaft willen. Es wird keine weitere Rationalisierung durch einen abstrakten Begriff von Göttlichkeit über oder hinter dieser Liebe geliefert. Gott gibt dem Menschen in diesem Akt des Liebens sein eigenes Selbst, Gottes dreieiniges Leben der selbstdifferenzierten Liebe des Andersseins. Wenn Gott dies tut, sucht Gott zweitens auch keine Rationalisierung über oder hinter seiner Liebe. Gott liebt den Menschen mit anderen Worten nicht, weil etwas an ihm von Natur aus liebenswert oder für die Gemeinschaft mit Gott geeignet ist. Um eine wirtschaftliche Analogie zu verwenden, besitzt der Mensch keinen Warenwert, den Gott durch die Zahlung von Liebe aufbringt. Gott schätzt die Gemeinschaft mit dem Menschen aus keinem anderen Grund als dem, dass Gott liebt. Wie in Barths theologischer Erkenntnistheorie, in der Gott die Möglichkeit für den Menschen schafft, Gott in seiner Selbstoffenbarung zu begegnen, so schafft Gott hier die Möglichkeit zur Gemeinschaft der Menschen mit Gott. Barths dritter Punkt fasst seine ersten beiden zusammen: »Gottes Liebe ist *Selbstzweck*.«[106] Gott liebt die Menschen nicht und stiftet auch die Gemeinschaft mit dem Menschen nicht zu einem anderen Zweck. Um die ökonomische Analogie noch einmal zu gebrauchen: Gott erwirbt die Gemeinschaft mit dem Menschen nicht als eine Ware, die Gott gegen eine andere Ware oder gegen deren Geldäquivalent eintauschen möchte. Gott tut dies nicht, weil er schlicht derjenige ist, der in Freiheit liebt. »Gott liebt, weil er liebt: weil eben dieses Tun sein Sein, sein Wesen, seine Natur ist.«[107]

Barth beginnt mit einem Blick auf den nächsten Unterabschnitt seinen vierten Punkt, der die interne Notwendigkeit der Liebe Gottes, sofern diese Liebe einfach Gottes Sein in der Tat ist, mit der Freiheit, die die Liebe Gottes kennzeichnet, zu einem dialektischen Paar vereinigt. Dies geht zurück auf den zweiten Punkt, sofern Gottes Liebe weder durch irgendeinen Wert noch durch irgendeine Qualität ihres

---

[105] A. a. O., 309. Wie Barth 1961 im Gespräch mit methodistischen Predigern sagte: »Die Bibel stellt Gott nie dar als einen Einsiedler«. BARTH, Gespräche 1959–1962, 171.

[106] BARTH, KD II/1, 313.

[107] Ebd.

Gegenstandes eingeschränkt oder motiviert wird. Gott liebt einfach, weil Gott es tut, und diese Liebe ist frei von jeglicher äußeren Notwendigkeit.[108] Wie so oft, nutzt Barth die Freiheit, um die reformatorische Pointe zu unterstreichen, dass Gottes Beziehung zum Menschen eine Frage der Gnade und nicht der Natur oder des Verdienstes ist. Barth spricht in diesem Zusammenhang davon, dass Menschen Gott gegenüber (etwas) schuldig sind, ohne dass es eine reziproke Entsprechung auf der Seite Gottes gebe, und er betont ausdrücklich, dass Gottes Liebe »Gnade und nicht Natur«[109] ist, gerade weil sie ein Ereignis des Seins Gottes sei. Denn Barth, der Gottes Liebe als frei beschreibt, unterstreicht einfach, dass Gottes Liebe nichts anderes ist als Gottes Sein in der Tat, die liebevolle Einbeziehung des Andersseins in Gottes eigenes dreieiniges Leben und in die Stiftung einer Gemeinschaft zwischen Gott und Mensch.

Um dies noch deutlicher zu machen, schließt Barth diesen Unterabschnitt mit einer langen, im Kleindruck gehaltenen Diskussion über »die Persönlichkeit Gottes«[110] ab. Barth geht es nicht um eine göttliche Persönlichkeit in einem abstrakten Sinne, sondern um die eine bestimmte Persönlichkeit bzw. das Subjekt oder die Person, die Gott ist – nämlich diejenige, die in Freiheit auf eine Weise liebt, die das Anderssein sowohl im dreieinigen Leben Gottes als auch in der Gemeinschaft mit dem Menschen willkommen heißt und einschließt. Es ist wichtig zu sehen, wie stark Barth hier von der Art liberaler Darstellungen der Persönlichkeit abweicht, wie wir sie etwa bei Locke finden, wo die Persönlichkeit aus dem ausschließlichen Besitz des eigenen Selbst entsteht.[111] Barths Darstellung bildet exakt das Gegenteil: Gottes Persönlichkeit besteht in der Weigerung Gottes, ausschließlich das eigene Gott-Selbst zu besitzen, sei es im dreieinigen Leben Gottes oder auch in der Gemeinschaft mit dem Menschen. Dieser Kontrast bringt einen wichtigen Subtext ans Tageslicht, der sich durch Barths Lehre von Gott zieht. Sein Konzept von Gottes Sein in der Tat der Liebe repräsentiert erkennbar eine sozialistische Lehre von Gott. Das Organisationsprinzip des Kapitalismus ist der eigene Besitz und die Maximierung des wirtschaftlichen Gewinns für die wenigen, die allein die Mittel zur Schaffung von Wohlstand besitzen. Dies beinhaltet eher eine abstrakte Freiheit *von* den Bedürfnissen des Anderen als eine konkrete Freiheit *zur* liebevollen Einbeziehung des Andersseins.

---

[108] Zur Frage der inneren und äußeren Notwendigkeit bei Barth siehe K. HECTOR, Immutability, Necessity and Triunity. Towards a Resolution of the Trinity and Election Controversy, SJTh 65 (1/2012), 64–81. Hector spricht von »Willensnotwendigkeit« und »absoluter Notwendigkeit«. Angesichts von Barths intensiver Beschäftigung mit Schleiermachers Theologie ist es hilfreich festzuhalten, dass »Schleiermacher der Ansicht ist, dass Gott nur durch die Notwendigkeit der göttlichen Natur handelt«, weil »Freiheit und Notwendigkeit eins in Gott sind.« D. J. PEDERSEN, The Eternal Covenant. Schleiermacher on God and Natural Science, TBT 181, Berlin 2017, 123.

[109] KD, II/1, 315.

[110] A. a. O., 323. Dort z. T. kursiv.

[111] TANNER, Economy of Grace, 36.

Im Gegensatz zum Kapitalismus priorisiert der Sozialismus die Sorge um den Mitmenschen als wirtschaftliches Leitprinzip. Wie Terry Eagleton es zu Recht ausdrückt, bildet »politische Liebe [...] die ethische Grundlage des Sozialismus«.[112] Und Helmut Gollwitzer, einer von Barths bedeutendsten Schülern, bemerkt mit Blick auf den Kapitalismus des späten 20. Jahrhunderts: »Liebe muß heute [...] love in structures sein«, verkörpert in sozialen, politischen und wirtschaftlichen Institutionen.[113] In Barths Lehre von Gott gibt es nichts Übergeordnetes innerhalb von Gottes Sein, kein anderes göttliches Attribut, dem Gottes Liebe dienen sollte – geschweige denn irgendeine externe Notwendigkeit. Es gibt nur Gottes Sein in der Tat als Sein desjenigen, der in Freiheit liebt. Folglich ist Barths Lehre von Gott in ihrer Grundlegung eher sozialistisch als kapitalistisch.

c) Das Sein Gottes in der Freiheit (§ 28.3)
Barth beginnt diesen Unterabschnitt damit, dass er noch einmal sehr deutlich macht, dass seine Sprache der Freiheit in Bezug auf Gottes Sein in der Tat dazu dient, den »einzigartigen« Charakter dieses Seins-in-der-Tat zu unterstreichen.[114] Gott ist nicht Leben und Liebe in einem allgemeinen Sinne, sondern nur so, wie Gott selbst es in der Tat seiner Selbstoffenbarung und insbesondere in Jesus Christus gezeigt hat. Infolgedessen ist es nur möglich, angemessen von Gottes Freiheit in der Tat seiner Liebe zu sprechen, wenn wir an Gottes Selbstoffenbarung teilhaben. Und der Freiheitsbegriff, der sich aus einer solchen Teilhabe ergibt, meint wiederum Gottes Freiheit, der Gott zu sein, der er ist. Es gibt einen negativen Sinn, in dem die Freiheit Gottes die Freiheit von allen Zwängen und Einschränkungen meint, aber Barth sieht klar, dass dies nicht das Wichtigste ist. »Freiheit heißt aber positiv und eigentlich: durch sich selbst und in sich selbst begründet, durch sich selbst bestimmt und bewegt sein. Eben dies ist die Freiheit des göttlichen Lebens und Liebens.«[115] Wahre Freiheit ist die Freiheit, der zu sein, der du bist. Gottes Freiheit ist daher zuerst und vordringlich Gottes Freiheit *zum* Leben als derjenige, der in Freiheit liebt. Gottes Freiheit ist nur sekundär und derivativ die Freiheit *davon*, ein anderer Gott zu sein. Oder, um es in der Begrifflichkeit dieses Aufsatzes auszudrücken: Gott ist frei *zur* liebevollen Begrüßung und Inklusion des Anderen und frei *von* jeglichen Zwängen, die dieser Liebe im Wege stehen würden. Gottes Sein in der Tat der Liebe meint eher die »Aktivierung« als das »Aufgeben« von Gottes Freiheit, insofern Gott frei ist, genau der zu sein, der Gott ist.[116] Gott ist frei *von* jeglichen äußeren Zwängen und

---

[112] T. EAGLETON, Reason, Faith, and Revolution. Reflections on the God Debate, Terry Lecture Series, New Haven 2009, 32.

[113] H. GOLLWITZER, Die reichen Christen und der arme Lazarus. Die Konsequenzen von Uppsala, München ³1970, 30.

[114] Vgl. BARTH, KD II/1, 334.

[115] A. a. O., 339.

[116] Vgl. a. a. O., 341. Eine zum Nachdenken anregende Darstellung der Zusammenhänge zwischen Barths Verständnis von Gottes Freiheit und seinen Erwählungs- und Trinitätslehren

Beschränkungen, gerade darin, dass Gott *für* ein Leben der Liebe frei sein kann, die andere willkommen heißt.

Die Zeit und Sorgfalt, die Barth im weiteren Verlauf des Unterabschnittes verwendet, um die Freiheit Gottes von äußerer Notwendigkeit zu betonen, dient dazu, die Freiheit Gottes, der zu sein, der er ist, erneut zu bestätigen, und Barth kehrt häufig zu dieser Bestätigung zurück. Danach geht er in eine Reflexion über Gottes Transzendenz und Immanenz über: In welchem Maße unterscheidet sich Gott von der geschaffenen Ordnung und vom Menschen? Und in welchem Maße ist Gott in und für sie gegenwärtig? Eine Reihe von Barths berühmten Redewendungen tut sich hier auf. Zum Beispiel »*Deus non est in genere*«[117] – Gott ist kein Element einer Kategorie von Wesen, sondern er ist absolut einzigartig als der, der Gott ist, nämlich derjenige, der in Freiheit liebt. Es gibt einen »unendlichen Abstand« zwischen Gott und allem anderen, so dass es Gott unmöglich ist, in Beziehung zu diesem eine Synthese einzugehen. Gott bleibt immer frei, insofern er der eine Gott ist, und jede Beziehung zwischen Gott und etwas Geschöpflichem ereignet sich als eine »zwischen zwei schlechterdings ungleichen Partnern«.[118] So sehr Barth der Transzendenz Gottes Nachdruck verleiht, so besteht der Zweck doch darin, die Bedingung der Möglichkeit der radikalen Immanenz Gottes zu gewährleisten. Nur weil Gott so radikal transzendent ist, können wir uns Gott auch – und sogar noch in gesteigerter Weise – als radikal immanent vorstellen. Gottes Freiheit, Gottes echte Transzendenz, bedeutet seine Freiheit »zur echten Immanenz seines Seins in und mit dem von ihm verschiedenen Sein.«[119] Wieder einmal ermöglicht es Gott als demjenigen, der liebt, seine Freiheit des Seins Gottes in der Tat, in liebevoller Gemeinschaft mit Andersartigem zu leben.

Diese Darlegung schreitet eine beträchtliche Distanz ab, um die konzeptionellen Grundlagen für eine non-kompetitive Darstellung der Beziehung zwischen Gott und Menschen und insbesondere zwischen göttlichem und menschlichem Handeln vorzulegen. Die Ungleichheit zwischen Gott und Mensch als »absolut ungleichen Partnern« ist grundsätzlich eher qualitativ als quantitativ. Gott und die geschöpfliche Ordnung sind sich nicht grundsätzlich ähnlich. Hier zeigt sich die Kraft des *Deus non*

---

im Kontext englischsprachiger Debatten zur Barth-Interpretation liefert H.-L. KANTZER KOMLINE, Friendship and Being: Election and Trinitarian Freedom in Moltmann and Barth, MoTh 29 (1/2013), 1–17.

[117] BARTH, KD II/1, 349.

[118] A. a. O., 350.

[119] A. a. O., 352. Eberhard Jüngel fängt den Sinn von Barths Position gut ein, wenn er nicht von »der größeren Verschiedenartigkeit in einer so großen Ähnlichkeit« zwischen Gott und der Menschheit spricht, wie es Erich Przywara und Thomas von Aquin vor ihm taten, sondern von einer »immer noch größeren Ähnlichkeit zwischen Gott und dem Menschen [...] inmitten noch so großer Unähnlichkeit.« E. JÜNGEL, Gott als Geheimnis der Welt. Zur Begründung der Theologie des Gekreuzigten im Streit zwischen Theismus und Atheismus, Tübingen ⁴1982, 393.

est in genere. Sie sind grundsätzlich unähnlich, und weil sie unähnlich sind, operieren sie auf verschiedenen Ebenen, ohne in einen direkten Wettbewerb zu treten. Barth arbeitet dies in einer Reihe späterer Abschnitte der »Kirchlichen Dogmatik« genauer aus und insbesondere in einem sehr wichtigen Abschnitt im Petitdruck in § 49.2 und zwar als Teil seiner Lehre vom *concursus Dei*. In seiner Erörterung der christlichen Liebe in § 68.2 macht er auch ganz explizit Folgendes geltend: »Es gibt keine Konkurrenz zwischen der göttlichen und der menschlichen Freiheit«, da Gott und die Menschen »nicht auf einer Ebene«[120] existieren. Für Barth bedeutet Gottes Freiheit eine non-kompetitive Beziehung. Dies ist deshalb so grundlegend bedeutsam, da der Kapitalismus auf der Annahme einer kompetitiven Beziehung basiert. Weil kapitalistischer Profit exklusives Eigentum bedeutet, gibt es keinen Gewinn ohne Wettbewerbsbeziehungen, bei denen ein Faktor in einem Nullsummenspiel gewinnt und ein anderer verliert. Freiheit meint in einem solchen Kontext die Freiheit, erfolgreich zu sein, zu gewinnen und damit dem Anderen Verluste beizubringen. Im Gegensatz zu dieser kapitalistischen Freiheit bedeutet Barths Freiheitsdarstellung in seiner Lehre von Gott, dass die grundlegendste Beziehung – die Beziehung zwischen den Kreaturen und ihrem Schöpfer – von grundlegender nichtkapitalistischer, ja tatsächlich sozialistischer Art ist. So wie es keine Gewinner und Verlierer gibt in der Liebesgemeinschaft, die Gottes freies Sein in der Tat mit dem Menschen begründet, so wagt es eine sozialistische Vision, sich eine menschliche Gemeinschaft ohne Gewinner und Verlierer vorzustellen.

Gottes Freiheit ist die Freiheit, derjenige zu sein, der Gott ist; der Gott, dessen Sein in der Tat einfach das liebevolle Willkommenheißen des Anderen in einer non-kompetitiven Gemeinschaft meint. Gott kann auf diese Weise radikal immanent sein, gerade weil Gott in seiner Freiheit radikal transzendent ist. Die Inkarnation meint die endgültige Spezifikation der radikalen Immanenz Gottes, in der sich Gottes Sein in der Tat ereignet und eine non-kompetitive Gemeinschaft mit dem Anderssein der Menschen errichtet. Für Barth ist »Jesus Christus der Mittel- und Höhepunkt« des Seins Gottes in der Tat und zwar als derjenige, der in Freiheit liebt. Gerade weil Gottes Sein ein Sein in der Tat ist und Gottes Freiheit nichts anderes ist als Gottes Freiheit *zu* seinem Leben in der Liebe, die andere willkommen heißt, brauchen wir uns keine Sorgen zu machen, dass Gottes Freiheit sich in eine gegenläufige Richtung bewegen könnte. »Gottes Freiheit ist keine Willkür.«[121] Barth achtet darauf, dass seine Betonung der Freiheit Gottes nicht falsch verstanden wird, so als wäre diese

---

[120] BARTH, KD IV/2, 855. Weiterhin zum Verhältnis zwischen göttlichem und menschlichem Handeln in Barths gereifter Theologie insbesondere Kap. 6 in P. T. NIMMO, Being in Action. The Theological Shape of Barth's Ethical Vision, London 2007; W. T. MCMAKEN, Definitive, Defective or Deft? Reassessing Barth's Doctrine of Baptism in Church Dogmatics IV/4, IJSTh 17 (1/2015), 89–114. Eine sorgfältige Erläuterung der Logik, die Gottes nicht konkurrierendes Verhältnis zur geschaffenen Ordnung regelt, liefert K. TANNER, God and Creation in Christian Theology. Tyranny or Empowerment?, Minneapolis 2005, bes. 90–104.

[121] BARTH, KD II/1, 358.

Freiheit von Gottes Sein in der Tat als demjenigen, der liebt, zu trennen. Deshalb betont Barth, dass die Freiheit Gottes und Gottes Treue untrennbar miteinander verbunden sind. Gott übt seine Freiheit Gottes genau so aus, dass sie seine Treue erweist.[122]

Dies ist solch ein wichtiger Punkt für Barth, dass er ihn in den Mittelpunkt rückt, wenn er die nächsten Paragrafen seiner Lehre von Gott entwickelt. Zum Beispiel beginnt § 29 über die »Vollkommenheiten Gottes« mit der Behauptung, dass die einzige Vollkommenheit Gottes seine Liebe in Freiheit sei.[123] Barth kommt auf diesen Punkt auch am Ende des Abschnitts nochmals bekräftigend zurück. Dann eröffnet er den Paragrafen 30 auf dieselbe Weise: »Gottes Sein ist sein Lieben. Er ist Alles, was er ist, als der Liebende. Darum sind alle seine Vollkommenheiten Vollkommenheiten seiner Liebe.«[124] Wir können diese Wiederholung nicht ignorieren. Für Barth besteht der entscheidende Punkt darin, dass Gott einfach derjenige *ist*, der liebt, dass Gottes Sein in der Tat das Ereignis einer den Anderen willkommen heißenden Liebe ist, die Gemeinschaft zwischen Menschen und zwischen Mensch und Gott in Jesus Christus stiftet. Jede Betrachtung der Freiheit Gottes betont unumwunden den uneingeschränkten und durch keinen äußeren Faktor begrenzten Charakter dieser Liebe. Zu sagen, dass Gott frei ist, bedeutet, dass nichts Gott daran hindern kann, derjenige zu sein, der Gott in Jesus Christus ist. Barth formuliert am Ende von § 28: »Er [Gott] ist frei. […] [D]ie Freiheit Gottes ist die in seinem Sohne Jesus Christus bestehende und betätigte Freiheit. In ihm hat Gott von Ewigkeit her sich selbst, in ihm hat er auch die Welt geliebt«.[125]

2.3 Die Freiheit für den Anderen durchzieht Barths Theologie

Dass Gott derjenige ist, dessen Sein in der Tat das Ereignis einer den Anderen willkommen heißenden Liebe in Jesus Christus ist, hat Barth zum Überdenken dessen

---

[122] Vgl. a. a. O., 357f. Der zentrale Ort, den Barth hier Jesus Christus zuweist, erfordert die spätere Ausarbeitung der Erwählungslehre durch Barth, die sich auf die zentrale Rolle von Jesus als erwählendem Gott und erwähltem Menschen konzentriert. Dies beinhaltet eine Erläuterung der Erwählungsdynamik hinsichtlich der Etablierung einer Bundespartnerschaft zwischen Gott und Mensch (bzw., im Sinne des früheren § 28, der »Gemeinschaft«, die Gott mit dem Menschen stiftet). Den Schlüssel zu dieser Dynamik bildet die »Standhaftigkeit auf beiden Seiten«, die insofern umgesetzt wird, als Gott und der Mensch, Jesus Christus, dieser Bundespartnerschaft treu bleiben. Auch in diesem Zusammenhang verwendet Barth das Begriffsfeld »Treue«. Vgl. BARTH, KD II/2, 134. Auf diese Weise verstärkt Barth die paradoxe Identität von Gottes Sein in der Tat mit der Selbstoffenbarung Gottes in einem jüdischen Bauern des ersten Jahrhunderts, der vom Römischen Reich als politischer Dissident hingerichtet wurde.
[123] Vgl. BARTH, KD II/1, 362.
[124] A. a. O., 394.
[125] A. a. O., 361.

gezwungen, was es für Gott bedeutet, frei zu sein. Dieses Überdenken betraf auch die Auswirkungen auf das, was es für die Menschen bedeutet, frei zu sein. Barth hat diese Implikationen sorgfältig und ausführlich erarbeitet. Es wären viele Monografien erforderlich, um dies auch nur durch den Rest seiner »Kirchlichen Dogmatik« zu verfolgen, geschweige denn durch seine übrigen Schriften. Hier kann ich freilich nur auf ein paar wichtige Punkte hinweisen.

Barths Erwählungslehre liefert eine weitere materiale Spezifikation der Logik, die seine Exposition von Gottes Sein in der Tat als demjenigen, der in Freiheit liebt, bestimmt. Barth arbeitet sich sozusagen von innen nach außen durch die Erwählung(slehre), beginnend mit Jesus Christus als dem erwählenden Gott und dem erwählten Menschen (§ 33), über die erwählte Gemeinschaft (§ 34) bis hin zur Adressierung des erwählten Einzelnen (§ 35). Dies kehrt die traditionellere reformierte Beschäftigung mit der Erwählung des Einzelnen um und interpretiert gleichzeitig bestimmte Schlüsselkonzepte dieser Tradition in einer kreativen Weise neu.[126] Zum Beispiel identifiziert Barth Jesus Christus selbst als den Erwählten und den Verworfenen, anstatt das Konzept der doppelten Prädestination fortzuschreiben, das sich auf Individuen bezieht, die Gott entweder als Auserwählte oder als Verworfene bestimmt (§ 35.1). Dementsprechend werden Einzelpersonen in Christus erwählt und nur insoweit abgelehnt, als sie ihre eigene Erwählung ablehnen: »›Verworfen‹ ist der Mensch, der sich selbst Gott gegenüber dadurch vereinzelt, daß er sich seiner in Jesus

---

[126] Zur weiteren Darstellung von Barths Erwählungslehre unter Berücksichtigung ihres Platzes in der reformierten Tradition siehe W. T. MCMAKEN, The Sign of the Gospel. Toward an Evangelical Doctrine of Infant Baptism after Karl Barth, Minneapolis 2013, 75–80; 112–124. Barths Beschäftigung mit der Protologie in seiner Erwählungslehre in KD II/2 hat etwas Mythologisches, vielleicht im platonischen Sinne der »wahrscheinlichen Geschichte«. G. A. PRESS, Plato. A Guide for the Perplexed, London 2007, 120. Hier manifestiert sich sicherlich eine Abkehr von Barths früherer eher eschatologischen und existenziellen Erwählungslehre. Siehe S. MCDONALD, Barth's ›Other‹ Doctrine of Election in the Church Dogmatics, IJSTh 9 (2/2007), 134–147; CONGDON, Mission of Demythologizing, 112; 280–281. Zu Überlegungen zur Bedeutung von Barths Beschäftigung mit der Protologie im Kontext der dialektischen Theologie im Allgemeinen siehe D. W. CONGDON, The God Who Saves. A Dogmatic Sketch, Eugene 2016, 10–12. Wenn wir jedoch Barths Erwählungslehre von außen, sozusagen von der Erwählung des Individuums her lesen und unsere Analyse im Ergebnis auf die Einsicht stützen, dass Jesus Christus der erwählende Gott und der erwählte Mensch ist, dann nähern wir uns dem »Timbre« seines früheren Erwählungsansatzes genauer an. Wenn man es auf diese Weise liest, wird leichter erkennbar, dass Barths Beschäftigung mit der Protologie einfach eine Möglichkeit für ihn darstellte, noch einmal zu unterstreichen, dass die Erwählung das Sein in der Tat des Gottes ist, der in Freiheit (Protologie) liebt (Erwählung). Deshalb schrieb Barth auch einen so langen Exkurs über den ansonsten obskuren Lehrstreit zwischen Infralapsarismus und Supralapsarismus. Die Selbstbezeichnung seines Ansatzes als »gereinigte supralapsarische Lehre« (BARTH, KD II/2, 153) diente der Sicherstellung, dass es unmöglich sei, sich eine Beziehung zwischen Gott und der geschaffenen Welt unter Ausschluss von Gottes Sein in der Tat der den Anderen in Jesus Christus willkommen heißenden Liebe vorzustellen.

Christus geschehenen Erwählung widersetzt. Gott ist für ihn; er aber ist gegen Gott.«[127]

Jesus Christus bildet sozusagen den Berührungspunkt, der die göttliche Freiheit mit der menschlichen Freiheit verbindet: die Freiheit, Gottes liebevolles Sein in der Tat durch die Selbstbestimmung als erwählender Gott zu verwirklichen, und die Freiheit, das menschliche Sein in der Tat zu verwirklichen als derjenige, der zum Bundespartner Gottes erwählt wurde. Die erwählte Gemeinschaft bietet dann den Kontext, in dem diejenigen Personen, die ihre Erwählung in Christus erkennen, ihre menschliche Freiheit durch das Leben einer den Anderen willkommen heißenden Liebe verwirklichen. Mit anderen Worten, Gottes Freiheit *für* eine den Anderen willkommen heißende Liebesgemeinschaft findet ihr menschliches Echo, wenn Menschen, die Gott zu einer solchen Gemeinschaft mit sich selbst berufen hat, analoge Gemeinschaften einer den Anderen willkommen heißenden Liebe gründen. Genau dieser Schritt zeigt in seiner Logik, dass Barths »soteriologischer Objektivismus«, der sich auf Jesus Christus konzentriert, eine solide Berücksichtigung der menschlichen Besonderheit und Bedeutsamkeit keineswegs verbietet. Er bildet vielmehr die Bedingung der Möglichkeit einer solchen Überlegung.[128]

Die Besonderheit Jesu Christi heißt in Barths Theologie die Besonderheit andere willkommen zu heißen, anstatt ihre Andersartigkeit auszuschließen. Dieses Muster wiederholt sich häufig in Barths Gedanken und insbesondere in der Versöhnungslehre der »Kirchlichen Dogmatik« (KD IV). Zum Beispiel zeigt sich die Rechtfertigung zuerst in Jesus Christus (§ 59) und wird dann im Leben einzelner Gläubiger aktualisiert (§ 61). Barth betont in diesem Zusammenhang: »Wir sind dann gerade im Tode Jesu Christi nicht unterdrückt und ausgelöscht, sondern befreit und neu verwirklicht. Wir dürfen dann gerade kraft des Todes Jesu Christi da sein. Es gibt dann also gerade keine exklusive, sondern nur eine inklusive Christologie.«[129] Barth markiert auch am Ende von KD IV in seiner Diskussion der Geisttaufe diesen Punkt. Dort verwendet er die Begrifflichkeit der Geschichte Christi und beschreibt das Erwachen zum Glauben an die Geisttaufe als die Erkenntnis des Gläubigen, dass »in der Geschichte Jesu Christi seine eigene Geschichte mitgeschehen ist«.[130] Darüber hinaus verortet er dies in einer Diskussion darüber, wie die göttliche Freiheit, die sich in Jesus Christus ereignet, die menschliche Freiheit begründet und fundiert.[131]

---

[127] BARTH, KD II/2, 498. Wir könnten sagen, dass die Verworfenen solche eher subjektiv oder existenziell als objektiv oder soteriologisch sind.

[128] MCMAKEN, Sign of the Gospel, 4. Vgl. a. a. O., 165–173, zur Auseinandersetzung mit Kritikern der Art und Weise, wie Barth den subjektiven Aspekt der Soteriologie anspricht.

[129] BARTH, KD IV/1, 387f. Barth wiederholt dieses Muster in seinen Behandlungen der Heiligung (§§ 64; 66) und der Berufung (§§ 69; 71).

[130] BARTH, KD IV/4, 15.

[131] Vgl. a. a. O., 14.

Wie Hofheinz zu Recht über die Freiheit in Barths Theologie ausführt, »beruht die Gabe der Freiheit auf Gottes eigener Freiheit, die von Natur aus eine ›kommunikative Freiheit‹ ist.«[132] Sie ist kommunikativ, weil es sich um die Freiheit handelt, die durch das Sein Gottes in der Tat der den Anderen willkommen heißenden Liebe charakterisiert ist.

Gottes freies Lieben sucht und schafft eine entsprechende freie Liebe beim menschlichen Bundespartner, mit dem Gott die Gemeinschaft eingeht, konstitutiv und definitiv im Ereignis Jesus Christus und sekundär und derivativ in all denjenigen, die um ihrer Erwählung willen am Leben sind. Als solche schaffen diejenigen, die mit der den Anderen willkommen heißenden Liebe Gottes in Gemeinschaft gebracht werden, Gemeinschaften einer andere willkommen heißenden Liebe. Diese Logik trieb Barth von seiner Erwählungslehre sofort in eine erweiterte Diskussion der Ethik hinein. Er erklärte: »[D]ie Dogmatik der christlichen Kirche und grundlegend gerade die christliche Gotteslehre ist Ethik und also Beantwortung der ethischen Frage, der eminent kritischen Frage nach dem Guten in und über allem vermeintlich Guten der menschlichen Handlungen und Handlungsweisen.«[133]

Die Lehre von Gottes Sein in der Tat der andere willkommen heißenden Liebe liefert daher die Werte, die das menschliche Leben strukturieren sollen. Wie Helmut Gollwitzer ausdrückt: »Der ganz andere Gott will eine ganz andere Gesellschaft.«[134]

---

[132] HOFHEINZ, Ethik – reformiert!, 155. Barth fasst seine eigene Herangehensweise an die Schnittstelle von Freiheit und Ethik in einem Vortrag zusammen, den er 1953 vor der »Gesellschaft für Evangelische Theologie« hielt. Es ist wichtig anzumerken, dass sich der Begriff »evangelisch« in Deutschland eher auf den Protestantismus als solchen bezieht als auf eine bestimmte konservative und politische Spielart des Protestantismus wie in Nordamerika. Barth erläuterte in diesem Vortrag drei Abschnitte: »Der erste lautet: *Gottes eigene* Freiheit ist die Souveränität der Gnade, in der er sich selbst für den *Menschen* erwählt und entscheidet, und also ganz und gar als Gott des *Menschen* der Herr ist. Der zweite: Die dem *Menschen geschenkte* Freiheit ist die Freudigkeit, in der er Gottes Erwählung nachvollziehen und also als Mensch *Gottes* sein Geschöpf, sein Bundesgenosse, sein Kind sein darf. Der dritte: Evangelische Ethik heißt Besinnung auf das dem Menschen in und mit dem Geschenk dieser Freiheit *von Gott gebotene Tun*.« K. BARTH, Das Geschenk der Freiheit. Grundlegung evangelischer Ethik (1953), in: H. G. ULRICH (Hg.), Freiheit im Leben mit Gott. Texte zur Tradition evangelischer Ethik, ThB 86, München 1993, (336–362) 336.

[133] BARTH, KD II/2, 571. Im Blick auf eine ausführlichere Analyse der Logik, die Barths Lehre von Gott, der Trinität und der Erwählung mit der Ethik verbindet, siehe P. T. NIMMO, Barth and the Christian as Ethical Agent. An Ontological Study of the Shape of Christian Ethics, in: Commanding Grace. Studies in Karl Barth's Ethics, hg. von D. L. MIGLIORE, Grand Rapids 2010, 216–238. Alexander Massmann befasst sich in weiten Teilen mit dem gleichen Thema, wobei er auch auf die Unterschiede zwischen Barths Erwählungslehre und seiner Ethik achtet. Siehe A. MASSMANN, Citizenship in Heaven and on Earth. Karl Barth's Ethics, Minneapolis 2015, 174–252.

[134] H. GOLLWITZER, Veränderung im Diesseits, in: DERS., Ich suche nach dem Sinn des Lebens, KT 14, München ⁷1987, (34–64) 62.

Aus christlich-theologischer Sicht ist Ethik eine Frage der Freiheit *zu* einem Leben in einer liebenden Gemeinschaft, die andere in all ihrer Andersartigkeit willkommen heißt. So wie die Freiheit Gottes nicht mehr und nicht weniger bedeutet als die Fähigkeit Gottes, derjenige zu sein, der Gott in seinem Sein in der Tat einer andere willkommen heißenden Liebe ist, so bedeutet menschliche Freiheit nicht mehr und nicht weniger als unsere Fähigkeit, diejenigen zu sein, die er für eine Bundespartnerschaft erwählt hat, in einer den Anderen willkommen heißenden Gemeinschaft der Liebe zu Gott.[135] Barth stellt diese Logik in seiner Diskussion über die christliche Liebe erneut dar (§ 68). In ihrer Ausdehnung auf Gott und den Nächsten ist die christliche Liebe eine Einübung der Freiheit, die sich aus der und als Reaktion auf die Gabe der Einbeziehung in die freie Liebe Gottes ergibt. Darüber hinaus ist die christliche Liebe in Gestalt der Nächstenliebe eine offene und einbeziehende Liebe, deren Grenzen sich erweitern, wenn sie auf die besondere Andersartigkeit bestimmter anderer trifft: »[D]er Kreis, in welchem die christliche Nächstenliebe ihr Leben hat, ist [...] kein hermetisch geschlossener, sondern ein in der Erweiterung in diesen Raum hinein begriffener Kreis.«[136] Das heißt, dass die christliche Nächstenliebe eine sich ständig erweiternde, andere willkommen heißende, inklusive Liebe ist.

3. Fazit

Innerhalb des liberalen Projekts besteht eine Antinomie zwischen den Werten Freiheit und Gleichheit, weil sich die Freiheit in der Praxis von Gleichheit und Solidarität löst. Diese uneingeschränkte, willkürliche »Freiheit *von*« erzeugt eine fundamentale

---

[135] Barth benutzt manchmal das mythologische Bild von Herkules, der am Scheideweg steht und autonom zwischen zwei Alternativen wählt, um eine von ihm abgelehnte Denkweise über die Freiheit zu kennzeichnen. Siehe BARTH, KD IV/1, 687; 834; DERS., Das Geschenk der Freiheit, 343. Wie Paul Lehmann erklärt, ist ein wahrhaft ethischer Akt ein solcher Akt, bei dem menschliche Freiheit und Gehorsam konvergieren, »wo die Grenzlinie zwischen der vermenschlichenden Wirksamkeit Gottes und dem entmenschlichenden Handeln des Menschen gezogen wird und wo die Grenzen des heilen Menschseins sich erweitern.« P. L. LEHMANN, Ethik als Antwort. Methodik einer Koinonia-Ethik, übers. von D. LANGE, München 1966, 347.

[136] BARTH, KD IV/2, 917f. Das gleiche Denkmuster leitet Barths Darstellung der Berufung. Die Wohltaten Christi (*beneficia Christi*) existieren nicht, um eingelagert, sondern um geteilt zu werden. Daher besteht die Berufung des einzelnen Christen und die Mission der Kirche darin, sich mit der Botschaft der andere willkommen heißenden Liebe Gottes in Christus zentrifugal in die Welt hinein zu bewegen. Tatsächlich erfährt und genießt die Gemeinschaft die Wohltaten Christi nur im Sein in der Tat der Zentrifugalbewegung (§ 71.4). Barth lehnt hier grundlegend kapitalistische Denkweisen (die Hortung von Reichtum durch eine exklusive Aneignung von Mehrwert durch wenige Menschen) zugunsten sozialistischer Denkweisen ab (die Verteilung von Reichtum, bei die Früchte des gemeinsamen Lebens von der Gesellschaft zusammen oder überhaupt nicht genossen werden).

Instabilität innerhalb des liberalen Projekts, die durch den faustischen Pakt des Liberalismus mit dem Kapitalismus nur verschärft wird. Seit der Gründung der USA hat die Freiheitsrhetorik die Antinomie zwischen Freiheit und Gleichheit zum Kern des liberalen Projekts gemacht, um eine soziale Vision zu fördern, die den Wenigen auf Kosten der Vielen zugutekommt. Das begünstigt wiederum die Dominierenden innerhalb der Gruppe auf Kosten derjenigen, die als irgendwie »anders« eingestuft werden. Obwohl es seit zweihundert Jahren und länger Reportagen über Minderheiten gibt, die sich gegen dieses Verständnis von Freiheit ausgesprochen haben, blieb die amerikanische Freiheit stets in erster Linie eine Freiheit *von* dem Anderen und nicht eine Freiheit *für* den Anderen. Anstatt die abstrakte »Freiheit *von*« und das Recht auf Exklusivbesitz als grundlegend für das Menschsein zu betonen, versteht Barth das Menschsein in Analogie zu Gottes Personsein als ein Sein in der Tat, das frei dazu ist, Gemeinschaften der andere willkommen heißenden Liebe zu gründen und zu verbreiten. Seine Lehre ist eine Lehre von Gott und – mehr oder weniger konsequent und tiefgehend – eine umfassende Theologie, die aus fundamental sozialistischen Erfahrungen und Werten hervorgeht.[137]

Isaiah Berlin, ein wichtiger politischer Philosoph des 20. Jahrhunderts, schrieb einen Aufsatz, in dem er zwei verschiedene Arten der Konzeptualisierung von Freiheit analysierte. Er bezeichnete diese als »negative« und »positive« Freiheit, wobei negative Freiheit in etwa der »Freiheit *von*« und positive Freiheit in etwa der »Freiheit *für*« entspricht. Berlin argumentiert, dass sich negative Freiheit besser als Grundlage für die politische Philosophie eignet, weil Befürworter positiver Freiheit historisch gesehen dazu neigen, ihre Werte zu verabsolutieren und sie zu nutzen, um Andersseiendes zu unterdrücken – und im Extremfall sogar zu beseitigen. Wie Berlin es ausdrückt: »[D]ies [...] führt [...] zu einem Despotismus, der sich als identisch mit der Freiheit erweist«.[138] Diejenigen, die sich bei dem Begriff »Sozialismus« unwohl fühlen, könnten argumentieren, dass Barths Freiheitskonzeption unter Berlins Kritik

---

[137] »Daß ein dogmatischer Satz implizite ein gesellschaftspolitischer Satz ist – daß dies auch bei B. nicht anders ist – und daß das für B. kein pudendum bedeutet. Und wenn man fragt, welche Gesellschaftspolitik B.s Dogmatik impliziert (im Sinne der Herkunft und der Folge), so ist das Stichwort ›Sozialismus‹ nun auch gar nicht falsch gewählt. Das ist's, woran man bei allem Diskutieren klärungsbedürftiger Einzelheiten nicht vorbeireden sollte.« SCHELLONG, Barth von links gelesen, 249. Eine schlüssige Analyse, wie Barth seine Kritik am Kapitalismus auf der Grundlage seiner eigenen theologischen Verpflichtungen verstärken könnte, das heißt, wie er die Einsichten seiner Gotteslehre mit größerer Konsequenz und Tiefe herausarbeiten könnte, hat K. TANNER (Barth and the Economy of Grace, in: Commanding Grace. Studies in Karl Barth's Ethics, hg. von D. L. MIGLIORE, Grand Rapids 2010, 176–197) vorgelegt.

[138] I. BERLIN, Freiheit. Vier Versuche, übers. von R. KAISER, Frankfurt a. M. 2006, 235.

fällt. Diese Kritik scheitert jedoch am dialektischen Charakter von Barths Theologie.[139]

Die dialektische Theologie besteht auf der Nichtobjektivierbarkeit Gottes und sieht sich gegründet in einem Ereignis der Begegnung mit Gott, das alle menschlichen Konzepte und Werte sprengt. Wie Barth zum ethischen Aspekt dieser Begegnung zu bedenken gibt, bedeutet die »gebietende Gnade« Gottes seine »Inanspruchnahme der menschlichen Freiheit, auch die Regelung und Beurteilung des Gebrauchs, der von dieser Freiheit gemacht wird.«[140] Es gibt hier keinen fremden Faktor, sei es des Gesetzes oder der Natur oder eines angeblichen »Offenbarungspositivismus«, der implizit oder explizit als Unterdrückungsinstrumentarium verabsolutiert werden darf.[141] Darüberhinaus dekonstruiert das andauernde Ereignis der Begegnung mit Gott kontinuierlich jeden sich entwickelnden repressiven Absolutismus. Dieser dialektisch-theologische Ansatz bedeutet, dass kein Konzept, Wert, Privileg und keine Ideologie im Herzen des menschlichen Lebens residiert. Es gibt nur die Begegnung mit dem Sein in der Tat desjenigen Gottes, der in Freiheit liebt, des Gottes, der ewig offen für andere ist und der Liebesgemeinschaften sucht und schafft, die andere in ihrem Anderssein willkommen heißen und unterstützen. Wie Bettis es ausdrückt: »Barth will zeigen, dass [...] die menschliche Freiheit weder in der Unterwerfung unter das Natur- oder Willkürrecht noch in der liberalen ›Autonomie‹, sondern in einer radikalen Offenheit begründet liegt.«[142] Alles andere als

---

[139] Sie ignoriert, wie leicht abstrakte Freiheitskonzeptionen Unterdrückungscharakter gewinnen – auf vielleicht noch heimtückischere Weise. Eine relativ aktuelle Analyse von Berlins Argumentation, die versucht, »gleiche Wettbewerbsbedingungen« (a. a. O., 445) zwischen den beiden Freiheitskonzepten zu schaffen, liefert TH. L. PUTTERMAN, Berlin's Two Concepts of Liberty. A Reassessment and Revision, Polity 38 (3/2006), 416–446.

[140] BARTH, KD II/2, 567. Weitere Informationen zur Konzeptualisierung der Gnade als Gebot in Barths Theologie und zum Verständnis seiner Ethik, die unauflöslich mit seiner Freiheitskonzeption verbunden ist, finden sich bei D. L. MIGLIORE, Commanding Grace. Karl Barth's Theological Ethics, in: Commanding Grace. Studies in Karl Barth's Ethics, hg. von D. L. MIGLIORE, Grand Rapids 2010, 1–25. Zur politischen Anwendung dieser theologischen Dynamik, siehe H. GOLLWITZER, Muß ein Christ Sozialist sein?; Jenseits vom Nullpunkt? Christsein im westlichen Deutschland, hg. von R. WECKERLING, Stuttgart 1972, 151–170.

[141] D. BONHOEFFER, Widerstand und Ergebung. Briefe und Aufzeichnungen aus der Haft, hg. von CH. GREMMELS u. a., Dietrich Bonhoeffer Werke 8, Gütersloh 1998, 404. Siehe auch Paul Tillichs Kritik an der »Kerygmatheologie« in P. TILLICH, Systematische Theologie Bd. 1, Stuttgart ²1956, 12–15.

[142] BETTIS, Political Theology and Social Ethics, 123. Abraham Joshua Heschel pointiert ähnlich: »Die Bedeutung von Freiheit wird durch Überlegungen, Entscheidungen und Verantwortung nicht erschöpft, obwohl sie all dies einschließen muss. Die Bedeutung von Freiheit setzt eine Offenheit für Transzendenz voraus, und der Mensch muss reagieren, bevor er verantwortlich sein kann.« A. J. HESCHEL, The Insecurity of Freedom. Essays on Human Existence, New York 1967, 15.

diese radikale Offenheit ist ein Verrat an dem Gott, den wir Christen in Jesus Christus zu finden behaupten.

Freiheit ist nicht frei im Sinne einer willkürlichen Freiheit *von* Gewalt und nationalistischem Eifer. Freiheit ist frei, weil sie Gottes gnädiges Geschenk an die Menschheit ist, aus der die Fülle des Seins in der Tat der andere willkommen heißenden Liebe aufrecht erhalten wird, die andere einschließt und sie in ihrem Anderssein verteidigt. Das ist es, was Barth heute im Zusammenhang mit der amerikanischen Politik beizutragen hat. Das Christentum in den USA tut gut daran, wenn es ihm bei der Entwicklung einer Theologie der Freiheit Beachtung schenkt – nicht einer unechten, kurzsichtigen »Freiheit *von*« dem Anderen, sondern einer wahren und robusten Freiheit *für* den Aufbau von lebensdienlichen, gemeinschaftsstiftenden und politisch ausgerichteten Strukturen einer andere willkommen heißenden Liebe.

III. Corollarium

»Theologische Existenz und politische Existenz«

Die Theologie Karl Barths als Herausforderung der Politik? – Ein Vortrag im Rahmen der Hannoveraner Ringvorlesung »Römerbrief und Tageszeitung!« zum Karl Barth-Jahr[1]

Christine Lieberknecht

Das begonnene Jahr 2020 ist noch frisch. Normalerweise stehen Politiker in dieser Zeit am Pult und halten Neujahrsreden. Pfarrer stehen auf der Kanzel und predigen über die Herrnhuter Jahreslosung für das neue Jahr. Beides werde ich am heutigen Abend nicht tun. Aber mit dem Verhältnis von geistlicher und politischer Existenz werde ich mich sehr wohl beschäftigen. Es ist ein Thema, das für mich zu einem meiner Lebensthemen geworden ist.

Ähnlich dem Motto der Ringvorlesung »Römerbrief und Tageszeitung!« werde ich oft nach meiner Existenz zwischen »Kanzel und Kabinett« befragt. Dabei »Die Theologie Karl Barths als Herausforderung an die Politik« in den Fokus meiner Betrachtungen zu nehmen, ist für mich eine besondere Herausforderung für den folgenden Vortrag. »Gottes fröhlicher Partisan«,[2] wie ein bekanntes deutsches Magazin in seiner Weihnachtsausgabe vor vielen Jahren titelte, ist ein harter Brocken, nicht ohne Ecken und Kanten. Doch der Reihe nach.

Einführend in meinen Vortrag möchte ich Sie mitnehmen auf den Weg zu meinen persönlichen Zugängen zu Karl Barth aus meiner Perspektive als Theologin, als Pastorin und als Thüringer Landespolitikerin. Das hat zunächst nichts mit Wissenschaft zu tun, allerdings einiges mit meiner theologischen und politischen Existenz. Dazu begebe ich mich mit Ihnen auf eine kleine Zeit- und Städtereise.

Als erstes bitte ich Sie, mir in das thüringische Weimar im April des Jahres 1919 zu folgen. Von dort werden wir dann im September des gleichen Jahres 1919 nach Tambach aufbrechen, einem kleinen Luftkurort am Nordhang des Thüringer Waldes. Von dort wiederum bitte ich Sie, mich auf dem Sprung in meinen Studienort nach Jena in der zweiten Hälfte der 1970er Jahre zu begleiten. In einem zweiten Teil möchte ich einige theologische Überzeugungen Karl Barths etwas näher beleuchten

---

[1] Anmerkung der Herausgeber: Der Vortragsstil wird bewusst in weiten Teilen beibehalten. Christine Lieberknecht hat am 7. Januar 2020 in Hannover vorgetragen.
[2] Kunde vom unbekannten Gott, Der SPIEGEL, 13. Jahrgang, Heft 52, Hamburg 1959, online abrufbar unter: www.spiegel.de/spiegel/print/d-42623628.html (07.05.2020).

und werde Ihnen zurufen: Bitte mehr Barth! Dringend! Hier und heute. Daran anschließend werde ich in einem dritten und abschließenden Teil etwas Einblick in mein eigenes politisches Handeln als Christin in Kirche und Politik geben – teils in Übereinstimmung mit Karl Barth, teils mit kritischer Rückfrage an ihn.

1. Zu meinen persönlichen Zugängen zu Karl Barth

1.1 Weimar – April 1919

Am 6. Februar 1919 hatte sich im thüringischen Weimar die Weimarer Nationalversammlung konstituiert. Am 11. Februar wurde Friedrich Ebert zum Reichspräsidenten gewählt. Ganz im Sinne von Weimar wollte man »weg von der Weltmacht zur geistigen Größe«.[3] Nicht Imperialismus, sondern Idealismus sollte der Geist von Weimar sein und die Republik beflügeln.

Die vom mörderischen Ersten Weltkrieg mit dem Leben Davongekommenen drängten nach einem neuen Aufbruch. In allen gesellschaftlichen, geistig-kulturellen, sozialen und wirtschaftlichen Bereichen brachen sich neue Ideen Bahn, begann das Leben wieder zu pulsieren. Die Gründung des Bauhauses als Teil einer ganzen Lebensreformbewegung verkörperte diesen Aufbruch am prominentesten. Auch meine Großeltern Walter und Katharina Determann fühlten sich davon angezogen. Aus Darmstadt und Hannover kamen sie nach Weimar, um Kunst zu studieren. Das Atelier meines Großvaters voller Skizzen, Gemälde und eigenartiger Konstruktionen aus Holz, Pappe, Draht und Stoffen steht mir lebhaft vor Augen. Heute stockt mir der Atem, wenn ich daran denke, wie selbstverständlich und unbekümmert wir in Großvaters Siedlungsentwürfen fürs Bauhaus oder in Großmutters Farbstudien herumstöberten. In einer der Vitrinen des neuen Weimarer Bauhaus-Museums ist eine Schreibübung aus jener Zeit zu betrachten:

»Das Alte stürzt
es ändert sich die Zeit
und neues Leben blüht aus den Ruinen
und neues Leben blüht …«[4]

---

[3] H. A. WINKLER u. a., Weg von der Weltmacht zur geistigen Größe, in: H. WILDEROTTER / M. DORRMANN (Hg.), Wege nach Weimar. Auf der Suche nach der Einheit von Kunst und Politik, Berlin 1999, (11–66) 17.

[4] K. DETERMANN, in: Klassikstiftung Weimar, Das Bauhaus kommt aus Weimar – Bauhaus 100, Dauerausstellung, Weimar 2019, Exponat.

Niemand weiß, wie oft diese Verse geschrieben wurden. Sie waren Inbegriff des neuen Aufbruchs, eines neuen Lebensgefühls nach den Schrecken des überstandenen Krieges.

Ich füge einen Gedanken der damals aufbrechenden Jugendbewegung hinzu, bei dem Sie sich mit Blick auf unsere aktuelle »Fridays for Future«-Bewegung genau 100 Jahre später vielleicht die Augen reiben mögen:

> »So kommt es sicher, dass die Jungen sich verbinden, gegen alles Morsche und Faule und gegen die Verderbtheit der heutigen Gesellschaft zu kämpfen, die Jugend, die über allen Parteien steht, um des Lebens willen […] Unser Volk muss untergehen, wenn die Jungen und Junggebliebenen nicht aufstehen, an sich arbeiten und sich verständigen. Wir wollen in den Tagen, da wir bei euch sind, mit euch leben und kämpfen gegen Vergnügungen aller Art, die die Jugend ausbeuten an Leib und Seele aus Geldinteressen, und rufen euch auf, die Tage mit uns zu verbringen in rechter Fröhlichkeit.«[5]

So viel nur als kurzes Streiflicht zum Geist der Zeit in den Jahren 1919/20, fokussiert auf Weimar und die benachbarten Thüringer Kleinstädte und Dörfer, in denen ich zu Hause bin.

1.2 Tambach – September 1919 und 1994

Keine fünfzig Kilometer entfernt von Weimar liegt Tambach. Dorthin hatten in diesem ersten Nachkriegsjahr 1919 die beiden religiösen Sozialisten und hessischen Pfarrer Otto Herpel und Heinrich Schultheis zu einer religiös-sozialen Tagung vom 22.–25. September 1919 ins Erholungsheim »Tannenberg« eingeladen. Zu diesem Zeitpunkt war Karl Barth noch weithin unbekannt und für die Tagung auch nicht als Teilnehmer oder gar als Redner vorgesehen. Vielmehr sprang er kurzfristig für den bereits eingeladenen Redner Leonhard Ragaz ein, der es übernehmen sollte, den deutschen Teilnehmern den schweizerischen religiösen Sozialismus vorzustellen.

Karl Barth übernahm. Allerdings nutzte er den ihm übertragenen Part für eine ganz andere Sache, um mit seinem Vortrag nicht weniger zu geben als eine radikale, grundstürzende theologische Antwort auf die Urkatastrophe des 20. Jahrhunderts und damit zugleich auf seine kirchlichen Amtsbrüder, die den Ersten Weltkrieg über lange Zeit nicht nur bejubelt hatten, sondern auch theologisch zu rechtfertigen suchten.

Der Urkatastrophe des 20. Jahrhunderts folgte mit Barths Tambacher Rede, aufsetzend auf dessen ersten Römerbriefkommentar desselben Jahres 1919, der theologische Urknall des 20. Jahrhunderts. Kurzerhand ersetzte Barth den ihm aufgegebenen Titel »Der Christ in der Gesellschaft« durch »Christus in der Gesellschaft«: Es

---

5   F. LAMBERTY, in: A. RITZMANN, Die »Neue Schar« in Thüringen, Flugschriften, Bd. 38, Jena 1921, zit. nach R. SEELA, Wanderwelten, Jena / Quedlinburg, 2016, 194.

ging Barth »ums Ganze«. Barth wollte eine andere Gesellschaft. Er sprach »vom Christus in uns«, »über uns«, »hinter uns« und »jenseits uns« als eine Voraussetzung für das gesellschaftsverändernde Handeln des Menschen.[6] In Christus sei die Hoffnung für die gesamte Gesellschaft verbürgt. Nichts konnte bleiben, wie es war. Ich komme darauf zurück.

An dieser Stelle ist mir zunächst etwas anderes wichtig. Gehört habe ich von diesem Tambacher Vortrag Barths erstmals 1994, also 75 Jahre, nachdem Barth ihn gehalten hatte. Gehört hatte ich davon nicht zuerst in meiner Eigenschaft als Theologin, sondern in meiner damaligen Position als Thüringer Ministerin für Bundes- und Europaangelegenheiten, die in meinem Fall zugleich Theologin war. Ähnlich wie bei dieser Ringvorlesung heute Abend suchten die Organisatoren eines Seminars aus Anlass der 75. Wiederkehr des Tambacher Vortrags nach Referenten, von denen sie einen Zugang zu Erfahrungen auf beiden Seiten, der theologischen und der politischen, erwarten durften. Ich wurde eingeladen. Meinerseits fand ich das ziemlich merkwürdig:

Da wurde einer, wenn nicht gar der wichtigste Vortrag zur Grundlegung der prägendsten theologischen Schule des 20. Jahrhunderts im thüringischen Tambach-Dietharz gehalten, und ich hatte trotz intensiven Theologiestudiums im thüringischen Jena bis dato nie etwas davon gehört. Komisch. Natürlich freute ich mich über diese mir bis dahin nicht bekannte Bedeutung des Ortes, der immerhin zuvor schon Kirchengeschichte mit dem Heiligen Bonifatius, Meister Eckhart und Martin Luther geschrieben hatte. Zugleich ließ mich mein neues Wissen misstrauisch im Hinblick auf meine theologische Ausbildung werden. Denn dass »ich gerade Kreide holen war …« konnte und wollte ich mir nicht wirklich vorstellen. Damit komme ich zu Jena.

1.3 Jena – mein Theologiestudium in den 1970er Jahren

Freilich kannte ich Grunddaten zu Karl Barth und der Dialektischen Theologie. Noch heute erweckt die meterlange Reihe der Buchrücken von Karl Barths »Kirchlicher Dogmatik« in der Bibliothek des alten Bismarck-Cafés, in dem die »Theologische Sektion« der Friedrich-Schiller-Universität untergebracht war, in mir ein Gefühl von Ehrfurcht. Aber so richtig gut gelitten war Barth bei meinen Professoren nicht; weder in der Kirchengeschichte noch in der Systematischen Theologie und wohl auch nicht in den exegetischen Fächern. Am ehesten war für uns als Studenten ein Bezug auf Karl Barth bei unserem Praktischen Theologen, Professor Klaus-Peter Hertzsch, zu spüren. Sein Vater und Vorgänger auf dem Jenaer Lehrstuhl für Prak-

---

[6] K. BARTH, Der Christ in der Gesellschaft (1919), in: DERS., Vorträge und kleinere Arbeiten 1914–1921, hg. von H.-A. DREWES in Verbindung mit F.-W. MARQUARDT, Karl Barth GA III/48, Zürich 2012, (546–598) 568.

tische Theologie, Professor Erich Hertzsch, vereinte in seiner Person eine spannende, nicht unumstrittene, von den Brüchen des 20. Jahrhunderts markierte, theologische und politische Geschichte. Darin war »Vater Erich«, wie wir Studenten Professor Erich Hertzsch nannten, schon allein durch sein eigenes Erleben als Sozialdemokrat in der Weimarer Republik und späterer bekennender, aber auch hadernder Sozialist in der DDR-Staatspartei SED durchaus auch ein Hinweis auf Karl Barth.[7]

Sein Sohn Klaus-Peter verstand es mit seiner genialen Gabe zur narrativen Rede, uns immer wieder den Horizont des Evangeliums für die sozialen Fragen der Menschheit zu weiten. Aber ansonsten? Weithin Fehlanzeige. Nach der friedlichen Revolution in der DDR und der deutschen Wiedervereinigung zu Beginn der 1990er und 2000er Jahre änderte sich das. Insbesondere muss in diesem Zusammenhang auf die Verdienste von Professor Michael Trowitzsch, der über viele Jahre in Jena lehrte, hingewiesen werden.[8] Schließlich wurde ich auf der Suche nach möglichen Gründen für mein aus heutiger Sicht unzureichendes Studium im »Alten Heussi«[9] fündig. Jedenfalls scheint mir mein aktueller Befund für diese Frage durchaus plausibel. Zugleich mag meine diesbezügliche Recherche der Anschauung früherer Auseinandersetzungen um die Rezeption der theologischen Lehren Karl Barths dienen.

Als ich mit meinem Theologiestudium begann, war Karl Heussi bereits fünfzehn Jahre tot. Aber sein Vermächtnis war allgegenwärtig. Der Geist des großen Kirchengeschichtlers beherrschte mein Studium in der zweiten Hälfte der 1970er Jahre noch weit über die Kirchengeschichte im engeren Sinne hinaus. So las ich in eben jenem kirchengeschichtlichen Lehrbuch.[10]

»Das eigenartigste und die Mitlebenden am stärksten erregende theologische Erzeugnis der Zeit nach dem ersten Weltkriege war die sog. *Dialektische Theologie* (»Theologie der Krisis«). Sie entstand auf reformiertem Gebiet, in der deutschen Schweiz, im Kreise religiöser Sozialisten um Kutter und Ragaz (§ 124 d), entwickelte sich dann aber als eine durch ihre dogmatische Entschiedenheit, ihre Paradoxien, ihre vermeintliche Zeitüberlegenheit für viele höchst anziehende Erneuerung von Gedanken Kierkegaards (§ 124 h). Der führende Theologe in dieser Bewegung wurde Karl Barth […] durch die 2. Auflage seines Buches ›Der Römerbrief‹ (1921). An ihn schlossen sich schweizerische und reichsdeutsche Theologen an, Reformierte und Lutheraner (E. Thurneysen, E. Brunner; F. Gogarten, R. Bultmann). Doch vermochte dieses theologische Miteinander die vorhandenen Gegensätze nur

---

[7] TH. SEIDEL, Oberkirchenrat Dr. Erich Hertzsch und die Kirchenpolitik der SED, in: THÜRINGER LANDTAG (Hg.), Kirchen und kirchliche Aufgaben in der parlamentarischen Auseinandersetzung in Thüringen vom frühen 19. bis ins ausgehende 20. Jahrhundert. Schriften zur Geschichte des Parlamentarismus in Thüringen, Bd. 23, Erfurt 2005, 227–250.
[8] Siehe u. a. M. TROWITZSCH, Karl Barth heute, Göttingen 2007.
[9] K. HEUSSI, Kompendium der Kirchengeschichte, Berlin 1957.
[10] HEUSSI, Kirche in der jüngsten Vergangenheit. Protestantische Theologie nach 1918, 530–532.

zeitweilig zu überbrücken und löste sich nach wenigen Jahren wieder auf (Wiedereindringen der ›Synthese‹ zwischen Christentum und Welt, der sog. Natürlichen Theologie usw.). Barth selbst entfernte sich von der Stellung von 1921 und wurde 1933 der maßgebende Theologe der sog. Bekenntnisfront (§ 135).«[11]

Das regt Studierende nicht unbedingt zur vertieften Befassung mit der genannten theologischen Richtung und ihrem Hauptprotagonisten Karl Barth an. Die Geringschätzung des theologischen Aufbruchs um Karl Barth durch Heussi wird noch deutlicher in der Gegenüberstellung mit anderen Theologen, die sich ebenfalls auf den Trümmern des ersten Weltkriegs neu zu formieren suchten. Dazu sei mir das folgende Zitat gestattet:

»Eine zweite theologische Gruppe blieb, bei im ganzen konservativer dogmatischer Haltung, in engerem Zusammenhang mit der wissenschaftlichen Vorkriegstheologie. Das Schlagwort hieß hier: ›*Lutherrenaissance* ‹. Der Lehrmeister war Karl Holl in Berlin (1866–1926), ein durch strenge Methode ausgezeichneter, ernster Gelehrter, gleich verdient um Patristik und Reformationsgeschichte, dessen Lutherforschungen seit ihrer Zusammenfassung […] stark wirkten. Zahlreiche jüngere Theologen ließen sich von Holl überzeugen. Der Rückgang auf den geschichtlichen Luther sollte zugleich dazu dienen, ihn für die Gegenwart in Geltung zu setzen.«[12]

Ich selbst habe mich, wenn man so will – lehrbuchmäßig –, auf das Studium der lutherischen Theologie konzentriert. Allerdings beeindruckte mich auch Dietrich Bonhoeffer als Theologe des 20. Jahrhunderts. Im Rahmen der kirchlichen Jugendarbeit, in der ich mich engagiert hatte, spielten Leben und Werk Bonhoeffers eine wichtige Rolle. Für meine Befassung mit Karl Barth aber gilt, dass ich meine heutigen Kenntnisse über Barth weniger meinem Theologiestudium zu verdanken habe als vielmehr meinen politischen Ämtern nach der Zeitenwende von 1989/90.

2. Zur aktuellen Relevanz theologischer Überzeugungen von Karl Barth

Im Rahmen dieses Vortrags muss ich mich im Folgenden auf zwei Beispiele beschränken. Ich beginne mit einer Vorbemerkung.

Begründet im lebendigen Wort Gottes gab es für Karl Barth in seinen theologischen Abhandlungen nur wenig Unveränderliches. Vielmehr proklamierte er stets

---

[11] A. a. O., 530.
[12] Ebd.

»Bewegung«.¹³ Theologische Überzeugungen, die er soeben noch wortreich begründete, konnte er schon wenig später verwerfen. Das gilt nicht zuletzt für seine beiden Römerbriefkommentare von 1918/19 und 1922. Aber: An einem Kontinuum hat Barth von Anbeginn seines theologischen und praktischen Arbeitens in seiner ersten Pfarrstelle in Safenwil und der erbitterten Gegnerschaft gegen den Ersten Weltkrieg, über seine theologischen Antworten auf den Trümmern dieses Krieges und seinen entschiedenen Kampf gegen die Nationalsozialisten bis zu seinen Wortmeldungen zur Deutschlandpolitik und dem aufziehenden Kalten Krieg zwischen Ost und West in den 1950er und 60er Jahren nie einen Zweifel gelassen: Es geht nicht um den oder die Christen in der Gesellschaft.

»DER CHRIST – wir sind wohl einig darin, dass damit NICHT DIE CHRISTEN gemeint sein können: weder die Masse der Getauften, noch etwa das erwählte Häuflein der Religiös-Sozialen, noch auch die feinste Auslese der edelsten frömmsten Christen, an die wir sonst denken mögen. Der Christ ist DER CHRISTUS. Der Christus ist das in uns, was nicht wir sind, sondern Christus in uns.«

So rief es Barth 1919 den Zuhörern seiner Tambacher Rede entgegen.¹⁴ Davon war er überzeugt bei seiner Mitwirkung an der Barmer Theologischen Erklärung von 1934¹⁵ und bei seinem leidenschaftlichen Ringen um das Darmstädter Wort des Bruderrates der EKD nach dem verheerenden Zweiten Weltkrieg im Jahr 1947.¹⁶

Die Hoffnung liegt allein in Christus und nicht in den Christen. Nicht die Christen sind entscheidend für die Gestaltung der Welt, sondern allein auf Christus kommt es an. Es ist »dieses Christus in uns« (Röm 8,10; 2. Kor 13,5; Kol 1,27) in seiner ganzen paulinischen Tiefe verstanden […] keine psychische Gegebenheit, kein Ergriffensein, Überwältigtsein oder dergleichen, sondern eine Voraussetzung. ›Über uns‹, ›hinter uns‹, ›jenseits uns‹ ist gemeint mit dem ›in uns‹.«¹⁷ Barth sieht darin »Die Bewegung, die sozusagen senkrecht von oben her […] hindurchgeht […], die Bewegung, die nicht im Raum, in der Zeit, in der Kontingenz der Dinge ihren Ursprung und ihr Ziel hat und die nicht eine Bewegung neben andern ist […], die Bewegung, deren Kraft und Bedeutung enthüllt ist in der Auferstehung Jesu von den Toten«.¹⁸ »Das ist kein Tun des Menschen, sondern das Tun Gottes im Menschen. […]

---

13   BARTH, Der Christ in der Gesellschaft, 564f.
14   A. a. O., 557.
15   Die Barmer Theologische Erklärung (1934), in: G. PLASGER / M. FREUDENBERG (Hg.), Reformierte Bekenntnisschriften. Eine Auswahl von den Anfängen bis zur Gegenwart, Göttingen 2005, 239–245.
16   Darmstädter Wort, 1947, in: B. KLAPPERT, Bekennende Kirche in ökumenischer Verantwortung, Ökumenische Existenz heute 5, München 1988, 12f.
17   BARTH, Der Christ in der Gesellschaft, 557.
18   A. a. O., 564.

Es geschieht etwas von Gott her, ein Wunder vor unseren Augen (Ps 118,23).«[19] Und Barth setzt fort:

> »Mit der Einsicht in diesen Durchbruch des Göttlichen ins Menschliche hinein wird es aber bereits klar, dass es auch bei der Isolierung des Menschlichen dem Göttlichen gegenüber nicht sein Bewenden haben kann. Die Unruhe, die uns Gott bereitet, muss uns zum ›Leben‹ in kritischen Gegensatz bringen, kritisch im tiefsten Sinn zu verstehen, den dieses Wort in der Geistesgeschichte gewonnen hat.«[20]

Das Gegenüber und die Beziehung Gottes zu unserem Leben sind nach Barth nicht voneinander zu trennen. Als ein klares Nein steht Christus den Zuständen, der Verderbtheit und Unzulänglichkeit unseres menschlichen Handelns in der Gesellschaft gegenüber. Allerdings tritt »in dem Gegenüber Christi bereits ein Neues der menschlichen Gesellschaft entgegen. Das Neue begegnet im Nein zum Alten, die Gnade im Gericht, es beginnt in einem energischen Geltendmachen eines ›Halt! Stop!‹ gegenüber der menschlichen Gesellschaft.«[21] Damit bedeutet Gottes Zuwendung in Christus gegenüber unserer menschlichen Gesellschaft immer zugleich »Verheißung«,[22] und zwar für das »tatsächliche Leben«. »Ja, wir ahnen wieder, dass der Sinn der sogenannten Religion in ihrer Beziehung auf das tatsächliche Leben, auf das Leben der Gesellschaft besteht und nicht in ihrer Absonderung«, so Barth in seiner Tambacher Rede.[23] Angesichts der sich daraus für Christen unmittelbar ergebenden Aufgabe ruft er fragend in den Saal:

> »Sollten wir nicht vor allem einmal ERSCHRECKEN vor der Aufgabe, Säemann des Wortes für die Welt zu werden, vor der Aufgabe, vor der ein Mose (vgl. Ex. 3,11.13), ein Jesaja (vgl. Jes. 6,5), ein Jeremia (vgl. Jer. 1,6) so erschrocken sind?«[24]

Diese zutiefst existentielle Verankerung des Wirkens Gottes in der Welt und in uns Menschen durch Jesus Christus, mit der Karl Barth seine Tambacher Zuhörer aufrüttelt, hat mich elektrisiert.

---

[19] A. a. O., 568.
[20] A. a. O., 569.
[21] E. BUSCH, Karl Barths Tambacher Vortrag im Jahr 1919 und die Relevanz für uns im Verkündigungsdienst in der heutigen Zeit, Tambach-Dietharz, 25.09.2019, Vortragsmanuskript, 5.
[22] BARTH, Der Christ in der Gesellschaft, 556.
[23] A. a. O., 559.
[24] Ebd.

2.1 Erschrecken vor der Aufgabe, die Gott für uns bereithält

Zu Recht erinnert Barth in seiner Tambacher Rede an die Gottesbegegnungen von Mose und den Propheten des Alten Testaments. Die Bibel berichtet von dramatischen Geschehnissen um Gottes Offenbarung nicht nur im Alten Testament, sondern auch in den Glaubenszeugnissen des Neuen Testaments. Vielen heutigen Christen scheint das fremd geworden zu sein. Diesen Eindruck musste ich nach meiner Auseinandersetzung mit einem Abschnitt aus dem Philipperbrief anlässlich der Ökumenischen Bibelwoche 2018/19 gewinnen. Im Rahmen dieser Bibelwoche war mir die Auslegung zu Phil 2,12–30 übertragen worden. Schon im ersten Vers dieses Abschnitts, im Vers 12, hatte ich mich festgebissen. Dort heißt es: »Also, meine Lieben, – wie ihr allezeit gehorsam gewesen seid, nicht allein in meiner Gegenwart, sondern jetzt noch viel mehr in meiner Abwesenheit – schaffet, dass ihr selig werdet, mit Furcht und Zittern.« Nach den Vorgaben der zentralen Bibelhilfe »Freut euch – sorgt euch nicht« für die Auslegungen aus dem Philipperbrief war zugleich das Motto »mit Furcht und Zittern« für den Abend gesetzt.[25]

Also machte ich mich ans Werk, um zunächst einmal den exegetischen Befund zu erhellen. Der war für mich eindeutig, zumal die Wortumstellung durch die Lutherübersetzung gegenüber dem griechischen Ursprungstext im Vers 12 die Betonung von »Furcht und Zittern« noch einmal verstärkte und dies offensichtlich dem Textverständnis des Reformators entsprach. Das deckte sich mit meinem Empfinden, nach dem ich es als unmöglich ansah, vom grandiosen Lobpreis des Christushymnus in Phil 2,1–11 völlig unvermittelt zur Alltagsprosa christlicher Verhaltensweisen überzugehen. Zu Recht gibt es da ein Innehalten, ein Erschrecken als Zäsur, um sich des fundamental Anderen, soeben im Christushymnus Gepriesenen, bewusst zu werden. Erst das existentielle »Christus in uns« ermöglicht es, als »Lichter in der Welt« zu scheinen und am »Wort des Lebens« festzuhalten.[26] So jedenfalls mein exegetischer Befund, meine theologische Überzeugung und schließlich auch mein »Begreifen«. Karl Barth fasste das notwendige »Begreifen« wie folgt zusammen: »Begreifen wollen wir die große Beunruhigung des Menschen durch Gott und darum die große Erschütterung der Grundlagen der Welt. […] Begreifen heißt: in der Furcht Gottes die ganze Lage auf sich nehmen und in der Furcht Gottes in die Bewegung der Zeit hineintreten.«[27] Doch außer dem Setzen der Überschrift »Mit Furcht und Zittern« ließ sich in den dazugehörigen Texthinweisen zur Ökumenischen Bibelwoche kein Wort finden, nicht ein einziges. Der Gedanke daran wirkte

---

25 K. WIEFEL-JENNER, Ökumenische Bibelwoche 2018/2019, Freut euch – sorgt euch nicht, Auslegungen zu sieben Abschnitten aus dem Philipperbrief, Gemeindedienst der EKM in Zusammenarbeit mit der Arbeitsgemeinschaft Missionarische Dienste der EKD (Hg.), Neudietendorf 2018, 17–20.

26 Siehe dazu: Phil 2,14–16.

27 BARTH, Der Christ in der Gesellschaft, 573; Vgl. auch DERS., Der Römerbrief (Erste Fassung) 1919, hg. von H. SCHMIDT, Karl Barth GA II/16, Zürich 1985, 538.

wie weggeblasen. Ich konnte gar den Eindruck gewinnen: unpassend, störend, nicht zeitgemäß. Das ist sicherlich ein hartes Urteil. Doch der Tenor der in den Texthinweisen angebotenen Auslegung ist auf Harmonie und Einigkeit in der Gemeinde ausgerichtet. Darauf kommt es an. »›Wie wird eine Gemeinde, in der Eintracht herrscht, zum Zeichen der Hoffnung für die Welt. Wie kann ich/können wir dazu beitragen, dass die Gemeinde als Licht der Welt wirkt?‹«, lautet eine der empfohlenen Leitfragen.[28]

Ich begann im Internet zu recherchieren. Es sollte doch jemanden geben, dem der Einschub in Phil 2,12 »mit Furcht und Zittern« zwischen Christushymnus und dem praktischen Leben in der Gemeinde ähnlich wichtig ist wie mir. Doch wo immer ich nachschaute, ging mein Suchen ins Leere. Umso mehr habe ich dann meine komplette Bibelarbeit genau diesem Einschub gewidmet.

Diese geschilderte Begebenheit ist für mich kein einmaliges Erlebnis. Suchen Sie theologische Abhandlungen zur kommenden Passionszeit, dann werden Sie an vielen Stellen darauf aufmerksam werden, dass nicht mehr das Leiden Christi uns an vorderster Stelle umtreiben muss, sondern es geht vor allem um UNSER »Sieben Wochen ohne«. In diesem Jahr heißt das Motto dafür »Zuversicht – Sieben Wochen ohne Pessimismus«.[29] Für den Einzelnen, der sich dieser Aktion anschließt, kann damit, vergleichbar demjenigen, der in dieser Zeit auf Schokolade, Autofahren oder Alkohol verzichtet, ein durchaus gutes Gefühl verbunden sein. Die Tiefe der Leidensgeschichte Jesu für unser Leben wird damit nicht erfasst.

Ich finde es auffällig, wie weit wir uns offensichtlich von jenem »Erschrecken« in Karl Barths Tambacher Rede entfernt haben. In diesem Punkt bin ich ganz bei Barth:

> »Wir müssen ganz hinein in die Erschütterung und Umkehrung, in das Gericht und in die Gnade, die die Gegenwart Gottes für die jetzige und jede uns vorstellbare Welt bedeutet, wenn anders wir nicht rückblickend heraus wollen aus der Wahrheit Christi (vgl. 2. Kor 11,10), aus der Kraft der Auferstehung (vgl. Phil 3,10). [...] Wir müssen Gott gegenüber in unserer sicheren Kreatürlichkeit einmal aus dem Gleichgewicht kommen, [...] Wie furchtbar, wenn gerade die Kirche tatsächlich von dem allen nichts merken, sondern ihren ganzen Eifer daran setzen sollte, dem Menschen, der das Gleichgewicht, das er endlich verlieren sollte, zu erhalten!«[30]

Ich bin der festen Überzeugung, Christus lässt sich nicht im »Eiapopai« bezeugen, nicht in den Wellness-Oasen allgemeiner Entspannung für unser Seelenheil. An dieser Stelle rufe ich Ihnen zu: Wir brauchen mehr Barth! Dringend! Hier und heute. Christus in uns ergreift den Menschen ganz; so wie er den Apostel Paulus ergriffen

---

28 WIEFEL-JENNER, Ökumenische Bibelwoche, 20.
29 Siehe online: www.7wochenohne.evangelisch.de (07.05.2020).
30 BARTH, Der Christ in der Gesellschaft, 591f.

hat, seine Gefährten und Zeitzeugen. Man denke nur an die Gefängnisszene in der Apostelgeschichte des Lukas mit Paulus und Silas und dem Erschrecken des Kerkermeisters, der sich angesichts eines Erdbebens zitternd zum Glauben bekehrte.[31] In seiner Tambacher Rede erinnert Barth unter Bezugnahme auf Friedrich Zündel an den Heiligen Geist, der »unter Brausen vom Himmel (Apg 2,2f.) und Bewegen der Stätte, da sie versammelt waren (vgl. Apg 4,31), in feurigen Zungen auf sie kam, ›senkrecht vom Himmel‹«.[32] Nahtlos schließt Barth an:

> »Wir glauben also darum an einen Sinn, der den einmal gewordenen Verhältnissen innewohnt, aber auch an Evolution und Revolution, an Reform und Erneuerung der Verhältnisse, an die Möglichkeit von Genossenschaft und Bruderschaft auf der Erde und unter dem Himmel, weil wir noch ganz anderer Dinge warten, nämlich des neuen Himmels und der neuen Erde (vgl. 2. Petr 3,13).«[33]

Etwas von der mit Gottes Offenbarung verbundenen »Bewegung« spüre ich der im Jahr 1919 gehaltenen Tambacher Rede noch immer ab. Glaubensgewissheiten schmelzen dahin, und wer sich irgendwie an einem letzten Rest davon festhalten möchte, dem lässt Barth geradezu erbarmungslos auch diesen in tausend Stücke zerschellen. Oder wie es vor 100 Jahren am Weimarer Bauhaus hieß:

> »Das Alte stürzt
> es ändert sich die Zeit
> und neues Leben blüht aus den Ruinen
> und neues Leben blüht …«[34]

Dem Kulturprotestantismus des vergangenen 19. Jahrhunderts, in dem sich die Theologie in den Reigen der Kulturwissenschaften gestellt hatte und vornehmlich der Ergründung und Begründung des Religiösen diente, sagte Karl Barth den Kampf an. Theologie als Mittel individueller Sinndeutung, als Ausgangspunkt moralischer Appelle oder zur Legitimation kirchlich-institutionellen Verhaltens lehnte Barth rigoros ab.[35]

---

[31] Siehe dazu: Apg 16,23–34.
[32] F. ZÜNDEL, Aus der Apostelzeit, Zürich 1886, 26.
[33] BARTH, Der Christ in der Gesellschaft, 596.
[34] DETERMANN, in Klassikstiftung Weimar, Exponat.
[35] Vgl. R. FRISCH, Alles gut. Warum Karl Barths Theologie ihre beste Zeit noch vor sich hat, Zürich ²2019, 152. Frisch verweist in diesem Zusammenhang auf die Barmer Theologische Erklärung. »Die Instrumentalisierung des Namens ›Gott‹ für die Selbsterhaltung des institutionalisierten Religionssystems thematisiert übrigens auch die sechste These der Barmer Theologischen Erklärung. Dort heißt es: ›Der Auftrag der Kirche, in welchem ihre Freiheit gründet, besteht darin, an Christi Statt und also im Dienst seines Wortes und Werkes durch Predigt und Sakrament die Botschaft von der freien Gnade Gottes auszurichten an alles Volk.

Karl Barths Kritik an der Verzweckung Gottes für das eigene religiöse Leben, für Moral und Ethik oder gar für den Krieg war radikal. Diese Kritik war so radikal, dass er die Befreiung des Menschen durch Gott auch als Befreiung von allen menschlichen Versuchen sah, die eigene Existenz religiös, moralisch oder theologisch zu interpretieren. An die fundamentale Gegensätzlichkeit zwischen dem heutigen menschlichen Verlangen und der radikalen Religionskritik Karl Barths knüpft Michael Trowitzsch an, wenn er formuliert:

»Unverfügbarkeit« soll eigentlich nirgendwo und in keiner Hinsicht sein [...] Machbarkeit und Veranstaltung müssen eben selbstverständlich auch dem Heiligen beigebracht werden [...] – Gott.«[36] Zutreffend fasst Trowitzsch im Sinne Barths zusammen: »In einem Wort lässt sich [...] das abgründige Problem der Neuzeit, ihr Grundübel benennen: Gottesdeutung ...«[37]

Karl Barth geht hier nur diesen einen, ebenso konsequenten wie revolutionären Weg: in Gott den ganz Anderen, den Unfassbaren und Unverfügbaren zu sehen. Genau deshalb ist Gott für Barth der alles umfassende, einzigartige und alleinige Gestalter unserer Welt.

2.2 »Christus in uns« und »für alle«

»Die Gemeinde Christi ist ein Haus, das nach allen Seiten offen ist; denn Christus ist immer auch für die, die draußen sind, gestorben (vgl. Hebr 13,12f.). Es ist in uns, über uns, hinter uns, jenseits uns eine Besinnung auf den Sinn des Lebens, eine Erinnerung an den Ursprung des Menschen, eine Umkehr zum Herrn der Welt, ein kritisches Nein und ein schöpferisches Ja gegenüber allen Inhalten unseres Bewusstseins, eine Wendung vom alten zum neuen Äon«,[38]

betont Barth am Beginn seiner Tambacher Rede.

Karl Barth möchte eine andere Gesellschaft und geißelt zugleich dieses »möchte«, in dem er der festen Überzeugung ist, dass das, was mit Gottes Willen im Einklang stehender, aber bloßer Wunsch ist, durch die Kraft des lebendigen Christus in uns erfüllbar wird, so dass wir das, was wir da möchten, auch können. Es ist »ein neues Müssen von oben her«.[39]

Wir verwerfen die falsche Lehre, als könne die Kirche in menschlicher Selbstherrlichkeit das Wort und Werk des Herrn in den Dienst irgendwelcher eigenmächtig gewählter Wünsche, Zwecke und Pläne stellen«.« (a. a. O., 152f.).
36 TROWITZSCH, Karl Barth heute, 44f.
37 Ebd. Vgl. dazu auch FRISCH, Alles gut, 144.
38 BARTH, Der Christ in der Gesellschaft, 557.
39 A. a. O., 556; 569.

In dieser Gewissheit greift Karl Barth tüchtig in die Speichen des menschlichen Zusammenlebens. Er tat dies bereits mit seinem sozialen Einsatz für bessere Arbeitsbedingungen und Löhne der etwa 700 Textilarbeiter und -arbeiterinnen in seiner ersten Pfarrstelle in Safenwil. Zur wirksameren Vertretung von deren Interessen setzte sich Karl Barth u. a. für die Gründung einer Gewerkschaftsorganisation vor Ort ein.

Beeindruckend ist sein eindringliches, ja erbittertes Friedenszeugnis bereits wenige Monate nach Kriegsbeginn im Jahr 1915.

> »Wo seid ihr gewesen, als der Brand ausbrach? Und vorher, als jahrzehntelang die Scheite zum Brande zusammengetragen wurden, als es bereits drohend glimmte und rauchte? [...] Gott der Herr offenbart uns im Sturm der Weltgeschichte die Tiefe unseres Elends und die Größe seiner Liebe in einer Wucht, wie wir es vielleicht seit vielen Generationen nicht mehr erlebt haben, und wir antworten damit, daß wir wünschen und beten, es möchte nur recht bald wieder Friede geschlossen werden?! Merken wir es, daß wir uns des unvergleichlichen Segens dieser großen Zeit berauben würden, wenn wir jetzt diesen allgemeinen Gedanken und Gefühlen und dieser Gebetsparole folgen würden? Wollen wir uns denn durchaus neben jene falschen Propheten des Volkes Israel stellen, die in ähnlichen schweren Zeiten ›Friede, Friede!‹ zu rufen pflegten, wo doch eben kein Friede war und keiner sein konnte (vgl. Jer. 6, 14).«[40]

Erinnert sei ebenso an seine erbitterte Gegnerschaft gegen den Nationalsozialismus und an seine aktive Rolle zur Gründung der Bekennenden Kirche. An der Formulierung der Barmer Theologischen Erklärung von 1934 hatte er maßgeblichen Anteil. Die in der ersten These eingeführte, allein auf Jesus Christus bezogene theologische Leitlinie der Erklärung folgt der christologischen Grundorientierung Barths voll und ganz. »Jesus Christus ist das einzige Wort Gottes, das die Kirche zu hören und dem sie zu vertrauen und zu gehorchen hat.«[41] Im Wortlaut der Erklärung heißt es dazu in These 1: »Jesus Christus, wie er in der Heiligen Schrift bezeugt wird, ist das eine Wort Gottes, das wir zu hören, dem wir im Leben und im Sterben zu vertrauen und zu gehorchen haben.«[42]

Auf die christologische Grundlegung von These 1 aufbauend heißt es dann in These 2: »Wie Jesus Christus Gottes Zuspruch der Vergebung aller unserer Sünden ist, so und mit gleichem Ernst ist er auch Gottes kräftiger Anspruch auf unser ganzes Leben; durch ihn widerfährt uns frohe Befreiung aus den gottlosen Bindungen dieser Welt zu freiem, dankbarem Dienst an seinen Geschöpfen.«[43]

---

[40] BARTH, Predigt zu Epheser 2,14, in: DERS., Predigten 1915, hg. von H. SCHMIDT, Karl Barth GA I/27, Zürich 1996, 72.
[41] Die Barmer Theologische Erklärung, 241.
[42] A. a. O., 243.
[43] Ebd.

Diese Freiheit aus dem Glauben heraus war für die Mitglieder der Bekennenden Kirche elementar für ihren Widerstand gegen den Nationalsozialismus.

Die Heilstat Gottes in Jesus Christus ist »Zuspruch« und zugleich »Gottes kräftiger Anspruch auf unser ganzes Leben«. Das hatte sich auch mir als junger Theologin in den 1980er Jahren in der DDR fest eingeprägt. Ohne mich darin jemals auf Karl Barth berufen zu haben, galt für mich in diesen Jahren nicht nur für meinen unmittelbaren Dienst im Gemeindepfarramt, sondern für mein Leben schlechthin: es ist der eine Jesus Christus, dem ich meinen Glauben, meine Erlösung und mein Heil zu verdanken habe. Diese Heilstat gilt allen Menschen. In diesen Dienst bin ich gestellt. So wie Jesus für jeden Menschen gestorben ist und Gott ihn für unser aller Heil von den Toten auferweckt hat, so habe auch ich als Christin und Pastorin in meiner Gemeinde für alle da zu sein und will zusammen mit anderen die Gesellschaft zum Besseren verändern. Anders habe ich die biblische Botschaft nie verstanden. Dieses Verständnis war für mich ausschlaggebend für mein Engagement in der christlichen Jugendarbeit, in der Vorbereitung der jährlichen Friedensdekaden und deren Durchführung, in Projekten von »Global denken und lokal handeln«, bei den Weltgebetstagen der Frauen und für meine Sicht auf Kirche als offener Ort für alle Menschen, für Christen und Nichtchristen.

Dieses Verständnis war maßgeblich für meinen Eintritt in die CDU in der DDR. Karl Barth hätte mir bei dieser Entscheidung wohl heftig widersprochen. Die Gründung einer Partei mit dem »C« im Namen hat er zeitlebens abgelehnt und fragt stattdessen:

»Sollte man in Deutschland aus der englischen und amerikanischen – ich kann hinzufügen: auch aus der schweizerischen – Entwicklung nicht lernen, dass man die allerdings notwenige Herstellung einer positiven Beziehung zwischen Kirche und der politischen Aufgabe gerade nicht auf dem Weg einer christlichen Parteibildung realisieren sollte?«[44]

Ich komme unter Punkt 3 meines Vortrages darauf zurück.

Zur konsequenten Fortsetzung des mit der Barmer Theologischen Erklärung fixierten theologischen und politischen Weges gehört für mich das Darmstädter Wort des Bruderrates der EKD vom August 1947. Unter dem Eindruck der Verirrung des deutschen Volkes im Nationalsozialismus und den materiellen wie geistig-moralischen Trümmern des verheerenden Zweiten Weltkrieges wird unter maßgeblicher Mitwirkung von Karl Barth, gemeinsam mit Martin Niemöller, Hans Joachim Iwand u. a. im Darmstädter Wort von 1947 die oben zitierte 2. These der Barmer Theologischen Erklärung »Durch Jesus Christus widerfährt uns frohe Befreiung aus den

---

[44] BARTH, Brief an einen Politiker (gemeint war Gustav Heinemann), 16.02.1946, in: DERS., Offene Briefe 1945–68, hg. von D. KOCH, Karl Barth GA V/15, Zürich 1984, 60f.; Vgl. DERS., Christengemeinde und Bürgergemeinde, ThSt 20, Zürich 1946, 37f.

gottlosen Bindungen dieser Welt zu freiem, dankbarem Dienst an seinen Geschöpfen«, erneut »bezeugt«.[45]

Anders als in der Barmer Theologischen Erklärung 1934 und im 1945 formulierten Stuttgarter Schuldbekenntnis werden im Darmstädter Wort Versäumnisse und Mitschuld kirchlichen Handelns an der Katastrophe des Nationalsozialismus einerseits und Orientierungen für den künftigen »politischen Weg unseres Volkes« andererseits politisch konkret benannt. Zu den umstrittensten Thesen des Darmstädter Wortes gehört das Bekenntnis in These 5:

> »Wir sind in die Irre gegangen, als wir sahen, daß der ökonomische Materialismus der marxistischen Lehre die Kirche an den Auftrag und die Verheißung der Gemeinde für das Leben und Zusammenleben der Menschen im Diesseits hätte gemahnen müssen. Wir haben es unterlassen, die Sache der Armen und Entrechteten gemäß dem Evangelium von Gottes kommendem Reich zur Sache der Christenheit zu machen.«[46]

Ebenso befremdete viele Mitbrüder innerhalb der neu gegründeten Evangelischen Kirche in Deutschland die in These 6 des Darmstädter Wortes pointiert aufgezeigte Alternative: »Nicht die Parole: Christentum und abendländische Kultur, sondern Umkehr zu Gott und Hinkehr zum Nächsten in der Kraft des Todes und der Auferstehung Jesu Christi ist das, was unserem Volk und inmitten unseres Volkes vor allem uns Christen selbst nottut.«[47] Es war ausgeschlossen, dass dieses bewusst zugespitzte Wort des Bruderrates innerhalb der Evangelischen Kirche in Deutschland eine mehrheitliche Zustimmung finden würde. Umso klarer vertrat Karl Barth die darin formulierten politischen Thesen und die ihnen zugrunde liegenden theologischen Orientierungen.

Auch wenn ich konkrete politische Situationen vor allem im Nachkriegsdeutschland der 1950er und 1960er Jahre zum Teil erheblich anders beurteile als dies Karl Barth getan hat und vermutlich auch heute tun würde, bleibt für mich der Aufruf zur Einmischung, bleibt für mich dieses »Christus in uns« entscheidend. Ich kann dieses »Christus in uns« mit Karl Barth nicht anders verstehen als den Aufruf zur aktiven Weltgestaltung, und das heißt immer auch Veränderung, Veränderung zum Besseren in der Welt. Dafür kämpfte Karl Barth Zeit seines Lebens. Er mischte sich ein als »Gottes fröhlicher Partisan« mit »Römerbrief und Tageszeitung«. In diesem Sinne rufe ich Ihnen auch an dieser Stelle zu: Bitte mehr Barth! Dringend! Hier und heute.

---

[45] Darmstädter Wort, 13.
[46] A. a. O., 12f.
[47] A. a. O., 13.

3. Zu meinen Erfahrungen als Christin in Kirche und Politik

Im Jahr 1958 in der DDR als Pfarrerskind geboren war es mir gewiss nicht in die Wiege gelegt, eines Tages den Weg in die hauptamtliche Politik zu wählen. Dass es dann doch so kam, erklärt sich aus den Umständen der friedlichen Revolution in den Jahren 1989/90. Dreißig Jahre liegen dieses Ereignis und damit mein Einstieg in die Politik zurück. Ich will versuchen, Ihnen etwas von dem zu skizzieren, was mir persönlich für mein Leben als Christin in Kirche und Politik durchgehend wichtig, ja unverzichtbar war und weiterhin sein wird.

Beginnen möchte ich mit der Einordnung meines politischen Handelns in mein Leben als Christin. In einem zweiten Punkt werde ich ganz bei Karl Barth sein, nämlich in der fundamentalen Unterscheidung zwischen dem Wort Gottes und menschlicher politischer Rede. Abschließend möchte ich eine Lanze für die lutherische Freiheit eines Christenmenschen brechen, die mir für meinen politischen Einsatz bisher ausreichend war. Ich tue das nicht im Gegensatz zu Karl Barth, sondern als ebenso mögliche Variante um dem einen Leitsatz: »Jesus Christus ist das eine Wort Gottes«, zu folgen.

3.1 Einordnung meines politischen Handelns in mein Leben als Christin

Als hilfreich für das Verständnis meines politischen Handelns erweist sich für mich nicht nur der Rückblick auf die vergangenen dreißig Jahre seit der deutschen Einheit, sondern darüber hinaus auch auf meine Zeit in der DDR.

Bewusst habe ich nach dem Abitur das Studium der evangelischen Theologie mit dem Wunsch gewählt, Pastorin zu werden. Dazu gehört, dass der Beruf des Pfarrers bzw. der Pastorin nichts, aber auch gar nichts gemein hatte mit den Organen staatlicher Machtausübung in der DDR. Umso mehr bedeutete Christsein für mich, wie oben bereits beschrieben, Christsein für die Menschen im Land, für die Gesellschaft, in der ich lebte – nicht um ihren Status quo zu legitimieren, wohl aber um mitzugestalten, zu verändern im Sinne der Nächstenliebe, die Gott mir aufgegeben hat. Es war mir wichtig, auf der Kanzel zu predigen. Aber ich wollte auch das konkrete Engagement, die konkrete gesellschaftliche Veränderung. Das bedeutete, dass ich den Dialog mit denen suchte, die nicht unter meiner Kanzel saßen und die nicht zu den Veranstaltungen meiner Kirchengemeinde kamen, weil sie als Funktionsträger in Staat und Gesellschaft der DDR aus der Kirche ausgetreten waren. Ich meinte, mit diesen Leuten sprechen zu müssen, wenn ich konkrete Verbesserungen für die Menschen in den Orten, für die ich als Pastorin zuständig war, erreichen wollte. Auf der Suche nach einer Plattform dafür bot sich mir die CDU als Möglichkeit an. Die CDU in der DDR war eine der wenigen Nischen jenseits der SED, aus der heraus Menschen versuchten, das Leben in der DDR ein wenig zu verbessern und dafür eine politische Basis zu haben, die so für die Kirche offiziell nicht möglich war. Dass sich meine diesbezüglichen Hoffnungen schon nach kurzer Zeit als Illusion erwiesen, gehört zur schmerzlichen Wahrheit, die ich ebenfalls erwähnen muss. Allerdings bin ich nicht der Typ, der vorschnell die einmal gesetzten Ziele aufgibt, sondern diese vielmehr beharrlich weiterverfolgt. So hatte mich bei meinem Eintritt in die CDU neben dem Wunsch nach dem konkreten örtlichen Engagement u. a. auch die Vorstellung geleitet, dass die »Diktatur des Proletariats«, wie die sozialistischen Machthaber in der DDR ihre Herrschaftsform offiziell beschrieben, nicht für alle Zeiten Bestand haben würde. Bei meinem Hader mit den auch für die CDU begrenzten Möglichkeiten in der DDR ließ mich der Gedanke nicht los, »dass ein Zeitpunkt kommt, wo es gut ist, dass wir [scil. die CDU] da sind.«[48]

Hinter diesem Gedanken verbarg sich »so ein Wissen um die demokratischen Reste, die Wurzeln, die auch noch im Statut [scil. der CDU] verankert waren, und die irgendwo im Hintergrund uns auch getragen haben.«[49] Das war Mitte der 1980er Jahre.

Nur wenig später, beschleunigt durch die ständig steigende Ausreisewelle aus der DDR, die enorm katalysatorische Wirkung der nachweislich gefälschten Kommunalwahlen vom 7. Mai 1989 und günstige außenpolitische Entwicklungen, vor allem unter Michail Gorbatschow als Generalsekretär der Kommunistischen Partei in der Sowjetunion seit 1985, wurde meine damals geäußerte Ahnung im Herbst 1989 zur greifbaren Wirklichkeit. Gemeinsam mit drei weiteren CDU-Mitgliedern unter dem Dach der Kirche bezog ich mit dem »Weimarer Brief« vom 10. September 1989 in diesem Sinne Position.[50] Was sowohl ich als auch die drei anderen Unterzeichner des »Weimarer Briefes« nicht ahnen konnten, war die rasante Dynamik, die dieser »Brief zur Selbstbefreiung der CDU« in den Folgemonaten weit über die Grenzen seiner Adressaten, das waren die »Mitglieder und Vorstände der Christlich Demokratischen Union«, hinaus entfaltete.[51]

Für mich bedeutete diese Entwicklung fortan Präsenz auf der politischen Bühne. Unter anderem wurde ich gebeten – damals mit Anfang 30 zum Aufbau von Jugendorganisationen durchaus geeignet – die Christlich Demokratische Jugend als neue Jugendorganisation für die CDU mitzugründen. Auf den anstehenden Sonder- und Wiedergründungsparteitagen der CDU auf Ebene der DDR und des zukünftig wieder zu gründenden Landes Thüringen wurde ich in Parteivorstände gewählt und

---

[48] P. STÜTZLE, Auf dem Weg zur gesamtdeutschen CDU, Interview mit CH. LIEBERKNECHT und H.-J. MEYER, in: DERS., Auf den Spuren der CDU, Bonn 1995, (181–196) 189.
[49] A. a. O., 189f.
[50] M. HUHN / M. KIRCHNER / CH. LIEBERKNECHT / G. MÜLLER, Brief aus Weimar an die Mitglieder und Vorstände der Christlich-Demokratischen Union, Weimar 1989, in: Neue Zeit, Berlin, am 27.10.1989, Jg. 45, Ausgabe 253, www.ddr89.de/d/Weimar_CDU.html (07.05.2020).
[51] E. NEUBERT, Der Brief aus Weimar zur Selbstbefreiung der CDU im Herbst 1989, Konrad-Adenauer-Stiftung e.V. (Hg.), Sankt Augustin / Berlin 2014.

übernahm den stellvertretenden Landesvorsitz der am 20. Januar 1990 wiedergegründeten Thüringer CDU.⁵²

Anders als Karl Barth habe ich dabei das »Christlich« im Namen der CDU nie als Ausweis einer exklusiven Parteiorganisation nur für Christen verstanden, noch als Anspruch, als ob es Christen nicht völlig gleichberechtigt ebenso möglich sein könne, sich in anderen Parteien ohne ausdrücklichen Bezug auf christliche Glaubensüberzeugungen für das Gemeinwohl einzusetzen. Bereits die Frankfurter Leitsätze der CDU vom September 1945 beschreiben ein solches offenes politisches Verständnis.⁵³ Unmissverständlich betont ein Aufruf der CDU an »das werktätige Volk« vom November 1945: »Wir sind keine Kirchenpartei, sondern die große Volkspartei der aufbauwilligen Christen und Demokraten aller Bekenntnisse. Die von unsrem Glauben getragene Hilfsbereitschaft stellen wir tatkräftig in den Dienst an unserem niedergebrochenen Volk.«⁵⁴ Die Kritik Karl Barths an der Gründung christlicher Parteien, wie er sie zum Gegenstand in seiner Schrift »Christengemeinde und Bürgergemeinde« gemacht hat, läuft damit für mich ins Leere, wenn er schreibt:

> »Kann es ein Interesse der christlichen Gemeinde sein, dass sich Christen in einer bestimmten Partei zusammenballen? Und damit die anderen Parteien gleichsam nicht-christlich werden? [...] Wird es nicht notwendig sein, dass einer christlichen Partei gerade das Christliche, für das sie im politischen Raum gar keine Verwendung haben kann, zur Verlegenheit werden muss? [...] Wird diese Partei die Christengemeinde und ihre Botschaft nicht notwendig gerade mit ihrer Christlichkeit auf Schritt und Tritt kompromittieren?«⁵⁵

Genau vor einem solchen (Miss-)verständnis einer Partei, zu deren Grundorientierungen das christliche Menschenbild gehört, und nichts anderes besagt das »C« im Namen der CDU, hat mich meine Auslegung der »Freiheit eines Christenmenschen«⁵⁶ bewahrt. Es geht eben gerade nicht um die Inanspruchnahme christlicher Glaubensüberzeugungen anstelle fachlich fundierter und unabweisbarer politischer

---

52 Am 20. Januar 1990 schlossen sich in Weimar die im Jahr 1952 im Zuge der Zerschlagung der Länder auf dem Gebiet der DDR aus dem ehemaligen Thüringer Landesverband gebildeten drei Thüringer CDU-Bezirksverbände von Erfurt, Gera und Suhl wieder zum Thüringer CDU-Landesverband zusammen.
53 Politische Leitsätze der Christlich-Demokratischen Union, Stadtkreis Frankfurt a. M., Frankfurt a. M. 1945, in: Archiv Christlich-Demokratischer Politik (ACDP), Sankt Augustin, vgl. www.kas.de/c/document_library/get_file?uuid=835a1835-519c-41f3-2010-b67f7f376821&groupId=252038 (07.05.2020).
54 Die Christlich-Demokratische Partei ruft das werktätige Volk!, Flugblatt, Frankfurt a. M., November 1945, in: A. GRAU / H. J. KÜSTERS, Ein freies Volk soll wiedererstehen ..., Dokumente zur Gründung der CDU, Sankt Augustin 2015, 84.
55 BARTH, Christengemeinde und Bürgergemeinde, 37f.
56 M. LUTHER, Von der Freiheit eines Christenmenschen (1520), WA 7, 20–38.

Sachentscheidungen, sondern es geht um Motivation und Maßstab für meinen politischen Einsatz zur Gestaltung der Welt und für meinen Nächsten. Das ist alles andere als eine Inanspruchnahme, und schon gar keine exklusive, für mein unvollkommenes, fehlerhaftes und notgedrungen stets nur vorläufiges politisches Handeln. Gerne würde ich die Auseinandersetzung mit Karl Barth an dieser Stelle vertiefen, zumal etliche meiner Freunde, die mein CDU-Engagement in der DDR aus Gründen einer grundsätzlichen Kapitalismuskritik mit freundlichem Interesse begleiteten, mit der deutschen Wiedervereinigung – im wahrsten Sinn des Wortes – entsetzt darüber waren, dass sie mich nun in verantwortlicher Funktion in der CDU von Konrad Adenauer und Helmut Kohl wiederfanden. Da mir eine Vertiefung dieser Debatte im Rahmen dieses Vortrags nicht möglich ist, verweise ich Interessierte auf meinen Beitrag »Die gesamtdeutsche CDU als politische Heimat für Protestanten aus der friedlichen Revolution vom Herbst 1989. Von ersten Begegnungen und bleibenden Aufgaben.«[57]

a) Mein Dreiklang – Christin, Demokratin, christliche Demokratin
Nicht einen Moment hatte ich während der Umbruchszeit in der friedlichen Revolution daran gedacht, mich hauptamtlich für eines der Mandate in den neu zu wählenden Parlamenten oder für eine der neuen Funktionen auf Seiten der Exekutive zur Verfügung zu stellen. Dass ich es am Ende doch tat und im November 1990 erste Thüringer Kultusministerin nach der Wiedergründung des Landes wurde, ist eine eigene Geschichte, die zu erzählen den Rahmen dieses Vortrages sprengen würde. Meine Zusage zur Übernahme dieses Amtes hatte ich zudem in der Erwartung gegeben, die damals nicht nur hinter vorgehaltener Hand kursierte: »Diese Laienspielerschar, eine solche Regierung hält nicht bis Weihnachten.« Auch wenn sich die Urheber und Transporteure einer solchen Prognose, wie wir heute wissen, gründlich irren sollten, habe ich die Übernahme dieses Amtes und aller noch folgenden politischen Ämter immer nur als Ämter auf Zeit angesehen, sozusagen als »Ausflug« von meinem Hauptamt als Pastorin mit der Möglichkeit zur jederzeitigen Rückkehr in den kirchlichen Dienst. Dies hat mir meine Kirche urkundlich besiegelt und führt mich bis heute als »Pastorin im Wartestand«.

Was folgt daraus für die Einordung meines politischen Amtes in mein Leben als Christin? Es ist ein Dreiklang, der für mich die Reihenfolge dessen beschreibt, worauf es mir ankommt. Dabei betone ich, das ist meine Entscheidung. Jeder und jede hat für sich die freie Entscheidung, dies je nach eigener Überzeugung für sich auch anders zu bestimmen. Entscheidend ist für mich: Zuerst bin ich Christ. Mein Christsein ist meine Lebensgrundlage und Voraussetzung für alles Weitere. Ganz mit Karl

---

57 CH. LIEBERKNECHT, Die gesamtdeutsche CDU als politische Heimat für Protestanten aus der friedlichen Revolution vom Herbst 1989. Von ersten Begegnungen und bleibenden Aufgaben, in: TH. RACHEL / D. HACKLER / N. KARTMANN / S. KURZ / CH. LIEBERKNECHT / CH. SCHMIDT (Hg.), Evangelische Verantwortung 57 (11f./2019), 12–16.

Barth gilt für mich: »Christus in uns«, »über uns«, »hinter uns« und »jenseits uns« ist für mich Voraussetzung für das gesellschaftsverändernde Handeln des Menschen.[58] Als Christin bin ich Demokratin. Und als Christin und Demokratin habe ich mich dafür entschieden, mich politisch als Christliche Demokratin zu engagieren. Für mich bedeutet das eine klare Prioritätensetzung für mein politisches Engagement mit Folgen. So galt für mich bei aller Schärfe in der politischen Auseinandersetzung mit Kontrahenten anderer politischer Richtungen in der eigenen wie in anderen Parteien, sich niemals gegenseitig die persönliche Akzeptanz und die menschliche Würde abzusprechen.

Auswirkungen hat dieser Dreiklang, an dessen erster Stelle mein Christsein steht und dem, darin eingebettet, mein demokratisches und schließlich mein parteipolitisches Handeln folgt, für mein Verhältnis zur Macht.

b) Mein Verhältnis zur Macht

Verfolgt man die politischen Werdegänge evangelischer Theologen in der Politik, so scheint ihnen bei aller Notwendigkeit der politischen Machtausübung nicht selten der »letzte Biss« zur Macht zu fehlen. Aus meiner Sicht ist das nicht verwunderlich. Wer das »eine Wort Gottes in Jesus Christus« sieht, für den relativieren sich viele der in der Vorläufigkeit des Hier und Jetzt erbittert ausgefochtenen politischen Streitfragen.

Mich einzusetzen mit all meinen Talenten und Gaben, mit meiner Leidenschaft und meiner Zeit für eine bessere Welt – das habe ich aus meinem Glauben heraus als Auftrag Gottes verstanden. Dem wollte ich mit der Bereitschaft, mich politisch in die Pflicht nehmen zu lassen, folgen. Nicht mehr, aber auch nicht weniger. Zu diesem Zweck habe ich den Gebrauch von Macht bejaht und um Mehrheiten für die Gewinnung von Macht gerungen. Allerdings gewann ich für den Umgang mit Macht in meiner Partei wesentlich mehr dem CDU-Selbstverständnis in ihrer Gründungszeit als manchen späteren Kabalen ab. Nach Auffassung des bekannten Politikwissenschaftlers Dolf Sternberger waren die christlichen Parteigründungen der Nachkriegszeit »nicht als Organisation zur Erringung der Macht im Staate entstanden, sondern als Angebote an die Bevölkerung zur geistig-moralischen Identifikation«.[59] Sternberger bezieht sich dabei u. a. auf die Kölner Leitsätze der CDU vom Juni 1945, in denen es heißt: »Ein neues Deutschland soll geschaffen werden, das auf Recht

---

58 BARTH, Der Christ in der Gesellschaft, 568.
59 H. MAIER, Die überkonfessionelle Volkspartei der Mitte, in. G. LANGGUTH (Hg.), In Verantwortung für Deutschland, 50 Jahre CDU, Köln 1996, 22.

und Friede gegründet ist. Unsere Jugend soll wieder lernen, dass nicht Macht, sondern Geist die Ehre Deutschlands vor der Welt ausmacht.«[60] Von diesem Gründungsgeist meiner Partei inspiriert, folge ich gerne der machtkritischen Argumentation Karl Barths. Barth formuliert:

> »Der Macht als Macht steht der Mensch als Mensch frei gegenüber. Er kann ihr erliegen, er kann von ihr vernichtet werden. Er ist ihr aber keinen Gehorsam schuldig und eben zum Gehorsam kann ihn auch die überlegenste Macht als solche nicht zwingen. Macht als Macht hat keinen göttlichen Anspruch und wenn sie noch so imponierend, noch so wirksam wäre. Gegen die Macht als Macht sich selbst vorzuhalten, und wäre es im eigenen Untergang, ist nicht nur des Menschen Möglichkeit, ist nicht nur die Behauptung seines Rechtes und seiner Würde, sondern die Pflicht, die er mit seiner Existenz als Mensch zu erfüllen hat.«[61]

Mit seiner Furchtlosigkeit gegenüber der von Menschen ausgeübten Macht, die aus Barths Zeilen spricht, hat Barth nicht nur meine theologische Sympathie; wiederholt galt für mich in harten politischen Auseinandersetzungen einschließlich aufzulösender bzw. zu klärender Machtfragen: »Wer festhält, der verliert – wer loslässt, wird gewinnen.«[62]

3.2 Unterschied zwischen Gottes Wort und Menschenwort

Seit meinem Theologiestudium habe ich mich wiederholt an Sätze des lutherischen Systematikers Horst Georg Pöhlmann erinnert. In Pöhlmanns »Abriß der Dogmatik« aus dem Jahr 1973 (!) hatte ich gelernt:

> »Die Predigt [...] wird sich nur dann in der Informationsinflation unserer Zeit Gehör verschaffen, wenn sie mehr als Information, wenn sie Proklamation ist, wenn sie das Heil nicht nur mitteilt, sondern austeilt, und wenn sie nicht irgendetwas, sondern eben das Heil mit- und austeilt; wenn sie bei ihrer Sache bleibt, wird sie sich vernehmbar machen, nicht dadurch, daß sie – wie die Massenmedien – das Schrille einsetzt, nicht durch Reklametricks und andere müde Künste.«[63]

An diese mahnenden Worte habe ich mich in der Zeit meiner politischen Spitzenämter strikt gehalten, weil ich letztlich genauso wie Pöhlmann schreibt, empfinde.

---

[60] Kölner Leitsätze, Vorläufiger Entwurf zu einem Programm der Christlich Demokratischen Union, in: A. GRAU / H. J. KÜSTERS, Ein freies Volk soll wiedererstehen ..., Dokumente zur Gründung der CDU, Sankt Augustin 2015, (18–23) 20.
[61] BARTH, KD II/2, 613f.
[62] H. STADE / G. PAMBOR, Gespräche unterwegs, Ansichten zur Zeit, 1991–1996, Arnstadt / Weimar 1996, 86.
[63] H. G. PÖHLMANN, Abriß der Dogmatik. Ein Kompendium, Gütersloh 1973, 240.

Eine politische Rede kann gelungen oder weniger gelungen sein. Die einen werden applaudieren, andere werden kritisieren. Als Rednerin wird es immer in meiner eigenen Verantwortung liegen, welche politischen Absichten und Ziele ich vortragen werde und wie ich möglichst viele Menschen davon zu überzeugen suche. Es ist allein meine Sache, damit Erfolg zu haben oder mir gegebenenfalls durch missverständliche Äußerungen einen handfesten Eklat einzuhandeln.

Das Halten einer Predigt habe ich dagegen immer als etwas fundamental Anderes angesehen. Da geht es nicht um das Mitteilen meiner eigenen politischen oder sonstigen Botschaften. Zur Vorbereitung auf eine Predigt habe ich zuallererst darauf zu hören, was mir das Wort Gottes sagen will. Ich muss mich öffnen, brauche Zeit und Ruhe; Ressourcen, die in der Regel konträr zum prall ausgefüllten politischen Alltag stehen. Und selbst, wenn ich die terminliche Lücke dafür im Kalender finde, kann mir zweierlei passieren. Erstens: Ich fühle mich durch den Predigttext in meiner politischen Haltung in einer aktuellen Streitfrage bestätigt. Dann werde ich nicht frei davon sein, mich aus Sicht derer, die in dieser Frage eine andere Meinung vertreten, dem Ruf auszusetzen, die biblische Botschaft für mein Anliegen ggf. instrumentalisiert zu haben. Das wäre schlecht. Der zweite mögliche Fall macht es nicht besser: Ich komme während des Textstudiums zu der Erkenntnis, dass mir die biblische Botschaft eine Änderung meiner bisherigen Auffassung, vor allem im Gegensatz zu meiner eigenen politischen Partei nahelegen könnte; auch dann werde ich mich befangen fühlen, denn man könnte mir nun »fishing for compliments« zulasten meiner bisherigen politischen Freunde vorwerfen.

Wie ich es auch drehe und wende: Die Vermittlung von Gottes Wort verträgt weder politische Irritationen durch personelle Unklarheiten in der Frage, wer in diesem Fall eigentlich zur Gemeinde spricht: Ist es die Theologin und Pastorin? Oder ist es nicht doch die Politikerin? Noch verträgt die Vermittlung von Gottes Wort Oberflächlichkeiten, ganz gleich ob diese der unzureichenden textlichen Befassung oder gar einer grundsätzlichen Theologievergessenheit geschuldet sind. Mit jenem Erschrecken »vor der Aufgabe, Säemann des Wortes für die Welt zu werden«,[64] an das Karl Barth vor einhundert Jahren seine Zuhörer erinnert, hätte das Predigen unter den geschilderten Umständen und Befangenheiten kaum etwas zu tun.

Die Unterscheidung zwischen meiner politischen Rede und der Vermittlung von Gottes Wort ist mir nicht immer leicht gefallen. Sie war für mich aber konsequent. Als eine der Hauptprotagonisten im »Thüringer Kanzelstreit« im Jahr 1999 hatte ich Gelegenheit, meine restriktive Haltung in dieser Frage öffentlich auszufechten.[65]

---

64 BARTH, Der Christ in der Gesellschaft, 559.
65 Thüringer Kanzelstreit, in: CH. LIEBERKNECHT, Korrespondenz und Dokumente 11/1998–03/2001, in: ACPD, Sankt Augustin 2017; siehe auch CH. LIEBERKNECHT, Kirche und Zeitgeist – Wie modern soll die Kirche sein?, in: W. BÖHME / CH. LIEBERKNECHT / G. RUHBACH / M. SEITZ (Hg.), Zeitwende, Die neue Furche, 70. Jg., Heft 2, Karlsruhe 1999, 65–67, dazu: TH. SEIDEL / CH. LIEBERKNECHT / U. HAHN, »Wozu ist die Predigt da? Wer darf predigen?«, in: Zeitwende, Die neue Furche, 70. Jg., Heft 3, Karlsruhe 1999, 193–200.

3.3 Zur Bedeutung der »Freiheit eines Christenmenschen« für mein Leben in Kirche und Politik

a) Zum theologischen Verständnis
In seiner Schrift »Von der Freiheit eines Christenmenschen« heißt es bei Martin Luther: »Ein Christenmensch ist ein freier Herr über alle Dinge und niemandem untertan. Ein Christenmensch ist ein dienstbarer Knecht aller Dinge und jedermann untertan.«[66] Schon als Theologiestudentin fand ich das spannend. Seitdem hat mich die Auseinandersetzung mit den Kernpunkten der lutherischen Theologie nicht mehr losgelassen. In der täglichen Arbeit im Gemeindepfarramt wurden meine Überzeugungen für mich existentiell.

Mich allein durch Gottes Gnade zur Liebe gegenüber meinem Nächsten und der Welt befreit zu wissen, hatte unter den Bedingungen von äußerer Unfreiheit in der DDR für mich einen ganz besonderen Klang. Es war für mich eine Glaubensgewissheit, die mich innerlich befreit durch manche Alltagstristesse hindurch meinen christlichen Dienst für die Gesellschaft mit fröhlichem Herzen tun ließ; ein Dienst, bei dem ich hinter grauen Fassaden Menschen für ein kräftiges »Dennoch« zur Mitarbeit an kirchlichen Projekten und Anliegen einer lebendigen Gemeindearbeit gewinnen konnte. Dass auf diese Weise ganze Kirchengebäude neue Farbigkeit gewannen, mag als äußeres Sinnbild für bunte Vielfalt hinter geschlossenen Haustüren und manch altem Hoftor der Dorfbewohner meiner Gemeinden in der DDR stehen.[67]

Die territoriale Nähe meiner Gemeinden zum unmittelbar angrenzenden ehemaligen Konzentrationslager Buchenwald verstärkte die Dimension des inneren Freiheitsgewinns unter Bedingungen äußerer Unfreiheit, und mögen diese noch so extrem und menschenverachtend, ja mörderisch sein. Dafür stand für mich als Beispiel und Vorbild in meiner Gemeindearbeit der im Konzentrationslager Buchenwald inhaftierte und ermordete Pfarrer Paul Schneider mit seinem unvergessenen Ruf aus seiner Arrestzelle über den Appellplatz des Lagers »So spricht der Herr. ›Ich bin die Auferstehung und das Leben.‹« Und: »Brüder, seid stark, Christus ist auferstanden.«[68] Regelmäßig vertiefte ich mich in Gedanken von Dietrich Bonhoeffer und kam mit meinen Gemeindegliedern darüber ins Gespräch. »Von guten Mächten treu und still umgeben …«[69] oder sein Gedicht »Wer bin ich?« aus »Widerstand und Ergebung«

---

[66] LUTHER, Von der Freiheit eines Christenmenschen, 20.

[67] CH. LIEBERKNECHT, Gemeindebau durch Kirchenbau, in: CH. MORGNER (Hg.), Ich glaube, hilf meinem Unglauben. Das Lesebuch zur Jahreslosung 2020, Gießen 2019, 48; Siehe dazu: CH. LIEBERKNECHT, Bäuerliche Kunst in neuem Glanz. In zehn Monaten wurde die Kirche von Ottmannshausen renoviert, in: LANDESKIRCHENRAT DER EV.-LUTH. KIRCHE IN THÜRINGEN (Hg.), Glaube und Heimat, Evangelische Kirchenzeitung für Thüringen 46 (41/1986), 4.

[68] C. FOSTER, Der Prediger von Buchenwald. Paul Schneider. Seine Lebensgeschichte, Holzgerlingen 2001, 670.

[69] D. BONHOEFFER, Von guten Mächten treu und still umgeben, Gestapohaft 1944, in:

sind zwei Beispiele der bleibenden Vergewisserung für den Freiheitsgewinn, den mir allein die Gnade Gottes zuteilwerden lässt.[70]

Diese inneren Freiheitserfahrungen in der DDR waren für mich Schlüssel, um auch äußerlich freier und unerschrockener gegenüber manchem DDR-Funktionär auftreten zu können, als das wohl sonst der Fall gewesen wäre. Dieses Freiheitsverständnis aus der lutherischen »Freiheit eines Christenmenschen« ist für mich zur tragenden Lebenseinstellung geworden, an der sich weder durch den gesellschaftlichen Systemwechsel vom DDR-Sozialismus hin zu Rechtsstaat, Demokratie und sozialer Marktwirtschaft im wiedervereinten Deutschland noch durch meinen beruflichen Wechsel von der Pastorin hin zur Politikerin etwas geändert hat.[71]

b) Zu den praktischen Folgen

Von der Kompromisslosigkeit, mit der Luther die praktischen Folgen seines Freiheitsverständnisses beschreibt, zeugen seine im gleichen Jahr 1520 erschienenen Schriften »Von den guten Werken«[72] und dem »Sermon von dem Wucher«.[73] Letztere wurde 1524 erweitert zur Schrift »Von Kaufmannshandlungen und Wucher«.[74] Schließlich folgt im Jahr 1540 Luthers unmissverständliche Vermahnung »An die Pfarrherrn wider den Wucher zu predigen«.[75]

In allen seinen Ausführungen wird Luther in den sozialen Fragen sehr konkret. Verblüffend finde ich, wie unmittelbar er damit unserer heutigen Zeit den Spiegel vorhält. Luther wird sehr anschaulich und direkt, wenn man sich die im »Sermon von den guten Werken« formulierten Leitlinien, die in allen Lebenssituationen Maßstab sein sollten, ansieht. Geiz, Gier, Habsucht, Wucher sind als Verstöße gegen das

---

Evangelisches Gesangbuch, Lied 65; Gotteslob, Lied 430.

[70] D. BONHOEFFER, Widerstand und Ergebung. Briefe und Aufzeichnungen aus der Haft, hg. von E. BETHGE, Gütersloh 2005; Siehe auch W. HUBER, Dietrich Bonhoeffer. Auf dem Weg zur Freiheit. Ein Porträt, München 2019.

[71] CH. LIEBERKNECHT im epd-Interview mit TH. SCHILLER / TH. BICKELHAUPT zum Thema Reformation und Politik: »Das (Lutherische Verständnis von der Freiheit eines Christenmenschen) war schon mein Leitspruch, als ich Pastorin war, und das ist mein Leitspruch in der Politik seit über zwei Jahrzehnten. Er hat mich politische Situationen meistern lassen, weil er zum einen eine innere Unabhängigkeit gibt und zum anderen daran erinnert, dass Freiheit immer eine gebundene Freiheit ist – frei zu sein für etwas, nämlich zum Dienst an dieser Gesellschaft.« Evangelischer Pressedienst, »Christ ist freier Mensch und jedermanns Knecht«, Frankfurt a. M. 31.10.2013; www.evangelisch.de/inhalte/89569/31-10-2013/christ-ist-freier-mensch-und-jedermanns-knecht (07.05.2020); siehe auch: U. HEYDER (Hg.), Born in the GDR – angekommen in Deutschland. 30 Lebensberichte nach Tonbandberichten aus Sachsen, Sachsen-Anhalt und Thüringen, Jena / Quedlinburg 2019, 217–227.

[72] LUTHER, Sermon von den guten Werken, WA 6, 204–276.

[73] LUTHER, Sermon vom Wucher, WA 6, 36–60.

[74] LUTHER, Von Kaufhandlungen und Wucher, WA 15, 293–313.

[75] LUTHER, An die Pfarrherrn wider den Wucher zu predigen, WA 51, 331–424.

Gebot »Du sollst nicht stehlen« zu ahnden.[76] Doch nichts dokumentiert den historischen Befund stärker als das Original. Deswegen an dieser Stelle eine kurze Textprobe: »Es sollte nicht so heißen: Ich darf meine Ware so teuer geben, wie ich kann oder will, sondern so: Ich darf meine Ware so teuer geben, wie ich soll, oder wie es recht und billig ist […], weil solches dein Verkaufen ein Werk ist, das du gegen deinen Nächsten übst«.[77] Weitere Beispiele lassen sich zitieren.[78]

Ich finde, Luther steht in seiner Kritik an den wirtschaftlichen und sozialen Entwicklungen seiner Zeit und in der mühelosen Übertragbarkeit auf unsere aktuelle Lage von heute hinter dem sozialpolitischen Engagement Barths in keiner Weise zurück.

Möglicherweise hat Barth dem Marxismus mehr abgewinnen können als ich es nach meinen eigenen realsozialistischen Erfahrungen vermag, aber die Kritik an der permanenten Ökonomisierung des gesamten gesellschaftlichen Lebens halte ich sowohl mit Luther als auch mit Barth für hochaktuell.

- Um diesem Trend im Rahmen landespolitischer Möglichkeiten entgegenzuwirken, habe ich mich politisch durchgehend für die Stärkung der kleinen Einheiten eingesetzt und den von Ökonomen und Verwaltungswissenschaftlern vehement geforderten Zentralisierungstendenzen stets entgegengewirkt. Mancher mag das für rückständig halten, aber es bewahrt eigene Freiheitsräume und stärkt die Wahrnehmung eigener Verantwortung. Genau darin liegt der Grund, warum sich Mehrheiten in der Thüringer Politik seit vielen Jahren erfolgreich gegen die Schaffung größerer Gebietseinheiten gewehrt haben.
- Seit vielen Jahren setze ich mich für die Förderung regionaler Wirtschaftskreisläufe und mehr Selbstbestimmung und Möglichkeiten bspw. in der Frage zur Eigenverantwortung für regionale Energiegewinnung und -versorgung ein.
- Ein Credo meiner Thüringer Kulturpolitik gemeinsam mit meinem sozialdemokratischen Koalitionspartner hieß: Wir schließen kein Theater; auch dann nicht, wenn wir noch immer die größte Theater- und Orchesterdichte

---

76 LUTHER, Sermon von den guten Werken, WA 6, 272.
77 LUTHER, Von Kaufhandlungen und Wucher, WA 15, 294f.
78 Siehe: CH. LIEBERKNECHT, Globalisierung und soziale Gerechtigkeit – Herausforderungen für die evangelischen Kirchen im Lutherischen Weltbund, in: H.-J. BLANKE / G. GRUSSER (Hg.), Rechtfertigungskrise der Sozialen Marktwirtschaft und Global Justice. Voraussetzung einer sozialen Globalisierung? Staatswissenschaftliches Forum e.V., Tagungsberichte, 4. Jg. (4/2018), Erfurt 2018, 78–83. Weiter dazu: u. a. A. KNOLL, Zins und Gnade, Neuwied / Berlin 1967; A. PAWLAS, Lutherische Berufs- und Wirtschaftsethik, Göttingen 2000; M. HOFHEINZ, Ethik – reformiert! Studien zur reformierten Reformation und ihrer Rezeption im 20. Jahrhundert, FRTH 8, Neukirchen-Vluyn 2017; G. ENGEL, Martin Luthers Wirtschaftsethik: Aufbruch zum europäischen Sonderweg, Halle 2017.

in Deutschland und damit vermutlich auch in Europa haben. Theater sind Inspirations-, Lern- und Begegnungsorte jenseits der ökonomischen Dominanz in unserem Alltag. Teilhabemöglichkeiten für Benachteiligte zu schaffen, war uns dabei ein selbstverständliches Anliegen.

Ich will es bei diesen wenigen Beispielen bewenden lassen. Sie mögen Pars pro Toto dafür stehen, wie ich auf der Basis meines christlichen Glaubens in der Welt der »Stadt Bestes« (Jer 29,7) suche. Das ist für mich »das eine Wort Gottes – Jesus Christus«. Es ist dieses »*eine Wort Gottes*« für mich als Mensch in der Kirche und in der Politik.

Verzeichnis der Autoren/-innen und Herausgeber

Dr. Kai-Ole Eberhardt, geboren 1981, Wissenschaftlicher Mitarbeiter an der Leibniz Universität Hannover im Bereich Systematische Theologie.

Dr. Margit Ernst-Habib, geboren 1968, Wissenschaftliche Mitarbeiterin für Historische und Systematische Theologie an der Universität Saarbrücken und Habilitandin an der Leibniz Universität Hannover im Bereich Systematische Theologie.

Prof. Dr. Marco Hofheinz, geboren 1973, Professor für Systematische Theologie mit dem Schwerpunkt Ethik an der Leibniz Universität Hannover.

Dr. Markus Höfner, geboren 1972, Geschäftsführender Oberassistent am Institut für Hermeneutik und Religionsphilosophie, Theologische Fakultät, Universität Zürich.

StR André Jeromin, geboren 1991, Doktorand und Lehrbeauftragter am Institut für Theologie der Leibniz Universität Hannover und Lehrer am Ratsgymnasium Stadthagen.

Christine Lieberknecht, geboren 1958; Pastorin und Ministerpräsidentin von Thüringen a. D.

Prof. Dr. W. Travis McMaken, geboren 1983, Associate Professor of Religion an der School of Humanities der Lindenwood University (Saint Charles, Missouri / USA).

Dr. Raphaela J. Meyer zu Hörste-Bührer, geboren 1982, von 2012 bis 2015 Mitarbeiterin an der Leibniz Universität Hannover im Bereich Systematische Theologie und derzeit Habilitandin an der Johannes Gutenberg-Universität Mainz.

StR Björn Schütz, geboren 1985, Lehrer am Viktoria-Luise-Gymnasium zu Hameln und Doktorand an der Leibniz Universität Hannover im Bereich Systematische Theologie.

Jan-Philip Tegtmeier, geboren 1992, Wissenschaftlicher Mitarbeiter und Doktorand an der Leibniz Universität Hannover im Bereich Systematische Theologie.